人民·联盟文库

人民·联盟文库

黄土地的变迁

——以西北边陲种田乡为例

张　峻　刘晓乾　著

甘肃人民出版社
人民出版社

献 给

我的外祖父和外祖母

出版说明

人民出版社及全国各省市自治区人民出版社是我们党和国家创建的最重要的出版机构。几十年来，伴随着共和国的发展与脚步，他们在宣传马克思列宁主义、毛泽东思想、邓小平理论、“三个代表”重要思想，深入贯彻落实科学发展观，坚持走有中国特色社会主义道路方面，出版了大量的各种类型的优秀出版物，为丰富人民群众的学习、文化需求作出了不可磨灭的贡献，发挥了不可替代的作用。但由于环境、地域及发行渠道等诸多原因，许多精品图书并不为广大读者所知晓。为了有效地利用和二次开发全国人民出版社及其他成员社的优秀出版资源，向广大读者提供更多更好的精品佳作，也为了提升人民出版社市场联盟的整体形象，人民出版社市场联盟决定，在全国各成员社已出版的数十万个品种中，精心筛选出具有理论性、学术性、创新性、前沿性及可读性的优秀图书，辑编成《人民·联盟文库》，分批分次陆续出版，以飨读者。

《人民·联盟文库》的编选原则：1. 充分体现人民出版社的政治、学术水平和出版风格；2. 展示出各地人民出版社及其他成员社的特色；3. 图书主题应是民族的，而不是地区性的；4. 注重市场价值，要为读者所喜爱；5. 译著要具有经典性或重要影响；6. 内容不受时间变化之影响，可供读者长期阅读和收藏。基于上述原则，《人民·联盟文库》未收入以下图书：1. 套书、丛书类图书；2. 偏重于地方的政治类、经济类图书；3. 旅游、休闲、生活类图书；4. 个人的文集、年谱；5. 工具书、辞书。

《人民·联盟文库》分政治、哲学、历史、文化、人物、译著六大类。由于所选原书出版于不同的年代、不同的出版单位，在封面、开本、版式、材料、装帧设计等方面都不尽一致，我们此次编选，为便宜读者阅读，全部予以统一，并在封面上以颜色作不同类别的区分，以利读者的选购。

人民出版社市场联盟委托人民出版社具体操作《人民·联盟文库》的出版和发行工作，所选图书出版采用联合署名的方式，即人民出版社与原书所属出版社共同署名，版权仍归原出版单位。《人民·联盟文库》在编选过程中，得到了人民出版社市场联盟成员社的大力支持与帮助，部分专家学者及发行界行家们也提出了很多建设性的意见，在此一并表示诚挚的感谢！

《人民·联盟文库》编辑委员会

序

思想的步行者

——读《黄土地的变迁》

种田乡是中国西部一个普通的山村，和黄土地带的农村一样，这个乡村异常干旱，人们对水的心境是真正在“渴望”。如果，“渴望”变成了永远的“失望”，接下去的可能就是这片土地及和土地有关的生活终被风沙掩埋……好在我们的返乡之途还尚未迷失之前，张畯已经开始了这样一次回到“原点”的行走，他背负艰难的责任和思索对种田乡进行了这样一次“思想”的行走。

作者的行走是充满忧虑的，在细细丈量了种田乡边边角角之后，这种忧虑以详尽的记述和判断得到了证实。在这个个人视角的个案里所反映的真实的细节体验，涵盖了种田乡的过去与现在，展现出一部中国西部农村民众、社会的生存与历史图景，它基本上没有太多遮掩地托出了作者在行走之间的耳濡目染。因为步履的缓慢而细致，使它的事实更加深入、回溯更加久远，并在对现象的拆解、追问与审视中将问题指向了现实与未来。

原始的土地，是人类生活中最后一块不动产。土壤与人，永远是相互“粘”着，相互依存的。一方水土一方人，水土与人构成着生命的共同体。2009年1月，我在陇南成县磨坝峡五家河山洼里，探望到一位七十二岁的旺喜老汉，他独自一人生活在这个早已成为“空巢”的村子，以淘金为生，以修庙为乐。但是，田园守望者——这个诗意的名词并不属于这个老人，因为旺喜老汉告诉我们：在很近的将来，这里将改造为一个水库。那时，这个老人还能“守望”什么？也许，这个问题与张畯行走在种田乡时的忧虑是一样的。作为生命活性部分的土地，今天，它沉默的背后是否有着太多的话要说？

作者以步行者的姿态考察的种田乡还在，种田乡人还在种田，种田乡还能维持着种田这个名字。但种田乡人自古以来的渴望还依然存在。在渴望与失望之间，种田乡的土地还承担着一个无法预知的未来：这片土地可能终将被沙化、水泥化乃至现代化、工业化或城市化？张畯在故乡的行走，正是为了倾听土地间那种微弱的声音，这些声音并不响亮，但同样应该是我们这个时代的一种节奏和历史的话语。为了土地，为了人所依赖的土地，我们需要这样的“堪地派”的思想行走。相信这种行走不是兴趣所至的独步一时，而是会有更远、更深、更久的坚定步伐。

田卫戈

2009年7月18日于

兰州安宁科教城

自 序
“中国崛起”与面朝乡村

当我在2009年的中秋前夕写下“自序”这两个字的时候，我知道，我必须让这本小书面世了。而此刻我的感觉并不轻松。我又想起了种田，我这三十余万文字，于它又能何补？于中国乡土有何裨益？

按说，我的专业与人类学本不相关（但记得钱理群说过一个“潜学历”的概念，也有“home school”的说法。所谓的专业和学历并没有局限住我野性的涉猎），但是我与种田相关，我与乡土相关，这几年的阅读思考更是多了一些，对乡土的关切也愈深。

我承认后来由于时间与空间的疏远而与乡土产生的隔膜，我也可以保持这种隔膜而永不回头，去做一个世俗到底的小市民，但我又抑制不住自己要多此一举。我已记不得第一次萌生此念的契机，但我体会到，书读到一定程度，是要撇开书，从实践中去寻找真知。也有康有为那样的境界，把书读通后的欣喜，顿感古人不过尔尔，自己亦可成为圣贤，“忽见天地万物皆我一体，大放光明，自以为圣人，则欣喜而笑，忽思苍生困苦，则闷然而哭”①。对我来说，切身经历和问题意识催使我逆

---

① 汪荣祖：《康有为论》，3页，北京：中华书局，2006。

着农民进城的方向，重回农村，描述长时段内这里发生的一切，特别是20世纪70年代以来农村所发生的"大变局"。此变局至今仍在继续，且其深度、广度及与每个人的相关度与日俱增。

从中心向边缘的寻找，及其表述和有关结论，可能不会像近两年学界几乎异口同声乃至有些热闹非凡的"中国某某"（中国经验、中国模式、中国范式、中国道路、中国学派……）的集合表述那样引起人的注意。中国广大农村地区及农民（进城的及未能、不愿进城的农民）的现状并没有被"总体"地表述在"中国某某"中，中国的现代化仍是一个"未完成的方案"。

在"大国崛起"的喧嚣中，王嵎生大使保持着清醒，他说："我认为北京共识和中国模式都是不适合的，中国不认可中国模式，更谈不上推广它。这个世界是多样的，没有什么真正放之四海而皆准的东西，所有普世价值都是相对的。我不赞成把中国模式看成是普世价值，因为世界不可能接受单一中心。"① 所谓中国崛起，不仅仅是"自我肯定的民族主义和俾斯麦式的国家主义"，而要在心理和历史事实上超越任人宰割的苦难历史，超越霸道，成为自我肯定并得到大家肯定的王道。更核心、更远大的目标应该是包括经济和政治制度的中国文明的崛起，通过中华民族的智慧，给世界创造一个更新的价值体系。②

此后不久，面对学界的浮躁和混乱讨论，中共中央党校主办的《学习时报》于2009年12月7日集中发表了四篇文章，分别以《慎提"中国模式"》、《中国无意输出"模式"》、《提"中国模式"为时尚早》、《当务之急是科学发展》为题，理性地批评了关于"中国某某"膨胀而过度的讨论，也是官方对"中国模式"的明确表态。

① 见赵灵敏：《中国模式不是普世价值——专访中国前APEC高官、前驻尼日利亚大使王嵎生》，载《南风窗》，35页，2009（21）。

② 《中国海外研究（上）》，载《开放时代》，33页，2010（1）。

当21世纪以来“大国崛起”腾于众口时，张承志却忧心忡忡：“由于失败的历史，新潮的大国梦变成了包围的众论，在一个世纪后一浪一浪地涌来。它崇洋的媚态，它专制的出身，它内含的他者歧视，让我感觉紧张。”为此，他以日本近代道路为鉴的阅读，给我们带来了不同于集体思维的有差异的维度及其启示。茅海建在其鸦片战争研究著作《天朝的崩溃》中提醒学者，“一个沉思着的民族往往要比兴奋中的民族更有力量”①，说的也是这个意思。

对于我来说，中国的乡村是我理解中国现代化的参照系。面朝乡村，就会沾上地气，思考问题不至于太离谱。任何学界的膨胀和政界的宣传，都会在乡村的现实面前不攻自破。可以说这是从乡村出发理解中国的视角，因为北京和上海不能完全代表中国。

因故，与其凭着一腔政治热情急于去给这个“未尽的方案”（哈贝马斯在1980年的一次演讲题目是“现代性：未完成的计划”）命名，倒不如怀着忧患意识踏踏实实地去做一些研究。就当下的中国来说，后者的意义要甚于前者，也远较前者更加理性和冷静。中国的现代化进程还远远未到其人民可以狂欢的时候，学者不应该成为制造这种气氛的任何添加剂。知识分子本质上应该具备比常人更深刻的忧患意识，且要将忧患意识转化为严肃的学术责任，去为这个“未尽的方案”做一些经世致用的事情，就像康有为当年发扬春秋公羊学的大义微言意在经世一样。知识分子不但要勇于面对眼前复杂的问题，更要放大视野，经常面对曾经困扰了几辈学人至今未解的老问题，诸如古今之争、中西之争、“天下”观念、文明秩序、认同问题等这些中国被拖入世界之后一直没能让中国人轻松的课题，以及二元思维、一元思维和多歧思维等思维方式问题。说到底，这也是在我艰难的阅读史中，不断对自己的启蒙和加于己身的思索。康有为在其《大同书》中说：“大地万国之人类，皆吾同

① 茅海建：《天朝的崩溃：鸦片战争再研究》，25页，北京：生活·读书·新知三联书店，1995。

胞”。作为人类学者，对于其研究之对象当怀“同胞”意识，士为天下先，先人类之忧而忧。

张　畯

2009年9月29日于兰州

目录

下篇 本土文化的没落：地方性的丧失过程

附 录

引言
几页嚣嚣的纸片

今天，手边有一台上网电脑的人，随时可以查看卫星地图。在中国大陆西北部，依次找到兰州——东北部白银——东部平川——东南方向、甘宁交界的地方，有个地名叫种田。映入眼帘的是无边的枯焦，寸草不生的沟壑，绵延的山岭，一层层次第荒凉。要不是还有那些村庄的痕迹，您一定会认为这里荒无人烟。城市卫星地图能看清汽车和行人，但是放在山沟里，也就刚刚看到村庄。① 好在我已能借此辨认，哪里是我原来的家。

在这经过了起码一百万年地质变动才形成的黄土高原上，在大山的褶皱深处，很早就有了人类的活动。目前可考的是，至少在新石器时代(4000年前)，原始人用黄泥捏瓦罐，用草绳在罐身勒上印痕，用石器

① 张承志在《一册山河》一文中说，种种人文和文化因素，从来印不到三十分之一以上的精图上，处处是哄着小孩子的地球仪，比比是枯燥死板的行政区划，好像给老百姓看了一张七十五万分之一的地形图，就是危险的泄密，好像人无权热爱山河。我若有经营地图业的未来，一定要把历史地图、民族人文地图、包括地形的自然地图合而为一，字体和套色都要增加十倍。张承志：《张承志作品精选》，384—386页，武汉：长江文艺出版社，2006。

在最新出版的《甘肃省地图集》中，我们看到七十五万分之一的平川区卫星影像图，全部是作为“旱地”的影像。即便在四十五万分之一平川区地图上，种田乡的村落也未显示完整。见甘肃省地图院编：《甘肃省地图集》，西安：西安地图出版社，2007。

种植谷物，活着，繁衍，然后死去，掩埋到黄土地里——21 世纪头几年，盗墓贼在屈家庄的庄稼地里挖出了彩陶、黑陶、黑条纹陶和夹砂陶，由此推测，此地可能是埋葬集中的氏族公共墓地。刘家井卧龙山善缘观早在唐代就有雷祖大殿，表明唐代此地居民和民间文化活动已达到一定规模。

可靠的文字记载，一条出自前清举人陈大安的《方土拾墨》："明万历十九年《崖窑山庙观碑记》载，崖窑乃前朝屯储仓储，国朝辛巳置观，因唐时先造庙奉祖师，泉溪崖涯，景徽秀乖。将军堡北，汉制烽火台……"一条出自现存崖窑山（兴隆山玉虚观）碑文："明末兴盛，清雍正、乾隆达到顶峰，至光绪乡老再造，时于太平盛世。"除此之外，仍旧是一片面目不详。直到清光绪年间编纂的《打拉池县丞志》，才出现了"种田沟堡"、"红水川堡"的记载，算让"乡老"们趿着布鞋走进了神圣的方块文字。1921 年，北洋政府派出考察团赴海原大地震灾区考察，考察组成员之一王烈在《调查甘肃地震之报告》中说："……与沿海各省比较……穴土而居……识字者寥若星辰……见官如虎，任其鱼肉而毫无愿望……愚而可怜，莫此为甚……"乡老再次以如此形象进入文字！在很长的历史时段中，掌握文字书写能力的人或许未曾注意到这片山峁沟壑中发生的一切，生活自生自灭，而日月不舍昼夜，史料上依旧无声无息。

当年生活在其中，我并没有在意，由此却留下——我在培养了一定的文化自觉后——得以转回的一条路。那么就让我们抛开卫星地图，亲临原境，去翻越一架接一架的黄土大山，摸索历史的各种遗存，聆听他们讲述村里"上往年"的故事，讲述他们自己的辛酸与执著、信仰与希望、变迁与迷茫……但随着一些东西不可避免地遗失在记忆之外，注定我们打算去完成一个人类学上的"整体"想象是残缺的，我们不能穷尽哪怕一个足够短的跨度内的人类活动，如同我们拼接不全那些失散的陶片一样。

以 4000 年为标尺，我们试图恢复的这一段显得太微不足道了。但谁又能说这里的一切不曾发生过呢？我们不曾为它做过那么一点点的记录呢？

4000年前的夜晚，天穹或月盈如玉，或繁星似河，先民们在一天的劳作后歇息时，望着那绵延而近的山影，都在想些什么？他们在这里生息度日，留下了一些瓦罐以及碎片，留下了一堆堆白骨和磷火，留下了……

今夜，重新回到黄土大山，静听着退耕的荒山里的一丝草响，仰望头顶的星光，我们又能留下点什么呢？几页嚣嚣的纸片？

导论

黄土地的变迁，乃是地方性社会文化的实践过程，是农村传统家园丧失的过程，是一种传统解体、再结构的社会和文化转型过程；它提出的是作为地方性的农村社会与作为整体性的国家和世界（全球）互动中的现代性问题。

毋宁说，黄土地的变迁，即被现代化进程裹挟下的农村社会的巨变，为传统农村社会画上了句号，它所开启的将是另一个时代的序幕：农村的转型乃至覆没（失去土地的农民和失去农民的村庄?）。如同汪晖分析的“90年代”一样，与其说这是“历史的终结”，毋宁说它更像是“历史的重新开始”。

一、缘起——让思想返回起点

那座宽展的院落伫守在村尾，父母仍然居住在那里，我们逢年过节回村的时候，还没有意识到家乡对于我后来的意义。当我越来越远离此地，似乎要将它扔在记忆的深处，不再去理会它的时候，特别是随着我家搬进城之后，我却强烈地产生了由对这一空间的出场和远观，而恍然醒悟的感觉——我们可以把父母搬出来，把家搬出来，但是变卖的祖屋和许许多多的东西却永远都搬不出来。

曾参与过1997年台湾美浓反水库运动的钟永丰曾说："上一辈付出那么大的苦心，让你离开，去往上爬，结果是让这个地方越来越孤独，越来越绝望。1990年时，我决定，不去爬那个梯子了，我要倒着走。"①

从传统乡村文化移向现代都市文化的经历，也使得我在一定人类学的学术积累和远远地打量之后（如同列维-斯特劳斯一本书的题目《遥远的目光》，人类学家要脱离自身，立足远方，反观自身），我意识到，我必须返乡，如格尔兹所说："努力从一去不复返的场合抢救对这种话语（社会话语）的'言说'，把它固定在阅读形式中。"② 也许，我们已经"刻画"不下什么，最多只能留下这些瘦弱的、宛若轻风的微观描述，或者因此背上矫情的骂名也难预料。甚至不仅仅是为了学术，而是难以逃脱"成年是童年的囚徒"这一宿命。

朱学勤表达过一种悲哀："前十年你们有问题，但苦于无学理；后十年你们学会摆弄学理，却可能遗忘问题，更遗忘勇气。"自觉的问题意识，是学理的基础，学人的生命。这揭示了一个非常深刻的问题，我们苦苦寻求学理，进入学院，是为了什么？没有问题的"学理"无论如何是苍白的且被抽空为皮囊，它只剩下一种学院的写作规格，它于知识建构特别于现实是无益的。张志扬在回顾自己10年的阅读经历后认为：假设圈子内的朋友都读同样的书，到头来，问题还是各人的问题。读一定量的书是绝对必要的，"无之必不然"，但也只是必要而已，"有之不必然"。③

过多以抽象词语和知识表述为主体的理论探讨，会使人丧失了丰富的现实感及其现实的令人不安，久而久之，甚至厌倦了理论，并更加自觉地回到历史和现实问题本身。黄宗智以自己的经验道出了在理论面前经受的折磨——"我自己的经验是理论读起来和用起来可以使

① 程绮瑾：《钟永丰：农工麦克风》，载《南方周末》，第22版，2008-04-24。

② ［美］克利福德·格尔兹著，纳日碧力戈等译：《文化的解释》，23页，上海：上海人民出版社，1999。

③ 张志扬：《创伤记忆》，267页，上海：上海三联书店，1999。

人兴奋，但它也能使人堕落”[1]。弗雷泽也说过：一切理论都是暂时的，唯有事实的总汇才具有永久的价值。我也在尝试了理论的新鲜之后，试图从抽象的概念回到活生生的现实，并希望以此为出发点去了解整个中国。

二、家乡人类学——从“他者”回到“主体”

人类学一直是最为平民化的一门社会科学，它最感兴趣的焦点不是那些统治者精英阶层，而是普通百姓。[2] 马维·哈里斯在《人·文化·生境》[3] 中说过，每一主要类型的农民都足以研究。

中国民俗学奠基人之一的钟敬文先生，最初也是从自己的家乡开始民俗学研究的。阎云翔《私人生活的变革》不是高高在上的理论创造，而是深度地嵌入现实生活，潜入自己有多年生活经验的乡村，以尽量“去学理化”的方式接近研究对象。林耀华的《金翼》、《义序的宗族研究》，杨懋春的《一个中国的村庄：山东台头》，费孝通的开弦弓村都是对作者生于斯长于斯的“家乡式”的研究。1932 年，农学家董时进在《独立评论》上发表的《乡居杂记》中说：“我素来认为要知道乡村的秘密，和农民的隐情，唯有到乡下去居住，并且最好到自己的本乡本土去居住。……只是去居住，希望藉着居住，自然而然地认识乡下。”[4] 我想，这些做家乡人类学的学者，恐怕都源于一份熟悉、怀念或私心，

---

① 黄宗智：《学术理论与中国近现代史研究——四个陷阱和一个问题》，载黄宗智主编：《中国研究的范式问题讨论》，102 页，北京：社会科学文献出版社，2003。

② ［美］威廉·亚当斯著，黄剑波、李文建译：《人类学的哲学之根》，383 页，桂林：广西师范大学出版社，2006。

③ ［美］马维·哈里斯著，许苏明编译：《人·文化·生境》，太原：山西人民出版社。

④ 转引自熊培云：《变动的村庄——续〈一个村庄里的中国〉之一》，载《南风窗》，26 页，2008（20）。

一种“走回去”的冲动，一种对自己社会表述的意识。离开故土之后的再次反观和对故土的感恩心理是许多作家的内在情愫。如韩少功对插队乡村的精神返回中编写的属于自己、属于那一时间和空间的《马桥词典》，让马桥从此活在语言里。他后来索性回乡，回到“一个人都走光了的地方”安顿自己。我承认，我的回乡有一种还债的内在冲动，我的祖辈、父辈包括我都在此生活过，而我离开后可能再也回不去了，正因为回不去了我才要再回望一次，这一次深深的回望让我心中百味俱全。我思考的是农村完成现代转型之艰难，以及完成现代转型之后的农村，又是怎样的一个局面，其中的个体有着怎样的现代化历程。形象地说，家乡人类学者是在做“在自己（曾经）站过的地方挖”的工作。

人类学著作的文体也是不拘一格，有严肃的学术著作，有像林耀华的《金翼》一样的小说体裁的人类学著作，也有介于学术著作与小说之间的文体，如老怀特的《街角社会》（《街角社会》后来成为芝加哥学派的代表作之一，成为一种“讲述外部世界的叙事方法”，成为后来喜欢个案访谈调查方法的学者争相模仿的文本）。

当然，中国人类学的发展也不应该只局限于以家乡或国内为田野的研究，而是要面向全球社会开展实地研究，这既是人类学发展的一个新转向，也是通过认识更大范围内的外部世界的“他者”而认识自我的内在要求，即“由海外看中国”的思想方式，这与中国政治、经济层面的全球视野有着内在的一致，是一种增强文化理解、开展文化交流和对话的基础。

“他者”这一概念可以说是人类学的专用术语，威廉·亚当斯对之进行了反复的界定阐释：人类学基本上是（即使不是完全是）对他者的研究；他者永远是一个道德问题。他者这个概念只有在与自我相对应时才有意义，而那就意味着它不可避免地带有主观性。……一些不同的观点：将他者视为落后的前身（进步论）、将他者视为幸福的孩子和道德高尚者（原始论）、将他者视为我们自己（自然法则论）、将他者视为戏剧（印第安学）以及将他者视为完全不同的人（德国理想主义）。在自我与他者之间作比较，永远不可能脱离道德判断。[①]

作为一个神话和道德化的角色，他者和自我一样历史久远，因为它们本身就是相互界定的参照物。他者一直是我们衡量自己有无价值、特征或共同人性的标尺。无论他者是比我们更好或更差、与我们相似或相异，总不会是中性的，与他者的比较总会有自我的映射。[②]

人类学的理论赋予他者不同的角色：他者即我们（普世论）；他者乃以前的我们（比较论）；他者是非我（特殊论）。文明的自我（self）与原始的他者（other）之间的冲突一直是一个道德难题，至今也仍未得到完全解决。[③] 他者概念的提出和各种所指都有其不同的理论基点，但有一点在目前是应该得到公认的，即“相对人类大多数而言，我们就是他者”[④]。

对他者概念的理解，需要明白这样一个历史背景，即：自西方启蒙运动以后，西方的强势地位得到了确立，并向边缘的弱势文化渗透。以西方人的本土宇宙观来重构异文化已经成为西方人看待他者的无意识的认知习惯。一方面把自己文化的过去标定为落后和野蛮，当这种想象中的落后和野蛮在自己的文化中找不到踪迹的时候，他们在西方以外的世界中寻到了他们心目中自己的过去。在认知结构上，所有西方以外的世界都被确认为是相对于西方“现在”的“过去”和“他者”。[⑤]

很显然，“他者”这一概念产生于西方中心主义者对他文化的优越感基础之上。可是当我们经过百年的对西方的了解追随之后，当我们知道文化本无优劣的时候，在自己能够有足够的理论和学术眼光来书写自

① ［美］威廉·亚当斯著，黄剑波、李文建译：《人类学的哲学之根》，382—383页，桂林：广西师范大学出版社，2006。

② 同上，1页。

③ 同上，5页。

④ 同上，374页。

⑤ 赵旭东：《文化实践、图式与“关系”建构——以河北白洋淀地区两村落的个案分析为例》，载《开放时代》，116页，2009（3）。

己的文化（写文化）的时候，此时还在继续沿用这一明显含有鄙视色彩的概念，证明一些人乃至我们大部分学者的西方中心主义观念还没有得到彻底“祛魅”。既然我们已经有大量的研究者在从事家乡人类学、本土人类学，实际上我们已经从“对象化的人类学”走到了以自己为本位的“主体人类学”，此时我们书写的已经不是“他者”了，而是“我们”，是生于斯长于斯的“我们”的兄弟姐妹和父老乡亲，乃至是“自我”。即便中国的人类学者远赴他国开展人类学田野调查研究（通过看世界而看自己），从全球视野和文化相对论的意义上来说，书写的还是“我们”——我们都是整个人类的组成分子——这是人类学之所以作为人类学应具备的根本的人类眼光。由此，学界应对长期以来所使用的“他者”概念进行反思，包括把人类学书写等同于反映“他者的世界”，最起码也应该是一种“主体间”，而非“他者”；是与自我并存的他人主体这个“他我”。人类学从来研究的就是“我们”人类的科学（人类学研究从来没有超出过人类半步），本土（家乡、主体）人类学更是研究小地域范围内“我们”的生活和社会世界。这也是费孝通提出“主体人类学”的要义所在。

人类学与“他者”有关，但是，严格地说，他者也与我们自己有关。人类学研究可以为我们提供一面镜子、一扇窗户、一种对比，使我们有可能以一种新的方式反思我们自己的存在。[①] 对我们来说，借着家乡人类学研究，我们从长期以来被看的“他者”返回到了“我们”看“我们”，我们书写我们。特别是当世界世界（动词，海德格尔将“世界”一词动词化）着，在一个充分世界化了的世界上，任何自我中心主义者都必将被消解。“自在”是因为有一个“他在”，“自在”之在必须以承认“他在”为前提，因此大家都将在共在中自在，“他者”不复存在。

---

① ［挪威］托马斯·许兰德·埃里克森著，董薇译：《小地方，大论题——社会文化人类学导论》，412页，北京：商务印书馆，2008。

三、乡镇——确立研究对象的类型学意义

研究家乡的人类学者，大多将田野点确定在某一个村庄［如江村(开弦弓村)、黄村、林村、抬头村、凤凰村、南景村、下岬村等］。在这样一个相对固定的研究范式中，有人也曾提出疑问。萧亮中在《夏那藏家》写作中发问“用一个村子能代表和说明整个文化区域的变迁吗?”[①] 既然对一个村庄的代表性心存疑虑，那么几个村庄呢？扩大到一个乡镇呢？能不能达到韦伯的“理想类型”要求？通过对几个村子（一个乡镇）的考察来反映一定区域的变迁，或可接近于能完成这样一项使命。

中国史书大多以府、州、县（府、州、县志编纂传统为证）为研究对象，而作为中国社会科学中最年轻的人类学传统以村落为考察对象。在这两个单元之间，作为乡镇一级的建制单元长时间地被人类学所忽略(有意？无意?)，这或许是人类学从西方引入时大多模仿人家的部落研究模式使然。

其实以乡镇作为研究区域，在学界已得到肯定和实践。中国人自己写的第一本人类学著作《义序的宗族研究》选择的田野点“义序”就是乡级建制。刘朝晖认为，要对一个区域的“文化丛”进行把握，就得要在一定的区域内进行调查。为此乡镇一级作为田野范围必然具有典型意义。[②] 在长期以来的现实生活中，乡镇作为方圆辖区内政治、经济和文化中心，是统辖基层社会文化要素相对完整的一个单位。在乡镇所具有的此一功能上，许嘉明也认为乡镇是汉人社会自给自足的最小单位。[③]《江村经济》1939 年在英国出版的时候，原来用的书名叫《开弦弓——中国农民的生活》，后来变成 Peasant Life in China，翻译过来叫《中国

① 萧亮中：《藏家后记》，见新浪文化，“逝者萧亮中：行走在田野的赤子”专题。

② 刘朝晖：《乡土社会的民间信仰与族群互动：来自田野的调查与思考》，载《广西民族学院学报》（哲学社会科学版），2001（3）。

③ 许嘉明：《祭祀圈之于居台汉人社会的独特性》，载《中国文化复兴月刊》，1978（11）。

农民生活》。有人就批评费孝通先生，中国这么大，怎么能用一个村子的材料讲整个中国呢？他说："批评得对。可是我说，我开始没有要用一个村子的材料来讲全中国农民的生活。中国的农民有几亿呀，我怎么能够用一个村子的材料来讲全中国呢？可是，这里看到的江村这样一个村子的农民生活，也是中国农民生活的一部分。这个争论持续了很久，英国也进行了争论，争论的核心就是微观的田野调查怎能够得出宏观的结论这样的问题。"①

费孝通对于自己30年代的田野调查止于乡村而未能涉及城镇而心存遗憾，那是因为当时他缺乏研究城镇的条件。他在七十岁的时候，希望再活十年，他把这十年比作只剩十块钱了，这十块钱怎么花呢？他把这十块钱集中起来买了一个心爱的东西——放在了研究城乡关系上面。② 因此20世纪80年代初期，结合刚刚起步的城乡体制改革，费孝通就指导和带动了从江苏省吴江县开始的小城镇研究，作为农村社区研究的继续和深入。实际上就费孝通本人的研究而言，他从乡村到小城镇研究的转向，也应是他基于对传统中国的"城市—市镇—乡村"关系的思考开展的学术实践，也是对长期以来乡村研究与城市研究过度分离而导致以"乡土中国"代表传统中国的全部的有力改善，因为"乡土性"只是中国传统性的一部分，中国的传统性中照样包含着城市性。也由此揭示出蕴涵在中国传统性内部的"非乡土"的特性，从而将"城镇化"设计为中国城市化、现代化的道路，这不失为一种从中国传统性中发现中国现代性源泉和出路的大思路。③ 再如，刘志军选择了张店镇进行乡村都市化背景下的宗教信仰变迁研究④，也是开展乡镇人类学研究的有

① 费孝通：《我对中国农民生活的认识过程》，1999年4月17日在北京大学的演讲录音稿，载"思与文"网，2010-12-14。

② 同上。

③ 参见陈映芳：《传统中国再认识——乡土中国、城镇中国及城乡关系》，载"思与文"网，2008-03-19。

④ 刘志军：《乡村都市化与宗教信仰变迁——张店镇个案研究》，北京：社会科学文献出版社，2007。

效案例。

因此，我们既要研究小的文化单元（文化元素或文化特质，若干文化特质结合构成一个文化丛，与之相适应的地域即“文化区”），也要研究“文化丛”，两者的互补和增益才能完成一个更加完整的研究，两者的研究意义都有成立的充分理由。列维-斯特劳斯在《结构人类学》中指出“把研究限定在一个单一的社会上可以做出极有价值的工作”，他所指的“单一的社会”，我想也无意强调非得是村落或者必须是乡镇乃至城市的街区。不管是文化特质还是文化丛，通过这种小社会可以透视大社会，除了其地方性特征的独特性外，也有其与整体性之间互动和同构的普遍性意义。

除了以乡镇作为研究对象在学理上的支持（尽管当地由于城镇化程度太低，乡镇研究也基本等同于村落研究），对我来说，很大程度上还基于以下几点考虑，当然仍有贪便之嫌。

首先，是我一定的乡村生活经验储备。但是仅限于我所生活过的那个村庄，当地村落人口少，不像南方农村人口密度大，选择一两个村庄缺乏典范类型，扩大到乡镇研究可以稍微中观一些，能够解决微观代表性不足的问题，为此我决定将研究对象扩大为全乡的 6 个行政村，这样作为研究对象的类型学意义得以建立。其次，是王铭铭所看到并揭示给我们的：“我们今天看到的村庄应该说是中国文明史的前身。在建立城市以前，中国人大多生活在村里。”虽然政府主导的是“去农村化”，但对于中国这样一个以农业社区为主的发展中农业国家，即使能够实现“去村庄化”，也需要一个非常漫长的过程。因此，就目前来讲，村庄一定还留存着一些传统文化的影子或基因，还值得去拾捡一些东西。第三，是地名本身所呈现的悖论。我们选择的考察地名叫种田，农业社区核心的活动就是耕种田地，从有田可种到守着田不能种，乃至弃田而去，对“种田”这一地名和内涵是最大的反讽。第四，行政区域的边缘性。当地在行政区划上处于甘宁两省（区）的交界处，与苦甲天下的西海固、会宁相毗邻，某种程度上具有同构性。第五，基于当地的考古发现。这是一处人类远古祖先曾经频繁活动的地带，由此证明当时有非常适于人类生存的条件，而现在却恶化为一处越来越严酷的环境，这难道不是一个更为长时段的历史河床上的一种干涸吗？是在一个存在“巨链”上的人类生存与文化土壤的变迁与凋敝？

此外，选择家乡作为田野点主要是考虑到田野工作的方便，熟悉的地缘关系使我们免遭白眼与调侃（克鲁伯、乔健都受过如此“礼遇”），不必像去那些陌生的村落或部落冒更大的生命危险，经受一年半载不得不呆在田野点的寂寞。安德明深有体会地谈到，家乡民俗研究（人类学同理）有着种种优势：理解的优势、语言的便利、环境和人际关系的适应、心理上的舒适和生活上的适应等。① 林耀华也曾说自己选择义序为研究标本原因有三：作者闽人，生长于闽地，闽俗习惯，早已娴熟，行动不致与习俗冲突，言语又不会发生龃龉。（林耀华：《义序的宗族研究・导言》）学术要求非常严谨的人类学家，在自己田野点上都要住一年以上（马凌诺斯基在初布兰岛住了四年），这样还不敢说对研究对象的真正完全了解。连马凌诺斯基死后夫人为其出版的日记中，我们也看到了马氏的烦躁导致对其心爱的田野点的诅咒，抱怨花费了偌大心血却没发现任何有价值的东西。像《纳文》的作者贝特森初入田野的兴奋被时光所侵蚀，搞不清白宁人是否有图腾制度，搞不清一个清晰的世袭，也搞不定姓名禁忌的谜障，简直无从下手，情绪一直低落，“傻得都不会思考了”，以致气馁到“绝望地厌恶田野作业”，多次从田野点无功而返。王铭铭在田野工作中也遭遇了不小的尴尬（一次田野工作，一进入村子就迎面碰到的问题：“你是研究什么的？为什么来到我们这个不重要的小地方？”我回答说：“我是研究人类学的，来您的村子里搜集资料。”他说：“人类学是什么？是不是哲学？为什么哲学家还要来我们这些渺小、愚昧的小农民家里采访？”）② 乔健也收获了拿瓦荷人的“赠

① 安德明：《家乡——中国现代民俗学的一个起点和支点》，载《民族艺术》，2004（2）。
② 王铭铭：《漂泊的洞察》，149页，上海：上海三联书店，2003。

言”——你的研究对你有好处，对我们却没有好处。[1] 王明珂初入白花寨时，躺在粗糙的牦牛毡上，盖着有异味的羊毛被子，在人类学异邦想象中非常兴奋，可第二天睁开眼一看，天花板上竟然贴着林志颖的大幅海报，彻底将他从典范人类学之梦中惊醒过来。[2] 而另外一些人类学家如威廉·亚当斯所说，他们很少发表文章，但他们具有高度的耐心和热情，非常享受田野工作，并把它当作一个目的来享受，满足于享受跨文化交流这件事情本身。

四、田野工作——主客分离或两个主体合一

张承志说过，学术必须两脚沾上泥才能可信。他说的就是重视实地考察，不光是从文本到文本。不仅对其他的学术研究，对人类学来说更是必修和不可缺少的工具、手段和过程。

田野调查由现代人类学的奠基人马凌诺斯基（Malinowski）开创，它使得以后的人类学家慢慢告别了泰勒、弗雷泽等那代学人的工作方式，不再在书斋中足不出户，埋头整理那些充满偏见的书面资料，而是直接面对活态的异域文化，在细微的观察后再对这个文化进行描写分析，建立理解这个文化的理论模式。马氏在《西太平洋的航海者》中说过，从与土著人接触到文本的完成，要经过长年的辛劳来穿越其间的距离。马氏以自己的人类学研究告诉我们，当依靠经验似乎可以下结论的时候，实际田野工作却会发现新的问题与漏洞，并因此引向新的工作[3]。结构主义人类学家列维-斯特劳斯既把田野工作作为人类学家的

① 参见李亦园：《人类的视野》，44页，上海：上海文艺出版社，1996。

② 王明珂：《寻羌：羌乡田野杂记》，17页，北京：中华书局，2009。

③ 参见［英］马凌诺斯基著，梁永佳、李绍明译：《西太平洋的航海者》，9—10页，北京：华夏出版社，2001。

必备训练，更视其为人类学家“整体性”“想象”之必要过程，提出人类学的第二个雄心是追求整体性，即经过田野经验之后，这些知识才“团成了”一个有机的整体，并且突然间获得了一种此前付诸阙如的含义。[①] 田野工作因其非常耗时，亚当斯说他的一位朋友曾称其为“铁靴里的人文学”。李亦园也曾提到，了解“当地人的观点”，要用一种“很费时间的技术”，即“参与式观察”和“深度访谈”。

因此，我觉得我需要助手，我想到了中学同学、家乡中学语文老师刘晓乾。生于斯长于斯以及十多年的教学生涯，为他提供了与当地居民稳定的人际关系网络，为建立与资料提供人之间的关系奠定了基础，以及日常生活置身其间连贯的和深度的体验，这些都占有很大的优势，既符合拉德克利夫-布朗提出的“至少要在他所研究的地区，与当地人民共同生活一两年”的要求，也符合马凌诺斯基所说的：“养成能用他人的眼光去看他们的信仰和价值的习惯，比什么都更能给我们以启迪。”[②] 邀请他以“土著人”的角色成为我这一课题的合作者，能够保证他以文化持有者的内部眼界（from the native’s point of view）顺利进入田野工作，正如马凌诺斯基见到费孝通的《江村经济》时所说的“土著研究土著”。

人类学的首要学术规范是将该种文体与所依托的田野作业捆绑在一起，并且“科学的民族志必须做到资料的主体与理论研究的主体的合一”[③]。事实上，我和刘晓乾分别作为这两个主体之一是分离的，但是我们尽可能地弥补其中的裂隙，在能够做到客位和主位明显区别的同时，努力实现“主体的合一”，弥合的连接靠的是我曾经在田野上的

① ［法］克洛德·列维-斯特劳斯著，张祖建译：《结构人类学》，395 页，北京：中国人民大学出版社，2006。

② ［英］马凌诺斯基著，梁永佳、李绍明译：《西太平洋的航海者》，447 页，北京：华夏出版社，2001。

③ 高丙中：《〈写文化〉与民族志发展的三个时代》（代译序），见［美］克利福德、马库斯编，高丙中、吴晓黎、李霞等译：《写文化：民族志的诗学与政治学》，10 页，北京：商务印书馆，2006。

生活经验，回乡调查，回到县城时在亲友中的调查听闻，以及期间我们频繁的电话、短信与邮件联系。我想这既是一种对严格的规范的降低要求，难道不也是一种对人类学多元化、开放式发展的尝试？

“人类学是在人自身的主客体双重化所开辟的空间里产生的。”① 实际上，从产生这一课题想法的契机看，我们的考察首先是基于我的文化感觉与文化经验（以往的经历、情感、记忆）本身出发的。因此，这时，面对田野，作为他者的自己，和作为自己的他者可以集于我一身，即将对象化的人类学与以自己为本位的主体人类学（费孝通提出：非西方人类学家应当探索出一套作为“主体”的人类学理论与方法，使之有别于“对象化”的人类学。②）结合起来，将刘晓乾的“主位”观察（获取资料的主体）与我的“客位”研究（理论研究的主体）统一起来，最后合二为一。

“格尔兹把人类学家称之为职业入侵者（professional intruders），说白了就是，人家的日子过得好好的，你来干什么来了？你凭什么闯入、干扰别人的生活，把人家大大小小的事问个底儿掉？”③ 我们是在干扰别人的生活，还是在力求观察反映农村的现代转型、农村文化空间的凋零，我们对这个问题是考虑过的，并尽量利用刘晓乾“在地”的优势，减少“异因素”的干扰，来减弱这样一些似乎在拷问人类学者伦理道德的问题。列维-斯特劳斯也在此意义上表达了对那些“野蛮人”的忏悔：“遗憾的是，在……我们带给他们的生活方式的冲击下……他们不久就要无可挽回地灭绝了……本人对他们欠下的债务也是无法清偿的。”④ 斯特

---

① ［瑞士］雅各布·坦纳著，白锡堃译：《历史人类学导论》，38页，北京：北京大学出版社，2008。

② 费孝通：《人类学与二十一世纪》，在第六届社会学人类学高级研讨班（兰州）上的主题发言。转引自僜东白力格：《地方性知识与主体人类学》，139页，兰州：甘肃人民美术出版社，2006。

③ 郭于华：《在乡野中阅读生命》，3页，上海：上海文艺出版社，2000。

④ ［法］克洛德·列维-斯特劳斯著，张祖建译：《结构人类学》（1—2），500页，北京：中国人民大学出版社，2006。

劳斯代所有人类学家打下了这个永久生效的欠条。

五、地方性——作为整体的一部分及其间的互动

还有一个学界所关注的问题，就是作为人类学强调的“地方性知识”的微观认知与长期以来宏大叙事所侧重的整体性认知之间的各行其道或者简单对立。一个既存的事实是，仅靠微观认知与宏观认知其中某一个方面都无法取得对整个历史进程的完整表述。人类学强调微观视角并不是否定宏观视角并将两者对立起来，把握微观是为了更具体地理解宏观过程，在通过微观分析这面放大镜观察宏观进程的同时，并且只有在两种视角间转换或“调和起来”，或者如卡诺·金兹堡指出的，“不断往还于微观史学和宏观史学之间、往还于‘特写镜头’和‘远景镜头’或‘特远景镜头’之间”，才可能产生一种更加全面的认识和把握。①

地方本来就是（国家、全球）整体的一部分，没有任何选择置身其外的可能性，并存在同一时态结构中（汪晖指出，全球化与地方的关系不是外与内的关系，它们是同一个过程②），甚至互为条件，由于人为分割才形成二元对立。没有地方，（国家）整体就成为有名无实的空虚构造；同样离开整体性的眼光就不能发现所谓的地方性。只有把地方性的微观进程不要看作是一个封闭的体系，不要停留在一个有限的空间范围之内，而是看到“地方性流动及其超越”或者“跨地方性逻辑”，看到地方系谱与国家/全球场域之间形成的互动和统合，乃至全球化的互动空间，这样我们就能够通过纠合宏观进程和微观进程、内部因素与外

---

① ［瑞士］雅各布·坦纳著，白锡堃译：《历史人类学导论》，97页，北京：北京大学出版社，2008。

② 汪晖：《去政治化的政治：短20世纪的终结与90年代》，497页，北京：生活·读书·新知三联书店，2008。

部因素的角度来认识中国的社会变迁。实际上费孝通早已看到，我们的乡村从来都不是封闭的存在，它通过由上而下和由下而上这两条轨道将村庄与外面的世界联系在一起。由上而下的是国家对于乡村社会文化的控制，由下而上的是乡民自己组织的通向外界的轨道。[①]

朱浒通过研究晚清义赈与近代中国的新陈代谢提出“跨地方性逻辑”的概念，并指出地方性的确认，尤其在地方感觉和地方认同的发生，很可能在地方与地方、地方与国家之间的互动关系下才表现得最为明显。另外，在运用“跨地方性逻辑”来把握中国的统合性时，仅仅强调国家对地方空间自上而下穿透的一面显然是不够的，地方系谱自下而上向国家场域的蔓延同样是一个不容忽视的方面。[②] 陈春生也在地方性与整体性予以一体化关照的意义上指出：只有用“整体历史”的观念去理解地域社会的历史脉络，而将乡村社会置于地域社会的脉络之中，才能更深刻地理解乡村的故事与国家历史的关系。[③] 这给我的启示是，不要把微观层次的研究对象当成一个静态的“小传统”所在，要看到它与“大传统”和整体性的互动，甚至跨出地方性的限制，向整体性（国家、超国家）的蔓延发展。因为“地方性知识”毕竟综合在一个文明单位之中，地方性的变迁也就在一定程度上作为一种典范类型能够通过自下而上的视角解释中国社会的变迁。

格尔兹的“地方性知识”构造把西方现代与地方传统作为二元对立，非此即彼，因此完全把二者共处的近现代排除在其注意之外。[④] 所以说，地方不是一个静止的、封闭性的概念，它不但与整体时刻互动、

① 参见赵旭东：《认同危机与身份界定的政治——乡村文化复兴的二律背反》，载王铭铭主编：《中国人类学评论》第2辑，95页，北京：世界图书出版公司，2007。

② 朱浒：《地方性流动及其超越：晚清义赈与近代中国的新陈代谢》，526页，北京：中国人民大学出版社，2006。

③ 陈春声：《乡村的故事与国家的历史——以樟林为例兼论传统乡村社会研究的方法问题》，载黄宗智主编：《中国乡村研究》第2辑，北京：商务印书馆，2003。

④ 黄宗智：《学术理论与中国近现代史研究——四个陷阱和一个问题》，见《中国研究的范式问题讨论》，119—122页，北京：社会科学文献出版社，2003。

互溶，不断地按照自身的逻辑发展，在发展中部分地丧失地方性或再结构，或者超越地方的范域，而且时刻存在于近现代的背景下，构成“现代传统”的一个组成部分。这表明地方与整体、传统与现代不是非此即彼、你死我活、不共戴天的关系，我们时时能看到他们继承、共生和互成张力的局面。

六、大变局——现代性背景下的乡村社会文化变迁

列维-斯特劳斯说，人类学诞生于一种历史的变迁。

台湾人类学家王明珂在《寻羌：寻羌田野杂记》的后记中说，他十余年的“寻羌”之旅所找到的并非传统，而是变迁。传统已无处可寻，没有一个典型的羌族村落，没有一种各地羌族能用来彼此沟通的羌语，也没有一种共同的羌族文化。这种情况不仅发生在华夏边缘的少数民族地区，在广大汉族地区的变迁情势表现得尤为激烈。

从一开始，社会变迁就是人类状况中不可或缺的部分。某种社会状态不是凝固不变的，都有其产生、发展和灭亡的过程。在这个基础上，人类学家认为文化变迁是一切文化的永存现象，人类文明的恒久因素。文化的均衡是相对的，变化发展是绝对的。世界上没有也不可能有变化的“零起点”，一切都在过程中。而且“人们相信变迁是不可逆转、不可抗拒、不可消除的。在任何社会，都存在技术变迁、人的变迁、快速的生态变迁，以及由经济和政治模式内在的不一致和相互冲突的意识形态所导致的变迁。”①

文化变迁与社会变迁密切相关，也是一个动态平衡的过程。社会变

① ［美］史蒂文·瓦戈著，王晓黎等译：《社会变迁》，3页，北京：北京大学出版社，2007。

迁的不同方式影响着社会中的个体与群体。一般来说，文化变迁指文化内容和形式、功能与结构乃至任何文化事象或文化特质，因内部发展或外部刺激所发生的一切改变。通常情况下，文化变迁多是缓慢积累以致临界质变的，但在特定背景下，也可能会发生剧烈迅速的变动。① 社会变迁指社会各方面现象的变化，更确切地说指社会制度的结构或功能发生的改变。而文化变迁总是与社会变迁相伴随的，所以有的人类学家使用“社会文化变迁”。

罗伯特·劳尔认为：“变迁是……一个综合的概念，指从个体到全球的人类生活的不同层面上社会现象中的变化。”变迁发生在多个层面，如个体层面的态度、观念、愿望和动机的变迁，组织层面的组织结构和功能的改变，制度层面如婚姻和家庭模式、教育和宗教实践中的变迁，社会层面如社会分层、经济和政治系统的改进等。② 在关于变迁的文化模式中，常被引用的是进化理论、扩散（又译传播）理论、涵化（又译同化）理论。在关于变迁的社会模式中，主要理论有革命、现代化、工业化、城市化和官僚化。

社会变迁理论包括进化理论（日积月累的变化）、冲突理论（作为不公平与剥削的结果，冲突是所有社会普遍存在的）、结构-功能主义理论（致力于功能解释，一个特定的结构在维持社会系统或子系统的稳定中发挥作用）、社会心理学理论（主要关注个体及人格）。进化学派用文化进化理论来说明文化发展的普遍性，认为人类文化普遍地由低级向高级、由简单向复杂发展进化，形成一个发展顺序。按照滕尼斯的进化论描述，社会经历了“从礼俗社会到法理社会”的变化趋势，在这一趋势中，小的、原始的、传统的、同质的、紧密编织在一起的固体被一个巨大的、城市化、工业的社会所影响和取代。进化论的直线演进也有它的

① ［美］克莱德·M. 伍兹著，何瑞福译：《文化变迁》，中译本序4页，石家庄：河北人民出版社，1989。

② ［美］史蒂文·瓦戈著，王晓黎等译：《社会变迁》，4、7页，北京：北京大学出版社，2007。

局限性，我们看到它已经让位给了多线进化。传播学派侧重于文化的地理、空间和地方性变异，认为文化的变迁过程就是传播过程，文化主要在传播过程中发生变迁。功能学派虽着重于社会文化的功能、结构的研究，讲文化现象的变化着重讲它的功能的变化、消失与替代，但也注意研究在调查中所发现的文化变迁。结构功能主义论者帕森斯将社会视作一个被其他三个系统（人类、有机体、文化）包围着的一个系统。他认为，一个社会，当它与其他三个系统的界限没有被破坏时，就处于均衡状态。社会均衡，包括“界限维持”；社会变迁，包括“边界突破”。如果一个潜在的界限被破坏了，更大系统内的资源就阻碍了结构变迁的潜在趋势。①

与其他许多事物一样，社会变迁也要付出一定的代价。一般将这些代价分为经济代价（如经济增长的代价，固体垃圾、空气污染、水污染、气候变异等环境代价等）、社会代价（如汽车使用带来的后果，关于健康、幸福感、恐惧感等主观感受的生活质量，以环境意外而导致的疾病、物种濒危、土壤腐蚀、食品清洁、生态破坏等社会代价，城市生活，高等教育浪费，科学专门化等）和心理代价（机器病理学行为，焦虑感和不安全感，精神疾病）。② 说到底，乡村社会文化变迁是一个现代和传统如何共存或如何协调进退的问题，或者是动态平衡的问题。

1. 何为现代化或现代性

现代化是社会结构的整体性变迁。因为“传统并不完全是静态的，它必然要被从上一时代继承文化遗产的每一新生代加以再创造。在处于一种特定的环境中时，传统甚至不会抗拒变迁。”③ 或者说现代化是一场深刻的文化变迁，既包括物质文化，也包括精神文化的发展变化。

① ［美］史蒂文·瓦戈著，王晓黎等译：《社会变迁》，54页，北京：北京大学出版社，2007。

② 同上，248—272页。

③ ［英］吉登斯著，田禾译：《现代性的后果》，33页，南京：译林出版社，2000。

“现代化一经在世界上任何一地展开，其影响便不可避免地渗及全球各处，不管这种影响靠的是什么力量。”①

作为从基督教文明内部产生的、以理性（化）为核心的现代性概念，它在理性化的生活世界的表现特征之一就是“对已失去准自然状态的传统的反思态度”②。汪晖由此指出，现代性概念本身是一个悖论式的概念，现代性在某种意义上是一个“自己反对自己的传统”③。吉登斯在《现代性的后果》中强调：现代性以前所未有的方式，把我们抛离了所有类型的社会秩序的轨道，从而形成了其生活形态。在外延和内涵两方面，现代性卷入的变革比过往时代的绝大多数变迁特性都更加意义深远。在外延方面，他们确立了跨越全球的社会联系方式；在内涵方面，它们正在改变我们日常生活中最熟悉和最带个人色彩的领域。现代性的根本性后果之一是全球化。“即对产品、服务和资本市场的国际整合——的后果，就是世界经济图景的急剧变化。这个世界越来越多地被拉入一个超越了传统政治、经济和文化世界的经济和社会关系的网络。”④ 它不仅仅只是西方制度向全世界的蔓延，在这种制度蔓延过程中其他的文化遭到了毁灭性的破坏；全球化是一个发展不平衡的过程，它既在碎化也在整合，它引入了世界相互依赖的新形式，在这些新形式中，“他人”又一次不存在了。⑤ 总的来说，现代化没有最终产物。开始现代化的过程，就意味着要经历持续的长期的变迁。金斯利·戴维斯(Kinsley Davis) 预示：“在下个世纪内——确切地说到 2100 年，全球城市化应该全部完成。”⑥ 而通向现代化的普遍道路，被认为是市场经

---

① 汪晖：《韦伯与中国的现代性问题》，见汪晖：《汪晖自选集》，27 页，桂林：广西师范大学出版社，1997。

② 同上，1—35 页。

③ 同上，487 页。

④ [美] 史蒂文·瓦戈著，王晓黎等译：《社会变迁》，27 页，北京：北京大学出版社。

⑤ [英] 吉登斯著，田禾译：《现代性的后果》，4、152 页，南京：译林出版社，2000。

⑥ [美] 史蒂文·瓦戈著，王晓黎等译：《社会变迁》，85、89 页，北京：北京大学出版社，2007。

济建设。中国现在正在进行的社会主义改革的主要特征就是市场化，经济领域的市场化的结果，就是将中国社会纳入全球性的市场社会。汪晖则指出，中国社会主义的现代化实践包含着反现代性的历史内容。“反现代性的现代性理论”，是晚清以降中国思想的主要特征之一。这种悖论的方式有其文化根源，但更需要在中国现代化运动的双重历史语境（寻求现代化与对西方现代化的种种历史后果的反思）中解释。①

高师宁认为，现代化带来了七个方面的变化：都市化、社会地位、家庭、人口教育、生态环境、价值标准和生活态度、生活方式。② 现代化带来的这些方面的变迁，都能在乡村社会文化中找到一一对应的地方。贺雪峰从农民价值观所发生的变化这一角度分析认为，当前中国快速的经济发展、社会流动、信息传播及国家权力向农村渗透，使得现代性因素全方位进入农村，并因此改变和重塑了农民的价值观，改变和重建了农民行动的结构性条件，从而导致中国农村出现各种现象，导致中国农村正在发生（也许是不可逆转的）千年未有之大变局③，这是农耕文明传统注定要与城市化、工业化、现代化碰撞的命运?!（什么样的策略和努力能够救助一个人群与一个地方的生活方式，使其免遭商品化、现代性和国家建设的毁灭性屠戮?）由于城市化程度不高，我们看到“大批农民工不能在城市定居，在国际金融危机发生后，他们不得不返回家乡，等待命运的重新安排”④。

“现代化最终导致了一个泯灭差异、趋于同一的世界历史进程，但

① 汪晖：《当代中国的思想状况与现代性问题》，见汪晖：《去政治化的政治：短20世纪的终结与90年代》，65页，北京：生活·读书·新知三联书店，2008。

② 高师宁：《试论现代化与新兴宗教》，载《世界宗教研究》，1994（4）。

③ 贺雪峰：《农民价值观的类型及相互关系——当前中国农村严重伦理危机的讨论》，载《开放时代》，2008（3）。

④ 以工业化为目标是发展中国家不可简单抛弃的发展道路。……英格尔斯的理论使我们很受启发，忽视了工业化和城市化，我们将付出巨大的代价……把自己放在全球化经济产业链上的发展模式，探索实体经济和工业化，在此基础上实现城市和现代化，应当是中国人从这次金融危机中得到的最深刻的反思和经验。丁元竹：《美美与共》，载《读书》，18页，2009（4）。

它的主要特征之一却是分化：国家与社会共同体的分化，不同的利益集团的分化，不同文化集团的分化，知识领域的分化，法律与道德的分化……这种分化是否导致了一种韦伯式的“合理化”的结构，至今并不清晰，遑论“合理化”过程可能带来的新的难以克服的危机。”①

现代性，从本质上说是一种自我转化的过程，这种转化当然包括自我认同的转化。而所有有关现代性问题的探讨和结论，最终可谓“苟日新、又日新、日日新”。因为现代性是流动的现代性，现代性是一个“未完成的方案”。

2. 变迁的主体

说到底，社会文化变迁是人在变迁。文化间的接触和连接的中介是人，确切地说是人而不是文化进行互相接触，因此社会文化变迁的主体是人，人是社会文化变迁的实际承担者。哈根的地位退缩理论甚至认为，“没有人格上的转变，社会是不会发生变迁的”。即当一个特定社会集团中的成员察觉到自己的目的和价值观不被他们所尊重的并对其尊重很看重的社会中其他集团所认可的时候，变迁就发生了。② 在外部城市生活方式和经济快速发展的诱惑，以及内部贫瘠的土地和艰苦生活的逼迫之下，在这样一个关头，他们如何选择去留？

孟德拉斯看到的是——因为没有选择，人们留下来了；因为父母在这里，必须留在他们身边顶替接班。

现在的情形是——这些薄田根本就养活不了一家人，年轻人离开了

① 汪晖：《汪晖自选集》，《自序》1页，桂林：广西师范大学出版社，1997。

布罗代尔和沃伦斯坦的“世界体系”理论对现代化理论提出质疑。世界体系分析注重于经济、社会和政治单位之间的空间关系，它把原来在现代化理论中所理解的先进与落后、现代与传统的时间关系，阐释为“核心”与“外围”的空间关系，这二者之间是相互依赖的关系，不存在“现代”社会和“传统”社会。见《汪晖自选集》，29页。

② [美] 史蒂文·瓦戈著，王晓黎等译：《社会变迁》，59页，北京：北京大学出版社，2007。

村子，超过退休年龄的老人（当然农民是没有退休年龄的）也进城打工糊口，传统的农业身份开始变得多元化。多数牲口圈也空了，牲口被卖得差不多了；空荡荡的村里只留下一些寂寥的老年人蹲在墙根下晒太阳，把这样一件最显眼的事摆在村里最显眼的位置；村外的田地同样空得吓人……

文化变迁中作为负载文化的主体——人，他们对文化的认同，可以影响文化变迁的速度和方向。① 一部分在原有文化环境中成长的人们外出了，流动人口加剧导致文化固有群体数量剧减，后备力量匮乏。留下来的人，通过电视看着城市的生活、全球的花花世界，文化主体生活条件和观念改变，对那些“落后”的本土文化已无暇顾及；对传统文化的传承、创造和参与意识无从谈起，文化氛围消散，宗教意义消解，少有大范围、有组织的文化活动，民间活动疲惫，与历史上的盛况相比，无论地方戏曲、方神信仰、祖先崇拜、风水观念等传统民间文化都日趋式微。费孝通所说的文化自觉，是指对生活在一定文化中的人对其文化有“自知之明”，明白它的来历和形成过程，所具有的特色和它的发展趋势。他将文化自觉概括为“各美其美，美人之美，美美与共，天下大同”，“各美其美”就是不同的文化中的人群对自己传统的欣赏。而在当地，年轻人要么游离出去，要么对传统不再正眼看待；老年人已疲于操演，又谈何欣赏，又怎么去“自觉”？

杨文炯在“回族传统文化与现代化的思考”一文中提出，回族穆斯林应当“以文化自觉的方式塑造传统精神的现代品质，为现代化提供精神资源”。这种“返本开新”的路径不仅对于回族或其他少数民族文化传统的继承发展是适用的，它更应是所有社会、民族和文化由传统走向现代化的“自知之明”和主动选择。传统是现代的基础和内在精神资源，只有从过去继承下来的条件下，才能创造出最适合自身现代化的路

① 文化（苏依拉）：《卫拉特——西蒙古文化变迁》，208页，北京：民族出版社，2002。

径和模式。[①]

王铭铭在《非我与我》中说："我们的研究对象并没有随着现代化而消失。……事实却是民间保留了自己的世界，是自己的文化保持了生命力。"[②] 这话说得有些绝对，或者说只说对了一些仅有的个案。在我们的田野点上看到的是，当地村民对本土文化漠然的态度和反应（认同），加快了对本已稀薄的文化资源从内容到形式的抛弃，一个从量变到质变的蜕变过程正在发生，传统民间文化的生命力在减弱之中，他们已无力恢复自己的某些传统文化和仪式。

3. 变迁的因素

导致社会变迁的重要因素包括技术、意识形态、竞争、冲突、政治与经济因素，以及结构性张力。技术的变迁作用，如 Yir Yoront 族中引进铁斧一样，导致了部落中社会结构的剧烈变动。经济力量渗透了社会中生活的所有方面，被认为是社会变迁中最强有力的诱因之一。

结构性压力，指社会系统中两个或更多的组成部分之间的不一致。在组成部分不相容的情况下，社会系统的均衡就被打破了，这可能会导致社会变迁。它包括人口失衡、失范、某些稀缺形式、角色冲突、理想与现实之间的矛盾、价值冲突，以及地位痛苦等情形。[③] 对本地来说，如劳动人口规模的减少、年龄老化，外出打工的挫败感、被剥夺感等。

马克思主义解释社会发展变迁的根本原因有四个方面：一是因为社会生产力的增长以及生产力与生产关系的矛盾运动；二是社会阶级或阶层需要的增长，以及利益冲突；三是文化的传播；四是外敌入侵、环境破坏、自然灾害等因素。人类学家们对于哪一个领域更易于引起变迁有

① 丁士仁主编：《伊斯兰文化》第2辑，68页，兰州：甘肃人民出版社，2009。

② 王铭铭：《非我与我：王铭铭学术自选集》，403页，福州：福建教育出版社，2000。

③ ［美］史蒂文·瓦戈著，王晓黎等译：《社会变迁》，29页，北京：北京大学出版社，2007。

不同的说法，一说技术先于意识形态；一说意识形态更为根本；米德等则认为越早学到的东西越难改变。

当地文化的变迁原因或动力可分两个方面：一方面，根本内因在于人们缺乏这种文化自觉，不知其文化从哪里来、如何持守、衰退到何种地步，更谈不到对传统的欣赏心理。另一方面，环境（包括生物因素、地理环境、文化传播、社会环境等）的变化，使村民以新的方式对其文化做出反应。当他们无力在环境变化中主动调适本土文化，长期形成的意识传统、思维定势、生活方式、行为习惯受到新的挑战时，在环境的、时代的、精神的、观念的、社会心理的、意识形态的变化面前彻底丧失信心，遗忘和遗弃了自己的文化。

文化涵化理论的自我完善机制认为，一个社会总是包括有冲突的力量和凝聚力量。它的平衡力有助于社会自我完善。一般说来，具有较多的保持界限机制、严格的内部结构和有自我改善机制的文化系统，在涵化中变化最小；而那些很少保持界限、内部结构灵活、缺乏有效的自我改善机制的文化系统，在涵化中最易变化。当地文化系统内各个部分越来越松散的结构，已进一步降低了它的自我完善功能，必然导致结构的解散和重组，加剧它的变迁进程。

或者从文化传承的角度来理解，每个时代的人都是在前人所创造的文化模式下开始生活的，没有前人创造的文化即传统文化，个人就无法生存和发展。另一方面，人们只有在继承传统文化的基础上，才有可能创造出新的文化。而传统文化的继承和传递，主要依靠社会制度（包括本源的经济制度、婚姻家庭制度，以及派生的政治制度、法律制度和文化制度等）来进行。因为制度作为一种社会结构，它可以通过自己的组织系统把人类文化传递下去。目前的问题是，乡村社会制度本身是涣散无力的，它几乎丧失了继承、传递乃至习得、更新的力量。变迁的动因是多方面的，没有严格的因果关系和发展逻辑。有时可能还会出现“两极性相关”，以经济发展对民间信仰的影响来说，经济发达地区和经济贫困地区都有可能导致民间信仰的发展，或对传统的完整保留、复归。

4. 出路

社会是一个复杂的关系模式，一旦关系变了，行为同时也会改变。对个人来说，社会变迁意味着新的谋生手段、居住场所的变化，养家、教育孩子、自我管理以及寻求最终的生活意义等方式上的改变。[①] 巴尼特称作的“连锁反应效应”，即视乡村社会文化为一个整体系统时，其中某一部分如生产方式、社会结构的变迁就会连带引起其他部分如民间信仰的变迁。[②] 因为文化是一个整体，文化的一个部分发生变迁，必然引起整体中互相关联的部分的反应，最先改变的起着决定性的制约作用。这正是结构主义的观点，一个结构会表现出系统的特征，它的某一组成成分做出任何变动，都会引起其他成分的变动。更重要的是“结构本身存在于变化之中，不断形成，又不断解体”（迪尔凯姆语）。社会循环论（以斯宾格勒《西方的没落》为代表）认为，文化和社会都经历着一个增长与衰落的连续的循环过程。

毋庸置疑，任何一个群体的文化，始终是处于持续变化之中，特别是在城市化和全球化的影响无孔不入的当今时代。有的文化持有者由于具备文化自觉，能够在吸收他者的基础上营建自己；有的则在文化接触中丧失自己原有的地盘，彻底被他者所吸纳，把自己搞垮。斯特劳斯善意地称之为“两种不同的自我营造的方式”。当地的实际情形，基本上属于第二种自我营造方式，如果说它还有力营建的话。

庄孔韶提出：“人类学家始终关注变迁的主题……但变迁的因果关系不是我们特别注意的，变化变迁的速度等也不是可以用简单的因果关系的模式描述。而更重要的是社会怎样转变和在什么方向上转变。”[③]

---

① ［美］史蒂文·瓦戈著，王晓黎等译：《社会变迁》，6页，北京：北京大学出版社，2007。

② 参见刘志军：《乡村都市化与宗教信仰变迁——张店镇个案研究》，235页，北京：社会科学文献出版社，2007。

③ 徐杰舜、庄孔韶：《人类学世纪坦言——人类学学者访谈录之六》，载《广西民族学院学报》（哲学社会科学版），2000（3）。

变迁中的乡村去向何方？社会发展的合力是一个动力系统，由于各种合力的情况不同，如生产力的发展、自然环境、人口、社会制度、观念、社会心理、文化传播等多种因素相互作用，所引起的文化变迁和文化接触的结果也各不相同。如金泽认为，民间信仰可以走向民俗化，当“宗教性”日益淡化后，有些民间信仰中的观念和行为就慢慢变成了民俗。① 其实能够留在当下的才叫活态的民俗，遗失后经挖掘和文本化的，就已变成了文献中死的民俗。因此，变迁的过程就是一个地方性丧失的过程。

结构人类学告诉我们，当结构中某一成分被更改的时候，我们能够预见该模型会如何反应。有一个可以确定的趋向是，随着乡村整体文化水平的提高，无神论的观念和更加务实的市场经济观念，不断地冲击着传统民间信仰的地盘。还有随着科学理性的提升，一方面对“落后”的本土文化进行祛魅，另一方面对多元的外来文化表现出一定的期待。或者说当传入的新文化特质没有调适和形成可受用的文化资源的时候，出现“前不着村、后不着店”的文化上的空档。是否可以断言，这是文化变迁或传承过程中出现的非连续性特征。或许，种田乡的文化变迁状态正处于这样一个时段。

现代启蒙历史观曾将信仰排斥于“经济理性”之外，可是既有的例子是一些地区正是通过开发朴素的民间文化，文化（宗教）搭台、经济唱戏，实现了经济和文化的双赢目标。我们同时看到，在以宗教文化和自然景观为资源的旅游开发地区，经济理性可能会再次掏空信仰中最为虔诚的观念，民间信仰沦为一种缺乏信仰主体的单纯仪式表演和空洞的设置，拯救文化的行为或许成为文化的杀手，至少因之丧失文化存在的经验基础和精神价值。这种由经济理性推动的发展，可能会使文化从肉体和精神上都垮掉，而不是什么“文化再生产”（赵玉燕将湘西神秘文

① 金泽：《民间信仰的聚散现象初探》，载《西北民俗研究》，2002（2）。

化的世俗化、展演化称之为文化的再生产①)。我们为这种发展变迁或可找到相应的理论支撑，即斯宾塞的社会进化论，他认为宇宙的各个部分，不管是社会的还是非社会的，都受进化律的支配；当然这个进化既有可能是进步，也有可能是退步；他甚至认为进步和退步出现的频率几乎是相等的。

乡村社会文化的变迁或者可用对古希腊神话的解读来隐喻：旧神在新的共同体中寻找到自己的地位，并与新神构成某种统一体。变迁过程就是一个寻求新旧“神”体系得以圆融的整体性解决的过程，或“新神”的谱系怎么对待“旧神”的问题。② 当然，有没有意识去寻求，或最终寻求的结果是怎样的，则另当别论。

5. 作为一种再结构和转型的终结

长期以来，对中国的农民来说，土地便是一切。中国的绝大部分孩子从小就朗朗上口的古诗“锄禾日当午，汗滴禾下土……”，便是农民与耕地紧密相依的“深描”，农民所有的观念都以这种与生俱来的土地意识作为底色。似乎，今天城里人们的土地意识已经变味，在大街上，在写字楼里，土地已经从人们的眼里抽走，并被替换为高楼、广场和步行街，仅有的杂草也被刈除干净，换上整齐的人工草坪。一座新城市的建设便是一个掩盖土地的过程，用金钱，用钢筋混凝土，用肮脏的交易，掩盖了那片曾经真实地长着颗粒饱满的庄稼的田野，并将土地由生长粮食的功能异化为生长楼房，房地产商的腰包和政府的财政收入便源源不断地从这些地上长出，城里人的土地意识再一次地被吸引到那些售楼中心。总之，长庄稼的土地已经被城市像釜底抽薪一样地抽走。作为大地之子的人类逐渐远离大地，远离农业和土地的诗性或苦难的记忆。

---

① 赵玉燕：《惧感、旅游与文化再生产：湘西山江苗族的开放历程》，兰州：甘肃人民出版社，2008。

② 参见张志扬等：《古典西学在中国》(之二)，载《开放时代》，2009 (2)。

可是对农村来说，对农民来说，要是土地被抽走或“无化”了呢？农民站到哪里？他们又会跳向哪里？在这个意义上，所谓“农民的终结”，“村落的终结”，在这之前最先发生的，最深层的变化，或者说直接导致农民和村落的终结的是——土地的终结，由于全球变暖、温室效应，由于地质灾害，由于超前支取土地能源，由于土地的严重超载……由于城市的吸引和土地本身吸引力的丧失，土地的崩坏便由此开始。农民和村落是土地上的附着物，当土地丧失它的生殖性、被“无化”、被掩盖、被抽去的时候，皮之不存，毛将焉附？“去农民化”（在若干年之内减少几亿农民的宏伟蓝图）、“去村落化”便注定是一个快速的毁弃过程。而我们所推进的现代化，正是一个从根本上让土地“终结”的过程，并有意无意地加速了这一进程。可是土地及其固着于其上的农村和农民真的能被现代工业文明和城市所取代吗？取代之后呢……

孟德拉斯在《农民的终结》的结尾说：“没有农民的世界会是什么样的世界呢？”①

我们是去想象还是终将面对，当土地从农民的脚下抽走，“没有土地的农民会是什么样的农民呢？而没有农民的土地又会是什么样的村庄呢？”那时的农民不再需要土地?!（多么奇怪的景象啊!）他们已失去了作为农民的资格；那时的村庄已不再是村庄，因为它失去了自己的农民。其实已经和正在抽走的难道仅仅是土地？应该是其上的人类及其文化生存之土壤。

全球化能把种田乡“化”成什么？工业化和城市化又能给这些山沟里的村落带来什么？除了输出（人的输出，当土地虚弱得没有一点可供释放的能量了，最后它所能做的只有削弱农业社会的中坚，把强壮的不强壮的年轻人一起送给城里，接受挑选和雇佣。随着人的输出同时又造成本土文化的解肢与流失），还是输出！（难道这全都是自愿性输出？这

---

① ［法］H. 孟德拉斯著，李培林译：《农民的终结》，296 页，北京：中国社会科学出版社，1991。

是倒逼，不是外部的逼迫，而是由内向外的驱逐!）而留下来的，只有一代一代在传递中衰减的地方性知识（宗教、风俗、生产生活知识），由电视等媒介输入的外界观念与信息，和靠这些知识与生存经验过着日常生活的越来越少的人。

著名人类学家克罗孔（Clyde Kluckhohn）说过，要使人类学成为一面镜子，反映人类本身的影像，使人类不但知道过去的自己，知道自己种族所有的子孙，同时也使他们知道，这个种族将来应该走以及可能走的方向。[①] 我不知道我们的努力能否达到，让当地人明白“应该走以及可能走的方向”，或许这是一种奢望，而他们另有打算，或者已无力审视目前的境况，更疲于应对面临的变迁。

人类社会的发展有着深刻的可变性。其实整个人类社会进程一直是在趋同和趋异两种力的拉扯过程中调和前进的。所不同的是，每一代人都必须重新开始，开始他们自己的选择和变迁。当下的中国城乡，乃至整个中国的发展变迁，都与之有着某种“同构”性。因为“文化不再是一些一成不变的稳定的特质所构成的集合体，而是一个不断的结构转型的过程，一个实践过程”[②]。

所以，黄土地的变迁，乃是地方性社会文化的实践过程，是农村传统家园丧失的过程，是一种传统解体、再结构的社会和文化转型过程；它提出的是作为地方性的农村社会与作为整体性的国家和世界（全球）互动中的现代性问题。不仅是乡村的现代性，中国的现代性，更是“地球村”的现代性了。当然，现代性不会终结，它在继续发展，并似乎无力抗拒。这是一个不得不面对的“命定的过程”，可也是唯一理性的出路。除了现代化，没有别的路可走。毋宁说，黄土地的变迁，即被现代化进程裹挟下的农村社会的巨变，这个巨变为传统农村社会画上了句

① 李亦园：《人类的视野》，14 页，上海：上海文艺出版社，1996。

② 赵旭东：《文化实践、图式与“关系”建构——以河北白洋淀地区两村落的个案分析为例》，载《开放时代》，116 页，2009 (3)。

号，它所开启的将是另一个时代的序幕：农村的转型乃至覆没（失去土地的农民和失去农民的村庄的可能?）。如同汪晖分析的“90年代”一样，与其说是“历史的终结”，毋宁更像是“历史的重新开始”。[①]

6. 变迁的悖论

变迁，不论是民族国家还是个人，都有主动与被动之分。不管主动还是被动，两者都可能起因于面对巨大的差距带来的压迫感——自我与他者的差距，乡村与城市的差距，传统与现代的差距，中国与西方的差距……被动者如鸦片战争：自西方的坚船利炮轰开“天朝”的国门后，以现在的眼光来看，当时签署的一系列不平等条约（它的作用是双向的，或可致其沉沦，或可激其奋发。先不论由此丧失的关税自主权等国家和民族的利益，且这种外交的失败不亚于战争中的军事失败，既是因城下之盟而不得不为，更因天朝上下只有夏夷观念，而整体缺乏基本的国际知识所害），从另一个方面来讲，英法美诸国要求开放口岸通商，是西方列强企图将中国纳入世界贸易体系的努力，但深为天朝所恐惧和排斥，竭力维持“天朝”作为一个特殊的“世界”的存在（他们只固执地怀抱“天朝”认同，不愿面对陌生的敌人，不愿面对变迁的痛苦，当然有着其特定时代的“合理性”），拖延了即便是被动进入世界体系的机会。而像刘韵珂这样的与西人有过交手并亲眼目睹了战场上敌我差距悬殊的天朝大员，在鸦片战争后仍企图回到“闭关自守”的老路上去，没有从鸦片战争中得出中国必须近代化的真教训，也就谈不上主动的变迁。从当时进步的思想家来看，即便如魏源、徐继畲、梁廷枬能够放下天朝的“架子”，平静地看待另一种文明者，仍未能辨明中国的方向，实质性地推动中国“师夷”的进程（为此茅海建说，从长期来看鸦片战争的“负面作用在不断消退，正面效应在逐渐生长。至本世纪，正面效

① 汪晖：《去政治化的政治：短20世纪的终结与90年代》，序言，北京：生活·读书·新知三联书店，2008。

应超过了负面作用”)。[1] 主动者则如三十年的改革开放，工业化、城市化、市场化、现代化，开放沿海城市、特区试验，加入 WTO 等国际组织，主动与国际接轨，在世界体系中取得发言权等，中国已经成为一个“世界结构”中的中国，这是一次自我主导的、积极主动的变迁，乃至这一道路成为今天众人所总结的中国道路、中国模式或中国经验。当然，在这短短的三十年变迁中，依然存在对快速拉大的城乡、贫富差距的讨论，新左派与自由主义之争，对发展主义的质疑，以及对改革开放的反思，总之都是变迁中的阵痛或长痛。所以，主动的变迁也并不都是一路顺风、随心所愿的，这或许正是变迁本身的矛盾或悖论，也是凡被纳入变迁之中者都要承受和经历的痛苦。

在这样一个世界无时不在变迁的时间纵轴中，在这样一个即便是山高皇帝远的乡土村落——种田，它也无一例外地被纳入到一个无法与外界隔绝的“世界社会”中，并且加入到越来越快的变迁的进程之中（千年未有之大变局）。因此，变迁从来就不是一个新问题，它时时在终结而又时时建构着一切。变迁是矛盾的，参与变迁的民族国家、个体也都

① 参见茅海建：《天朝的崩溃：鸦片战争再研究》，北京：生活·读书·新知三联书店，1995。

我用了一个月的时间看完了茅海建的这本书，也是第一次在教科书之外全面了解鸦片战争，我常常面对茅所呈现的历史细节的真实而停下来默想，为茅站在此时和彼时反复设想和推论所感慨，在他所拉长的历史视野下思索。实际上在诸多层面，鸦片战争中的逻辑在现实中不断发生，故鸦片战争不只是一个已完成的历史事件，我们还远远没有走出中国人自己的“鸦片战争”。

罗志田对茅海建给道光时人布下的“近代”任务提出质疑。应该说，“返其旧心”没有错，可当代的审视更发人深省。历史的眼光只有包含这种后见之明，只有超越时代才更能看清发生在170年前的事件在更长时段中的“历史变化大转折处”的意义，而这正是当时的人所觉察不到的。所以，从本质上来说，还是意大利史学家克罗齐的那句话一语中的——“一切历史都是当代史”，历史研究和当代关怀是紧紧联系在一起的。沈志华也称，研究历史的基本的和主要的目的，就是复原历史，就是以当代人的意识、观念、认知和感受，在最新发现和发掘出来的更丰富、更翔实的史料的基础上，再现历史的本来面貌。参见罗志田：《“天朝”怎样开始“崩溃”——鸦片战争的现代诠释》，载《近代史研究》，1999（3）；沈志华：《静下心来看档案，踏踏实实做学问（《历史研究》笔谈 6）》，载“董狐笔论坛”，2009-03-21。

快乐并痛苦着，这体现在变迁所带来的利益分配及其所感受到的负面影响上（变迁的风险和带来的危机也是举目能及且无所不在的）。从这个意义上讲，种田乡也就时时处在悖论社会的变迁的悖论之中。

七、口述即文献

结构主义人类学家列维-斯特劳斯在区别民族志和民族学时指出，“试图为一个我们无法了解其历史的民族重建过去，这是民族学面临的课题。民族志面临的课题则是为一个民族撰写一部没有过去的当代历史。”[①] 对于这种两难的境地，我的解决办法是，用口述史来重建过去，而用描述观察和分析来反映当代。当然这两种手段的运用也并不是非此即彼或互相对立的。口述史既能表述过去，也能描述现下；深描既可以反映当下、追溯过去，也能对两者予以解释。综合或交织运用，才能完成一个从过去到现在乃至未来连续的和整体的想象。

其实，抛开理论探讨，做口述是我们取得历史材料不得已的路子。正如列维-斯特劳斯所说，文字资料的缺失迫使民族学家不得不发展出一些专门的方法和技术，比如口头传统。

起初，我们查找一切有关此地的文献，翻阅《山海经》、《西北通史》、地方志、宋夏历史……史书中的记载最多到平凉郡、巩昌府、鹳阴县、靖远县、海城分县、迭烈逊（打拉池）巡检司这一层面。种田地名之有始，可能源于“屯田”，但具体流变又无从知晓。梳遍有关文献，难觅种田之踪影。不管是做人类学还是做史学，只能是“有一分材料说一分话”，文献是空白的，但话我必须要说，怎么说？文献之不留存，

---

① [法] 克洛德·列维-斯特劳斯著，张祖建译：《结构人类学》，5 页，北京：中国人民大学出版社，2006。

并不等于此地没有历史，或者是没有实实在在的生活史。

也许是主要关注政治问题和权力斗争的文献，根本无暇顾及平民的历史和普通人的生活，显得“空无一人”。梁启超曾经说，中国史家“不知朝廷与国家之别，以为舍朝廷外无国家”；故其作史“不过述某朝以何而得之，以何而治之”；盖“皆为朝廷上之君若臣而作，曾无有一书为国民而作”①。且举一例，茅海建在研究鸦片战争史时，深感几乎所有的史料都将注意力集中于上层活动，而对他们身边发生的下层活动记述过略过简。而当有一天他在中国第一历史档案馆中发现两件奏折，讲述了一位名叫鄂云的官员的故事。得到这份即便不是底层的个人的记述，也令他十分兴奋。②

看到中国几千年的史学传统，无人为老百姓作史就不奇怪了。何况这些历史文献是按照统治者意愿所塑造的过去，它的真实性也不得不令人怀疑。但历史的全部绝不等于御制的经典，不等于帝王将相史。不能听凭历史学家单独去写，它包括不同层次人历史生活的感受、记忆和交汇。就让我们把眼光投向草民，贴近“乡老”，去挖掘这些个体的声音。因为他们的日常生活就是一种历史，一种有着身体记忆的历史，或者如布迪厄所谓的“身体化的历史”（embodied history）。通过我们的努力，把“底层”的历史还给“底层”，甚至通过民间的立场和记忆对历史进行重新建构，让历史变得稍微“民主”一些。在所谓主流或精英之外的边缘并非是边缘，他们是八亿农民这个最大的众数中的一分子，是底层，也是真正的主流。③ 他

---

① 梁启超：《新史学》，转引自罗志田：《近代读书人的思想世界与治学取向》，35 页，北京：北京大学出版社，2009。

② 参见茅海建《天朝的崩溃：鸦片战争再研究》，388 页，北京：生活·读书·新知三联书店，1995。

③ 对于农民进城后变成农民工，张大力《肉皮冻民工》创作背后的思想就是提出打工者是这个国家“最重要的人”，他直接翻制边缘化的农民工的人头，也是在另一种形式上翻制中国的现实。他说：《肉皮冻民工》……想表现在城市化当中谁是城市化的主人，还有谁主导了城市的这种变化。从农村来城里打工的人，是我们国家最重要的人，他们的数目非常庞大，他们的想法和生活方式会改变这个国家，表现这些人就是表现中国的现实。见朱又可：《专访张大力：涂不上墙的和 PS 不掉的》，载《南方周末》，第 22 版，2009-04-02。

们不是作为匿名背景的古希腊悲剧的合唱队，他们都是具有人格的历史实体。所谓历史性和历史，其实就是我们每一个人，每一位村民。吕西安·费弗尔在这个意义上提醒我们“但我们永远别忘了，历史的主体和客体乃是人，乃是如此丰富多彩的人，他的复杂性，无法用一条简单的公式来表达”。1933 年，他在就任法兰西学院教授而举行的首次讲座中宣布道：“不，只有人的历史，此外就再没有什么历史了。”①

书本中没有的东西，可能正是在活的文献中开始研究的契机。根据雅克·勒高夫的说法，“历史事实并非‘具体给定的事项’，而是他们自己的、积极的构建的结果，正是这种构建才把史料变成文献，然后再把这种文献、这种史实当作问题加以构建。”② 既然历史和文献是构建出来的，那么，构建（或重写）历史的使命从来就落在了每个新一代人的身上。

《耳语者：斯大林俄国的私人生活》的作者费格斯特（Orlando Figes）正是走向官方档案的对面，挖掘出几百个家庭的私人材料，还原出一个更为真实的斯大林时代的私人生活真相，打开了长期被深埋的心灵，重建了一段历史（余英时有一个观点：中国正是因为史学过于发达，导致原始史料和档案保存得太少）。

因此，书面文献不足，不等于没有其他来源。况且没有什么东西本身就是文献。保尔·汤普逊说：“在不易得到历史的地方，历史会被创造出来。”③ 怎么创造？就得利用当事人的访谈资料，史学家也通过这一途径作为收集史料的来源。张光直也曾指出，可以利用各种非文献的方法和资料来讨论某些重要的问题。④ 比如图像资料，中国史学素有

---

① ［瑞士］雅各布·坦纳著，白锡堃译：《历史人类学导论》，27、54 页，北京：北京大学出版社，2008。

② 同上，68 页。

③ ［英］保尔·汤普逊著，覃方明、渠东、张旅平译：《过去的声音——口述史》，1 页，沈阳：辽宁教育出版社，牛津：牛津大学出版社，2000。

④ 参见张光直著，张良仁、岳红彬、丁晓雷译：《商文明》，14 页，沈阳：辽宁教育出版社，2002。

“左图右史”的传统。郑樵说：“古之学者为学有要，置图于左，置书于右；素像于图，素理于书。”（郑樵：《通志略·图谱略》）罗家伦在为郭廷以《近代中国史》撰写的引论中强调：“要使史书有生气，图画是一种有力的帮助。”[1] 葛兆光也提醒我们“应当注意的是，图像所表现出来的文字文献没有的东西”[2]。比如文物、遗址、地理景观、地图、口述……还有行为所呈现的“表征”都可以视为社会文本，如布迪厄所言，“表征/表相”是某种社会本相所产生的“表征/表相”，社会本相也因这些“表征/表相”而存在或被强化。[3]

林惠祥在《文化人类学》中认为“人类学的目的”就是“人类历史的还元（原）”。

怎么去搜集这些真实存在过的人以及他们的生活中经历过的事，把历史的丰富面相一点一点地还原出来，由一片模糊到面目渐清。人是历史的主体，生活是历史的基础。在文献遗漏的地方，乃至在文字发明以前，人们传情达意、一代代流传生活经验和家族记忆不就靠的是口耳相传吗？“记忆是一种巨大的力量。……只要记忆与‘实际发生的’经验相关，历史就仍然是对集体记忆这种经验因素的一种言说。”[4] “尚无文字的社会中……所有的历史都是口述史。”[5] 伏尔泰也承认，所有的历史最初都是口头的，并在他的《路易十四》中用到了这一方法。因此，地球上诞生的第一本书，绝对孕生于口传的子宫中。只见文献不见人，翻来覆去从文献到文献并不是唯一的路，发掘历史必须去“见人”，活

---

① 杨念群主编：《感觉·图像·叙事》，“新史学”第一卷，218页，北京：中华书局，2007。

② 葛兆光：《思想史研究课堂讲录》，138页，北京：生活·读书·新知三联书店，2005。

③ 转引自王明珂：《英雄祖先与弟兄民族：根基历史的文本与情境》，234页，北京：中华书局，2009。

④ 耶尔恩·吕森：《序一》，见［瑞士］雅各布·坦纳著，白锡堃译：《历史人类学导论》，北京：北京大学出版社，2008。

⑤ ［英］保尔·汤普逊著，覃方明、渠东、张旅平译：《过去的声音——口述史》，26页，沈阳：辽宁教育出版社，牛津：牛津大学出版社，2000。

生生的人，人的生活。[①] 他们每一个人都是携带着历史的生命。李泽厚也在此意义上肯定："人类的生存、生活、延续，这才是根本，这也就是历史。我的《历史本体论》讲的正是这一根本。"[②] 李泽厚强调老百姓的生活是根本，是真正的本体。毋宁说，人类的生活是书籍之外的重要知识来源。

实际上，口述史就像历史本身一样古老。它是第一种类型的历史。[③]《赫伯特·莫里森：一个政治家的肖像》的作者乔治·琼斯说："我们被迫从一开始就诉诸访谈，因为缺乏其他可靠的文献来源。""是由于某种绝望……我们迅速地转而欣赏访谈的无穷价值。他们证明不仅是一种对更好信息来源的填补空白式的替代物，而且自身就是有着相当独特价值的信息来源。"[④]

我毅然转向了口述史的方向，或者说做口述史的方法为我打开了一道进入历史深处的窄门。因为在当地可以追溯到的历史时期内，一代代的人在这里生活过，"他们同样爱过、恨过、受过苦、有过发明创造、奋斗过"（列维-斯特劳斯语）；而且还有众多人生活于此，他们的生活经验便是此地的生活史、思想史也是真实的历史；毕竟还有一些老人，历史不曾也无法甩掉他们，他们持续不断地见证并参与着本土的历史，历史就如同"掌纹"一样（马可·波罗曾作此喻）被他们紧紧攥着，包含在他们的身体里面。我知道这些老人正是有待抓紧打开的真正的历史文献。因此，他们并非是"没有历史的人民"（见埃里克·沃尔夫的《欧洲与没有历史的人民》）；只有被有意忽视和遗忘的历史，只有被文字排除在外的历史（这正是历史人类学大有可为的空间），没有历史的

① 钱理群在一次采访中说："在我们许多历史叙述中，只有历史事件而无人，只有历史伟人而无普通人，只有群体政治而无个体心灵世界。"见文敏：《藉着你的燃烧，我们看见光——钱理群先生访谈》，载《书城》，2008年2月号。

② 李泽厚、刘再复：《存在的"最后家园"——对谈录》，载《读书》，26页，2009（11）。

③ ［英］保尔·汤普逊著，覃方明、渠东、张旅平译：《过去的声音——口述史》，25页，沈阳：辽宁教育出版社，牛津：牛津大学出版社，2000。

④ 同上，页103—104。

人民/民族是不存在的。如何抢在他们松手离去之前打开这些手掌，发现历史的印记，向我们提供“一个已经消失或快要消失的时代的整个图景”。我有一种前所未有的紧迫感，我知道该干些什么了，且事不宜迟。就像博厄斯坚信印第安文化必然会消失，因此对印第安人进行抢救性研究一样。

通过口述，一道久待开启的门为我打开了。因为今天和明天，都是从过去流淌出来的。历史在民间川流不息。关于“过去的声音”，从哪里传来？从人的喉咙里面，从熟悉的方言里面，从个体生命体验和生活记忆里面[①]，从肉体与情感和粗粝的北风、浑厚的黄土的磨砺里面……一切都如此生动地被唤醒来了，他们好像一直在等待着我到来的这一天，他们必须说出来他们所直接经历的历史，从那些记忆最模糊、最源头的地方流呀流——曾被我们久已遗忘、视为尘封、若木乃伊一般的东西，如此鲜活地站立起来了，就好像是昨天才发生的事情——流到了我的速记本上（我只需要倾听，间或询问）转为我输入电脑的汉字，带着村言土语，裹着大悲大喜，补充着大历史的诸多细枝末节，或者给宏大叙事一个小小的嘲笑，乃至改变历史内容和目的，与无名之地外部的世界发生着隐秘的勾连。总之，这些口述史所拼凑和还原的尽管不够整全、不够清晰、不够纵深，但就这一截取之段而言，仍不失丰富、不失真实、不失准确。

在皮埃尔·布迪厄（Pierre Bourdieu）等人以社会下层普通人为访谈对象做成的口述史著作《世界的重量：当代社会的社会疾苦》中，他们揭示的主要是个人苦难的社会性，他们的方法论主张是：个人性即社会性，最具个人性的也就是最非个人性的；地方性的又是全球性的。[②]

---

① 记忆是历史的基础。没有这种记忆便没有历史……记忆保存父亲的本原，即当代与父辈的联系，因为与父辈的联系就是现在、未来与过去的联系。倘若彻底忘却当代的父名，就等于彻底忘却过去。这也许就是一种疯狂……［俄］别尔嘉耶夫著，张雅平译：《历史的意义》，59页，上海：学林出版社，2002。

② 郭于华：《倾听无声者的声音》，载《读书》，37页，2008（6）。

这给我们通过做农民的口述来收集历史，以此建构种田的历史、文化或社会人类学增加了信心。而且通过口述历史的建构，把那些长期以来发不出声音的人的声音传达出来，传达出地方性知识、文化、历史在普通生命中的“胎记”，传达出更为丰富的、多维度的种田的面相，从那些隐秘的个人体验和讲述中彰显非凡的意义，并成为宏大叙事的不可或缺的一次回顾和补充。这些个体的口述就如同奥古斯特·桑德（August Sander）的“马赛克”①，一块块拼成了一幅较为完整的深藏在民间的图景。

斯特劳斯也在与此相关的意义上说：我们（人类学家）是从历史中拾捡破烂的人，我们在历史的垃圾箱中寻找我们的财产。王铭铭解释说，斯特劳斯的意思是说，人类学家与历史学家传统上有一个分工：历史学家从历史中选择了被记录的、被人们充分意识到的重大历史事件和人物来展开他们的叙事，而人类学家则将历史学家舍弃的诸多不重要的琐碎细节看成至尊之宝，企图从这些事物中看到没有被记录的、没有被人们充分认识到——以至于以文字来记载——的那些形态。这也就是为什么人类学是旧史学的补充。② 或者如斯特劳斯在另一处所说的，民族学作为一门彻头彻尾的关于残余现象的科学——因为它的任务是研究那些传统的人文科学不屑一顾的社会“残余现象”。

在19、20世纪之交，所有人类学都被认为，并且自认为是一门历史学科，梅特兰（E. M. Maitland）为此说：“人类学除了是历史的，就一无是处。”③ 当然，人类学不仅重视重构过去，更加关注现实社会。因此，我们不但在历史中拾捡“破烂”，而且也在现实中观察被体制所

① 奥古斯特·桑德说：“摄影就像马赛克，当无数的碎片拼贴组合，才成为一幅完整的图画”，才显现出完整的价值意义——德国社会肖像，或者如他自己所说“时代的面孔”（a physiognomic image of an age）。见秦颖：《德意志民族的马赛克拼图》，载《随笔》，191页，2008（1）。

② 王铭铭：《漂泊的洞察》，112页，上海：上海三联书店，2003。

③ ［美］威廉·亚当斯著，黄剑波、李文建译：《人类学的哲学之根》，353页，桂林：广西师范大学出版社，2006。

有意忽略甚至遮蔽的现象，政治上判断为不正确的事，也被我们一并捡进了篮子，再过若干年，它们也会成为历史垃圾箱中的财产。我坚信这一点，因为马克思有句名言“人类创造自己的历史，却不知道自己正在创造历史”，也是因为我听懂了恩里克·弗洛雷斯卡诺的一句话：“活下去并意识到个人存在的短暂性，意识到我们今天的行动取决于过去的经验并将延伸到将来，相信我们是历史长河的组成部分。”①

罗伯特·伯恩斯（Robert Burns）说：“你们中有一个孩子记下笔记，并坚信他能够把它印出来。”②

我相信，我也能，留住一些持久的、永恒的、起源性的东西作参照（乔治·佩雷克语）。

---

① 恩里克·弗洛雷斯卡诺著，元封译：《历史学的社会职能》，147页，见《第欧根尼》中文精选版编辑委员会选编：《对历史的理解》，147页，北京：商务印书馆，2007。

② ［英］保尔·汤普逊著，覃方明、渠东、张旅平译：《过去的声音——口述史》，40页，沈阳：辽宁教育出版社，牛津：牛津大学出版社，2000。

上篇

乡村社会的变迁：地方性与整体性的互动

第一章
历史拾遗：丝路上的牧场和良田

将军堡北，汉制烽火台。

——陈大安

北临鲁寇冲突之地，南控居民耕牧之场。

——严世阿

一、自然地理

种田乡位于甘肃省白银市平川区东南部浅山丘陵地区，驻屈吴山东南脚下，地处甘肃省和宁夏回族自治区的交界地带。南与复兴乡毗邻，东北部与宁夏回族自治区海原县树台乡、盐池县白家冯沟接壤，

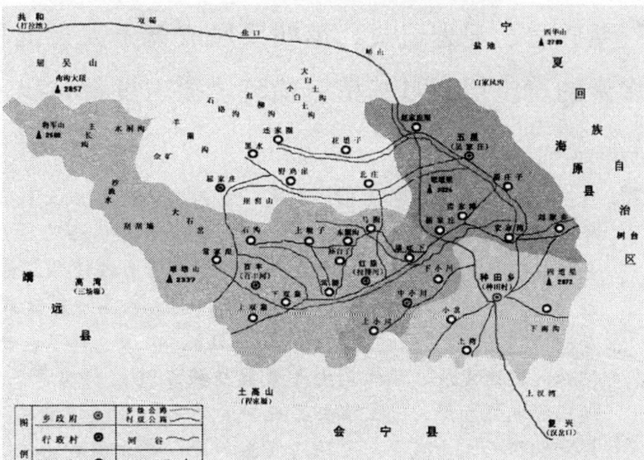

种田乡地图

西临白银市靖远县高湾乡，西南部与白银市会宁县接壤，西北部与平川区黄桥乡相连，距平川区政府 65 公里。乡政府所在地为种田沟，地处东经 105°06′—105°22′，北纬 36°25′—36°33′之间。海拔 1900—2100 米。

黄土平梁地貌

该地区地质为上更新世纪的风成黄土[①]，土壤为栗钙土或淡栗钙土，是在半干旱气候条件下，在风积、坡积、残积物上发育起来的土壤。土层深厚，其余多为冲洪积物，以全新纪亚砂土覆盖。因地质外力作用（长期风吹水蚀、人为破坏等），现代侵蚀强烈[②]，地貌沟壑众多，主要由黄土梁、黄土峁和各类沟谷系统构成。基地为第三系砂岩、泥岩组成，第四系风成黄土大量沉积，形成几十米至一百多米的黄土层。自然植被稀疏，覆盖度低，以禾本科的扁穗冰草，菊

① 黄土地貌主要分布在陕北、陇东、晋西。大致东以太行山为界，西至乌鞘岭，南抵秦岭北坡，北部大致以长城为界。黄土区的地势从西北往东南降低。典型的黄土均黄灰色或棕黄色，疏松多孔，垂直节理发育，容易被侵蚀。黄土的厚度由西北向东南变薄，最厚的地方在六盘山以西，近 200 米，到山西高原厚度只有 30 米左右。见国家测绘总局测绘研究所编：《典型地貌样图选集》，44 页，北京：测绘出版社，1975。

② 沟蚀的迅速发展，显然是由于天然植被经过大规模开垦以及过度的樵采和放牧之后，坡面径流强度增大、土壤失去庇护的结果。在这种情况下，土壤的抗蚀力因结构的破坏和翻松而大为减小，沟蚀的发生加速，终于形成深堑大壑，乃为势所必然。这在黄土层比较厚的地方，尤其显著。侯仁之：《历史地理学的视野》，87 页，北京：生活·读书·新知三联书店，2009。

科的冷蒿，唇形科的地椒，芸香科的骆驼蓬等为主，组成干旱植物群落。气候属于中温带干旱区气候类型。平均年降水量 250 毫米，蒸发量高达 1700 毫米。冬干春旱的特点明显，农业属于靠天吃饭的典型“降雨农业”，干旱缺水成为制约人畜用水和农业发展的主要因素。1982 年，年降水量只有 136.9 毫米，最好的耕地亩产不过 10 公斤，基本绝收。

五星村及南侧的季节性沙河（卫星地图）

无地表河流，地表水为季节性山洪河道。地下水为浅层地下水，属黄土丘陵低山丘陵沟谷潜水，五星川地一带矿化程度 0.9—6.9 克/升。井泉 23 眼供人畜饮用。全乡总土地面积 193 平方公里。耕地分布在山地、河沟和局部平川地带，共 4.14 万亩，其中水地 2468 亩，山地 34192 亩，坝地 4740 亩，分别占总耕地面积的 5.96%、82.59% 和 11.45%。

从地域上看，地处边远山区，自然条件艰苦，基础设施差。从经济上看，生产水平低下，种植作物单一，非农经营成分极少。

二、历史沿革[①]

年 代	沿革及行政区划
旧石器时代 (距今约 60 万年—1 万年)	
新石器时代 (距今约 1 万年—4 千年)	2004 年，屈家庄发现彩陶和素陶，经鉴定属齐家文化范畴，这表明在 4000 年前的新石器时代，这片土地上就有人类活动。
夏（约前 21—前 16 世纪）	为古羌所据。
商（前 16 世纪—前 11 世纪）	
西周（前 11 世纪—前 771）	
春秋（前 770—前 476）	
战国（前 475—前 221）	
秦（前 221—前 207）	秦昭王二十七年（前 280）置陇西郡，地属陇西郡。 始皇帝三十三年（前 214）蒙恬将数十万众北击胡，悉收河南地，因河为塞，筑鹑阴等四十四县城临河，属陇西郡管辖，正式并入中原王朝版图。秦末重新为匈奴所居。
西汉（前 206—公元 24）	元朔二年（前 127）武帝遣卫青第二次收复河南地，再次并入中原王朝版图，属金城郡。元狩二年（前 121）徙关东平民 72．5 万人实边，开发占领的游牧区。元鼎三年（前 114）设置安定郡，置鹑阴县，归安定郡管辖。
东汉（公元 25—220）	东汉初年，改鹑阴县为鹯阴县，移属武威郡。[②]
三国（220—265）	属魏之武威郡。
晋（265—316）	西晋初年，鲜卑族一支秃发氏自塞北南下，徙居鹯阴，改称麦田城。西晋末，收复鹯阴县，仍称鹯阴，属武威郡辖地。
东晋十六国（317—420）	孝武帝太元元年（376）改鹯阴为平凉郡。归后秦、前秦、南凉等。沿称平凉郡。

① 据《平川区志》、《靖远县志》、《看版图学中国历史》(陆运高著，北京：星球地图出版社，2007)及《简明中国历史地图集》(谭世骧主编，北京：中国地图出版社，1991)。

② 郭方忠、张克复、吕靖华主编：《甘肃大辞典》，4 页，兰州：甘肃文化出版社，2000。

续表

年 代	沿革及行政区划
南北朝（420—589）	西魏文帝大统十三年（547）魏太师宇文泰奉太子巡抚西境，会师于平凉郡，改称会州。鹯阴为会州州治兼平凉郡郡治。 北周武帝保定二年（562）移会州州治于鸣沙。改会州为会宁防。
隋（581—618）	文帝开皇元年（581）改会宁防为会宁镇，为原州地，隶平凉郡。
唐（618—907）	高祖武德二年（619）以平凉郡之会宁镇为西会州，鸣沙县属之（今中卫鸣沙镇）。① 四月，突厥侵犯西会州。太宗贞观六年（632）废鸣沙之会州，改西会州为会州。玄宗天宝元年（742）改会州为会宁郡。 肃宗乾元元年（758）改会宁郡为会州。 代宗广德元年（763）陇右、河西府、州、县相继为吐蕃所据。吐蕃改会州为汝遮。②
五代（907—960）	为吐蕃所据。地属汝遮。
北宋、辽（960—1127）	太平兴国七年（982）鹯阴县仍置会州，归宋管辖。 仁宗景祐元年（1034）西夏嵬名氏元昊先后在环庆击败宋军。又于景祐三年击败吐蕃军，渡河占领兰州。1036年筑打罗城（打拉池古城）。 景祐五年（1038）元昊称帝。为西夏西寿监军司属地。③ 神宗元丰四年（1081）宋五路大军攻夏，中官李宪统军出熙河，十一月，先后攻夏兵于屈吴山、逻逋川，并驻兵打罗城，此后区境一部分为北宋属

① 鲁人勇、吴忠礼、徐庄：《宁夏历史地理考》，93页，银川：宁夏人民出版社，1993。

② （民国）郝遇林修，范振绪纂：《靖远县新志》，民国三十五年（1946），线装，甘肃省图书馆藏。

③ 关于西寿监军司，说法不一：一说“西寿监军司在柔远山北”［（清）吴广成：《西夏书事》］“西寿保泰监军司，治所初在今靖远东北的柔狼山”［见王天顺主编：《西夏地理研究》，130页，兰州：甘肃文化出版社，2002。］“西寿保泰监军司，是西夏十二监军司之一，地处狼柔山北”［见刘华：《西夏西寿保泰监军司遗址考》，载《宁夏社会科学》，2006（4）］；一说“西寿监军司又作西寿保泰军，疑为同心县喊叫水乡”［见鲁人勇、吴忠礼、徐庄：《宁夏历史地理考》，154页，银川：宁夏人民出版社，1993］。

续表

年　代	沿革及行政区划
北宋、辽（960—1127）	地，一部分为西夏属地。徽宗崇宁二年（1103）北宋修复打罗城，并改名怀戎堡①，处于宋夏边境。
南宋、金（1127—1279）	南宋宁宗嘉定十三年（金宣宗兴定四年，西夏神宗光定十年，1220）西夏兵攻破金会州（今靖远县城），地属西夏。 西夏末主宝义二年（1227）蒙古兵灭西夏。 金哀宗天兴三年（1234）金亡并陷于元。②
元（1271—1368）	元始祖至元七年（1270）并西宁县（今会宁）入会州（今靖远县），属陕西行省巩昌路，③ 为元属地。
明（1368—1644）	太祖洪武二年（1369）设迭烈逊巡检司，归固原州管辖。 英宗正统二年（1437）于会州旧址置靖虏卫，迭烈逊巡检司归靖虏卫管辖。 宪宗成化九年（1473）增驻打赤喇堡，次年靖远迭烈逊堡巡检司带兵移戍打赤喇堡。 孝宗弘治九年（1496）靖虏卫改属固原镇。 地属固原州、靖虏卫、迭烈逊堡巡检司、固原镇。
清（1644—1911）	世祖顺治元年（1644）改靖虏卫为靖远卫。 圣祖康熙二年（1663）裁兵粮道，归陇右道。 世宗雍正三年（1725）陕西裁行都指挥使，靖远卫隶巩昌府。 世宗雍正八年（1730）改靖远卫为靖远县，隶巩昌府。 高宗乾隆三年（1738）靖远县改隶兰州府。靖远县下属三滩、五原、十五堡、八寨、一营、四十八屯。

① 宋于崇宁二年（1103）进筑为寨（通泉寨），隶秦凤路。北至狼柔山界堠四十里，与西寿监军司对境。见王天顺主编：《西夏地理研究》，176 页，兰州：甘肃文化出版社，2002。

（宋）张安泰撰《建设怀戎堡碑记》载："庚寅秋闰八月，与夏人分划地界。"见白银市地方志编纂委员会编：《白银市志》，1041 页，北京：中华书局，1999。

② （民国）朱树勋、王志继、刘可宗等撰《续修靖远县志》，民国四年（1915）石印本，孤本，为清道光陈之骥修，尹世阿纂《靖远县志》的续志，甘肃省图书馆藏。

③ 同上。

续表

年　代	沿革及行政区划
清（1644—1911）	穆宗同治十三年（1874）陕甘总督左宗棠奏请裁厅设县，分驻打拉池县丞，划会宁、海城、靖远部分地方归其管辖。①
中华民国（1912—1949）	宣统三年（1911）年底至民国元年（1912）八月间，打拉池分县并归海城县。② 民国元年（1912）撤销打拉池县丞，划打拉池一带仍隶靖远。③ 民国十五年（1926）靖远县分东南西北中五区，东区包括：打拉池、乾盐池、万家水、刘家井、种田沟、焦家山、赵家崖、吴家庄、上下汉岔、圈黄湾、甜水井。

① "……同治十三年，陕甘总督左奏请以盐茶厅改为海城县，打赤喇堡改为打拉池，隶海城县，设县丞分驻。"（清）廖炳文、陈希魁修纂，《打拉池县丞志》，清光绪三十四年（1908）抄本，甘肃省图书馆藏本。

同治十二年（1873）左宗棠奏，盐茶固原"地址辽阔，政令难行，宜分别升裁，添设县治，以便控御而资治理"，"於盐茶同知辖境迤西打拉池地方设县丞一员，划分界址，将所辖命盗词讼、钱粮赋税由县丞勘验征收，统归固原直隶州管辖，庶弹压抚绥，均可就近治理，而政教宣达，戎政秩然，荒边长治久安之策，无以逾此"。闰四月初七日同治皇帝下令部议。八月获准勘界。十三年付诸实施，在打拉池堡设县丞一员。原拟重建打拉池城、衙署，因耗资巨大，经费无着，停建。学校并归海城县。依左宗棠奏界，毛卜拉、打拉池以东靖远飞地划入打拉池县丞。

② 据（民国）慕寿祺：《甘宁青史略调查表》，固原直隶州（含固原直隶州、海城县、平远县、硝河城州判、打拉池县丞）"打拉池分县并归海城县，钱粮不多，地面狭小，归并海城，其地方诉讼，酌设审判，分庭审理"。该统计表"截至清宣统三年年底止民国元年八月"。见（民国）慕寿祺：《甘宁青史略调查表》，作者手抄线装本，甘肃省图书馆藏。

海原县：清乾隆十二年（1747）改为海城，十四年设盐茶厅，同治十三年十月（1874）改为海城县，属固原州。民国三年（1914）改为海原县，属陇东行署。1936年，在同心建立的豫海回民自治政府，包括海原的高崖、李旺、关桥一带。1949年8月11日海原解放，至1950年4月属甘肃定西专区。1950年5月后划隶平凉专区。1953年成立西海固回族自治区，直属甘肃省。1957年改为西海固回族自治州。1958年宁夏回族自治区成立时，划归固原地区行政公署。2002年固原地区撤地设市时，为固原市所辖。2004年2月，中卫市成立，划归中卫市。

③ 打拉池一带改为海城分县，至民国二年复定县名，经前省议会通议……将打拉池分县全县仍归靖远管辖，此一事权而复旧制，故并叙之以志分合之大概。见（民国）朱树勋、王志继、刘可宗等撰《续修靖远县志》，民国四年（1915）石印本，孤本，为清道光陈之骥修，尹世阿纂《靖远县志》的续志，甘肃省图书馆藏。

续表

年　代	沿革及行政区划
中华民国（1912—1949）	民国二十四年（1935）靖远全县实行保甲制。种田为第二区第一联保之一保。
中国人民共和国（1949—）	1949年8月，甘肃解放，成立甘肃行政公署。9月8日，宣布成立靖远县人民政府和县委。靖远分7区69乡，种田、复兴合为种田乡，属第二区。 1959年，种田改建为人民公社。 1961年，调整社队规模，种田分为种田、复兴两个公社。 1983年，人民公社改称为乡。 1984年，建立种田乡人民政府，乡政府设在种田沟。 1985年5月14日，国务院批准恢复白银市（地级）建制。从靖远县划出宝积镇及宝积、水泉、共和、种田、复兴五乡设立平川区。种田乡隶属于平川区。 全乡现辖种田、五星、北庄、小川、拉排、百丰6个村，吴家庄等33个村民小组。2008年统计人口为8553人。

三、地名考

种田　曾名屯田、屯田所、种田沟堡。地处甘、宁边地，历史上曾被多次改设徙置。自清同治以来，乡境先后在海城县（今海原县）、打拉池县丞、靖远县、平川区几易其属。

北宋时乡境作为屯垦牧场。固原兵备副使杨冕在《建设打喇赤堡碑记》（即宋之怀戎堡）中写道："打喇赤古城……北临鲁寇冲突之地，南控居民耕牧之场……"[①] 所谓"南控居民耕牧之场"，就是以打喇赤堡

① （清）陈之骥修，尹世阿纂：《靖远县志》，道光癸巳重镌，县署礼房藏板，甘肃省图书馆藏。

为遏制“鲁寇”之要塞，并保卫城东南九十里种田一带的屯田和牧场。清光绪三十四年，杨金庚修撰《海城县志》载“海城始属夷地，继为牧场……海城向为牧场……逮至元明均为牧场”等字样。《打拉池县丞志》“贡赋”条载，由海城县分设置县丞后，“原由海城县拨归牧地二十顷三十六亩”。这些牧地应该是今乡境全部或部分地区。

当地相传，明初大将徐达西征，在车道岭等地击溃元军残部，遂于种田一带移民屯田。[①] 据清宣统元年编纂的《打拉池县丞地理户口调查表》载：“种田沟堡，户数三十九户，人口三百八十六人。”据清举人陈大安《方土拾墨》文集载：“屯田盂乡约有记……屯田不复，改为民耕……”[②]清朝屯田改为民耕后，乡境成为靖远大户人家的庄园和牧场。清末民初，田地宽广，雨量充沛，靖远、打拉池人在此一带立山庄耕种

① 据史载，汉武帝反击匈奴战争胜利，移民实边，实行屯田。原朔二年（前127）“收河南地，置朔方，五原郡”，“夏，募民徙朔方十万口”。元狩二年（前121）取得“河西之战”胜利，同年冬“有司言关东贫民徙陇西、北地、上郡、会稽，凡七十二万五千口”。

屯民是且田且守，亦兵亦农，保土守边与农业生产一身二任的常住人口。见方荣、张蕊兰：《甘肃人口史》，46页，兰州：甘肃人民出版社，2007。

明朝最初兵源有三个途径：一是从征，即跟随朱元璋起兵征战的；二是归附，即归降的被征讨之兵；三是谪发，即有罪臣民被判罪充军的。这些军丁一旦成为军人后，便不可随便改变身份，世代为军，称做军户。军户所种之田，称为军屯，军屯解决了很大一部分军饷。见史仲文主编《中国全史》第073卷，明代军事。

明代为戍边养兵的需要，在甘肃大力屯田。明初，甘肃屯田军士有8万左右，屯田数在400万亩以上。明朝中期以后，军屯逐渐废弛，嘉靖以后趋于瓦解。郭方忠、张克复、吕靖华主编：《甘肃大辞典》，255页，兰州：甘肃文化出版社，2000。

② 齐中华：《屈吴山山志》，甘新出036字总108号，2003，43页。

我们从研究平川区地方史的齐中华那里得知，前清举人陈大安留有一部《乡土拾墨》。当年陈大安就住在打拉池，后来迁往固原。他对当地的历史沿革及地理人文等曾做过一番考据和梳理，编纂成这部我们未见过面的书稿。可惜他的这部书稿未能出版，齐先生不知从哪里得到并（全部或部分）抄录。我们经过两次拜访，齐先生才非常谨慎和有所保留地给了其中的一些只言片语。仅从这些短短的碎片中，我们能判断得出这些珍贵的资料正是我们所急需要的。我们能够想象得出，他在这部手稿中记录了多么丰富的史实，若能得以参考，将为我们还原和补充当地的历史面貌提供多么重要的依据。据齐先生说，这部手稿现由固原陈团庄陈大安之孙保存，而此人目前在北京。几经打听，也未得到这本书的下落，成为一大憾事。若有识之士能将此手稿予以印刷和流传，不但为地方史研究填补空白，而且陈先生地下有知，功莫大焉！

田地，称为“种田去”，渐更名“屯田”为“种田”。民国东同乡（今会宁刘寨乡）地亩契约中正式出现“种田”的称呼。可见种田作为地名是自北宋的“屯田”一路演变过来，历代一直是农耕区和牧场。

赵崖渠 曾称崖屈家、红水川，现称赵家崖渠或崖渠。《打拉池县丞志》载：“赵家崖渠，又名红水川沙河，在南七十里，其源出自境外三十里会（宁）属边沟，顺而东流，经由池属墩底下，尚家砚地形窄狭，仅可容骑，流至赵家崖渠，起东行九十里，至刘家井出境，入海界，地势平衍，乃池（打拉池）会（会宁）海（海原）往来交通车行大路。”①

陈大安《方土拾墨》载：“……远于西汉，地多平缓倾坡，陇坂一邑，延屈木山、天都山，北宋置营垒，施军屯民屯，吏堡卫屯田。屈家寨之营，置铜冶拙炭，屈氏立业，名屈家寨。屈氏分户居崖窑，名崖屈家。清同治兵燹后，赵氏迁居崖屈家，租地耕田，渐变屈氏产业为赵氏所有，名赵家崖屈。后因赵氏开渠引洪灌溉，俗名赵家崖渠，亦名红水川。”

在历史地理学的视野中，“洪水川”这个地名提供了一个信息，在此地名出现以前及其当时，当地的地理形貌应以洪水经常漫过的平川为主。在此之后，山水逐年冲刷切削，强烈的沟蚀发育一直在活跃地进行，黄土冲沟规模越来越大。

吴家庄 位于种田乡北二十里。吴家庄吴氏家谱载：祖上置业町底下……每天以百对骡马耕地，并筑一堡名“吴安堡”。取姓氏作为地名。约十年前，吴家庄发现一只汉代的铁铧，铧尖逾五寸，铧长一尺五寸。证明早自两汉，吴家庄一带就是理想的农耕和畜牧区。

新庄子 曾名李家新庄、小四五、麻家湾。明朝为充边实边，实行军屯，大量开垦荒地。后来实行凡官以缴公粮计功名，种植五十顷地者，晋一级官。靖虏卫指挥使房贵在神木山开垦庄园，统其家族在神木

① （清）廖炳文、陈希魁修纂：《打拉池县丞志》，清光绪三十四年（1908）抄本，甘肃省图书馆藏本。

山落户，后继任靖虏卫指挥使的李栋，统其家族在洪水川屯垦庄园。清朝时其后裔在此落业，置田产以姓而名（李家新庄）。又因不成集市，只在农历初四、初五两日，脚户来此驮粮、粜粮，亦名“小四五”（大集为每月的三六九或二五八，庄之四、五两天为小集），该村“行雨观”钟铭文显示地名为：“兰州府靖远县洪水川小四五”。清末民初，李氏将产业挥霍变卖给麻氏后离开此地，麻氏渐成为庄之大户，又名“麻家湾”。后来又被陈氏购置田产，立业居住在庄之西侧的北山脚下，更名“新庄子”。

刘家井（儿） 据《打拉池县丞志》“红水川沙河，东行九十里”，时称的红水川应包括赵家崖区、吴家庄、新庄子、安家湾、刘家井等沿沙河一带的村庄。清乾隆六十年（1795）屈吴山暴雨成灾，冲出一条河沟。每遇暴雨洪涝，屈吴山南坡和西华山南麓的洪水直冲而下，故名“洪水川”或“红水川”。清宣统元年编纂的《打拉池县丞地理户口调查表》载：“红水川堡，在城东南九十里，户数四十九户，人口四百五十四人，堡内有方神庙一所。”据清光绪年间“海城县全境图”，刘家井儿在海城县（现海原县）的版图内。①

据民间传说，清雍正年间，来自陕西的刘氏兄弟二人，见此土地宽广，就居住下来，渐渐发展成为庄之大户，拥有大量土地和钱财，便挖井储藏财宝。后来由于日渐缺水，又在河套挖井解决水源。若遇天旱，周边人都到刘家打的水井取水，以后凡来此地的人都沿山踞井而住，故名“刘家井”。

刘家井集市 曾是古丝绸之路上的商埠码头②，商贸、农工作坊林

① 转引自（清）杨金庚修撰，《海城县志》，光绪三十四年，民国年间抄本，甘肃省图书馆文献室藏。

② 据瑜辉《卧龙山考古纪略》一文：丝绸之路在今甘肃省境内大致沿黄河从西南向东北的一线断面上左右变更不定，主要形成了南、中、北三条通往河西走廊的要道，其中的北线沿平（凉）固（原）大道，从刘家井或盐池两处进入平川境内后，交集于打拉池。见“瑜辉QQ日志”。《平川史话》也持此见。见李翔凌主编：《平川史话》，10页，兰州：甘肃文化出版社，2008。

立，集市繁华，成为当地最大的商品集散地，承载托运屈吴山、蒯团山所产金银铜等贵重器物。据当地老人讲，明万历年间开始立集市，能起大镖座，每天能发一驮金银。时山西、陕西商人在此建有“山陕会馆遗址”，地址为现在的旧戏楼。据山西籍的红会煤矿工人说，父辈们常提起刘家井这个地方。前清举人陈大安《方土拾墨》中记：“客商千集，日驮三百对。”清光绪年靖远、会宁、海原县在此设“三县会馆”①，成为人文荟萃之地。时有“没有个本儿，侯（不要）走刘家井儿”之说流传。后经同治兵燹、民国九年大地震，集市被毁，从此人烟稀少。集市原址现为甘、宁分界之地，南北走向的道路中间埋设分界桩。

百丰 曾名北峰、贝分河。位于屈吴山东南麓，为靖远、会宁、平川三县区的交界地带，西北有一主峰曾筑有烽火台，民间流传，明末上下双寨为军屯之地，北峰筑有烽火墩以资观望，由双寨屯军负责，故称北峰。清时曾居住贝氏人家，常年洪水冲刷形成河谷，因贝氏居住便称贝分河。后来，贝氏迁往毛卜拉居住（现毛卜拉贝氏人称此为祖先住地）。据当地老人蔡某说，崖窑山曾有一块石碑刻有贝分河贝氏的很多人名，此碑好似贝氏出资修庙的功德碑，毁于1958年。成立农业社时改称百丰社，取农业大丰收之意。

拉排河 由于崖窑山山洪逐年冲刷，河道渐以疏通，即成今两山相夹的河川地带。《屈吴山山志》载：“六盘山回顾西北，迤逦而来，界靖、海、会、平四县区突而为屈吴山，北衔蒯团山（今名黄家洼）；南与崖窑山、将军山相含，有红水川河、百烽河川而人居养息。”居民沿河打桩捆草护堤，保护田地，俗名“拉拜”，因方言把“拜”（即水坝）念为“排”，故名“拉排河”，现为季节性旱沙河。

小川子 含上、中、下小川子。现保存在小川村复兴山潮明寺内造于乾隆四十五年（1780）的钟铭文显示：“兰州府靖远县小四甲吴家小川子。”（清道光陈之骥修，尹世阿纂：《靖远县志》之“图考”所显示

① 齐中华：《屈吴山山志》，42页，甘新出036字总108号，2003。

当时地名有：小四甲、赵崖渠、刘家井）从钟文看，当时主要居住吴姓和边姓人家，至今有一山名“边家嘴”。民间流传，清同治年间回民起义，庄之大户便在后山修筑堡子，防御回回。经同治兵燹，荒无人烟。民国二十七年（1938）何氏逃避王团抓兵，从宁夏西吉来此地，后从各地逃难的人陆续迁入，人口渐多。现在分上、中、下三个村庄，上小川也叫“堡子沟”。

屈家庄　曾名屈家寨。位于屈吴山东麓，早在新石器晚期就有原始人类居住。西汉因戍谪防卫，为边关布卫的寨所。陈大安《方土拾墨》文：“屈家寨之营，置铜冶拙炭，屈氏立业，名屈家寨。”据保存在屈吴山潮云观内“描金匣”记载：“上古山东，屈姓居屈源之首，屈家寨的便是。”屈氏逐渐人丁兴旺，分户居住在崖窑、赵家崖渠、吴家庄等地。后来从各地迁入人口，改称屈家庄。

将军山　《平川区志》称，将军山在境西北拔地而起。但向当地村民寻访，都不知将军山在何处。据陈大安《方土拾墨》载：“将军屯堡，前朝将军路班成，置供备储仓窑138孔库官吏，屯田町墩边戍之军伍。”经实地勘察，崖窑山顶有一大堡，地势险峻，高瞻远瞩，战略位置非常典型，可能就是明朝靖虏卫指挥使路昭（路班成）[①] 所筑“将军堡”，设供备库官吏指挥中心，管理屯田储备、边戍、墩台等机构。而且作为军备仓储的138孔窑洞也为清朝置观奠定了基础。《方土拾墨》又载：“崖窑乃前朝屯储仓备，国朝辛巳置观。”由此印证，清朝所称崖窑山正是明代因路将军（路昭）“屯堡”而称的将军山。

崖窑山　全名崖窑兴隆山，位于屈吴山东支脉。前清举人陈大安《方土拾墨》载：“明万历十九年《崖窑山庙观碑记》载，崖窑乃前朝屯储仓储，国朝辛巳置观，因唐时先造庙奉祖师，泉溪崖涯，景徽秀乖。将军堡北，汉制烽火台。北宋戊戌，两狼敌丑鲁，吏置兵戎官吏，废于

① 范振绪纂《靖远县新志》载：“明成化，路昭袭父责指挥同知职升都指挥使。”

屯垦，地有哈巴井泉[①]，民为汲神水解厄，取之兴隆也……”据此，始建年代可溯至唐代。

崖窑山玉虚观正殿大雄宝殿建于明。清朝初年王进宝率兵至此，捐银三千两扩建山场，并于打拉池铸造重5000公斤、分七层叠放的化马炉一座，安放在山门内。1993年出土大钟一口，高两尺五寸，直径一尺七寸，铸于乾隆十一年（1746），钟文记载当时庙会盛况，并显示山场所属地名为“兰州府靖远县红水川”[②]。其他尚有断碑、小钟等出土，为清道光、咸丰年间遗物。庙宇建筑及文物部分毁于同治兵燹，部分毁于民国九年（1920）大地震。

刘家井卧龙山　早有唐建雷祖大殿、过亭厢房及东西大殿遗址，正南面有戏楼，东侧山头建有白马都督殿，沙河以南台地建有文昌阁（现在原址上建广善观），毁于战乱。现雷祖殿山门口有一对石狮，是唐传遗物。民间传说为一位黑胡须李大人主持建造。清咸丰年间，刘家井是产粮重地。咸丰九年五月重新以唐制修复庙宇，同治遭毁。1984年重修雷祖大殿等庙宇。当地老人称“先有卧龙山，后有崖窑山”。另据清道光《靖远县志》载：“关圣庙，一在刘家井。”[③]

四、过红军

据能够查询到的文献记载，1936年红二方面军曾经过乡境，并在附近的关桥堡地区发生战役。

---

① 哈巴井泉位于百丰村的常家崖，在墩墩山下。

② 明兰州属临洮府，乾隆三年末（1738）废临洮府徙兰州，更名兰州府。

③（清）陈之骥修，尹世阿纂：《靖远县志》，道光癸巳重镌，县署礼房藏板，甘肃省图书馆藏。

1.《三军大会师大事记》

1936年10月30日，红二方面军第六军经七百户、二百户到达吴家庄[①]；总指挥部及第二军到达小河子、陈家湾一线；第三十二军九十六师到达吴（武）家原（塬）、马家后庄（塬）一带。[②]

2.《毛泽东军事文集》第一卷〈关桥堡地区作战应依实况决定〉[③]（一九三六年十一月三日）

彭：

甲、本日情况：（一）丁德隆师尚在种田沟、吴家庄，明（四）日向干盐池进。（二）关麟征马鸿宾奉令开石咀子。（三）第一师在新营、王家河集结。（四）刘翰东熊正平两师奉令维护海郑交通，一个师驻脱烈堡。（五）毛王尚在靖远以南。（六）骑十师不明。（七）周祥初由海原向关桥堡，孔令恂师由西安州向关桥堡。孔师后梯队原系第一师之李旅，本日似到西安州及其以南。三部共计九个团，比较孤立。

乙、诱敌深入关桥堡东西地区，以全力向之作战的部署是很好的，但宜估计周孔两师到关桥堡后发生戒心，停一二天等候第一师或丁师增加之可能。因此，明（四）日我之一部能保障关桥堡不失，后（五）日继续扼守该点，吸引周向之攻击，全军即于五日拂晓以前出动，从三面攻击周孔，未知是否有利。如关桥堡不失，而该地附近地形又利于我作战，则似五日向该处攻击为利，否则，让敌更进一步攻击为宜。请依照实况审察裁决，总以打得最适当为目的。

毛

（根据中央档案馆保存的抄件刊印）

---

① 加着重号的地名为本乡村名。

② 转引自李有成主编：《天都烟云》，27页，银川：宁夏人民出版社，2006。

③ 这是毛泽东给红军前敌总指挥兼政治委员、第一方面军司令员彭德怀的电报。

3.《屈吴山山志》[①]

1936年9月，中央红军到达陕北，为迎接二、四方面军会师，组建了西路野战军，由彭德怀任司令员，分左右两路西征，右路军在徐海东、程子华的带领下先遣于9月13日进驻打拉池，彭总率机关和直属部队从西吉月亮山，到刘家井、马场岘、屈吴山水岘滩（今总佛寺），石匠陈友林为向导，后又到打拉池，司令部驻红山寺。10月23日与朱德等四方面军领导人在打拉池会师。由于张国焘的破坏，于10月30日撤离打拉池。

五、考　古

1. 新石器文化遗址

据《兰州晚报》2004年5月13日报道，2004年初，北庄村屈家庄社村民李万玉家梁顶上的地被盗墓贼翻了个遍，地上散落着破碎的陶片和人的残骨。[②]

2008年10月，我们来到李万玉家，见到他们捡回的单耳素陶，表面没有任何纹饰。另外有一块陶罐的残片，表面有明显的竖条刻纹。在同村的另外一家，见到一只灰陶，器形较大，做工精细，器表有四层均匀的纹饰，似为麻布纹或篮纹，各层之间用划痕分开，反映出制陶人已具有一定审美眼光。听说还发现过彩陶，我们未能见到。经请教有关专家，这些陶片距今已有4000多年，即为彩陶衰落时的齐家文化，大约

① 齐中华:《屈吴山山志》,22页,甘新出036字总108号,2003。

② 路生:《神秘古墓群“现身”平川　墓地遗址遭疯狂盗掘》，载《兰州晚报》，2004-05-13。

李兴发和他收藏的素陶 2008

产生于距今 4300 年至 3500 年左右，上承马家窑文化，属于黄河上游地区新石器时代晚期至青铜时代早期文化。当时制陶业比较发达，主要有泥制红陶和夹砂红褐陶，还有少量的灰陶和泥制彩陶。陶器多系手制，一般采用泥条盘筑法，多为素陶，胎质精细，器形多样，器表除素面外，主要有麻布纹、篮纹和绳纹。近几年，在屈吴山一带出土了不少原始人使用过的石器，如石刀、石斧等，表明当时人们已过着比较稳定的生活，经济生活以原始农业为主，畜牧次之，兼及狩猎，主要是种粟；生产工具以石器为主，其次是骨器；所掌握的制陶技术，为他们的生活日用、祭祀和陪葬烧制了一批用途不一的陶罐。当地的沙河以及河谷间的丘陵山地，为原始人提供了适宜的生存环境。

2. 庙宇文献

玉虚观大成殿院内残碑碑文：兴隆山重修，靖远恩赐耆老李进翰林珍氏敬撰。玄天上帝碑记，靖远业儒弟子武得儒志道氏敬书。

先民有言，盛衰相为循环者势也，废兴赖以维持者人也，故自成玄天上帝殿碑记。

自盛而衰，昔人不能止其来；举废而兴，后人不得辞其责。如吾兴隆山玄天上帝及诸神殿，昔之人因丘墟而建立，已后历年，所自雍正九年间，崖崩拆毁，□壁画墁，近列兹土者不敢诿为化工，各输资财，以问其端，募化四方，以要其成。告竣之日，勒金石于一面，固已表其继往开来之志矣。奈今朝历四君而年未逾百岁，碑记昭牒，名字不明，竟有会首武广哲、成世辅、武得儒等举令重新募化赈工，琢磨碑记两面，于殿前之建立者某某，志后之重修者某某，以垂不朽云尔。

雍正九年，岁次辛亥孟秋上浣谷旦，会宁县儒学生员屈进儒谨志，石匠傅尔祥。(道光四年三月上旬之古募化重刻碑子谨志)

玉虚观山门外风景八卦楼旁悬挂的大钟铭文可辨字迹：乾隆十一年三月十五日造，兰州府靖远县红水川崖窑兴隆山。

3. 堡子、烽火台

当地一些山顶和村庄内外可见一些高高兀立的方墩形建筑，每处占地约两三亩，就地所取黄土夯筑而成，经历多年风雨侵蚀，有的墙体大多残破或开裂，有的只剩一堆依稀可辨轮廓的废墟。就其功能来讲，类似的建筑分为两种，一种是“团庄”(或称堡子)，用于住家，特别是防御土匪袭击，大多是在民国中后期筑成，当时种田一带经常遭到土匪抢劫，村里大户人家就出头组织在山头或村头建起堡子；一种是烽火台（或称墩），古代屯驻守军时，为传递战事信息

屹立在种田沟堡子山上的堡子

之遗存。[1] 现遗存的堡子和墩台有好多处。

据清道光《靖远县志》载："打拉池堡，明嘉靖十七年（1538），调中所千户印信官军戍守，原额屯军七百余，所营墩台十七座，火器二百八十位杆。"[2] 这里所提到的十七座墩台，应包括种田境内的墩台。前清举人陈大安《方土拾墨》："将军堡北，汉制烽火台。"据此境内烽火台最早建于汉代。百丰村名来自于"北烽"，即北方烽火台的意思。吴家庄南山梁顶有一处墩台，因称墩墩梁。站在此墩台遗址，北可远眺百丰墩墩山上的墩台，南可望见复兴乡孙家岘山顶的烽火台，历代屯军的历史在此得到印证。

---

① （清）朱亨衍：《海城厅志》"城堡"条记载："厅署有堡之处，皆有墙壕围护如城郭然，防寇盗也，大小不一，新旧各殊……"

② （清）陈之骥修，尹世阿纂：《靖远县志》，道光癸巳重镌，县署礼房藏板，甘肃省图书馆藏。

柔远堡，俗称中所营，今中卫县柔远镇。见鲁人勇、吴忠礼、徐庄：《宁夏历史地理考》，233 页，银川：宁夏人民出版社，1993。

第二章
生态退化：穷人更易受到伤害

尽管地球上的每个人最终都依赖于自然系统，但穷人尤其容易受自然系统退化的伤害。

——联合国计划开发署

土地因素必须被纳入与完整的和复杂的社会环境的关系之中。它是不能与社会环境分隔开的。同样，当我们研究这些影响时，我们必须根据各种集体生活的范畴来追寻土地因素的各种影响。因此，所有这些问题都不是地理学问题，而是社会学问题。

——莫斯

人口与生态的互动作用自人类产生以来即存在着。特别是自工业革命以后，人口与生态之间的复杂作用愈来愈明显。人口数量增加，消费需求剧增，大大增加了人口对自然生态的压力，造成土壤损失、水资源短缺、水质污染、森林破坏、动植物资源迅速减少、温室效应加剧、臭氧层损耗等危机，并借助现代交通将这种负作用渗向更广阔的地区。当这种压力超出自然系统本身（不包括人类在内的动物与纯自然环境）可调节的限度时，必会将这一恶性后果反噬于人。联合国计划开发署《1998 年人类发展报告》显示，土壤退化的地区分布表明在亚洲和非洲问题最严重，而世界穷人的2/3生活在这两个地区。土壤退化通过三种主要途径影响人类生活：它降低了人均农业用地占有率和农业生产率；它使牲畜饲料减少；它把人们变成寻找更肥沃的土地的环境难民。① 因生态恶化而移民的现象，在当地已持续多年。

农业产生于土地，农村依附于土地，农民扎根于土地。有学者称“三农”问题归根到底是土地问题，这里面应该包括土地的权属问题、城市的扩张对耕地的侵占问题、耕地退化问题，以及整个农村自然生态系统的失衡问题。我们在这里关注的主要是目前最为迫切的耕地退化与环境恶化，这两者之间是小环境与大环境的关系。自然环境涵养着耕地，自然生态的破坏会使耕地成为竭泽之鱼；耕地的超量扩张同样会打破生态与耕地之间的平衡关系，生态的超负荷又会反过来降低耕地的质量，并且把两者最终都拖入绝境，出现土地资源、水资源、生态系统全面告急的局面。我们目前面临的正是这样危机四伏的土地问题。而所谓“黄土地的终结”，首先也是在这一自然的和物质层面上的“去土地化”过程。

克莱德·M. 伍兹认为，变迁一般是由社会文化环境或自然环境的改变引起的，这里的社会文化环境指人、文化和社会；而自然环境指的是某一特定的生态环境，包括天然的和人造的两种。社会变迁的过程总是在一定的自然环境中进行，自然环境为社会的生存和发展提供自然资源和物质条件。生态人类学认为，人类由于适应和改造环境所创造的文化均与其所处的自然环境有关，因此，当自然生态平衡规律打破后，文化生态平衡也难以维系。

按照西方文化变迁理论的连锁反应论说，在一文化系统中某一部分的变迁，通常会引起其他部分的相应变迁。地理环境（村民赖以生存的生态基础和生物基础）是特定的某种文化赖以生存的土壤，一旦这种环

① 联合国计划开发署编，高春燕等译：《1998年人类发展报告：消费模式及其对人类发展的影响》，65页，1999。

境发生了变化，那么相应的文化肯定要发生变迁。

一、生物物种减少

我这次秋季旅行的终点是中国西北的黄土高原。这个高原的面积为30万平方公里，有着贫瘠的黄土山，崎岖的河谷。几百年前，这些山上种满了树，但是，农民世世代代的耕种和多年干旱使这片土地变得同海滩一样贫瘠。这里是这个拥挤国家北部的最后一块可耕地，仍然种着许多庄稼；1949年以来，黄土高原的人口翻了一番。

——彼得·赫斯勒①

在当今世界上，生物多样性通过不同的方式损失掉。生态掠夺在增加。②

更好的办法是给它们留下一些证据，表明由于我们这代人和后继者的过错，有那么多东西是他们将永远无权了解的：纯净的元素、多样的生物、优美的自然以及体面的人。

——列维-斯特劳斯③

个案1：七十年的生态变迁

2008年2月3日，小川村65岁的HQH帮我们回忆了当地近七十

① ［美］彼得·赫斯勒：《追寻长城》，见“地理论坛”，原载美国国家地理杂志。

② 联合国计划开发署编，高春燕等译：《1998年人类发展报告：消费模式及其对人类发展的影响》，1999。

③ ［法］克洛德·列维-斯特劳斯著，张祖建译：《结构人类学》（1—2），785页，北京：中国人民大学出版社，2006。

年的生态变迁——

（1）积雪、荒草、牧场

听我爷爷说，民国二十七年，土匪头子王团到处抓兵。当时有一个庞家老汉说，这个地方有他们的土地。为了躲避抓兵，爷爷给了庞家老汉几个银元，庞家老汉就带着我们一家15口人离开西吉县安家河，赶着一对犍牛，带着一只大花狗，牵着一匹跛白马，拉着个破车。一路上走走停停，冰倒雪滑，受冻挨饿。有时怕遇上土匪，白天不敢走，晚上偷着走。

听奶奶说，刚来这儿只有几户人家，山上的积雪非常厚，草有半人深，没有路，只有黄羊等野生动物踩出来的小路。爷爷找了一处平台，铲了荒草，搭起一顶帐篷临时住下来。等开春天气变暖后，靠山挖了几个窑洞住进去。当时许多地都荒着，烧了荒之后，种上了糜子、谷子。第二年，爷爷从西吉老家买了一二十只羊，我大哥就开始放羊，后来发展到六七十只的大羊群。当时水草肥美，羊长得快。但是狼也多，放羊的时候带着三只狗堵狼。据说，古时候这里是官方和富豪的牧场。

（2）洪水、黄羊、豹子

那些年雨水特别多，雨一下就是一二十天，经常发洪水，连阴雨把墙都下绿了。五六十年代一直是这样，生产队还准备了炮去打乌云。那时漫山遍野都是野草野花，我小的时候经常到山上摘野花玩，有盈盈草、冰草、油蒿子、索索草、野莜麦、狗蹄花、百步花、牛铃花、野菊花、猫娃爪、灯盏花、喝酒花，柴胡、半夏、野红花等草药，还有说不上名字的。直到解放后，野生动物还很多，经常能见到十几个的黄羊群，还有豹子、狼、狐狸、兔子、獾。有一次，对面山上来了十几只黄羊，奶奶以为是狼，吓得赶紧把门顶住。狼吃羊、吃驴、偷猪的事时常发生，狐狸偷鸡那就更平常了。60年代以后，野生动物逐渐灭绝了。

（3）大旱、人祸、开荒、外出打工

1953年大旱了一次，粮食绝收，部分人开始挨饿、逃荒。1960年庄稼收成好，当时有句顺口溜：“先征粮，后买粮，丢些洋芋喝糊汤，二尺半布没裤裆，一蹦子跳到社会上。”说的是虚报粮食产量，把老百姓的余粮全部收了，害得老百姓没吃没穿。1982年天又大旱，没有喂牲口的草料和添炕的燃料，人们都到山上铲草根、扫枯草叶，这样就把草根全破坏了。随着人口越来越多，1992年人们又开始大量开荒，所有的植被全毁了。这些年沙尘暴就是当初大量开荒引起，一旦刮起风，吹得尘土飞扬。从2000年以后，持续大旱，庄稼颗粒无收，人们不得不到打拉池一带给牲口买草，或者直接把牲口卖掉，外出打工去了，地都撂荒了。这些都是人自作自受。

2008年3月1日，吴家庄68岁的WCZ对我们说：

我记得小时候放羊经常能见到狼。那时候人少，杨家胡（地名）的野羊特别多，听人说以前还有豹子。我们放羊的时候捡了一只小鹿，带回家喂养了一段时间，人走到哪儿它就跟到哪儿。后来让马家队伍给抢走了。那时大湾种的粮食都叫黄羊给吃光了。黄羊四五十个成群在山里跑，我们带的狗就能抓住小黄羊。刚解放的时候黄羊还很多，后来枪支多了，人口也多了，把野生动物全撵跑了……

我们看到，至少在四五十年前，在这片土地上，诸多的野生动植物与人类相安无事地生活在一起。短短的几十年内，生态环境遭到了毁灭性的破坏。通过对环境变迁的追述，借着历史地理学的视野，我们能够对本地几十年来劳动力的变迁、农牧业的兴废有一个大致的判断。恩格斯在《自然辩证法》中说：“只有人才给自然界打上自己的印记，因为他们不仅改变了植物和动物的位置，而且也改变了他们所居住的地方的面貌、气候，他们甚至还改变了植物和动物本身，使他们活动的结果只能和地球的普遍死亡一起消失。”①

人是分娩于自然环境之中的社会之子。大凡有过农村成长经历的

① 恩格斯：《自然辩证法》，19页，北京：人民出版社，1971。

人，童年与自然融为一体的体验在日后仍会记忆犹新，可以说只有农村的孩子才拥有真正的童年。对于我，整个童年是与故土肌肤相亲中度过的，这是一种终身难以抹去的体认和交往。可以说一个农村的孩子对世界的认识是从自然万物，以及窑洞、石磨、秋千、社火、庙宇、春种、秋收这样一些乡村符号开始的，这曾经是一个自然界生灵和睦与共、人畜相互依存的（李零曾戏称此为“牲畜人类学”①）世界，是一幅地球上延续了几千年的典型农业社会劳作图景。

小时候的记忆中，春天的透雨、夏天的山洪、秋天的阴雨、冬天的大雪总是季节分明地按时降临。透过窗户欣赏院子里密密麻麻的雨点溅起的水泡，暴雨过后跑到河沿观望奔流的洪水②和天边的彩虹，带着狗到雪地里去追踪野兔，村中央那口涝坝从第一场洪水到深秋总是积满着水。孩子们的心情因自然界的千变万化或兴奋或浅浅地忧伤，在心存敬畏中与自然一道呼吸，培养着与自然相通的悟性，保持着心灵的纯净底色。

至今仍不得其解的是，每到夏季，村里的涝坝中央总有只黑色水怪冒出水面，只露出海豚一般大的头部。大人们对此习以为常，或者把它当作河神，不去捕捞，也无意去解开这个谜。可以肯定的是这地方只有癞蛤蟆而绝对没有鱼，冬季涝坝干涸后，什么都不会留下。我总是在大人们休息的正午时分，一个人坐在涝坝沿上看得浮想联翩心惊肉跳，陷入对这个世界不可理解的神秘想象——它是个什么东西？它来自哪里？又去了哪里？这个涝坝最后被淤泥填平，这一神秘现象也成为我心中的悬案，没能给我留下现在回去弄清水怪之谜的机会。这是一个孩子心中永存的与自然之灵的神秘之遇。

---

① 李零在《七十年代：我心中的碎片》一文中说：我在内蒙古，跟牛马羊鸡犬豕接触最多。这种知识很宝贵，我叫“牲畜人类学”。牲畜被人养，它怎么孝敬人，人怎么奴役它，奴役怎么引起反抗，反抗为什么失败，这是门大学问。载《书城》，23 页，2008 年 12 月号。

② 从科学的视角来看，这也是地表环境恶化的表现。由于天然植被遭到严重破坏，每次降雨后地表水难以储存，洪水过后，沟的两岸大块大块的土崩塌下来，山水沟不断加深加宽，沟蚀的发育还在强烈的进行之中，小水沟一年年变成了大河谷。

本地曾经生存过的黄羊、狐狸、穿山甲、野兔、壁虎、老鹰、鹞子、地耳、席箕草等野生动植物，现因生态恶化大多已灭绝或锐减。在自然生态恶化的同时，近些年兴起的养殖、加工和采矿业使得当地本来就匮乏的水资源雪上加霜。

即便是今天，贫困依然是困扰当地人基本生存的一大难题，而贫困在更大程度上来自于生态资源的贫瘠。黄土地的所在位置，决定了生于其上的绝大多数人的命运。记得《中国国家地理》一篇文章的作者在看到因居住地的不同导致生活上的巨大差距后感慨道：出生地的不平等是最大的不平等。尽管出生地对于个人是无力改变的，但对于出生地环境的珍惜或破坏，却是个人的能动活动造成的。在黄土特性的问题上，《黄土·革命与日本入侵——20世纪三四十年代的晋西北农村社会》一书也进行了关于自然环境决定社会发展的思考。①

生物物种的减少过程，便是人与自然的割裂过程。发生这一割裂的思想基点便是人类唯我独尊的神话。列维-斯特劳斯说："这个神话使大自然遭受第一轮摧残，以后的摧残将不可避免地接踵而至。"② 卢梭在《论人类不平等的起源和基础》中指出，人类存在一个基本的禀赋，就是对一切生命体所具有的恻隐之心，有一种"我即他人"的意识。卢梭在《第七次散步》中的文字将这一思想表达得更具真情实感："当我融入——不妨这么说——存在物的系统中的时刻，在与整个大自然合为一体的时刻，我感到迷狂和不可言说的愉悦。"这与中国传统文化中的"己所不欲，勿施于人"的观念、天地人一体的观念、对大自然的敬畏观念同理。但是处于现代化进程中急剧转型的中国，忘了这样一些极具

---

① 为什么历经革命、日本入侵这样近乎地震似的社会变动，今日的晋西北地区依然穷困，当初中共改造农村、解放农村生产力的豪言壮语，及因其辛勤耕耘而使老百姓产生翻身的美丽梦想为何就没有变成现实？究竟自然环境在多大程度上决定着社会发展，晋西北地区的未来之路又在何方？邓宏琴：《走向革命：从张闻天的晋陕调查看晋西北乡村社会》，载《读书》，2009（4）。

② ［法］克洛德·列维-斯特劳斯著，张祖建译：《结构人类学》（1—2），510页，北京：中国人民大学出版社，2006。

智慧的语言，而是提倡“人定胜天”、人能够征服和改造自然；也忘记了警示性的提醒：人类在敢于以“我”自称之前，必须承认自己是一个“他”。而是一步步地拉大人与天地（其他存在物）的距离，甚至将人摆在他物的对立面。就算当下提得炙手可热的“以人为本”（谁说这不是一种狭隘的人道主义呢），在突出社会制度必须重视和满足人的需求的善意一面的同时，无不充满着进一步走向利己主义的危险——有意无意忽略了他物的存在，世界的残酷性、对自然和他物的残酷性谁说不是从这样一些可怕的思想开始的呢。因此，站在自然界的角度来看，恐怕人是唯一令自然反感的动物。人们早已学会了既不爱什么，也不怕什么，人只爱他自己，用无尽的物质与财富去填充那无尽的欲望，且毫不顾及对天、地、神的侵扰和伤害。

如同海德格尔一生所守着的“存在”这个词有“四重根”：“天”、“地”、“有死者”、“神”。栖居是发生在四相一体中的栖居，海德格尔将这种保护四相一体的自由栖居具体地思为“拯救大地”、“接纳天空”、“期待诸神”和“发送终有一死者”。“守护存在本身”就是在筑造中栖居，就是在四相聚集的“物”中的逗留，就是让四相安居在物中，就是作为必有一死者的人保持对天、地、神的一份敬畏，仅仅是逗留于大地之上、天空之下、诸神面前，不要去攻击、侵占或破坏它们，让四相真正浑然一体。

我们必须承认人类是“客居”地球和人世的，如同承认人类是“向死而在者”一样。在克里斯托弗·司徒博看来，环境伦理的人类学基础是：人类在地球上要像客人一样。人是因为作为客人而受到欢迎的。人的有限性注定了他必与万物共存。将人类定位为地球的客人，我们才会明白，自然资源不是我们个人的所有物，它们不属于我们，而是人类的公共利益。它们由创造者给予，是我们从将来的世世代代那里借来的。作为地球上的客人，看护造物和看护有需要的人类是与责任紧密联系在一起的。人类自我与他者的关系就是自我对于他者承担责任的伦理关系，真正的主体性也即作为责任而存在的主体性。因此，环境伦理乃是责任伦理。[①] 当这种责任意识不能从深层得到强化，责任的承担和环境的改善将依然是一句空话。非洲有一句古老的格言：地球不是祖先留给我们的遗产，而是子孙托付我们保管的财物。我们必须认真思考从“一代人的正义观”（the justice of generation 即意味着我们这代人生活的正当性是以我们能否生存下来为基本判准）走向“多代人的正义观”（the justice of generations 即我们这代人生活的正当性，应当由我们及其后代的共同生活品质予以评判）的问题。

二、耕地退化

几乎没有一块平地，几乎所有的山坡都已从沟底垦殖到了山顶，这便是“山有多高，田有多高”吧。

为了活下去，他们拼命地开垦土地。为了活下去，他们把林木、草场斩尽杀绝……人们指责他们对土地的掠夺和破坏，但几百年几百年地挣扎下来，谁又曾不掠夺他们！

他们除了黄土什么也没有，没有矿藏，没有河流，没有森林，什么都没有，只有黄土。在黄土里播种，在黄土里挖一眼水窖，用黄土垒起墙壁，用黄土造出生命。他们贫困而节衣缩食，他们憨厚而让人觉得呆头呆脑。他们以微薄的享受换取了在这里活下来的可能性，他们用傻瓜一样的麻木死守着祖宗留下的家业。

一代又一代地滥垦、滥伐、滥牧、滥挖……但人们还是一缺食物、二缺燃料。肚子喂不饱，人们只能再向土地逼索。这使水土流失日益加剧……但活不过去今年又怎么可能去考虑明年。

——沙青《依稀大地湾》

① 参见［瑞士］克里斯托弗·司徒博：《为何故、为了谁我们去看护？——环境伦理、责任和气候正义》，载《复旦学报》，2009（1）。

2002年，我在一次回乡中的所见所闻感触非常深刻，当时就作了记录。现在拿出来，有助于我们了解当时农业、农村和农民的大概面貌，具体地感受当地农业收入状况和农村的贫困程度，当然这背后的原因不仅仅是耕地退化所致。

个案2：回乡见闻[①]

在外十多年后回到家乡，不但没有看到一点可以称得上进步方面的变化，就连原有的还算亲密的人际关系都变得冷漠、敌视和处处设防，所见所闻，袭上心头的是一层又一层的悲凉。

---

① 这是2002年留下来的一篇文字，这次翻看，仿佛又回到那些温暖的场景和平凡的事件，不禁使我考虑这样一个问题，以我、我家为例的从农村到城市的“发展”（这仅是在发展主义至上的概念，还是有着更多难以揭示的深层意义，这里暂且无法定论），是一个如李培林在《村落的终结》中所说的村落边界开放的典型过程，即由经济—自然—行政—文化—社会边界开放，最后完整地嵌入（用“嵌入”而不是迁入，在文化上讲这也是一个由最初的生硬的冲突到后来逐渐濡化调适的过程，是不是由此可以断论，这是一个乡村文化持有者“去乡村文化”，并主动接受城市文化，取代和替换乡村文化的过程，或者说是城市文化对乡村文化强势压迫下的必然选择呢？从文化相对主义和多元文化共生的观点看，似乎也不应该贸然下这个定论。从我的体会来讲，从乡村文化的持有者到接受并持有城市文化身份，这一过程乡村文化身份和观念是一直被处于压制和深藏底层的，是有着拿不出手的卑微观念存在的，甚至可以说是被疏远、被冷淡、被遗忘、被遗弃。可是，直到今天，借着文化人类学的眼光，我才再次回过头来对乡村文化有了一次深深的打量，回到费孝通所提的“文化自觉”的概念上来，当然不是说因为“文化自觉”，就使得乡村文化产生强势并压过城市文化，而是这两者在一个人身上此刻产生了“互动”，特别是乡村文化观念自觉一方，原先它们两个是相安无事，井水不犯河水的。无疑，我因为舍弃不下谋生手段仍然会居住在城市，并享受这里的一切文明成果，可正是有了这一“文化自觉”，作为我的文化底色便愈加强力地被显影和放大出来，尽管它是“黑白”的，但有了与它上面的“彩照”的互相映照和各自认同，而不是一个比一个低下或者成为对立面，从这个意义上讲，我此刻是精神统一的而不是“精神分裂”的，也不是乡村文化观念一方由于没有产生“自觉”而长期地残缺或失重的）城市的历程。当然这一过程的实现途径或者“走法”有多种，但有一点是值得关注的，这一走向仅仅是单向的，而且必将延续一个非常长的时段，并且，没有人走“回头路”。那么若干年后，谁将成为当地文化的“持有者”？谁愿意固守并持有这一文化？文化的元素还会留存几许？在多大意义上能够存在乡村文化“共同体”？我不是不赞成让村民过上好日子，而是随着土地的终结，或者说“乡土中国”的终结，那个时候，我们除了生活在城市消费文化的巨大陷阱中，我们还能去“认同”什么样的“文化”？人类文化应该是趋同的还是趋异的？这是我所思考的。

我们此行的目的是卖掉房子和父亲经营了多年的药店。在城里登个广告、打个电话几分钟就能办妥的事，在这里效率低下得让人不知所措。为了争取时间，早日回到兰州，我和父亲统筹安排、分工协作。父亲骑上摩托车顶着深秋的风沙去几十里外的地方找有可能接受药的私人门诊，我给村里传出去要卖房子的消息。城市人口流动大，哪儿买房子，哪儿安家，除了资金几乎不受什么限制，在农村大不一样，必须是本村有户口的人，否则即使买了这院房子，村里人也会将他赶走。基于此，我们没有扩大消息范围。一边还要碾掉今年收获的胡麻。在参加工作之前，大部分的假期和周末都要回家干农活，如果说那个时候是农民与学生的双重身份的话，这次又要拿起农具，我想这是最后一次当农民了。因为房子卖了后，我将在农村彻底失去家园，再也回不去了。

麦场在河沿边上的风口地带。这时省城正秋色宜人，秋菊怒放，而这里早已不见一点绿色，放眼望去，掉光叶子的树枝，仅仅寥落地集中在我家院子周围。除了湛蓝的天与天空的白云，清爽的空气让人惬意外，漫山遍野一片浑黄的土色。

开始摊胡麻了，风吹得脸上火辣辣的疼。听说我们要卖掉房子，接走父亲，亲戚们都来帮忙碾胡麻。二爷、二妈、三妈来了，姑奶奶带着她的儿孙三代来到了场上。曾是农业社大队长、现白须飘飘、八十高龄的二爷依旧精神矍铄，穿着棉袄，背手夹着一把杈也来帮忙。

我一次仅能搬动三捆胡麻，二爷却不慌不忙地抱起四个。忙到中午，饥肠辘辘，一口气就着咸菜吃了三碗洋芋和棋花面焖的干饭，久违了的食欲与饭量！

近十个人干到下午五点多，总算可以扬场了，风却旋来旋去，没个定向。我们在胡麻衣和尘土的扬洒之下灰头灰脸，而我的双手已磨起了血泡。风向不好，便就此收工，等第二天有了顺风再扬。父亲一天跑了三家诊所，很晚才回家。打听的结果是一家不要，另外两家明天才来看药，买不买还说不定。

晚上仍有找上门来看病和串门的。因此听到了许多发生在农村的事

情，如围追堵截超生户、退耕补偿的违规操作、收到的捐款和衣物下落不明……①

研究“三农”问题的社会学者认为，把贫困的原因简单归结为穷人自身的非理性行为的观点是一种误读。贫困正是发展主体的发展权利不足的一种表现。埃里亚斯（Eliss）在分析文明化过程时指出，贫困始终是一个相对概念，各个社会群体的行为方式之所以各异，关键不在于他们在物质占有方面的差异，而在于他们对物质的控制程度及要求方面的差异。看来，权利与资源始终是一对孪生兄弟。

关于农民收入问题。今年雨水好，庄稼收成不错，可据村民们估计，土地最多的可能七八十亩地（包括荒地，几乎每家都耕有荒地，这又是对退耕还林的一大嘲讽），所有的粮食与经济作物折合成现金，没有一家能上万元的。村民说，农民什么收成好，什么就不值钱了（我家的一千斤麦子每斤三毛七处理给别人，要的人还嫌贵了）。就拿我家来说，今年种了 8 亩水地胡麻，卖了 2600 元，除去浇水 170 元，雇人收割 240 元，除草、化肥、犁地、近十个人打了两天的场（第二天，七十多岁风都能吹倒的小脚姑奶奶还跪在场里，用比她都大的筛子筛出夹在柴里的胡麻）等人工费还不算，仅剩 2190 元，只有在忙了三个季度，第四季度才能拿到手，这期间如有天灾，便前功尽弃。这笔钱真是太值钱了，一分钱要掰成八瓣花的。

另外，从村里人欠我家药费的账单上可测出村民的收入。记得从上小学开始，每年开学的学费，都是我挨家挨户收来的药费欠款。作为一个小孩子，收账是一件很难堪的事，而穷得付不起几块钱的人更是无地自容，当然还有少数故意拖欠或欠了账要不回来的“钉子户”。这种情

① 网友“西北风”在其《死掉的农村》一文中描述了 2009 年国庆期间回乡后的所闻所见，那些发生在其家乡的打工遭遇不幸后的回乡者，以及更多令人心酸的农村现状。我想作者是怀着怎样的心情，才决定在文章标题中加上“死掉的”这个词，要知道这可是生他养他的村庄。但我能理解他。文中的描述与种田当地的现象有诸多相似处。载：西北风 BLOG（http：//blog. sina. com. cn/mf1120），2009-10-12。

况一直持续到今天，只不过由父亲亲自来收账，病人也是他亲自上门治愈的。在村里面当大夫，这是再正常不过的状况，服务，上门服务，无偿服务，然后垫上药费赊欠着，村里五六十户人家每到年底的欠账能累计到一两千元。村里小卖部的情形稍微能好一点。

令我最为吃惊的事还是发生了。听说我们要把烧剩的煤处理掉。一大早，地上结着厚厚的霜，天气非常冷，村里的一位妇女穿着单布鞋，拉着架子车来买煤。我以为她连同欠的药钱一起付清的，她应该知道我们要离开庄子，可她掏出皱皱巴巴的十四元三角钱一再强调是专门买煤的，说欠的药费还没钱还。我按她的钱数称够煤后，又送她一筐，这一架子车煤看来要承担起她家整个冬天取暖的使命！

又听说了一件与穷得叮当响的农民形成强烈反差的事，一位小煤窑的业主花了十几万元用于修缮邻村的庙，据说是该庙的神在政府治理小煤窑中保住了他的煤矿，并帮他找到了更多的资源。

我们此行的工作进展非常缓慢。药店的药陆续被赊走，七千多元的药一分钱也未拿到手。买房子的事村里有人来谈，也仅仅停留在谈的层面，并未取得实质性的进展，打印好的合同便只好空着带了回来。在家的一个星期，亲戚们特别是老人一直劝说父亲别走，说房子处理掉太可惜了，这是全村唯一的“风水宝地”。父亲说，他决定走也是在心上拧了一把。怕父亲又被动摇，便催促父亲扔下未完的事匆匆回到兰州。

在通往长征的路上，柏油公路在向家乡的方向铺进，如果把发展农村的希望仅仅寄托在浑黄的大山里醒目的黑色公路上，似乎显得有些沉重了。农村，真的需要更多的目光来关注和重视。

刚回到兰州，就接到二叔从乡上打来的电话（家里还没有装电话，打电话要跑到离家十五里的乡上去），他说就在我们上车的同时，二奶奶在家中了风。父亲询问了病情后，详细交代了用药方案。二奶奶今年七十岁了，在家做饭、喂猪什么活都干。那天去她家，还给我做臊子面、煮洋芋吃。父亲挂了电话说，在农村，什么都干不动了，放下了手里的活，也就该交代给苦了一辈子的黄土里去了。①

与城镇居民相比较，农耕种植的生产方式和农民的生活是最容易受自然环境支配的，具体地讲就是常说的“靠天吃饭”，同时农民也会在给定的环境下把自然条件（资源）利用到极致。

20世纪80年代中后期，村里婚后青年基本上与父母分开过，建立自己的小家庭，但从父母和兄弟处分得土地少，不足以养活一家人。人口的日益增长与土地之间的矛盾越来越尖锐，于是第一场大规模的开荒运动势如破竹，几年时间，村庄周边无荒可开，甚至开到十几里外的地方去，劳力充足的人家甚至一口气开出上百亩荒山。从此，衣不蔽体的田野到了冬春季节，常常刮起黄风土雾，遮天蔽日。草山萎缩后，羊群也迅速消失。羊群的消失显然与没有实施封山禁牧、推行舍饲圈养有关，使草山超出了它能够承受的自我调节与恢复的范围，而最具破坏性的则是垦荒，垦荒将本来已经退化的植被的最后一道防线彻底击溃。开垦荒地的短暂收获过后，迎来的是大自然长期的惩罚。当土地的产出和牧业的收入无法维持生存时，生态移民（又是换一个地方垦荒）便是唯一的出路，近些年一部分农民就移民到了新疆、中卫等地从事农业生

① 二奶奶终于没能熬过春节。

6年的时间过去了，6年间可以说家乡发生了很大的变化，可又不好完全用“进步”来形容这一进程，如果用老家人经常说的“谁家富了”这一最简单的物质评判标准来说的话，确实有的人富了许多（比如我家的那院房子最后被一家姓魏的以一万五千元的价格买了去，据说这是村里人给的合理价格，但在我此时的观念中，它已不仅仅是一个用钱来衡量的，而是记忆常常要徘徊的灵魂居所了。我们也给父母在城里买了住房）。也有的人家则越来越陷入到贫困中去不能自拔，特别是连年的天旱，又诞生了一大批挣扎在缺吃少喝边缘的人。而在物质和经济的衡量指标之外呢？我看到了传统乡村共同体的解散，文化的、生态的、社会组织的一路衰败！面对我面前这个复杂而空洞的考察对象，我只有试着去拾捡这些文化碎片后面零散而萧条的意义，是作为村庄和土地的祭文？还是作为乡村复兴的依据？我不敢说。正如拉德克利夫-布朗对人类学的强烈忧患意识：“今天在地球各处还能进行的研究，将成为再也不可能的事情。”并且，人类学“一方面由于缺少普遍的吸引力和支持，研究者极少，资金匮乏；另一方面，大量极重要的材料正在年复一年地迅速消失，哪怕对稍大一点的部分进行研究都没有可能。”见［英］拉德克利夫-布朗著，夏建中译：《社会人类学方法》，70页，北京：华夏出版社，2002。

产。到最后“无荒可垦，无地可移”的情况下，经过几代农民的褪变，进城（“农民造县城”）、“去农民化”便成为不得不面对的最终的策略。

废弃的羊圈

我们从乡政府得到一组统计数据，从中可以反映近三十年的生态变化情况。首先是大牲口数量明显萎缩，如耕牛的数量2007年较1980年下降了98%；驴较1990年下降了30%；骡子较1990年下降了22%；马则一头都没了；羊较1990年减少64%。后来从村民中证实，这些数据未经逐户统计，是估算，且对下降趋势整体估低。役畜和羊只的锐减表明农业内部肯定发生了巨大的问题，这个问题就是气候、生态的恶化和外流人口的增加。当地耕种无法使用机力，历来一直使用大牲口，没人养牲口的状况就直接地宣告了农业的整体衰败。

我们看到，在相对封闭的乡村内部，由于时间的变迁、空间的变动（环境变化、土地退化）、人的变化（人口数量、人的需求）、人与空间交往的变化（以往耕种与放牧基本保持着一个自然界能量向人适当转换，并能保持自我修复的平衡关系，后来过度的获取则打破了这个平衡点）、外部情势的挤压（消费时代对农林牧资源消耗量加大，城市化扩张对农业农村农民和土地深度入侵），这样一个历史过程中，羊的问题全息化地预告着土地的终结。

土地沙化已成为残酷的事实。2006年4月的一天，回到村庄，我第一次在六娃子的指认下看清黄土是怎么变成细小的沙粒，这些小沙堆已被风带到了田间地头，虎视眈眈地盯着那些还未被沙化的土地。这儿是正儿八经的黄土高原，没有一处石山。季节河里的沙石不可能吹到山里来，而且河沙与沙化的土壤形状、质地完全不同。因此，这些沙堆只能是土特产——黄土的沙化。六娃子说："简直不敢相信，土壤沙化会这么快出现！"沙化导致耕地质量下降已成不争的现实。侯仁之曾在宁夏和内蒙的调查中得知，滥行开垦后，原先被植被所固定以及被较薄的土层所掩盖的所谓"暗沙"，就被翻为"明沙"，当地农民称之为"就地起沙"，乃至引起流沙，这是人类盲目破坏自然的结果，应该归咎于社会的原因，而不是自然本身的毛病。①

包产到户时，村里的几百棵榆树也分到各家，从此年年砍伐却不见再有人栽树。当我家花了几年时间在院子周围栽起一片树林时，村里包产到户的树已被砍光，就连分给我家的那几棵树也难逃被盗伐的命运，整个村庄完全暴露在风吹日晒之下。俗话说十年树木，村民连十年的耐心也没有，连为自己栽一棵乘凉的树的耐心也没有，哪能顾得了后代？

地球表层作为开放的巨系统，随着人类社会的发展和人口数量的增加，受到的影响日趋加剧。② 挖甘草、耙发菜③、放养牲畜……这些曾经被村民们认为是创收的做法，无一不是在破坏环境。我家的一块耕地长满了甘草，在挖甘草人的骚扰下，不得已荒了一年，让他们挖个干净，最后地里布满了一人深的大坑，土地的墒情基本上破坏殆尽。刚开

---

① 侯仁之：《历史地理学的视野》，164、195页，北京：生活·读书·新知三联书店，2009。

② 同上，58页。

③ 很遗憾，当时未能留下有关影像资料，但在王征关于西海固的摄影集《王征：寂寞生灵》中，留下了农民生存的诸多图景，因海原与种田乡接壤，一些生产生活场面比较相似，其中也有当年耙发菜、挖甘草等图像。参见陈小波编：《王征：寂寞生灵》，北京：中国人民大学出版社，2007。

始拾发菜那会，人们是拿着锥子去一丝一丝地捡，这种手工作业对植被的破坏不是很大。为了提高效率，后来发明了发菜耙子，密匝匝从山头梳理下去，枯草叶和浅草根一并被锋利的耙子耙走，土皮全部暴露在了外面。这里的山风大，以往刮风有这层植被作为保护，刮不起来土，而经耙松的土层，很快成为黄风与扬尘的源头。在耙发菜的大队伍两至三年的集中扫荡之后，村庄周边的群山基本上全部经历了一次甚至若干次"去植被化"的创伤。至此，村里以往的清风便愈加浑浊，乃至于刮得睁不开眼了。

土地严重亏空，一方面是养殖业、垦荒和土地沙化所致；另一方面，在对土地的具体耕作方面，还有诸多破坏性因素，如化肥的过量使用造成土地的板结。同样，干旱导致旱地收成大幅下降甚至到连年无法下种，土地生产性逐年退化。

2006年春旱。靠天吃饭的乡下，春耕时节没有一点播种的迹象，山地里是从未有过的死寂。截至6月，旱地仍无法下种，漫山遍野一如冬天的荒凉，没有一棵活着的草。因多年干旱加上当年大旱，地下水逐渐枯竭。但是受利益诱惑和乡政府的贷款支持，村民在一个村庄的同一条沙河范围内，多处打井，打出枯井仍不死心，换个地方接着打，既无科学开采地下水的理念，又无水利部门的管理和干预，导致陷入井越来越多—越打越深—流量越来越小—水费越来越高的恶性循环之中。连年天旱欠收，加上日常烧水做饭，历年积攒的草料所剩无几，牲口的草料也难以为继。好多人家只得卖了胃口大、费草料的耕牛，再去买相对省草的驴子，没想到牲口交易市场反应异常灵敏，草贵牛贱，驴价却涨了上去，现在不以力气论贵贱，而是以投入最小化论价值了。村民们的牲口又不能不养，万一下点雨还能种点秋季作物，总不能让二牛抬杠的时代退回二人抬杠吧？没草料的人家只好去还有囤积草料的宁夏海原县买草，可是再大的草垛也经不住大规模抢购。二叔叹着气说："现在一把草比一个馒头都金贵。"此刻，我们看到了农业的衰落和乡村的同步衰败。

2009年初，在经历了全球金融危机之后，一场50年不遇的特大旱情再次降临全国。对于本来就缺水的种田来说，接下来的欠收、绝收、人畜饮水，乃至植被枯死引起沙尘等可以想象。①

出于对生态恶化、耕地退化的遏制，政策层面不得不采取退耕还林措施，并于2002年正式启动。种田一带的林地属于生态防护林，政策承诺按8年补偿，每年付给村民补助费和粮款，标准是每亩20元补助、140元粮款。退后第一年全额发放，以后每年按成活率发放，每年进行验收，达标的农户每年分两次领款，上半年领粮款的60%，下半年再领剩余的40%。五星村的一位知情者说，国家的好政策在这里给执行偏了，村里往乡上报的时候，在村民实际退耕的亩数上，加大数字进行虚报。虚报的亩数就成为村上牟利的很大空间，用于村领导个人的收入、腐败以及消费。他们普遍采用的办法是，造退耕还林花名册时，编造一些莫须有的人名套取退耕还林粮款。拉排村的一位知情者告诉我们另外一种欺上瞒下的手段，就是缩小熟地（联产承包土地）面积，扩大荒山造林面积，从中窃取一定的亩数，通过合法化的非法策略与国家和农民争利。因为荒山面积不会涉及村民的具体土地面积和个人利益，谁也不会去过问此事，最终等于国家给村长发工资，这是一大笔收入。乡政府不是不知道虚报的现象，有的村虚报一两百亩，村乡之间的利益关系其实也非常清楚，乡里不会亲自去丈量核实。

退耕后，由于当地属于干旱山区，近几年降水量不足140毫米，树木成活率很低。2008年是实施退耕第6年，退出的地里除了几根稀疏的冰草，就是张着大口的树坑里的干树枝。粗略估计一下，这些沙棘和山杏的成活率最高能达到40%就已经不错了，远远没有达到规定的造林成活率达到85%的要求。

村民们面对早已告崩溃的自然生态及其持续恶化，显出茫然无助，

---

① 据甘肃省农科院的统计数据显示，甘肃省旱灾发生的频率已由过去的“十年九旱”演变成近年的“大旱三、六、九，小旱年年有”。1950—2007年，全省干旱成灾面积超过150万亩以上的严重干旱年15次，仅20世纪90年代就有6次，21世纪前7年发生2次，特别以1995年和2000年最为严重，成灾面积为50年以来最大。2007年严重的春旱连初夏旱，60年罕见。

并继续寄希望于老天能下场透雨，“丰收一年便又能吃上几年”。2008年7月，豆子连种子都收不回来。我倒要问靠什么丰收？我为这种希望感到深深的不安。村民不知道出路在哪里？曾经养活了多少代人的土地到这一代人手里怎么不养人了。如今他们面对秃山与旱田，陷入深深的无力，并加剧着贫困的负担。如果说土地承包使农民感到了有产的踏实的话，如今这土地却变成烫手的山芋，守着它却吃不到口。恩格斯曾讲过，在阿尔卑斯山大量砍伐森林、开垦农田，过了一些年之后，自然就加倍地惩罚你，因为你破坏了它，违背了自然。

就村民投入的时间成本、人力畜力成本、化肥水费成本以及对破坏的生态（村民亲手的破坏加上大环境的恶化）需要重新恢复到原来模样，把这些代价都纳入进来计算的话，农民的收入远远小于支出，也就是说农民的收入是负值，他们在负债种田，且负债的数额年年累加，只会越来越沉重，实际上如果按资不抵债的指标衡量的话，陷入破产的家庭比比皆是，只不过依靠家庭中其他成员外出打工的补贴，还能保证他们能将就着过下去。如果再考虑劳动者身体素质随着劳动强度的增加而下降，医疗的支出也随之增加，最后的负债无疑将村民拖入贫病交加的无底深渊。为此，自2002年以来，全乡大部分农户靠救济面粉过日子，每年拨到乡上的面粉达到3000袋，约1.5万斤，平均2.6人中就有1人受到救济。被列为贫困户的基本上是吃完了接着去领，倒也领得心安理得，长年有保障。

三、人地关系紧张

人类的观念和活动必然印上不同时空地理环境的胎记。

——杨文炯①

① 杨文炯：《传统与现代性的殊相：人类学视阈下的西北少数民族历史与文化》，6页，北京：民族出版社，2002。

人除了依赖环境生存以外，其生存活动的方式也会影响环境资源。

——袁靖①

人—地关系的变化除了人类生产活动导致土地的亏空，还受外在的社会变革对这一农业场域的渐进式影响。

将时间往后推二三十年，在村庄边界基本上处于封闭状态，人们没有外出意识和外向谋生渠道的情况下，丰收的年景将人们紧紧地固着在这块土地上，人们在耕种与收获中日益加深着与土地的感情。大多数的农民认为，种地需要投入情感，真正的亲近土地和真正的付出汗水。如孟德拉斯在《农民的终结》中所说："对于这土地，他甚至了解更小的细节：如可耕土层的结构和厚度，以及岩石、湿度、光照、地形等，这常常是因地而异的。这种知识作为常年培养、劳动和观察的结果，是他所独有的。在他看来，这是农业劳动者的基本技能。而且，他感到是他'创造'了自己的土地，他了解这块土地就像创作者了解自己的作品，因为这块土地是不断加工的产品：耕作、施肥、轮作、休闲，等等。且不说农民与自己的土地的联系，这里只要指出关于土地的直接知识的意义就足够了，这种知识就蕴涵在农民的技能中：如果我是唯一熟知自己田地的人，那我也是唯一能种好它的人，所以，没有任何其他的人能在这方面帮上我的忙。"而且，每一隅土地都是独特的，要想耕种一块土地，首先要对这块土地有深刻的了解，这仍然是现代科学无法取消的一种束缚。②

就在这样年复一年的耕作中，大多数的家庭子承父业地学习农家活，增长务农的知识与技能，以便尽早能培养起独立承担起务农的本

① 袁靖：《中国大陆沿海地区史前时期人地关系研究》，载北京大学中国考古学研究中心、北京大学古代文明研究中心编：《古代文明》（第1卷），63页，北京：文物出版社，2002。

② [法] H. 孟德拉斯著，李培林译：《农民的终结》，57—58页，北京：中国社会科学出版社，1991。

领，这是一些对学业没有奢望的家长对孩子非常清晰的培养方向。当然，正在学习的孩子也不能游离于农业活动之外，他们已经非常自觉地替大人分担起一些力所能及的家务和生产劳动。在这样一个农业社区与常年农业活动的濡染中，年轻的一代对土地的情感也是逐渐渗入生命的底色的，不管他以后能否走出这一地域，农业和土地的烙印已经深深地印了进去。

农民将自己、儿女与家庭都维系在土地上的这种普遍的感情与认同，在传统农业社区是一个比较稳定的意识形态。但是，随着内部的土地上所发生的变化，以及随着村落边界的开放，走出农村寻觅出路成为可能，已经直接地触及和改变农民的观念之后，农民对土地的感情发生了非常复杂的变化，对农村、农业以及整个农业社区结构是一个非常深层的刺激或者说是对原有传统形态的颠覆，原有历史境况下的人地关系，以及附着于其上的家庭、子女培养、生存质量、文化认同等都难以避免地受到震动。这里出现了一个转折，即从依赖土地到与土地关系的疏离（或者更为紧密），从面向土地到面向农业场域之外寻求出路。农民的视野出现了内向和外向的分化，不过这里所说的内向是指不得不内向，是别无选择无可奈何的内向而非主动的内倾，因为这部分人的年龄、知识结构、体力、社会关系已将他们牢牢地拴在土地上，他们早已丧失了或者说始终也未生发过挣脱对土地依附性的想象、努力和能力。

孟德拉斯在《农民的终结》中这样判断："农民……在内心深处把土地和他的家庭以及职业视为一体。我们可以认为，这种情感在很大程度上是一种正在消失的历史境况的产物，在这种境况消失后，这种情感还会继续存在一段时间。"① 他对人—地情感说的是正在消失或在一个时间段内持续的存在。在现实的村落中，对于一辈子不可能走出农村的农民来说，这一情感其实是更加紧密了，对他们来说，土地仍然是一

① ［法］H. 孟德拉斯著，李培林译：《农民的终结》，61 页，北京：中国社会科学出版社，1991。

切，是依托，是生存，即使庄稼绝收，土地还是一种坚实的救命稻草，一如既往地抱着对土地的希冀；而对于走出农村已经有稳定的收入的“农民”来说，他实质上的不再依靠土地和情感上的难以割舍是纠缠在一起的。这两种曾经共同生长在这块土地上的人，对土地的情感与态度出现了差别，这样的事例很容易找到。

一方面，越来越多的外出打工的人将土地承包出去；另一方面由于天旱，大部分的土地多年荒芜，在家种地的人靠农业致富，乃至维持基本生存的希望越来越渺茫，人们对土地的感情爱恨交加，极其复杂。调查显示，部分村民已经通过亲戚介绍等方式联系到新疆、宁夏中卫等地继续从事农业种植，实现了自发的跨区域生态移民。

秋收后的田野

汪晖在反思现代性问题时指出，从更直接的现实意义来讲，对发展主义的检讨变得尤为迫切。[①] “发展主义”的关注点在于经济增长和财富积累。这种发展不把污染的代价、生物物种的灭绝或生物链的破坏的灾难性后果，或者叫做“外部成本”，计入发展成本。但至少有一个共识是，资源的有限性决定了“发展”不可能无限制地进行下去。[②] 对发

① 汪晖：《去政治化的政治：短20世纪的终结与90年代》，504—507页，北京：生活·读书·新知三联书店，2008。

② 参见《与地球重新签约》，哥本哈根社会发展论坛论文选之一，雅克·鲍多特等著，黄平选编，4—6页，北京：人民文学出版社，2003。

展主义的批评不是否定发展，而是要求发展的正当性，批评发展主义的论断性、强制性、短视性和不平等性。短视性的一个体现就是大规模地破坏资源，是“要发展不要生存”，最终酿成了巨大灾难，作为遭难的受难者（工人、农民、普通人、生态）则被忽视了。而对这种发展主义带来的破坏，需要通过工人的经济学、农民的经济学、普通人的经济学和生态的经济学来计算和抗衡。[①]

因此，就当地来讲，面对生态环境丧失自我修复功能，耕地、水资源告竭的情况，必须采取“退出式”的修复思路，减少人口和农业生产对生态环境的进一步压力，并通过有计划的改良生态的投入，控制环境恶化的趋势，保存土地，保存农业。

① 汪晖：《去政治化的政治：短20世纪的终结与90年代》，504—507页，北京：生活·读书·新知三联书店，2008。

第三章
乡土生活：在传统与现代之间

文化是指那一群传统的器物，货品、技术、思想、习惯及价值而言的，这概念实包容着及调节着一切社会科学。

——马凌诺斯基

历史不是外在于主观之外的“客观”，人是历史的主体，可调动积淀的象征和资源。因此，往昔的符号被视作现在的象征，它可以为其后人的记忆与精神、心理、利益需要一同激活，成为再生的、可调遣的或应征的资源。

——周泓

人类进化的第一步，就是手和脚分工的进化。手的长度有限，而手的功能无尽，工具实际上是手的延长，是人类智慧的体现。

器物的传播，是一种文化传播，器物的传播史，是文化传播史的重要方面。通过对器物身上潜隐的文化信息的解读，可以用来追索和见证历史。在这个意义上可以说，器物是以物质形态保存下来的人类文化记忆。

——刘登翰

一、器物的余温

一般来说，人们将文化分为器物文化、制度文化和意识文化三大类型。人类文明的肇始和工具的使用密不可分。农具是劳动者智慧和农业生产发展水平的代表；器物的制造和使用，透露了一个时期的生活习惯与审美标准。

随着时代的变迁，承载着农耕文化的传统农家器物正在悄无声息地被现代的生产生活器具所替代，这一点对于当地农人甚至是不易觉察到的，由于新器具的使用方便、效率高，或者时代审美眼光的变化，有条件的，很快接受了新的事物，没有条件的也得跟上技术的进步与发展。就以近三十多年加工面粉工具的变迁看，从人力或畜力石磨，到小型电动磨面机（当地称钢磨），再到大型磨面机，电力机器代替人力和畜力工具，这是一个不可逆转的趋势，也是农人乐于接受的事情。虽然“科学技术是第一生产力”这句话在乡间人们的口头几乎听不到，但是技术的力量还是以它不可阻挡的威力深入农业社会和山大沟深的腹地，把那些“落后”的生产工具、笨拙的家用器物一一替换，一步步退出农人的视线、农业的现场，让这些沾染了人的灵气的老物件离开人的体温，人与器物的关系由此冷淡。

人是健忘的动物，这些曾经在无数代人的手里摩挲过的器具，已经和将在人们喜新厌旧的观念中被无情淘汰和遗弃，归于寂寞的角落。但有一点是不可否认的，它们是特定生产力条件下的产物，是就当时来讲最先进的工具，他们依赖这些工具作用于自然资源最大化地生产出能量。它们也是一定社会生活风貌中最时髦、实用的器物，它们的演进史就如同服饰的演变史（虽然没有服饰变换得如此之快，服饰在一定意义上是时代的面孔和表征），潜隐着社会发展的密码，反映了人类在各个时期的生存状况和文明进程。那么，我们可以说，这些乡间的农具和器物也是文化的直接载体，是带有时代印记的，是沉淀了农业社区日常生活文化内涵的，是民间艺术、宗教和意识形态的构成要素，它曾经在一定程度上决定着人们的思想和行为模式。

马维·哈里斯说："生活在不同世界内的人们，建造不同的蔽身之处，身着不同的服饰，执行不同的婚姻制度，敬仰崇拜不同的精灵和神，操不同的语言。"因此，对某一文化的认定和文化间的区别是在这些细小的事物上，要洞察一个农业社区，就不能离开这些曾经或现在依然与农人日常生产生活手足相连的工具和器物，就不能不对此予以挖掘和清理。这些农具与器物的变迁，是农业社区文化变迁的一个缩影。

当农具和器物不可逆转地退出农业和生活的现场时，与这些物件有关的生活也正在离人们远去，此时有必要把它们翻捡出来，留下它原来的样子，不仅通过文字文本，同时附以"器物文本"，来反映人与农具之间联系的逐渐冷却。正如梁思成先生关于保护古建筑的意见，我们社会也需要一种逆时代的力量，帮现代和未来多保留一份记忆。当城市在保护老街、老建筑的时候，农村也应当重视自己的乡土物质和非物质遗产。事实上，乡间器物有待去重新认识、追溯、注释、呈现和留存。通过这些消失或即将消失的老物件的影像，在这些静静无言的农具与器物上，我们能够隐约听到历史的回音。

在这些农具和器物隐退的背后，乃是传统农耕文化价值在当代的全面失守。我们从高丙中对美国威斯康星州的一个小镇的考察中得知，到该镇随便一打听，都是100多年的老房子，外观也一直没有什么变化，旧的仓库、陈设全都保留着。在这里，农业一方面作为产业存在少部分人的谋生职业之中，另一方面文化的农业符号被尊重和保留着，农业及其文化、价值、精神没有被负面化，这与中国的"农"字文化价值在现代以来的历程是很不同的。在一般印象中，美国是大都市，中国是大农村；从实际景观上看，中国才是以都市社会为中心的，美国却是农村社会为中心的。[①] 在

① 高丙中：《民间文化与公民社会：中国现代历史的文化研究》，427页，北京：北京大学出版社，2008。

种田当地，农民以旧的陈设为落后的观念依然很深，他们唯恐不能与古老的一切决裂而大步迈进现代化。我们在调查中发现一个村还有正在使用的箍窑，打算进去拍两张生活起居的照片，却被一位 70 多岁的老太太硬给推了出来。这实是一个对待传统的观念问题，对传统的文化是否自信的问题。

传统与现代并非二元对立的，传统不只属于过去，它可以不断地近代化，并与现代相契。我们追拾农具和器物，不是“不要科技、不要现代文明”（余英时语），不是要“回到三代”，而是要对传统怀有一种“软心肠”（金耀基语），即在享受了科技和现代文明带来好处的同时，善待这些传统的农耕文明遗物，乃至让这些器物“再生”并构成现代文明的一个组成部分。

1. 生产器具

石磨：当地 20 世纪 70 年代之前磨面的主要工具，由人力或畜力推动。电力磨面机引入之后废弃。《世本》：公输班做磑。《说文解字》：石磨，石磑也。

连枷：当地人依然使用的一种简易、辅助的脱粒工具。由四五根三尺长的木条或竹条，用皮革编制成板状，安装在长柄一侧的环轴上，可做 360°旋转，依靠旋转的惯性敲打晒干的作物，使籽粒脱落下来。

在农业合作社时期，每家只有几分自留地，所种植农作物很少，收割后背到自家院子里摊开晒干，用连枷翻来覆去地敲打脱粒。

连枷发明于春秋时代。《说文解字》：架，柫也。柫，击禾连枷。《耕织图诗》云：霜时天气佳，风劲木叶脱。持穗及此时，连枷声乱发。黄鸡啄遗粒，乌鸟喜聒聒。归家抖尘埃，夜屋烧榾柮。范成大《秋日田园杂兴》：新筑场泥镜样平，家家打稻趁霜晴。笑声歌里轻雷动，一夜连耞响到明。

碌碡：石制碾场工具，用畜力或机力牵拉脱粒。《齐民要术》称为陆轴。王祯《农书·耒耜》：北方多以石，南方用木做。

镢头：挖掘工具，类似单头镐。王祯《农书·钁插门》：农家开辟地用以劚荒，凡田间山野之间用之者，又有阔狭大小之分。

耧：木制播种机，两只耧脚安装耧铧，同时完成开沟和下种两项工作，一次可种两行。也可用于松土。20 世纪 90 年代引入铁制播种机，工作效率成倍提高。

犁：旧式犁头固定的称为广子，仅能耕开犁沟，不能翻转土壤。20 世纪 80 年代末引入转头犁，又称步犁，犁头可左右转动，破土比旧犁宽，翻地深、效率高。

榔头：木制敲打工具，当地主要用来打碎田里的土块、农家肥的粪块。

耱：最初称耢，汉代已经出现，平整土地的农具。王祯《农书·耒耜门》：劳，无齿耙也，但耙梃之间用条木编之以摩田也，耕者随耕随劳，又看干湿何如，但务使田平而土润，与耙颇异。耙有渠疏之义，劳有盖摩之功也。今亦名劳，曰摩，又名盖。凡已耕耙欲受种之地，非劳不可。

套晃

麦拴：一种用麦草编成的大辫子边装粮食、边圈起来的粮仓，若置于露天，表层则要用草泥密封防雨。

杵子：按功能分两种，一种用于夯打土墙，杵头为铁制圆形；一种为夯实地基或打制胡基（土坯），杵头为石制方形。

套晃：绑在牲口脖颈上拉

箍窑

炕桌

拧车子

套用的绳索，包括拥脖等部件。

…… ……

2. 生活、娱乐用物

土窑：利用自然山形，将山头削齐，在崖面挖掘出的洞穴。一般深 4—6 米，前面安装门窗，进门一侧盘炕。光线虽不佳，但冬暖夏凉。遇地震崖面易塌。民国九年大地震，住窑洞者伤亡极惨。现已废弃。

箍窑：用黄土夯筑成墙体，上部用土坯箍成拱形的窑洞。长度可达 6—9 米，宽 2—3 米。绝大多数废弃，在用者偶有一二。

炕（地）桌：20 世纪 80 年代以前，当地人围在一个不足尺高的方桌放在炕上就餐，称炕桌。后来除了老人依然使用炕桌，家庭其他成员就餐地点转移到了地桌上，即放置在地上的餐桌。

纺锤：简单的加工毛线的工具，用一截木棒做成，主要用作将羊毛、麻线拧成线绳。

拧车子：较纺锤先进的制线工具，可拧制麻线、羊毛线等。

风箱：手摇鼓风机和电鼓风机引入前，本地主要使用木质风箱，使用笨重费力。

风箱

被床子：又称炕柜，长条形矮柜，放在炕的一侧摞被子的家具。

姜窝子：古称碓、石臼，最初为石制，当地称石窝子或姜窝子，用来捣碎粗盐、调料和中草药。后来市面上有铁制的出售。

姜窝子

烙锅：当地又称烤锅，古称鏊子。陶制多层烙饼用具，上下更换在炉火上烤制锅盔。

灶爷板：厨房墙壁摆放餐具的木架，因上方贴有灶神像，故名。

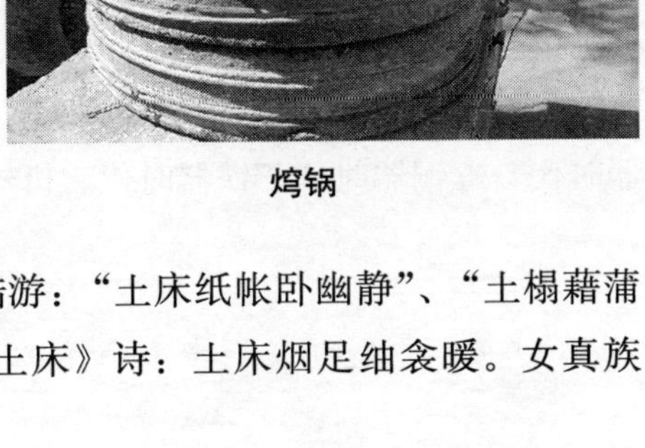
烙锅

土炕：西北冬天温度低，农村每家屋里都盘一面土炕，约占去室内三分之一的面积。室内炕面密封，墙外前后各留一“炕眼门”，用于填入燃料和清理灰烬，采用牛马粪、麦衣等作燃料。炕上铺以竹席、毛毡等铺盖，取暖效果较佳，适合老人暖腿。为此，当地长期以来视“请客人上炕”为尊敬有加。宋人诗多次提到土床，如陆游：“土床纸帐卧幽静”、“土榻藉蒲团”、“煮药土床前”等。张载《土床》诗：土床烟足紬衾暖。女真族

“环屋为土床，炽火其下，而饮食起居其上，谓之炕，以取其暖”①。

盘子：装盛和运送食物的长方形大木盘，目前在婚丧仪式上仍使用木盘端送饭菜碟碗。《尔雅·释器》：木豆谓之豆。豆，木制食物盘。

哇呜：一种用泥捏制的乐器，类似于埙。

…… ……

3. 节庆、民俗信仰用物

雷尺

罄：村庙用物，上庙击罄以示向神传递信息。《说文》：罄，器中空也。《诗》云：缾之罄矣。

谷草：阴宅破土时作“斩草”用。

马鞭、三叉、油锅：村庙方神提“马爵”时的相关用物。

木鱼、钹、锣：阴阳念经时的伴奏乐器。

犁铧：阳宅开工破土时可用作道具。

箩儿、铁铧、碌碡棋、木匠墨斗棒、火把、菜刀、五谷粮食、香表、扫帚、笤帚、羊毛、菜籽等：“炸庄”和“断瘟”时的用物。

雷尺：正反两面均有图符，阴阳念经时所用法器。

乩桌：方神打字的“书桌”。

…… ……

人们对时代的划分有时是以使用什么样的生产工具为标准的，如石器时代、青铜器时代、铁器时代、机器时代、电器时代等，甚至直接以

---

① 朱瑞熙等著：《宋辽西夏金社会生活史》，82页，北京：中国社会科学出版社，1998。

香案及乩桌

工具的特性代表不同的文化，如青铜器文化。所以，工具及使用工具创造出来的物质产品是文化不可缺少的要素。生产工具决定了生产力的发展水平和相应的生产关系，包括物质关系和思想关系的总和。生产工具的变革或替换，便会导致与生产工具相应的生产关系，包括全部经济、社会、宗教和习俗等方面的解体。材料和技术的更替，也会引起相应文化体系的改变。梅特罗在《斧头革命》一文中，阐述了铁斧的使用如何在简化和便利技术经济活动的同时，导致了土著文明的真正解体。表明采用更完善的工具会导致社会组织的崩溃和群体的解体。列维-斯特劳斯称之为遥控式的毁灭，即土著群体被仅与其交臂而过的另一种文明彻底吸收掉。以当地为例，石磨废弃之后，方神“炸庄”仪式中使用的磨棋（磨轴）也就无从可寻，要么用其他物品替换，要么不得不取消。当一种文化仪式中传统的用物、材料大部分遗失之后，它的结构组成就有缺陷，无疑该种文化的形态要发生改变。

二、农牧业的凋敝

民国早期，当地人口不多，大片土地荒芜。2008 年 2 月 27 日，我们到麻滩访问了 70 岁的 HYZ——当地民国最后一任保长的长子。据他

摊晒胡麻

的记忆，民国时期，种田属于靖远县东明乡明仁堡第三保，人烟稀少，半农半牧。多数人一无田地，二无畜力，不得不给富人做工种田，或者人力拉犁耕作。解放后，进行了土改，农民都分到了土地。人民公社时期，包括“三年自然灾害”、搞水土保持工程、大炼钢铁、农业学大寨的情形在“人口流动”一章的访谈中有所显示。包产到户后，由于一处相近的地要按人口均分到各户，所以每块地的面都不大，一般是2—5亩。20世纪80年代，开始了大规模的开荒潮，最远的田地仅路程就要用一个多小时。

全乡6个行政村中，只有五星、北庄、小川几个村有水浇平地，总面积2468亩。这些地方的水地也只是一小部分，还有一些是介于水地和旱地之间的山坝地，为20世纪60年代搞水利建设的成果。其他的村落都分布在山沟里，院落建在半山腰，土地都在山梁上，是完全靠天吃饭的旱地，属于典型的降雨农业。山地耕种和拉运粮食都极为不便，有的地陡得连架子车也上不去，人们常形容这种山地“陡得把牛都能滚掉”。庄稼成熟后收庄稼也很困难，等收割晒干后，再由人力一捆一捆背到架子车能到的地方运回。

当地有夏田和秋田之分，都是一年一熟，作物单一，复种率低。所以，一般是趁丰年时多收一些粮食储藏好，以便接济歉收年景，否则遇上“十年九旱”，一些人家就要断顿。有了好收成，尽量藏着掖着，富不外露，说不定第二年又歉收了呢。于是就把麦栓子藏到窑里。

没有室内空间的人家，只有在院子里盘个麦栓，外面用泥巴密封起来，既防雨又防麻雀糟蹋。对农民来说，家里有几个满满的大粮仓，干什么都踏实。

扬场

当地燃料主要是碾压柔软的农作物秸秆，如麦草、胡麻杆等。碾场后扬出来的麦壳和土的混合物，称麦衣，用来填火炕。还有牲口粪便晒干后，也用来填炕或生炉火。当地使用煤炭最初是拉洋芋去红会煤矿兑换，后来直接用钱购买。为了节俭，一些人家用买来的沫煤，夹杂以土或麦衣，加水活稀后预制成煤块生炉子取暖。目前种田乡设了加气点，一些经济条件允许的人家用上了液化气。

农业耕种主要依靠牛、驴、骡、马等畜力，成立人民公社之前，都是各家自备；包产到户后，牲口也分到各家。后来，农户自行发展了一定数量的牲口，因为农忙时节大家都要急用，等别人用完再借人家的牲口就错过时节了。也有亲戚之间合用牲口和农具。

在正常年份，当地农作物种植以小麦、豌豆、油菜籽、胡麻、洋芋为主。2007 年秋季降雨量充沛，当年荞麦播种面积激增，达到 18000 亩，占当年种植面积之首。其他作物还有扁豆、玉米，饲料有苜蓿、谷草。另外农户种植的作物还受政府的一定指导，如确定某个村连片种植优质洋芋、双垄沟播玉米或推广针叶豌豆等。据统计，2007 年全乡人均收入为 1665 元，其中五星 1840 元、种田 1665 元、小川 1717 元、北庄 1625 元、百丰 1598 元、拉排 1495 元。结合“2007 年农田分类统计表”可以看出，当地收入主要来自农业，水浇地最多的五星村人均收入也居首位。这种收入水平暴露了传统种植业的困顿。

当地虽属农耕地区，但长期以来存在畜牧和农业的混合型结构。养羊的人家同时兼顾着农业生产，亦农亦牧。养羊作为一项古老的牧业，有劳力的大家庭，羊群由家庭成员自行照顾，放羊的任务都是由男性成员承担。自家若没有劳力，就要雇用羊把式。羊把式是一些专业的牧民，常年受雇于养羊而没有人放牧的人家，他们有多年不变的雇主，也有因各种原因在雇主之间流动者。一个羊群的所有权一般不归一家人，还有其他人家的零星羊只，通过支付一定的费用带到羊群里一起放养，并用不同的颜色在羊身上标记出来，防止混淆。最大的羊群有近百只。冬季每天放羊回来，还要全家上阵喂羊，用麦麸和煮熟的洋芋搅拌的饲料，装进一个小布口袋绑在每只羊的嘴上，防止互相争食和浪费，还要定期喂给硝盐。怀羔子的母羊要重点喂养。剪羊毛、抠羊绒都是养羊人家的主要劳动项目，虽然养羊收入好，羊毛、羊绒、羊皮、羊肉都能变卖成钱，便有“养羊偷着富”之说，但要付出常人难以忍受的辛劳。

包产到户后，当年的大队长、颇有眼光的二爷从分到手的几只羊起步，凭着丰美的草山，发展为上百只的大羊群。以前，草场不是个大问题。这样的好景持续到 20 世纪 80 年代中后期，随着生态恶化，村子周边草场退化，转场放牧便越来越多地出现，最远的要赶到几十里外的地方住在外面放牧。二爷的羊群因此快速萎缩，羔羊越来越瘦。当路程越来越远，最后羊儿乏得走不动远路的时候，二爷不得不忍痛整群卖掉，只留下一

秋季翻地

座向天空敞开的空羊圈和一两只圈养的羊羔，以及圈底陈旧的羊粪，仿佛是这片土地上曾经有过畜牧业、有过草山的象征，它以沉默的方式发出最后的警告。与此同时，村里的六七个羊圈再也听不到咩咩的叫声，见不到日暮时分浩浩荡荡的牧归图，以及山野间一幅幅动人的跪乳图。畜牧业难以为继，许多羊圈都卖空了，全乡剩下了为数不多的几群，每群二三十只。职业牧民也就大多失业，并重新回到农耕者甚至外出打工者的行列。

在干山坡上觅食的羊群　2008

三、工商业和交通信息

大致而言，人类学家习惯于将文化分为两个部分来看待：一个是可观察的部分，另一为不可观察的部分。就可观察而言，人类学家又将它分为三个部分：物质文化（或称技术文化）、社群文化（或称伦理文化）和精神文化（或称表达文化）。在这三个分类中，物质文化指的是一个民族适应自然环境的生计方式，可表现在各民族食、衣、住、行各方面，因而也是最为具体可见的一部分。

——李亦园[1]

① 李亦园：《人类的视野》，106页，上海：上海文艺出版社，1996。

驴子既驮粮食又驮人　2008

全乡的商业活动主要集中在位于乡政府所在地的种田沟集市，开市日期为逢阴历三六九日，与周边复兴乡、树台乡逢集日正好避开。因此，开市时基本上是三乡商人和村民云集一处。种田沟的人也更容易接触到来自外乡的人，他们就自诩是“三县的”，即靖远（平川区未建区前属靖远管辖）、会宁、海原三县交界地方的人，代表着眼界开阔、见多识广，相当于乡下的城里人。种田沟，顾名思义，是夹在东西走向两山间的一道深沟，空间比较狭小。集市的长度也不过500米，店铺间街面的宽度不过十米。

一些做粮食、牲口、皮毛生意的商人经常奔波于三个集市之间。相较而言，汉民商人偏向于坐商，一般是在集市上开铺子坐等顾客上门，或是逢集日来街上摆摊，做点小本生意，集市散后回家务农。而回民基本上都是流动性较大的专业商人，主要是海原的回民。种田一带的胡麻、豌豆等粮食，以及皮毛、发菜基本上都是由这些回民商人收购。20世纪六七十年代的商贸活动主要围绕农产品、农用物资、基本生活用品开展，集市的布局和店铺主要有菜市场、牲口交易市场、商店、铁匠铺、药铺等。以前国营商店人称大商店，是不能赊账的地方。70年代，走乡串村的秦安货郎相当普遍，货郎挑的小商品大多是以物易物，很少有人拿钱去买。长此以往，双方达成了共识，因此货郎边走边喊：“鸡蛋换颜色……猪鬃换颜色……头发换颜色”，鸡蛋、猪鬃、猪毛、头发、发菜都成了准货币（这倒接近于最初的货币形态，兽皮、贝壳或象牙等），妇人娃娃围过去换些针头线脑、红绿颜色，哄小孩的糖豆等。后来其他服务业也逐渐发展起来，如理发店、照相馆、摩托车汽车修理铺、饭馆、裁缝铺等越来越多。还有其他一些兼职的民间匠人，他们服务一般不收费，一杯茶一支烟即可。包括：骟马、劁猪、修蹄匠等，他们通常在本村服务，并不上街设点。现在，集市上的经济实体主要有经营百货的个体商店、药店、蔬菜店、加油站、机动车修理铺、饭馆、旅社等。1985 年前后创办的砖瓦厂和粉条厂已先后倒闭，当前有三家养猪场和四家淀粉加工厂。

20 世纪 80 年代及以前，当地是纯农业经济和比例极少的商业，各家的收入都低，一年四季手头上有钱的日子不多，大多是麦场上打完粮食卖出去的时候。而这些血汗钱在手里也攥不热，要去支付赊了大半年的村里小卖部、药店账本子上一长串的账目，还完旧账，剩下的也支撑不到过年买点年货、给孩子置办点衣服了。期间若家里有个大病小灾，或者老人去世，很多人家都要东拉西借地背一身债务，需要此后逐年偿清。特别困难的人家抓猪崽都要借钱，年底杀了猪也没买调料的钱，这是特例。货币的匮乏，使得民间产生了一些借贷或以物易物的交换活动。到信用社贷款要有担保人，而且有一定限额；民间借贷手续方便，放贷的人一般是做了一些生意或粮食收成好，有积蓄、有商业头脑的人。一些以前成分高的、当过地主的老人，或者是国民党的逃兵，有时会很神秘地亮出几个白元（银元，“袁大头”）、龙元（铸有龙纹图案的银元）、一两锭银子、银元宝甚至金条来，悄悄地找人换点钱来使唤。因此，便有人传说谁家屋底下埋着几坛银元等的故事来。货币的大量流入是与农民工进城打工同时发生的事，加上近几年农业税费免除、实行了义务教育，村民手头才不像以前那样拮据了，砖瓦房相继建起来，农用三轮车、摩托车几乎是户均一辆，因此有称中国“私家车”拥有量最大的是在农村而非城市。生活条件、思想观念随着改革开放和社会经济发展都有了较大改善，但这只是总体上概而论之，也存在那些因各种原因陷入贫困的人家。

出山的公路

我们看到，几乎任何地方的人都正在受到电信、交通的最新发展的影响。本地与外界的联系，也经历了从封闭到开放的过程。从交通工具的发展来看，20世纪50至70年代主要是毛驴、架子车、马车。当地人还记忆犹新地说，60年代还经常能看到商人的驼队。80年代以后，自行车、摩托车、农用三轮车、农用汽车逐步增多。1992年有沙土公路6条，2007年铺通柏油公路30公里。公路条件改善后，定期开行班车，出行越来越方便。2009年，村级水泥公路也陆续修通。从通信方式看，20世纪50年代以前，由于当地的识字人少，与外界亲戚间的联系需要找人代笔写信，代笔的人一般备有固定的写信格式并使用小楷毛笔书写。随着教育的普及，上学人数增多，通信方式改为自家学生主笔。2000年农村电话开始普及，2004年具备移动通话条件。70年代收音机进入农户，80年代黑白电视机、1993年彩色电视机先后普及，2005年政府机关和学校拥有电脑107台（其中家用电脑6台）。与此同时，集市上开了一家网吧，种田中学的电脑也开通了互联网。靠着现代传媒的优势，外界的信息及时有效地覆盖到这一地缘上仍显封闭的空间。

四、日常生活及日常关注

《蒙塔尤》的作者埃马纽埃尔·勒华拉杜里说："如果有人想了解很久以前旧制度下的农民……人们所缺少的是直接的观察，即由农民自己直接提供的证据。"①

当下的意识和生存状况记录终究也会成为历史。除了我们的观察深描，实际上目前当地有足够多的人具备了书写的能力，如何让当事者自己直接提供素材，让他们为自己的生活存史。要动手，不光是只动口由别人来记录。就如同吴文光发动的中国村民自治影像传播计划、郭净所推动的云南"社区影像实践"计划所主张的个人话语权和影像民间化一样。② 还有如香港民间摄影团体"录影力量"在民间开办的"工作坊"，这种影像的"基层民主"行动，都是把自我发声的权力交回原来处于被拍摄对象的手中，用自己的眼睛观察和拍摄（记录）自己身边的世界。③

《南方周末》在中国版图上随意找了中部一个村、西部一个镇、东部一条街，每年对相同地点每隔一段时间详细记录下那里的模样，那里人们的衣食住行，生老病死，所思所想及荣辱沉浮。④ 但这依然是客位的观察，是外部的视角。我想的是让他们自己书写，主位的视角，自己的观念与行动，给后人留一份普通人的生活样本，让最为现实的内容走进历史。

为了体现抽样的代表性，较为全面地了解当地人的日常生活，我们选定了本地和外出两组人群，并把记录时间确定到春节（2008

① 参见［法］埃马纽埃尔·勒华拉杜里著，许明龙、马胜利译：《蒙塔尤：1294—1324年奥克西坦尼的一个山村》，前言1页，北京：商务印书馆，2007。

② 赵允智：《社区影像的民族实践》，载《南风窗》，91页，2008（5）。吴文光说："记录下来就有了，不记录下来就永远不会有。"

③ 参见崔卫平：《录影力量——社会运动纪录片》，载"思与文"网，2006-07-28。

④ 《这儿·那儿》，载《南方周末》，第21版，2008-01-03。

打井水饮牲口

年）——相对空暇的时段，让他们亲手记下期间的日常生活。付诸实施的时候遇到了一定麻烦，老人、主妇、教师、学生配合者很快答应，但回乡青年连找三个不愿配合，他们以各种借口推托，并表示对这样的事不可理喻，没有意义，说是“吃饱了没事干”。无法说通，只好放弃了这一对象。我们还联系了当地打工外出的几位来配合，一位在新疆租地种葡萄，因为忙碌，且小学毕业长时间未动过笔了，也不愿意配合。另外四位在不同的省区，因为借助亲朋好友关系，文化程度有初中、中专、大学乃至研究生，总算理解了我这一想法的初衷，表示愿意配合。也便很快网上发了邮件，督促其做好记录。这样我们就收集到了下面所摘选的记录。

当地小学教师给我们记录下了她眼中的年俗：

腊月二十三，在家中的厨房送“灶神”。腊月二十四，家家户户“扫房”。腊月二十七，村里的会长、轿夫去村庙问神，关于春节巡庙的有关事情。腊月二十八日晚，村里的男人都到村庙去巡庙。腊月二十九，村里的男性到各家祖坟上坟烧纸。腊月三十，压面，准备过年的长面。贴春联，挂灯笼。晚餐：饺子；夜宵：猪骨头。20：30，丈夫与儿子跪在院子里烧纸、放炮，接灶神。村里成、陈两户接祖先在家坐纸，一整晚要陪祖先，不休息。正月初一，全村的人都到集合地去“出行”，小孩放炮。正月初三，家族的男性到村口去给祖先烧纸。正月初五、初六，回小川村转娘家。

家庭主妇的日程也是有板有眼：

腊月二十四，大扫除。腊月二十八，邻居过来帮忙炸麻花。正月初二，回娘家。

在小学生的记录中，我们能感觉到大家族过节时的祥和气氛：

正月初一，三爷给爷爷端吃的东西（鱼、鸡肉、丸子）。正月初三，大爸给爷爷端来了丸子、鸡肉和猪肉。正月初十，姨夫、二姨、表哥、表妹、姑姑、姑父、奶奶、表弟、姐姐一起吃饭。正月十五，姐姐打来电话说，明天让我去矿务局玩。城里的正月十五比农村热闹，是因为它们在经济上的差距。

从记录中可以看出，当地一些基本的风俗仍然在持续，如关于灶神、方神、祖先崇拜的一些内容，人们依旧按照祖先流传下来的规矩进行，但仍有大幅简省，如多数人家不再坐纸。同时我们非常惊讶小学生对城乡过节气氛区别的判断——是因为它们在经济上的差距。

在城市工作者的记录中，大多已经找不到农村的年节特征，而那些都是他们曾经熟悉的、身在其中熏陶过、参与过的意义系统。但在RJH的记录中发现，他与员工共进年夜饭之前，虔诚地对老人进行了祭奠——“我自然先得给逝世的老人们献饭、烧纸钱，以表达儿女们对老辈的思念。”我们非常欣喜地看到了这种传统文化的保留和移植。另外，在城市，人们对新一年的财运和平安寄托于寺庙的神灵保佑——

正月初一，16：00，我们两人到仙湖植物园弘法寺焚香，用了两个小时才到弘法寺，前来焚香的市民大概有十几万人，大量的保安、警察在维护秩序，一直到晚上七点钟，我们才下山。

如同乡村教师记录的“村里的男人都到村庙去巡庙”一样，在烧香拜佛这件事上，城里人和乡下人的功利动机应该是相似的，但前者更市场化、游戏化、商业色彩一些，而后者更多了一些严肃、朴实和宗教仪式色彩。前者如此轰动的焚香活动，在城市已经发展为一种规模庞大的新的信仰形式，寄托精神的不安，祈求事业发达、财运亨通，这是寻求在科学理性和市场规律之外冥冥中力量援助的行动。

小学教师在记事中多次提到："兄弟来家串门，谈到明年外出到银川打工之事。"孩子舅年前从上海打工回来，问到他"2008年的打算及要做的重要事"，"邻居孟某的女儿谈到她这几年在外面的情况"，都是有关走出农村谋生的话题。家庭主妇的记事显示：正月初九，见小姑，谈论两个外甥女在外打工的情况。在深圳从事服装生意的RJH记载：腊月二十四起床，接到老家邻居打来的电话，说他三儿子从湖北毕业到深圳打工，过年回不了家，有时间了让我去看看。

学界在反思人民公社的作用时，认为正是人民公社作为一种有力的中介，成功地为中国工业化提供了数千亿元的原始资本积累，从而加快了中国的工业化进程。① 如果说人民公社为城市发展充当了没有收益的出资者，那么今天，农民再次为城市提供了源源不断的廉价劳动力。农村的一次次输血，导致了它的彻底衰弱，它原本的生产生活系统、伦理系统、文化的意义系统也同步失调或者解体。与此同时，迅猛发展起来的城市，创造了越来越多的社会财富，也为离开土地的人提供了一些狭小的生存空间，他们从整个社会的"底边"——农村，来到了城市的"底边"，这是农业人口（不一定全是"剩余"劳动力）的单向转移。即使农民进城找到了工作，但家属的安置、子女的升学就业、医疗等一系列的现实问题，以及背井离乡所产生的精神问题随之而来。而在农村，我们看到，一些青年依然想方设法进城。因为除了进城，他们再没有可去的地方。我所知道的村里外出务工者，有年底讨不上工钱，白干一年两手空空回家，发誓再也不会到城里来。还有一位年轻人出了车祸，一位亲戚女孩被倒塌的厂房砸断腿高位截肢，一位在清洗公司从事洗楼的青年被酸液蚀伤了眼睛……外向流动给这些人和他们的家庭造成难以驱散的阴影，他们在流动中付出了惨重的代价。

出门在外的人，少不了对故乡的牵挂。他们日思夜想梦回故乡的冲动，他们对过年不能回家感情上的负债感，只有通过给亲人打电话作为

---

① 王绍光等：《共和国六十年：回顾与展望》，载《开放时代》，24页，2008（1）。

缓解这种思乡病的缓解剂——

腊月三十，一边看着春晚，一边心里总感觉很愧疚，出门十几个年头了，都没有回家陪妈妈过一个春节，有时想起总感觉对不住老人，但生活的压力和环境，每年使我作出让步，不得不向现实低头。还是放心不下妈妈，总觉得她老人家很孤独，干脆把家里的电话打通，一个，两个，三个，不停地和妈妈聊天，一直到凌晨一点钟。

城乡发展的失衡，人口流动的失衡，导致数以亿计的人远离安宁的家园，来到逼仄的城市空间。而离开农村的同时，他们便沾染上了这天下寻不到药的思乡病。这是人类共有的普世病症，但在当下的中国病人更为众多。一个异常庞大的群体患上了同一种病，它已经发展为一个国度的通病（“国家有病”）而非仅仅是一人之病。文人们的思乡是一种轻浮的呻吟，只有这些为了生活奔波的人们，他们的痛才是刻骨的，农村对他们不是一个诗意的家园的概念，是艰辛、劳作、老人、孩子、柴米油盐乃至欠账这些实实在在的生活难题。离开土地的农民被挤压在城乡的夹缝中，需要承受心理上巨大的分裂。他们无力，他们无奈，他们挣扎着去应对，但有些人还是应对不了，最终只能凄惨地还乡，有些甚至得病抑或客死异乡。借着 RJH 的眼光我们看到：

腊月二十三晚上 21 点坐车回家，碰见了一位老同事，他老婆得癌症去世时间不久。顺便聊了一些单位的情况，听说单位的女领导得了胃癌。还有位老乡也是老员工了，在单位干了十年之久，老婆也是癌症去世，留下两个小孩没人照顾，故辞工回家照顾孩子。听完都不敢相信，让人非常吃惊，是生活环境还是什么原因，造成人的生命受到如此严重的威胁。

有的人在别离故土多年后，还能转回来，在故乡享用他的晚年。而一些人，像 RJH 听到的，他们此生永远踏不上回家的路。

正如 RJH 所记录的，户籍如两种黑白分明的标签（农业、城镇）贴在每个中国人的额头，凡与户籍相关的事宜，概以户籍的“标签论”处理。

小电炉子上的茶罐。这家的小姑娘说，罐罐茶我爷在时我爷喝着呢，我爷五十八九了，在长征打工着呢。2008

腊月二十五日15:30，坐车回家途中，看到华强北有辆宣传无偿献血的车，听说深圳血库急需O型血，我顺便下车去献血站，恰巧碰到我以前的同事，他是江西人，跟我在一个单位工作了8年，他在献血点做义务工。以前就听说他义务献血七八年之久，已经是深圳义务献血的金牌得主，贡献了几千毫升的血了，他说现在一有时间就来做义工，他还是深圳的三星义工，真让人佩服。一个打工者没有户口，没有任何城市保障，这样一如既往地做着一个正常城市人都不能完成的工作……

由于没有城市户口，学生开学时非深圳户籍的家长被学校通知要准备很多证件，计划生育证明、户口本、暂住证、入学联系卡、住房证明、营业执照、社保证明。同样是一个国家的孩子，从小就被他们的国家严重地区隔。RJH在另外一份资料中告诉我们，1999年他在深圳大病一场，住院50多天，当时由于没有医保，35万元的巨额住院费只有靠自己承担，幸亏有一些同事的捐款。与户籍直接相关的利益关系非常现实地摆在眼前，“同城待遇”始终打不破户籍的牢笼。

也许是打工者生存环境的恶劣，使原来盲目外出的打工者多了一份谨慎，整体外出潮流有回落的趋势，在这样的背景下，民工荒的爆发也是必然结果。[①] RJH 的体会就非常直接：

腊月二十七日 12：00，我一个人在吃兰州牛肉拉面，老婆找到我说，西丽商场有个员工没有请假就回家了，商场专柜剩一个员工上班。我听了就生气，但没办法。前几年打工，打工者找工作很难，现在倒成了老板招不到员工。我身边有很多老板都招不到员工了，一到过节、过年，保姆荒、保安荒、人工荒到处可见。听专家讲，深圳一年民工缺口大概在 40 万左右，但没办法，消费高、压力大、工资低，没有任何保障，孩子教育、医疗都是问题，能不出门就尽量不要出门。正月初十，给妈妈打个电话，帮我到老家找几个营业员。又给几位朋友打电话，拜年、找营业员。

而对于准备出门打工的人来说，面临着两难的选择——家乡不是家，城里不是家，到底哪里是家？

这几位记录者所呈现的内容中有一个相对集中或一致关注的问题，那就是打工。我们要求他们记录的是日常生活，可是在日常生活中出现了一个共同的“日常关注”，他们的话题竟然不是围绕农业、农村和自己的生活，但确实又是与每一家庭密切相关的打工话题，这与我们预期理解的日常生活有所偏差。在这个相对传统的日常生活、相对传统的节日中凸现出非传统的话题，正是“现代”的某种形态在农村的典型体现，这已是植入日常生活最真实的信息，这些现代性的议题时时将他们吸纳其中，并介入讨论。

乡村人口外出打工产生的正面效应固然令人鼓舞，如使本地村民思想观念转变，家庭收入改善，因其中家庭一位成员的成功流动，带动举家迁入城市过上了市民生活，彻底告别了面朝黄土背朝天的日子。同时，它的负面效应也不能视而不见或予以掩盖。毕竟，更多的以农民工身份进入城里的流动者，以弱势群体的一员出现在陌生的环境中，忍受

① 由于受 2008 年金融危机影响，被裁员和清退回村的人们，在 2009 年春节过后，春运已经结束的时候，往年由政府组织的大批量的农民工没有出现，在甘肃省省会兰州火车站，零散的农民工时有时无。大量的去年回乡的村民，由于得不到一些确切的务工信息，不敢贸然出门，在家闲呆着。

着难以想象的生活考验，语言、生活习惯、技能与体力、维权意识、自身安全等对他们都是挑战，处在边缘地带顽强地生存，种种不确定的伤害等着他们。这些依靠出卖体力（缺乏技术和资本，把自己的身体作为商品来自由买卖，如马克思所说的“自由”劳动者；同时资本和雇佣劳动是一个互相制造对方存在的关系，没有资本就没有雇佣劳工，没有雇佣劳工也不会有资本）生活的农民工，已经经受了超出他们所能承受的现代的痛感，他们无法“超克”这个或许是必须的现代化过程，只有一步一步地去继续承受和应对。

五、民　居

当地民居格局，最早能追溯到的是民国时期以土窑为主的建筑（1920年大地震人员伤亡较大，主要原因是易塌陷的崖窑所致），辅之以个别的箍窑。抛开抗震性差、采光不好的缺点，崖窑自有造价低、冬暖夏凉等优点。2008年我们在屈家庄调查时，发现仍有使用中的箍窑。后来随着经济条件改善，土木结构的平房开始普及，这时逐渐有了像样的四合院布局。上房始终是最主体的建筑和一家人最主要的生活场所，家里的老人住在上房，过年贴春联时，要在上房的炕墙贴上“老者安之”。吃饭、款闲（聊

秋天的院落

天）、熬罐罐茶、坐纸、举行婚礼……乃至老人最后去世都在这间屋。以往春节贴窗花、剪纸，后来改为安装玻璃。有的大门简陋一些，只是在土筑围墙时留一个豁口。有财力且想让门面显赫一些的，修有带飞檐斗拱、安装双扇门的很气派的小建筑。20世纪五六十年代念书的学生少，有考取大学生的人家，就有资格在大门上题写“耕读第”三个大字，这种大门便已经是很有文化层次、具有炫耀意味和极其少见的了，显得鹤立鸡群。

20世纪七八十年代，住房发生了明显变化，修建基础为砖、房顶铺瓦的砖瓦房，以及“一砖到顶”的真正砖瓦房雨后春笋般发展起来。“一砖到顶”在当时农村是一个非常流行和响亮的词。八九十年代以来，摩托车和农用三轮车大量进入农户，院落布局中增设一处小小的车棚便是很自然的事，春节也少不了在车身贴上“日行千里、夜走八百、出入平安”之类的对联，这是现代工业产品给农村民居添加的新风景。

村落内各家的院落并没有统一的规划，都是依地势和空间大小而建，在本地的观念中，最要紧的是要把风水看好，阳宅和阴宅的风水同等重要。因此，村落内的布局说是错落有致也好，横七竖八也好，都是各家顾各家风水而形成的一种随意的组合。村内的道路崎岖不平，村口也没有明显的标志。2008年以来，靠新农村建设的投资，村级道路才得到陆续硬化。

院子里的粮仓

六、从“代劳”、“变工”到货币结算

我们收集了1985年、1990年、1999年的三份情簿，从情簿中“礼情”的轻重（多少），可据以衡量出当地农民家庭收入水平、礼品种类、人情关系网络以及相距15年的礼簿之间的变化等信息。其实这些情簿不足以完整体现人际交往和人情关系，在支出这些礼金的现场，同时发生的是劳动力的互助（当地称“代劳”），金钱和人力两者共同构成了人情关系。这里的代劳也算是有偿劳务，但它的偿还是以大致等价的劳力，而非用货币结算。

个案1：1985年、1990年、1999年的三个情簿

（1）路氏婚姻礼簿（一九八五年农历正月十一日）：ZZH等11人被面两条，枕巾一对；DXM毛毯壹条；WGZ等9人，被面各壹条，计9条；ZJW等9人，情红各壹匹，计9匹；KGX，情币贰元；CZX等117人，情币各壹元。合计礼金119元。

（2）张氏祖父逝世亲朋吊奠之礼（一九九零年农历闰五月十七日）：TBZ等32人，献礼各壹付，大纸各贰拾张；WGX水礼壹付；DDA等14人，献礼各壹付；LGS等22人，大纸各壹卷；YSG大纸伍张，情洋壹元；YSH大纸伍张，水礼壹付；YSQ大纸伍张，情洋贰元；CBR大纸、礼品各壹付；CXZ等65人，情币各壹元。合计礼金68元。百日之祭：LDY情币贰元；WSQ情币贰元；LZG情币贰元；CZT水礼壹付，大纸壹卷；NJQ水礼壹盒，大纸壹卷；ZGR水礼壹盒，大纸壹卷；WGB情币壹元。

（注：情洋、情币：人民币；水礼：水果；蒸礼、献礼：盘馍馍、饼干；红：被面。）

（3）李氏婚姻礼簿（一九九九年农历正月初八）：JBQ、LR项链壹条，情币叁千元；KXY、WGJ、TMF情币贰佰壹拾元；JJK戒指壹枚；

YGD等12人，龙宫被各壹条；WQ等5人，毛毯各壹条；WAS情币叁拾元；WBX等10人，情币各贰拾元；ZZS等17人，情币各拾元；ZBP等49人，情币各伍元；DHZ等10人，情币各肆元；ZSY等2人，情币各叁元；TYM等31人，情币各贰元。合计礼金3966元。

阎云翔根据礼物馈赠的目的和社会关系的差异，区分了礼物的“表达性”与“工具性”，认为表达性的礼物（被村民称为“随礼”）以交换本身为目的，反映了送礼人和收礼人之间长期形成的比较稳固的社会关系；而工具性礼物（被村民称为“送礼”）则是以功利的目的为特征。他指出，“互惠”只是我们生活的一部分。“人情伦理”中包含“互惠”，也包含变动巨大的理性算计和情感联系。① 其实表达性和工具性的划分，有时无法分得太清，在某一次礼物流动的行为中，两种愿望或可兼而有之。

当地送礼行为可分两种，一种是逢年过节的礼节性送礼，这里面也不排除求人办事的意图，但还是具有一定的公开性。20世纪80年代，过年走亲戚都是粗麻纸包一包点心，罐头流入乡村后开始送罐头，有时一瓶罐头旅行一个正月，被送来送去辗转若干人家，直到最后一家送不出去时由于密封不好已经开始变质。过年亲戚之间相互赠送肉类、食品，靠着这样一种联络和润滑，礼尚往来，亲戚之间的关系“越走越亲”。近些年商品越来越丰富，牛奶、啤酒、水果、营养品等成为过节、探望病人、看望老人的主要礼品。另外一种是明确的求人办事送礼，如个人升迁、承包工程、争取征兵名额等，此时的送礼具有某种隐蔽性，调查中难以取得送礼的数额、在哪些方面具有普遍性等情况。随礼则是完全公开化的，如婚丧嫁娶、进火（乔迁新居）、小孩做满月，以及近些年学生考取大学后“暖学生”，被请的人家和平时关系好的亲友都要前往随礼，是一种典型的互惠行为。

近些年，当地在婚丧嫁娶上出现攀比趋势，人情消费支出不断加

① 王铭铭：《漂泊的洞察》，199—201页，上海：上海三联书店，2003。

大，有的丧事支出较一个普通农户一年的收入还要多。拉排村佐氏去世后，她有五个儿子，都已经成家单独过日子，只有二儿子在当地某小学当老师，其他都在本村务农。据佐氏的二儿子讲，整个丧事的开销都是兄弟五人平摊凑的钱。给母亲办丧事共花了 12190 元，除去收到的 2000 元礼金，净支出 10190 元，按小麦单价 1.70 元/公斤，以及旱地产量 30 公斤/亩计算，需要 200 亩旱地小麦的收入。而当地人均耕地 5 亩，换算下来需要 20 人耕地一年的收入，若单靠农业收入承担这笔支出，显然是难以想象的。别人家过事情要陆续将这些礼送出去，压力非同一般。佐氏的二儿子感触地说："人情大如债，着急了把锅卖"。20 世纪 80 年代前期，谁家有婚丧事时，村里人最早随五角钱，后来逐年水涨船高；丧事主要来帮忙，以前只送几张纸，端一盘馍，现在直接送钱，超出许多人的承受能力，人情演变为巨大的经济负担。

还有一种人情互惠方式（或社会结合方式），不是通过金钱而是以有偿劳务的方式表现出来，当地称为"变工"。比如农忙季节，为解决劳力紧张的问题，便出现了"变工"的劳动力互助方式。相互变工的互助方式最近可以追溯到农业变工组，起初是几家在一起变工种地，后来衍生到生产生活的各个方面。还有红白事情中庄间人前往"代劳"，以及谁家盖房子前去帮忙干活、帮某家杀猪、帮某家加工粉条等，都是不同内容的以劳务交换方式出现的人情。

这些年随着外流人口的增加，市场经济有偿服务观念的渗入，以及资本的力量在农村的显现，这种劳动力互惠互利的方式在一些项目上发生了悄悄的变化，由劳务交换变为货币结算关系。如 2007 年，一户搬出农村的人回乡迁坟，由于平常不在本村住，即便能找到帮忙的人，欠的人情也不好还，便对邀请来帮忙的人当场清算，人均五十元。帮忙的人中不乏有真心出力气还人情的，碍于主人对帮忙的人一视同仁，推搡之下也便接受了。在金钱面前，传统的人情交往方式倒变得羞涩地抬不起头来，乡里乡亲的关系在接受挑战，也在适应这种不可抵抗的变化。

过去，遇上盖房这种大事全村的人都来帮忙。主人也要对前来帮忙的

夯筑土墙　2008

打胡基　2008

村民进行必要的招待，正常要管饭、管烟，最后还要请吃酒酬谢。看上去是无偿帮忙，实际上是变工，提前预支信用，自己盖房或遇上其他需要人力的事情，大伙也都来一起帮忙。后来盖房时找不了那么多人，不会有足够的人来帮忙，不像以前三五天主体工程就能完工，就只好找一些经常盖房的工程队或工匠商定费用，按包工、包料或全包的方式委托。20世纪80年代末期，个别有钱人家盖房就开始承包，人情互助关系变成了经济交往关系。在这种背景下，本地承包盖房的工程队应运而生。对于经济比较充裕的家庭来说，采取承包盖房既可以减轻劳动负担，让主人免去了管几十人吃饭的辛劳，又可以让做工的人直接取得劳动报酬，双方都觉得划算，也便慢慢接受了。

长期以来所采用的以“变工”、“代劳”等劳动力交换为主的人情预支和交换方式，在劳动力减少、资本介入、人情淡化等因素的综合作用下，富有人情味的交往模式逐渐被资本所代办，我们从中看到的是资本与村民生活所发生的关系，并改变了和改变着旧有的社会交往关系，资本和商品的逻辑已经在乡村通行无阻。

七、“一座烂房归国家”及基层冲突

计划生育政策自 20 世纪 70 年代起全面推行，1982 年定为基本国策，2001 年正式立法。在种田实行第一批计划生育大约是 1975 年。随着计划生育政策的推进，地方政府的“计生站”配备多名计生专职，采取包村包社跟踪落实的方式开展工作。群众为了多生一个孩子，往往采用各种手段躲避和抵抗。最初，群众贿赂计生干部和手术大夫；后来直接向政府交纳一定数额的罚款后，可以缓解一下乡政府的催促，乘机再偷生一个。实在无法在本地生活下去，就白天躲开、晚上回家，甚至远走他乡，一年半载回家一次，直至生下男孩为止。家庭生育观念与国家的政策展开博弈，计生政策受到挑战。因计生干部采取“特别行动”，干群关系迅速恶化，陷入恶性循环。

一位潜逃多年生了儿子回家的夫妇告诉我们：“当时乡上催计划生育，进门家里没人就拉粮食、抬电视、卸缝纫机头、拿录音机，后来干脆拆房、卸门，光天化日之下家里像遭了抢劫一样①，几乎逼得无法过

---

① 这种情况不只是种田乡存在，全国各地计生干部几乎受过统一的训练。郭亮在竹村就看到了类似的情况：镇政府专门成立了计划生育专业队，规模达到几十人，定期和突然性的检查往往让村民以及村干部措手不及，这一时期的干群关系也达到了严重对峙的极点。而且，乡镇干部开展计划生育的手段和措施“五花八门”，“拣家产”、“拆房子”、“株连”以及所谓的计划生育“大会战”等的存在似乎表明这是一个只追求结果而不顾忌后果的“荒唐年代”。

该村的谢某是这次突击检查的对象之一，面对气势汹汹的乡镇干部，他答应立即去借钱缴纳罚款。由于谢某迟迟没有回来，急于制造声势的乡镇干部一哄而上拆掉了谢的房子，当谢某拿回借到的仅仅 500 元钱时，面对的却是自己已经倒塌的房子。见郭亮：《“钟摆型”的国家：计划生育二十年——记述一位村支部书记的政治生命史》，载第 18 届中国社会学年会《当代中国农村宗族、传统与地方治理论坛论文集》。

活，就与父母分家另过，这样不牵连父母。然后锁上门，一走了之，到过年才偷偷回家一次，年过后又躲到亲戚家或在外搞副业，直到生了儿子才回来。那时，好多违反计划生育的家庭都采取此法，有的离家出走前在墙上写下‘一座烂房归国家，生不下儿子不回家’的誓言。”本地“延续香火”的观念一直比较深厚，既有农业生产对劳动力的现实需求，也有家族人丁兴旺，在村上不易受人欺负的考虑。也听到周边一些离奇的事情，有一对夫妇外逃，让娘家妹妹留在家看门，正巧赶上乡上抓计划生育的行动，包村干部把妹妹误当姐姐抓走，妹妹一再申辩，但还是被抓走了。

乡政府经常采取突然袭击的办法，一旦确定对象，就全体干部出动，由乡长、书记亲自挂帅，深夜悄悄潜入村庄，整个过程形同警察抓罪犯。一位从事多年计生工作的干部告诉我们相关内幕：乡上一般在每个村庄都派有“暗哨”，当然要拿钱来收买，暗哨一旦发现哪家育龄夫妇回家，就秘密报告乡政府，乡上连夜抓捕。一次晚上 10 点钟，乡上召开紧急会议，安排当晚 12 点去抓某村的育龄妇女，要求大家严守秘密，不准走漏风声，并且规定全部关闭手机。车子驶进该村，平静的村庄喧嚣起来，但训练有素的干部已各就各位，迅速推门进屋抓住育龄妇女，被塞进车子拉到卫生院强行结扎。也有因人告密而扑空的时候。

从乡计生专职、村支部书记到如今的武装部长，LGF 始终没有离开计生工作。与我此前从别处听到的，LGF 在干计生专职时，与同事闯进超生农户家“抢”粮食与农用车的“例行公事”不同，一次机会有幸听到他亲口讲到对二女户围追堵截的惊险情节。他负责包保某村计生工作，主要对二女户实施监控，直到使其采取强制节育措施。在他们监控的范围内，有一位孕妇在家刚生下孩子后，L 君便在该户隔壁蹲点，防止其逃走。不料产后第四天，该户趁夜间蹲点干部熟睡之际，连夜逃走。对他来说，这可不是什么好事，放走二女户后果很严重。于是，一场查访追捕于凌晨全面拉开，先是兵分几路开车去各路口拦截，发现已经逃走。又到移动公司调取户主手机通话记录，将近两日与其联系过的通话人一一排查，最后锁定一名主人的朋友，将其带到政府询问，此人开始并不予配合。又将其带到派出所，刑讯之下，全盘供出。根据此人提供的线索，他们连夜赶往J县主人的亲戚家，翻墙入室，将该对夫妇“捉拿归案”。

好一场惊心动魄的监控与追捕。我本来想给他讲述一个关于监控的电影《窃听风暴》。而L君还沉浸在对他工作作风的雷厉风行和突出的计生业绩中，沾沾自喜于现代通信手段如何给他们监控对象发挥了重要作用。我便忍住没有讲。设身处地地想一想，如果一旦离开这些粗暴、荒唐的工作方式，在全能主义政治色彩隐退的政治环境下，乡镇干部也丧失了制裁这些违规村民的有效手段。

2004年腊月二十八日晚上，赵家崖渠曾发生乡干部在计生工作中受到围攻的事件，我们从会州农业信息网（“平川区种田乡政府干部在计生工作中受到围攻”一文）查到了有关此事经过的报道。后来，乡政府要处理参与此事件的小学教师ZZF，开除他的公职（对其他参与了围攻的群众则由于法不责众，无可奈何）。经过亲朋的周旋和道歉，最终交纳3000元的罚款，才免予追究，保留了公职。

在马克思看来，冲突是社会生活的一种正常状态。冲突既可以是建设性的，也可以是破坏性的。如果将这一事件看作是一次集体行动（即由人群的狂热性所驱使的、无组织、非理性的短暂的社会互动行为），表面的形成条件有事件的突发性（1月19日晚19时左右，种田乡组织的突击排查队20多名干部赶到五星村崖渠社长期外逃户CYK家中）、情绪感染机制的确立（CYK及其家人手持木棒和铁锨等物趁天黑乱打……人越聚越多……围住车辆不让离开），以及匿名效应的产生（其中有一名小学教师ZZF大骂干部都是土匪强盗，知法犯法，随便打人。并拦住车辆不让前行，煽动不明真相的群众围攻谩骂乡干部。在他的煽动下，有人喊把乡上的干部往死里打，有人喊把车抬到沟里，一部分群众手中提着啤酒瓶等东西，准备打乡干部）。从表面看是突发事件或集体行为，但是从社会控制层面分析，这一事件的发生，内部逻辑则是国家主体的控制和民间的反控制的一次运作实践，农民想通过这种“弱者的武器”，来穿越国家对个体（村落共同体）生活的控制。从现实原因分析，首先，证明人们的生育观念与国家控制人口的政策之间还远未达到正常衔接，未能真正认识到人口问题引发的种种矛盾。其次，凸显了长期以来地方社会内部积聚的矛盾，农民对某些政策的叛逆与反抗一直在寻求得以释放的机会，这次冲突不过是恰巧各方面的要素都具备了而已；而与当事人非直接利益相关的其他群众作为“漂移分子”被卷入现场，则是由于“威胁移情”或“移植的怨恨”[①] 社会机制的感染所致。这些怨恨，除了在计划生育方面，还有退耕还林粮款、救济粮物款发放，以及村务是否公开等与村民利益直接相关的事项上，正是在此所移植的怨恨，才使得一次集体行动瞬间调动了所有以往积累的村民与基层政权之间的对立和紧张而全面爆发。可是计划生育政策是依然套在两者头上的紧箍咒，在未知的期限内不能获得解脱，再次发生冲突的要素还依然存在，要么是这种可能发生的冲突被双方理性算计后所采取的“潜规则”手段“摆平”，而看起来好似风平浪静了。

2007年当地发生一起车祸，某村委主任雇了辆三轮车外出办事，在山坡上三轮车失控的情况下紧急跳车，不料摔伤，几个月昏迷不醒，最后丧命。按说这事与村民没有关系，可村民得知此事后奔走相告，欢呼雀跃，比买彩票中了大奖还要高兴。这是村民丧失的应有的人道，还是“仇”村官的情绪终于找到了发泄的机会（这是否是一个合适的机会

① “威胁移情”指的是这样一种状态：由于空间控制权和空间福利和每一个社会成员都直接相关，因此即使引发目标集体行动的直接起因与旁观者无关，但旁观者有可能想象，同样的命运很有可能在不远的将来，降临在自己的头上，从而产生一种“想象的威胁”，激发起了旁观者参与的情绪和意愿。另一方面，“威胁移情”还有可能起源于“移植的怨恨”：由于地方政府和社会权势者在这一集体行动中成为利益相关者，因此，对地方政府和社会权势者泛化的社会怨恨，也有可能被引入到行动动员的场景中来。这也是解释非直接利益相关者之所以出现在这一集体行动场景中的一个主要社会机制。刘能：《当代中国群体性集体行动的几点理论思考——建立在经验案例之上的观察》，载《开放时代》，2008（3）。

呢)，村民感慨地说：“真是苍天有眼啊！让作恶的人有了应有的下场。”面对这样的局面，是应该为受伤者同情呢？还是为老天“主持公道”(可是为什么要由老天来“主持公道”呢？并且主持的是村民与村官之间的公道；那村官，曾经被村民们认为能够主持公道的人，现在却成了主持的对象?）而长出一口气？以这件事为开端，村民们都诅咒各自的村官“早点死”，这又是村民们理性的丧失呢？还是村民与村官的对立关系已经发展到了白热化程度的一个非常危险的信号?！在村民诅咒的在职村官中，其中一位在退耕还林、救济款物等事件中做了不少手脚。民间传说两则故事，一说村庙方神无奈地说，他给这位村官背了不少的黑锅（即该村官借建庙之名大肆贪财)；一说该村官夫人上街买猪仔，对方要价 300 元一只，该夫人开始讲价，拿 20 袋面（按 50 斤 70 元计算，20 袋面就是 1400 元）换一只猪行不行？不是不会算账，就是她家的（救济?）面已经堆积如山了。还有一个版本说，因当地腐败问题突出，中央纪委部门曾介入调查。

“诅咒”是由于正当权力的丧失转而相信诅咒的力量，是无可选择的选择，是最为无力的一种宣泄方式。强者不需要诅咒，因为他们凭借手中的资源与势力，就可以直接实现自己的意图；即使不在自己的权力范围之内，通过“权力寻租”或“钱权交易”照样可以轻而易举得到他想要的东西。因此，诅咒，绝对是弱者正当权益得不到保障的绝望表现，是“弱者的武器”或“隐藏的文本”（美国著名的农民研究专家詹姆斯·斯科特有研究农民行为的《弱者的武器：农民反抗的日常形式》和《支配与反抗的艺术：隐藏的文本》两部著作)。竹内好在《何谓近代》中说：“绝望，在行进于无路之路的抵抗中显现，抵抗作为绝望的行动化而显现。把它作为状态来看就是绝望，作为运动来看就是抵抗。”村民在绝望中抵抗，作为抵抗手段的诅咒又是最为软弱无力的，但也不能否定它会发展到失控的暴力程度。当诅咒这种不能伤人皮毛的东西仍不能解心头之恨时，恐怕报复心理及其行动也就随之产生了。决定实施报复者固然会权衡报复后的种种后果，要么“鸡蛋碰石头”，动不了报复对象的毫毛，或对象强大到对这种报复丝毫没有察觉；要么招致被报复者的致命打击；还有一种可能就是不计后果的极端行为，制造一起头条新闻，诚然这种报复的代价实在太高，若非逼到无路可走绝对不会出此下策。

八、婚姻家庭与养老

复合家庭在村庄中始终不是普遍的范式，因不断的分家而形成的核心家庭才是一直以来中国农村家庭最普遍的形态。

——王跃生

1. 婚姻的现代转型

婚姻的变迁受多方面影响，如婚姻政策、人口迁移、观念变化等。在交通条件未得到改善、信息不畅通、人口流动不大的时候，当地通婚圈较小，选择婚姻的余地也不大，一般是条件较差的山里人设法把姑娘嫁到川里去，主要是考虑到川里的劳动、生活条件都要优越一些（如同缺水地区女方择偶的条件是看男方家里有几口水窖）。相应地山里的小伙子找川里的姑娘是比较困难的，因为家长为子女包括当事人首先要衡量的是决定后半生的生存环境。眼光放得

婚礼　1999

远一些的，通过亲戚串亲戚介绍邻县的对象，当然跨县通婚的比例要低多了。由于通常经父母之命、媒妁之言来安排婚姻，婚前缺乏必要了解沟通，就依托熟人的社会资源进行知根知底的打听了解。一些实事表明，现在五六十岁的那一代人，虽然知道乱伦禁忌，但由于“亲上加亲”观念作祟，个别堂（表）兄妹之间，乃至不同辈分之间的男女形成了婚姻关系。不过随着观念的更新，现在这种近亲现象基本消失。

近些年，外出打工给农村男青年找对象提供了一个绝好的机会，外出不久，就会领回一个媳妇。同时，本地的姑娘外出打工时在外面谈对象，或者跟着到本地做生意的人嫁出去，都是常有的事，由此通婚的圈子得到迅速扩大。男女青年的通婚范围从传统的本乡、临乡通婚圈为主扩大到更大半径的跨区域异地通婚，标志着村庄在婚姻家庭领域的现代化发育。婚姻缔结也从包办婚姻转变为婚姻自主。

以前，农村早婚的现象比较普遍，特别是因个人或家庭原因读书未果，马上要务农的男青年，家长普遍的想法是抓紧找个对象给管住，否则晃来晃去就学坏了，而且老人还能够早点抱孙子。但是对于外出打工的人群来说，结婚年龄不再像在农村那样受到家长和整个社区观念的约束，而是大幅度地推迟了结婚的年龄。在 2008 年 5 月乡政府一份外出人口的统计表中，68 名未婚男女青年，超过法定婚龄的达到了 23 人，晚婚的现象在这部分人群中比较突出。随着晚婚晚育，家庭内代际层次也逐渐减少。

2. 核心家庭化

家庭是社会的一个缩影，强调的是血缘、供养、继承，以及由此所产生的各种权利义务关系。从家庭功能来说，主要表现在生活、生育、教育、抚养、赡养、消费、感情交流、性生活、文化娱乐、政治、宗教等方面。

当地现有人口大多是在民国年间至 20 世纪 60 年代陆续从通渭、秦

全家福　1999

安、会宁等地逃兵、逃荒徙居此地，繁衍后代。55岁以上的老人子女较多，最多的生了十八九个孩子，存活下来的有十一二个，死亡率较高，最少的也有四五个孩子。现在孩子都已长大，分家后各自过着自己的小日子。问到分家原因，大部分认为，在一起过那种三代或四世同堂的日子太累，不如小家庭的日子清闲。老人的意见是把孩子另出去，让他们好发展，不至于拖累他们。我们可以清楚地看到一种发展趋势，就是农村家庭小型化及核心家庭化，这与城市家庭结构的发展趋于一致。

尽管几代同居的大家庭，在中国古代称为“义门”。“义门”人口最多的见于《唐书》，一个大家庭达到38人。本地的家庭结构85%以上是核心家庭（父母与未婚子女共同居住和生活），通常也称小家庭。家庭规模也呈小型化，成员多是四五口人。当然，核心家庭主要产生于分家，即从扩大家庭裂变而来。在裂变的过程中，既有财产分割，又有因父子观念而持续存在的凝聚力；“分”与“合”既是一对矛盾，也是家庭发展的动力机制。[①] 分家必然要考虑到养老问题，但结局并不能都如老人所愿。

（1）分家是理性选择的结果。分家既有出于缓解经济压力的考虑，

① 王崧兴：《汉人的“家”观念与群体》，载《人类学论文选集》，广州：中山大学出版社，1986。

也有防范家庭成员不和的考虑，更有现代家庭观念的影响。分家的功能是通过及时采取措施，促使经济独立，保持成员间一定距离，以此来维持在“分”的状态下家庭依然存在的凝聚力。对于联合家庭（指父母与多对已婚子女共同居住生活）来说，生活中有诸多复杂的关系（血亲产生的亲子关系、兄弟关系、姐妹关系，以及姻亲产生的夫妻关系、婆媳关系、妯娌关系）需要处理。核心家庭的代际关系与人际关系相对比较简单，矛盾较少，家庭也比较稳定。因此，分开过可以相对减少家庭成员之间的摩擦和矛盾，有利于家庭内部的团结，和睦相处。而且分家后，小两口对自己的家庭建设有所筹划，有助于家庭经济的发展。麻国庆认为：“分家在某种程度上已经成为一种民间约定俗成的现象，成为一种制度文化。事实上它是农民的一种理性选择，是出于生活实际。”同时也是“兄弟间经济上的竞争关系和利害冲突”所致。正是在这种裂变过程中，以父母作为“根基家庭”的向心力完全涣散，传统的一个屋檐下的生活形态不复存在。与分家密切相关的是继承，除了包含财产继承外，庄英章研究台湾的现象指出还有父系血缘和祖先祭祀的继承，即分家后将祖先牌位也分开与分别祭祀。[①] 在当地，大家族各房分有分开祭祀的现象，但刚分家的兄弟之间还是与父亲一道祭祀祖先。

（2）多子家庭依次分家。家庭内孩子多的，一般在儿子结婚后不久即分家，直到所有儿女结婚，最后与小儿子一起生活。有时还会因与小儿媳不和而独自生活。属于这种情况的，老人的晚年生活比较凄惨，腿脚不便和生病的时候身边无人照顾。早些年村庄的舆论和道德谴责还能使不孝子女受到制约，随着养老观念的淡化和道德滑坡，即便出现不孝之子，旁人也是睁一只眼闭一只眼，不去干涉别人的家事。家庭的反哺功能丧失，养儿防老的交换关系也被打破。我们了解到，一位老人得病

① 庄英章、陈其南：《现阶段中国社会结构研究的检讨：台湾研究的一些启示》，载杨国枢、文崇一主编：《社会行为科学研究的中国化》，283—284页，《中央研究院民族学研究所专刊》乙种第十号，1982。

后，考虑到晚年不好过，从村口的河套跳了下去，一了百了。

（3）分家的决策。分家时一家人坐在一起根据兄弟数量把土地分成若干份，无意见就定下来。再结合家庭经济状况给分出去的儿子盖房子，如果经济条件不允许，就借用别人家的闲置房或暂且住在一个院子里，等以后有能力盖了房后再从大院搬出去。然后把农具、牲口、炊具、家具一一分配，以解决当前的生活需要。“好儿不吃分家饭”、“若要好，大让小”等成为分家时老人对儿女的劝导。若分家发生矛盾，可请庄间有威望的人或舅舅来主持公道。费孝通在《江村经济》中也这样说：“父子或兄弟之间分财产时，舅舅是正式裁判。”但也有因分家析产不公，引起子女对父母有意见、不赡养老人的问题。

（4）分家的负面影响。包产到户后分得的土地，不随人口增加而增加，随着多次分家，原有的土地和家庭财产不断被分割，特别是土地在分家后不足以养活小家庭，从根本上刺激了大规模垦荒的动机和现实，这在 20 世纪 80 年代以后外出打工还没有形成热潮的时候，表现得比较突出，结局就是原有生态体系的破坏。

3. 养老的伦理困局

分家的过程必然触及养老问题。对于分家，父母和子女的预期都是为了改善生活质量，让子女们把各自的生活过好，也省得大家在一个锅里搅不清楚。这种观念恰恰颠覆了传统大家族的孝道理念。如唐律规定：“凡祖父母、父母在，而子孙别籍异财者，徙三年。”（《唐律疏义·户婚上》）《明律》、《大清津》对此都照行不违。分家异炊者，被斥为薄于性礼的小人，形成分家是可耻的社会风尚，同时维护了儒家的“孝”道和稳定养老的经济基础。现实与传统观念的分裂，使得阎云翔作出断言：“越来越多的村民将分家视为解决家庭问题的良方而不是家庭政治中的危机和伦理的失败。”现代经济社会环境创造了现代家庭生活方式、养老方式，“现代传统”早已代替了“古代传统”。

中国传统养育模式是双向的，抚养职责和赡养义务在代际间互惠。当地全是家庭养老，养老内容主要是经济上供养、生活上照料、精神上慰藉、百年后送终等。其实在父母还健在尚有劳动能力时，养老问题是隐性的，随着父母年纪的增大，“随大随另”的自然筛选使父母最后留在小儿身边，因此小儿子的生活条件直接关系着老人的晚景。一位 87 岁的老人跟着小儿子过，按照他的话说，由于小儿子孽障（各方面实力差），生活过得不怎么好。但也有小儿媳两口不养老的，这就使子女再次坐在一起商议老人的养老问题。实在无儿子、儿媳承担义务，也就会出现“轮伙头”形式，由儿女们轮流养老，期间老人心理上的创伤可想而知。最悲惨的是分到最后导致生活支持和精神慰藉两方面都落空。有的独生子不照顾老人的生活，不愿支付老人治病费用等孝道衰落的现象已非鲜见，当事人的“耻感”似已完全消失，“丢丑”也相应失去了无形的惩罚作用。此时，传统家庭伦理道德的核心——“孝”的规范力量在实际生活中约束力弱化，民间流传的老人对付不孝之子的故事，仅仅作为民间孝道教育的素材，也“懒得”从道德上评价和干涉不孝行为，真正起不了维护孝道的实质性作用。

九、赤脚医生

农民最需要健康，可偏偏他们得病最多。

如果我没有看错的话，这间乡村诊所和都市里的大医院有本质的区别，这个区别不是在医疗手段和器械的现代化程度上，而是对人性的尊重上。……大医院……针对的是病而不是人。

——谢宏军①

① 谢宏军：《乡村诊所》，152、192 页，济南：山东画报出版社，1999。

人们来到诊所的目的是解除肉体痛苦，然而，他们却在有意无意的谈话中，透露了痛苦的根源——精神上的。在这个意义上，这个诊所具有了双重功用：医治疾病的空间/闲谈、抒发苦闷、交流体验的社交场所。

——丛峰《马大夫的诊所》纪录片导演手记

当代中国农村医疗是在欠负了历史很久之后，迫在眼前不得不议的议题，在政策角度、经济学角度、社会学角度都有长期的研究，我们也从医疗体制改革中看到了它的历史性进步。但是，对于农村的医疗状况，通过人类学的视角观察得少一些，相应所作的田野研究还比较薄弱。而没有田野的真切感受垫底，决策宏伟是宏伟，却免不了空洞。农村老百姓真正需要充满人道关怀的、近在身边的、低成本的医疗服务，而不仅是大医院、进口设备、冷眼和大额医药费用单。

2008 年 1 月 19 日，在与原住吴家庄的李大夫访谈中，我们看到了一个曾经想病人所想、急病人所急，在乡间行医的赤脚医生，他在离开乡村后，对乡村的患者一如既往地做着服务。我们从中也感受到了老百姓对他心存的感念。赤脚医生既是农民身份，又可以正当行医，是村民得病后近在身边的就医去处。赤脚医生出现在 20 世纪六七十年代，它是毛泽东为当时缺医少药的中国做出的一个历史功绩，是那个时代基层医疗体系最重要的一环。1965 年 6 月 26 日，毛泽东发出了“把医疗卫生工作的重点放到农村去”的指示。随后，全国各地农村涌出了大批赤脚医生，并普遍建立了农村医疗卫生防治网。赤脚医生对改变当时中国农村缺医少药的状况和农村落后的卫生面貌，对开展预防工作和促进农业生产等起了一定的积极作用。李大夫给我们讲述了他的从医经历，借此能够了解农村医疗事业一个阶段的发展状况，医药和地方百姓（医患）曾经那样亲密无间的关系，而这种关系现在是无法复原的，这也是仅凭制度所无法解决的，也可以说正是现行的医疗制度终结了原来的医患关系。

个案2：李大夫

时间：2008.1.19　地点：平川区被访人住宅　姓名：LSQ　职业：执业医师　年龄：57

（一）双亲病故

1965年，毛泽东作出“把医疗卫生工作的重点放到农村去”的指示，那年我14岁。当时父母都已病故，母亲是1960年因疾病加上饥饿去世的，当时才26岁。父亲1966年得风湿性心脏病去世，也才38岁。母亲去世时我记得只用了一个烂门板，没条件做棺材。穿的是借我姑姑的一件绸袄，后来人家要我才知道，就买上还了。大概在1985年，重新做了棺材，缝了衣被，把坟搬到双子湾了。父亲病重的时候，我和一个堂哥半夜到种田医院叫大夫，院长是东湾人，叫不动，求情也不管用，恨不得给大夫跪下，过了两三天父亲就过世了。隔了三天，我二爸家一个属羊的儿子也因病去世。

（二）赤脚医生

从那时起，我就下定决心当大夫，不管病人富贵低贱，随叫随到，当一名救苦救难的好大夫。父母去世后，我和妹妹临时在二叔家吃饭，要看人家的冷眼，我小叔还天天说要把我们赶出门去。那时我在庄上放牛，此前只念了个一年级，拿着借来的《中医入门》和字典，边查字边学医。1969年，上面给了一个去靖远一中学文艺的名额，我当时在地里劳动休息，队长说谁愿去，我就报了名。先

定西地区医疗队于通渭合影　1972.8.4

省放射医师第四期毕业留念 1975.8

学的是文艺，过年到村里教社火跳舞。我觉得文艺没有啥用处，想学大夫，就去缠校长转到兽医班学了一年，毕业后到北庄大队药店取药。1972年，公社派我到定西卫生学校参加赤脚医生提高班，半年后又到靖远县医院实习了3个月，各科室都学。回来后到乡卫生院工作。那时只有院长是公办的，其他4名全是集体工，每个月发18块钱，交到生产队给记30个工分，不交的话就不记。① 后来都没有转正，都出来了。当时全乡有5名赤脚医生。1975年，我被医院派到定西卫校学放射半年，到兰医二院实习了半年。进修完放射后，靖远县医院要我，公社书记不同意。八几年宝积乡医院要我搞放射，由于各种原因没有去成，那次是总院放射科的BJ介绍的，我俩一起进修过放射，人家现在是总院放射科的主任。个人有个人的命运。②

当时乡卫生院不分科室。没有条件设专门的传染科，我给信用社的LJF治甲型肝炎，其他大夫怕传染，没人敢治，我就接手治。病人治好了，给我传染上了，后来吃药自己也好了。③ 医院开始没有考核任务，

---

① 《平川区志》载：1969年，大办合作医疗，发展人民公社、大队医疗卫生网，农村医务人员只记劳动工分，不发工资，称“赤脚医生”。

② 资料显示：赤脚医生及其制度在20世纪80年代末期逐渐消失，取而代之的是规范的乡村医院机构，卫生人员也多是经过系统培训的医学院的毕业生。根据2004年1月1日起施行的《乡村医生从业管理条例》，乡村医生经过相应的注册以及培训考试后，以正式的名义执照开业。赤脚医生的历史也以此画上了句号。根据当时的报道，中国有102万乡村医生，其中近70%的人员为初、高中毕业，近10%的人员为小学毕业。

③ 《平川区志》载：国家法定报告传染病35种，平川区有25种，属疫情高发地区。

1985年以后任务和工资开始挂钩。我的孩子在医院隔壁的中学念书，放学回办公室吃饭。门口病人排着队，屋里下脚的地方都没有，有时病人看着我实在腾不出手，就帮我在炉子上给孩子凑合点饭。那时大夫办公室门口是水泥地，只有我门口的水泥地被踩出一个大坑。

我觉得救死扶伤是大夫的天职。我的病人主要来自种田、复兴乡，会宁的刘寨乡，海原的树台、盐池等5个乡。出诊时随叫随到，管你三更半夜还是北风扬雪，一叫就走。出诊费一分也没有收过。出诊就一个人，没人来帮你，病人家属眼睁睁看着，大夫就是主心骨。病人严重的时候，十天半月地守在跟前，这是常事。腊月三十、正月初一到医院也是常事。除了农忙，大多数时间都在医院。我每次回家，村里的病人、外地的病人常追到家里看，当时家里没有药铺，病人就拿着处方到医院取药。

我是1969年结的婚，妻子在家务农。1985年，我盖了一院新房，木料准备了七八年时间，是逐年凑齐的，盖房花了大概七千元。1987年，我在家开了小药店，当时政策不允许，就悄悄地开。

（三）悬壶济世

农村的人穷，开的药贵了他们抓不起，我常采用土方、验方、单方，尽量让病人少花钱。在我的眼中，穷富贵贱都一视同仁，生命都是同等珍贵的，正因为这个病人才抬举我。被我从死亡线上抢救过来的小孩不少，好了后就拜我为干爸。有些经手过的疑难病、重危病印象一直很深刻。这样的事情举不胜举。

好像是八几年，庄上SE的娃娃刚生下，炕上堆的土烧得发烫，将新生儿的屁股和腿大面积烫伤，嘴里发黑，哭不出声来。那天正好是年三十，我去给打针吊水守了两三天，治好后烫伤部分脱下一个整壳子。

一次是七几年，半夜三更，北庄BZC九岁的儿子病危，我去的时候，东窑门口放着一堆柴草，两个老汉蹲着抽烟，等着要去扔孩子，其他人都在另一个屋里哭着等。我看到孩子的肛门往出流黑水，体温41.2℃，抓紧把我背的药用上，天亮的时候孩子终于出了声，接着守了七八天，孩子病好后把我拜了干爸。前些年我还给这个孩子的小孩看过病。

八几年的时候，北庄的JHJ叫我去检查，是胸膜炎，装了一胸腔的水，光抽水就给抽了三四次。治好后他说：你不来我就没命了。那天早上趁家里人去锄地，他拿根绳子绑了个木棍从哨眼里戳出去划住，准备要上吊，又一想他家先人也有吊死的，总不能辈辈去上吊吧，抱着试试看的想法才把我叫了去。看好病后他把姑娘给我认了干女儿。

九几年的时候，刘寨的一个老汉给我二爸放羊，他的孙子得了病，接到我家里住了四十天，刚来时三岁的孩子浑身发软，手连火柴盒都拿不住。连续吃药打针针灸，18天后能爬起来，住了一个月，走的时候好了，把我拜了干爸。我大儿子结婚的时候，这个孩子也来过。

安湾的ZJY，总院诊断的是颈椎管狭窄，下肢瘫痪，他家人用架子车拉来看，第二次是一个人走来的。

大概是八几年的时候，新庄子TBX的母亲病重，我去时老太太心脏只跳三十次，嘴张大出气。他的儿子说，家里穷得很，定了门亲事女方彩礼要得多，现在酒菜都准备好了，再过四五天就要结婚，如果老太太这时去世就了不得了。可是老太太坚持不看病，不叫吃药打针。我就回来，她儿子又追到家里来。再次到她家，老太太睡在炕上没有一点气力，说赶快把我救一下。我给连着打了几针强心针，算是支撑着把儿子的婚事办了。十几天后老太太又不行了，他儿子找来说现在过世就了不得了，办婚事把钱都花光了，买棺材的钱都没了，我又去给用药，之后又活了三年。

北庄一个姓姚的人，两口子在山里拔麦子，两个孩子跟到山里面睡觉。家长突然发现孩子不正常，孩子的父亲赶紧抱到我家里来看，孩子脖子往后一仰，扳都扳不过来，量体温时都超出了体温表刻度，不知道有多少度。经过抢救，孩子缓过来了，可孩子的父亲不知道跑哪去了。一会孩子的妈赶来后，说孩子的父亲吓得在沙河里只是来回乱跑……

一次庙沟里的一个老汉到家里来，无法正常排尿，涨得乱转，是前列腺肥大，导尿管怎么都插不进去，穿了根铁丝都插不进去。老汉的肚子胀得跟西瓜一样，赶紧用针扎进肚子里，把尿先放出来，叫人放松了才慢慢用药。

由于我真心对待病人，全力以赴地救治病人，逐渐地名声就出去了，老百姓有病的时候打听到我在哪里就撵到哪里。长年累月给他们看病，多数人也心存感念，有时送来一包茶叶、白糖酬谢，生活困难的也有给过麦子的，有的重病治好后也送一只鸡、一只羊什么的。有时我在地里干活，病人家属叫着出诊，他就给我拔麦子，我上他家看病。有时病人到家里来，病人家属看着家里活忙得不行，我放下手里的活给开处方取药，病人家属帮着干家务。

（四）执业医师

为了强化业务学习，我从1981年开始坚持自费订阅医药杂志，时常掌握新的医药信息。

我在医院时是人大代表，参加过几次人大会议。当时女区长是ZWL，她和计生办主任来医院检查工作，看见我的办公室床上住着小孩，屎拉得糊到了床上。区长说全区没有一个大夫把自己的房间让病人住的，然后在全区卫生系统通报表扬，还奖了一个钟表。但这件事引起了院长的嫉妒。当时转正机会应该很多，复兴医院RTX是我当年定西卫校的同学，后来当了院长，种（田）复（兴）两乡就转了他一个。其他转正了的都是卫生局领导的亲朋好友，我沾不上边。当时乡书记HFY说，转的都是七大姑八大姨，该转的一个都没有转。LMG是卫生局长，他的妻子不识字，到医院扫了两天卫生，也转正了。

1992年，我从医院正式退出，主要原因一是前面说的领导的嫉妒；二是工资低，一个月拿八九十元，60%的卫生局拨，40%自己挣，三个孩子上学都要急着用钱，如果继续在医院，等到几个学生出来就债台高筑了；三是转正过程中的那些事让我心灰意冷。我想还是靠自己的本事吃饭，早点出来吧。刚出来时乡上的RY说我不识时务，不会巴结领导。我说也不是那么个事，人不能一辈子靠巴结领导过，有本事了吃稠的、没本事了喝汤去。在集市上开诊所我不管别人怎么说，干好自己的事。但我觉得在医院20年没有白干，给我以后的生活打好了基础，要不然出来也开不成药铺。老百姓看重的是医术和容易接近的大夫。我在医院看过的病人，基本上都撵到我家里来看。西医找门，中医找人。个人办药铺后，我对病人更加负责了。

老百姓生得起病看不起病，赊药现象很普遍，往往要等粜了粮食、卖了鸡蛋、卖了羊才付账，也有长年不还的。有时候一两个月下来药卖光了，钱没收回来，就没法周转了。最多的时候能赊三四千元，刘寨、复兴乡的人都有赊账的。有的上辈人看病吃的药，下辈人仍然还不上。有的儿子分了家过，看着父母取药欠的钱都不还，甚至另记自己的名字，接着欠账，病得照样看。到现在手里还有欠账条子，只能不了了之。

1999年，我到白银市参加了全国执业医师中医考试，并取得证书。上考场我只证明了一下医疗水平。第一次到靖远面试，全区是500多人上考场；第二次笔试后只剩下100多人；最后仅通过了27人，种（田）复（兴）两乡只有我一个考取了资格证。2003年，在孩子们的帮助下，我把家搬进了城里，并继续开诊所。现在手续齐全，病人还是种、复两乡的人，知根知底，都撵来看。现在虽然实行农村合作医疗，但个体诊所还有存在的必要。我的子女没有一个学医的，主要是看到三个孩子对医学不感兴趣。只要几个孩子过得好，干什么都行，我所做的一切都值得，都无怨无悔。

就医难，一直是困扰村民的大问题。他们大多时候得了病吃不起药，能扛就扛，村上赤脚医生抓点药能见效的，绝不去乡医院。在农村当大夫不容易，中、西、内、外、妇、儿甚至兽医都得懂，你懂了他们不笑话，你不懂他们才觉得不对劲，对大夫的期望值非常高。好在村里一直有赤脚医生。20世纪70年代全乡有16名赤脚医生；2000年以来，种田街上有5名乡村医生开的药铺；在小川、五星、刘井、拉排、百丰村各有1名乡村医生开的药铺。如果说那些年乡民得益于出诊不收费、服务周到的"赤脚医生"，现在则不同了，除了感冒发热自己胡乱买点药，其他病都得上乡或区医院，虽然交通较以前方便，但交通、住宿、医疗费用大大增加，特别是医院的各种检查收费及天价药品，使村民越来越觉得进不起医院看不起病。村民到大医院看病，不仅要承受巨大的经济负担，还要忍受种种歧视和"潜规则"。

种田医疗资源可考的是在民国三十五年（1946），LRX 在种田村创设的"庆和堂"诊所。1956 年诊所公私合营，成为中心卫生院的前身，当时治病主要靠中草药。1958 年成立种田卫生院，6 名医护人员都是集体工，下乡开展医疗服务。1973 年靖远县另派 5 名工作人员，配发了 330NAX 光机等医疗设备，能开展阑尾切除、输卵管结扎等小手术。70 年代，各大队派人学习，培训了一批赤脚医生，为本村村民开展医疗服务，医院大夫每月定期下乡看病。1985 年，平川区成立，修建砖混结构平房两栋 14 间，卫生局配发医疗器械，具备住院治疗条件。90 年代，再次扩建，医务人员增加到 10 人，医院年收入达到 20 多万元。1998 年开始，每年新增卫生院校大中专生 2—3 名，同时集体人员被清退，回到乡村或集市开私人诊所。目前，种田集市诊所达到 5 家。2004—2006 年，医院一度病人稀少，运行几乎瘫痪。2007 年，国家实行农村合作医疗，国家补贴 60%，病人自付 40%，治疗费 50 元起步，医院的经营状况再次好转。2008 年末，将参合基金提高到人均 20 元，治疗费用 300 元起步，报销比例为 55%，医院的效益大大改观。

应该说，老百姓能够从农村合作医疗体制中得到实实在在的好处，但我们通过分析一个个案却发现，农民因病致贫、因病返贫的问题反倒加剧。2007 年 12 月的一份《平川区新型农村合作医疗住院补偿费用统计表》显示，26 名患者花费医疗费总计 15712 元，合作医疗报销 8647 元（55%），本人负担人均 272 元，按 2007 年小麦市场价格 1.7 元/公斤计算，需要 160 公斤小麦，按旱地 30 公斤/亩产量计算，需要 5.3 亩地的小麦收入，而当地人均耕地 5 亩，看好这个病后，当年的口粮就没有了。在政策的遮蔽之下，"医院成为赚钱的机构，但又保持了政府的行业垄断，于是，药费奇高，治疗费惊人，以药养医，以医谋财，成为普遍现象。一些医院‘有病无钱莫进来’，其冷漠程度竟比衙门有过之而无不及，把‘救死扶伤’的天职忘在了脑后。每年估计有数百万的农民、工人无钱治病，不治而亡。”[①] 在高额的医疗费用面前，老百姓要么选择撑着，要么选择在家里等死，因为他们支付不起超出他们想象的那一笔钱。在毕淑敏的《预约死亡》中，一位医院院长特别诚恳地说破了这一点。[②]

① 胡星斗：《错位的政府——答央视记者》。

② 严酷的数字说明，只有三分之一的人是死在医院洁白的病床上，他们大部分是年轻人或是高干。三分之一的死在急救车里，家里的人发现他们不行了，赶快往医院运，铁皮的救护车就成了最后的归宿。还有三分之一的老人死在家里。可以说，假如你是一个平民，你多半是在没有医疗保护的情景下寂寞地死去。生命是一个完整的过程，作为中国人，我们画得不圆。佚名：《“死在家里”与“死在医院”——我们时代的“后现代问题”?》，见“当代文化研究网”，原载《东方》。

第四章
人口流动：在推力与拉力之间

现代化激流必定要把人们淹没在一个人海茫茫却无一相识的陌生世界，这是传统社会迈向现代社会，人们注定要经历的心灵体验，甚至是文化震荡（culture shock）。

——杨文炯

好多脑袋打工去了，好多脑袋移居山外，好多脑袋入土了。

——韩少功

历史车轮转动一周——一个事件——就足以将它摧毁；而一旦它被摧毁，任何信念的意志都不能将它恢复。

——尼古拉·加来拉诺

由于近代以来的国家建设和社会动员大大突破了“区域”所划定的传统界限，因此，从“地方性逻辑”出发来理解近代政治形成和国家的关系显然是不够的，必须具备从“跨地区逻辑”的视野解读现代政治的能力。

——杨念群

一、黏着在土地上的流动

历史地看，人口流动并不是一个新现象，自古人类从非洲出发、中国历代皇帝迁都、牧民逐水草而居、战争、灾荒、实边等，引起人口流动的原因和表现形式有多种。所以说，以宏观的视野看，人类在地球上从来未停止过流动，人口流动从来都不是一个新问题，民间常说的“人挪活、树挪死”便是一种人需要在流动中发展的观念；现代科层制中的“上向流动”，便是一个具体的对人口流动的制度设置和激励。而微观地看，由于地域的不同、历史阶段的不同、观念的不同，人口流动的发生和表现又有所不同。就当地的情况，在可追溯的历史时期内，人口流动以战争、实边和灾荒型为主，不管他们流入还是流出，最终都要寻找一处土地作为落脚之地，继续紧紧地依附在土地上，依靠农业作为生存发展之基础。如吴家庄吴氏家族自清康熙、道光年徙居此地三百多年来，一直务农为生。作为农民，他们从来都是“黏着在土地上的”，证明土地始终是有吸引力的，是赖以定居和刨食的所在，它再次肯定了一个常识——农民就要生活在土地上。

据有关史料，我们对当地人口变化情况作了一个大致梳理，年代久远的只能查询到州、县一级的人口数量。

北宋崇宁元年（1102）陇右户口统计表显示，会州1县，原州2县，63499人。①

元代，会州有1万余人；平川区境有3000人左右。元明之际，长期战乱，会州人口锐减，土地大部分荒芜。

种田乡有记载的历史文字见于崖窑兴隆山玉虚观碑文，明万历十九年《崖窑山庙观碑记》载：崖窑乃前朝屯储仓储，国朝辛巳置观，因唐

① 《左宗棠奏稿》卷40，转引自方荣、张蕊兰：《甘肃人口史》，兰州：甘肃人民出版社，2007。

时先造庙奉祖师。证明唐代人口已具一定规模，民间信仰较为繁盛。

明代后，靖远设卫，户口多为移来之军户，分田屯垦。明末靖远约有 2 万户，7 万人左右。平川区境人口在万人左右。①

同治二年（1863）回民反清军入境，加之自然灾害频繁，人口锐减。

同治十一年（1872）左宗棠奏称："陕甘频兴兵燹，孑遗仅存，往往数十里，人烟绝无。"

光绪三十三年（1907），清政府于同治后在甘肃进行第一次也是最后一次保甲户口统计，于三十四年（1908）由陕甘总督衙门汇总上报，称《陕甘总督衙门统计表》，打拉池县丞 502 户 3097 人，户均 6.17 人。②

宣统元年（1909）编纂的《打拉池县丞地理户口调查表》载："种田沟堡，户数 39 户，人口 386 人；红水川堡，户数 49 户，人口 454 人……打拉池县丞 502 户，3076 人。"③

民国元年（1912）办理选举，对户口做初步调查，种田沟有 2 户。④

民国九年（1920）大地震，处于震中的种田人口伤亡惨重。⑤

民国十八年（1929）饥荒，人口再次锐减。

---

① 区境所有大户人家谓其祖先乃明代或自山西大槐树来，或自南方来，或随军而来。见平川区地方志编纂委员会编：《白银市平川区志》，北京：中华书局，2000。

② 方荣、张蕊兰：《甘肃人口史》，383 页，兰州：甘肃人民出版社，2007。

③ 据清宣统元年编纂的《打拉池县丞地理户口调查表》载：种田沟堡，户数三十九户，人口三百八十六人。"承办绅士张殿伦"，落款为"县丞喻增荣谨识"。据《打拉池县丞志》载：喻增荣，湖南人，光绪二十六年任。

另据宣统元年（1909）"宁夏地区南部州县户口统计表"显示：打拉池 502 户，3076 人。见《宁夏通史》（古代卷），228 页，银川：宁夏人民出版社，1993。

④ 民国元年办理选举，对于户口切实调查，东区：打拉池、干盐池、万家水、刘家井、种田沟、焦家山、赵家崖、吴家庄、上下汉岔、圈黄沟、甜水井一带。见（民国）郝遇林修，范振绪纂：《靖远县新志》，民国三十五年（1946），线装，甘肃省图书馆藏。

⑤ 据国家地震局兰州地震研究所和宁夏回族自治区地震队编著的《一九二〇年海原大地震》24 页（北京：地震出版社，1980）显示：种田全村 170 多人，仅 6 人幸存。另据访问：1920 年种田沟一共有 330 口人，震后，只剩 30 口人。两者数据有差异，可能前者指种田沟村，后者指种田沟堡。

民国二十四年（1935）办理保甲，宝积、种田、复兴等地共二保，2101 人。[1]

民国三十一年（1942）实行新县制。民国三十三年统计，东明乡（即共和、种田、宝积、复兴）4987 人。

1949 年 6 月，靖远县 14096 户，79697 人。[2]

1953 年大旱，人们四处逃荒。全乡 43 户，2152 人。

1958—1960 年，甘肃通渭、秦安等地饥荒严重，大量逃荒人口来到种田。

1960—1970 年，受“三年自然灾害”、“文化大革命”的影响，人口发展缓慢。1962 年划为北庄、种田、复兴三个小公社，其中北庄和种田两个公社约有 535 户，3395 人。1968 年北庄公社撤销，成立了种田大公社，其中包括现在复兴乡所辖的上汉、原寨、山李村，人口约有 900 多户，6000 多人。1972 年上汉、原寨、山李等村划归复兴乡。

1980 年，全乡 1048 户，6427 人。1991 年，全乡 1425 户，7849 人。

2000 年 11 月，全国第五次人口普查统计结果，全乡 1699 户，8054 人。

2008 年，全乡 1781 户，8553 人。目前留在村里的人，人口结构“哑铃状”（老人、少量的成年人、学龄前儿童）的特征明显。

二、脱离土地的流动

当土地缺乏植被不能保持水分时就会发生土地的损蚀，接着就会有洪水的到来，给人们带来灾难。社会损蚀具有相似的后果，造成人口大

① 第一区五联保 372 户，1201 人，所辖村庄为打拉池前山一带。见（民国）郝遇林修，范振绪纂：《靖远县新志》，民国三十五年（1946），线装，甘肃省图书馆藏。

② 方荣、张蕊兰：《甘肃人口史》，515 页，兰州：甘肃人民出版社，2007。

量流亡。在社会损蚀的过程中，起初只是最优秀的人离开，他们在经济上比较富裕，受过较好的教育，不愿继续留在乡村。但是由于富有和有能力的人都离开乡村，加上都市工业势力的压迫，使得乡村开始贫困。

——费孝通①

小村里立着最后一座房屋，
荒凉得如同世上最后一座。
……
那些离开村庄的，长久地漂泊，
可能多已死在路上。

——里尔克

前面所提到的“常识”，在现代已不能成为常识。具体地说，农民与土地的关系由黏着而脱离。农民脱离土地的过程是打破城乡二元结构的过程，是农业现代化、农村城市化、农民市民化的发展过程。农民的流动只是一个表现，它的背后是中国60年城乡关系的演变历程和发展阶段，这个历程包括：1949—1952年新中国成立以后城乡关系的自然演变（没有政府的人为干预）；1953—1977年城乡“二元”分割关系的形成（以1953年开始国家只负责城市非农业户口的粮油供应、1958年《中华人民共和国户口登记条例》严格限制农村人口流向城市为标志）；1978—1984年“二元”分割城乡关系的松动（以1978年开始的农村家庭联产承包责任制为标志）；1985—2001年城乡不平等关系开始加剧（1984年《关于经济体制改革的决定》侧重于城市的改革发展；1985年财税改革把农村教育财政拨款改为由农民自筹经费办教育）；2002年至今努力统筹城乡协调发展（2002年公安部放开农民进入小城镇的户籍

① 费孝通：《中国乡村社会结构与经济》，赵旭东、秦志杰译，载王铭铭主编：《中国人类学评论》第2辑，20页，北京：世界图书出版公司，2007。

大门，2004年国务院全面取消农业特产税、逐步取消农业税、为农民种粮食发放直接补贴，2005年中央提出“建设社会主义新农村”)。[①]

特别是发生在改革开放以后农民的流动，他们是以对土地的抛弃为前提的，与“黏着在土地上的”流动在本质上有着区别。这一流动大胆地实践了农民离开土地的可能——离乡离土（或离土不离乡）的农民还叫农民吗？近些年发生的流动是何其惊心动魄，有8亿农民站在工业文明的入口处，已经有2亿人迈了进去。政策层面户籍制度改革本身是对人口流动这一现实问题的被动跟进——已经有一个以农民工为主体的新型工人阶级产生了（虽然它只是自在的而非自为的，他们完成了工业化而无法完成城市化），试问历史上的人口流动能够产生一个人口足够集中的社会阶层吗？第一代，下一代，都不愿意回到农村去，或者说无法回到农村去了。因此说，近些年的人口流动既是一个老问题，也是一个新问题——人口流动本身提出了一系列急需解决的次生问题。

不管是黏着在土地上的流动，还是脱离土地的流动，它们有一个共性，就是对地方性空间的超越。人类学的研究着眼于对“地方性”的描述，实际上地方性概念的提出，是因为有一个整体性的存在，地方性与整体性从来不是互相隔离的，特别是当外在的国家层面的、全球的影响越来越深层地渗透进村落的时候，“地方性”实际上已经超越了原有的空间限制，与整体性发生着越来越多的互动。朱浒在研究晚清义赈的基础上提出了“跨地方性逻辑”或“地方性流动及其超越”的概念，在人口流动领域这一特征体现得最为明显，当地从未停止过跨地方性流动。

费孝通在英文版《中国士绅——城乡关系论集》中称不回家的乡村子弟为“逃亡者”，包括大学、中学毕业生，退伍军人等。他说：“最近有很多毕业生找不到工作，有一位老师劝他们回家乡去，他们原则上都能接受，但又非常现实地说他们不能回去了。事实上我也没听说有一个人回去的。他们宁可待在城市里寻求职位或靠朋友资助为生。他们不能

① 参见文军：《农民市民化》，载《开放时代》，43页，2009(8)。

回家，这不仅是因为他们不愿，也是因为住在那里已经很不现实。在没有离乡之前，好像有一种力量在推他们出来……当他们毕业时，他们发现几年的离乡生活已把他们同乡土的关系割断了。乡村没有大学毕业生的工作。他们即使不是因为在学校学到了西方现代科技知识，也因为他们已适应了那种与乡村生活截然不同的生活方式和观念，这些已足以使他自认为有异于乡村人了。今天的大学生回到乡村后无人与他讲话，没有人理解他，他自己竟然觉得被家族疏远了。……另一方面，这些年轻人认为，受过多年教育之后又回到家乡，对己对家庭都不体面，所以他们进退两难。"① 费孝通在1953年所观察到的中国乡村现象与今天的情形何等相似，他说的几乎就是当下，仿佛从当年开始的"社会损蚀"就从未停止过。当然，在当地这类"逃亡者"也不在少数，而且他们万不得已不会选择回乡（我们当然希望这些不回乡者找到一条出路，可是我们同时不得不担心他们的一部分出于自身或社会因素的驱逐，而被社会结构所边缘化，成为社会群体事件的主角。就像石勇所分析的县域社会矛盾的参与者或前台主角那样，"当中国的现代化进程到了产生第二代农民工以及游荡于城市的青少年，问题才是真的来了"②）。我们在此重点关注通过非教育途径流出农村的案例，表明这种逃亡不是部分人的逃亡，而是"集体大逃亡"，是中国的"农转非"们从乡土到混凝土的艰辛的城市化过程。

唐纳德·博格的"推力—拉力"理论对迁移原因进行了分析，认为迁入地必有种种消极因素形成推力把当地居民推出原居住地，而迁入地必有种种积极因素形成的拉力把外地居民吸引过来，在推力和拉力的双重作用下，迁移者发生迁移行为。推力因素诸如：自然资源枯竭、农业生产成本增加、农村劳动力过剩导致失业和半失业状态、较低的收入水

---

① 费孝通：《中国乡村社会结构与经济》，赵旭东、秦志杰译，载王铭铭主编：《中国人类学评论》第2辑，18页，北京：世界图书出版公司，2007。

② 作者所指的二元博弈是民众与政府；三元博弈是政府、企业和民众。石勇：《从二元博弈到三元博弈——县域社会矛盾观察》，载《南风窗》24页，2009（21）。

平等；拉力因素如迁入地的就业条件、工资收入、生活环境、教育资源、交通信息等优势。我们看到，在双重作用力下，大量的农民纷纷被卷入这场流动大潮。此时再回看农村，农村不仅是一个土地干涸的农村，更是一个失去农民的农村。这也是发生在农村的“抽空了的现代性”，或者“流动的现代性”。文化与社会的关系是，有社会在，文化就会保留。目前农村人口流失，社会萎缩，文化也就无所传承、滋生和沉积，无所居留了。①

1. 从传统农业社会流向现代工业社会

改革开放前，经济上大家一样拮据，一样靠天吃饭，安土重迁、重农轻商的观念还是很深，没想过除了务庄稼之外的第二条道路。农忙时节专心下苦，冬闲时串门谝传，倒也生活得与世无争。② 这一情形表明，农民是“黏着在土地上的”，生时的吃用从土里来，死了也得“入土为安”，③ 费孝通在《乡土社会》中也说：“乡土社会在地方性的限制下成了生于斯，死于斯的社会。”

---

① 邓正来针对众多学者和政府把农民工问题仅仅看作保护农民工的权利问题时反思到，如果这一亿八千万农民大概是一批年龄从十三四岁到四十岁之间的农民，这又意味着什么？我想，这意味着，他们是中国农村的主力。什么叫中国农村的主力？严格地讲，他们其实就是承载中国传统文化的主力。我一直认为，中国传统文化的传播和延续，不是在中国的都市里，也不是在高等学府里，而是在乡村。那么，既然他们是传承中国传统文化的主力，一旦他们都被抽空了，被抽离到中国的都市里来，这又意味着什么呢？这背后更深刻的一个问题是：中国农村文化、中国传统文化也可能就此被抽空了。而在此背后更深远的，则是一个关涉到我们中国未来发展战略的大问题。当我们循着以上脉络不断问深一步，我们再想想，这难道仅仅是一个农民工权利的问题吗？参见《全球化与中国社会科学的“知识转型”——邓正来教授在上海市“博雅讲堂”上的讲演》，载《解放日报》，第 8 版，2009-08-09。

② 生存伦理支配下的广大农民宁可守着有限的地块中刨食，也不愿意冒险进入一个也许收益更大但却是他们完全陌生的环境。见郭于华：《在乡野中阅读生命》，124 页，上海：上海文艺出版社，2000。

③ 黄平：《当代农民寻求非农活动之根源初探》，载香港中文大学《二十一世纪》，1996 年 12 月号。

改革开放将这片平静的水面彻底搅动，乡村人员、物资、信息的流动性开始加大，相对封闭的村落逐年开放。在流动渠道打开，与城市的联系沟通后，鄙视种植业、厌弃土地成为一种情绪感染了相当一部分村民，人们开始向村外世界寻求新的经济来源。

20 世纪 80 年代，一方面本地连年大旱，多数人家坐吃山空，逼得更多的人外出打工；另一方面，随着现代化进程不断加快，农村的剩余劳动力开始大规模地向城市转移。这不仅是农民理性选择的结果，也是工业化、城市化和现代化发展的必然。90 年代，农村剩余劳动力大量输出自谋出路，有的甚至举家搬迁。

2006 年，吴家庄 33 岁的六娃子还继续赖在家里，父亲和弟弟都已经到外省放蜂去了，他是不得已才留下来喂牲口、看家，实际上大旱使全体村民集体“失业”，连种子都省了。等到 6 月，种秋季作物的时节都过去了还无法下种，六娃子终于下决心约了几个同乡走上外出打工之路。曾经长期禁锢的村落边界已经开放，原有的因地缘和社缘组织起来的较为稳定的村落，被一家一户、一年又一年地冲垮。

一定的人口是社会存在和发展的基本前提，人是社会生活和社会活动的主体。人口的变化给整个社会的变化以极大的影响。近 70 年，本地人口数量总体呈一个增加的趋势。从流动方向看，人口的变迁经历了一个以“三年自然灾害”期间为主的逃荒人口迁入的向内流动，以及改革开放后逐年加大的外向型人口流动过程。经过半个世纪，基本上完成了一进一出两个相反方向流动的轮回。当前有些家户铁将军把门，个别村落大半个村屋空人杳，几乎成为空壳村。农村已经被掏空了，不仅仅在资源和劳动力上，而且是在意义体系上。可以说，凡具备了流出的基本条件——年龄、性别、文化程度适当，身体健康的人，都成为潜在的流出者。在人口变迁的背后，是整个社会图景波澜壮阔的画卷。这种迁移导致了农村社会关系的变化，即由主要依靠土地谋生形成的社会关系，向部分依靠土地或更大程度上依靠打工为生活来源基础的社会关系转型。农民不再安心于农业生产和农村生活，外出谋生成为普遍认同。

特别是年轻一代农民，他们生活在一个与父辈迥然不同的观念世界，对远离农村、实现城市生活的梦想更为强烈。

2009年清明节我回乡扫墓，从长征乘了辆出租车回村，碰巧司机就是麻滩村一位杨姓的中年人，听说他最初就是靠在城里卖麻子起家，一步步有了积累买三轮车载客，现在开的是夏利出租车。按他的说法，现在不是回家睡觉就是在车上坐着，想起以前农业上下的苦现在根本下不了。一种挣脱农业生产，过上城里人日子的优越感溢于言表。他说他所在的麻滩村原来七十多户人，走掉了一半，许多人家的地都荒了，他家的地“都长了七八年的冰草了”，现在村里最年轻的人都四五十岁了。从乡级公路到回村的分岔路口，正在修村级水泥公路，其中几段已经修好，只是路面很窄仅能容下一辆小车。路过小学校外的一片水浇地时，地里没有一个人影，水渠里细小的井水浇灌着远处的水地。杨师傅说：“十几年前，吴家庄这一道川种地的时候热闹得很，现在你看空无一人。”农村原有的人气被抽空，冷冷清清。年轻人都离去了，农村仿佛是一个过去的世界，一个自由广阔但孤独落伍的世界。他说，从村中的路走到头，见不到一个人影；一场婚礼上也就十几个人；村学的一个老师带着两三个学生……

我想起了朵渔的一首诗《在一场春天的大雪中看到我父亲》①：

……父亲，这土地还有希望吗？……父亲，这村庄还有希望吗？……

成群的姑娘/赶赴南下的火车/在一个没有农夫的时代，春天/不再值得珍惜……

2. 逐步提高的流动稳定性

《农民的终结》一书的作者孟德拉斯说：“二十亿农民站在工业文明

① 中国诗歌研究中心主编，王光明编选：《2008中国诗歌年选》，广州：花城出版社，2009。

的入口处：这就是 20 世纪下半叶当今世界向社会科学提出的主要问题。”

当地农业人口已不仅仅是站着观望，而是义无反顾地涌向和迈进这个入口。本地人口外流实际上是农村劳动力的转移过程。资料显示，现阶段全国农村劳动力中，农业生产所需劳动力是农村总劳动力的 1/3 左右，也就是说有 2/3 最终都要转移出去。就本地的人口流动发生时间、流动规模、流向等，我们调取了乡政府 2007 年《甘肃省流动人口有关数据统计表》作一分析。另外，我们又择取了当初流入、后又流出的当事人进行了访问，通过个体的发展历史，了解农村社会的人口变化和社会发展情况。

据此表可以分析出以下几个方面的特点：

1. 无流入人口。表明本地人口流动呈完全的外向流动，即纯输出型人口流动。

2. 流出人口达到本地总人口的 5%左右。截至 2007 年 9 月 30 日，全乡流出人口 416 人，占当地总人口的 5%左右。

3. 以流到外省为主。流出的 416 人中，流到省外 259 人，占 62%。

4. 以成人为主。由于本数据是从计生部门取得，特意反映了育龄人口状况，流动人口中育龄人口 357 人，占总数的 86%。

5. 男性流动人口稍多。流出的 357 名育龄人口中，男性 194 人，女性 163 人，男性较女性多出 8.7%。

从另外两张分别统计于 2007 年 9 月 30 日、2008 年 5 月 20 日的《甘肃省流出已婚育龄人口汇总表》、《计划生育管理与服务登记册》① 分析得出：

1. 大规模人口流动出现于 21 世纪初。据统计表“外出时间”栏显示，有统计的人口流动发生在 1989 年，1989—1998 年外出人口只有 7

① 这些数据经与村民核实，大多偏小，并且统计标准也有问题。由于无法再取得更准确、完整的数据，只有据此作出一个并不一定准确，但大致不会出错的分析。

名，大量的人口流动开始于2000年以后。在生态恶化的倒逼和业已在外工作的同乡带来的信息及其发展向未流出者展示了外部世界的魅力，成为推动人口流动的主要诱因。

2. 百丰村的流动人口居多。2007年的统计显示百丰村流动人口161人，占流动总人口的39%。百丰村地处乡境西北部，自然条件差，人均收入低。或许是穷则思变，他们对农业和土地的厌弃比川地村落的人更为强烈，流动更为决绝。

3. “熟人社会”的移植。从流入地来看，流动的成因或手段呈现出“熟人介绍”类型，符合费孝通对农村“熟人社会”的定义，依靠熟人社会的人际资源，亲朋好友一个带一个外出打工。表现在统计表上，同一个村的一批人流入同一个地方，从事着相同的职业。如百丰村百丰社有11人（多人有亲属关系）都到中卫宣和镇，北庄、百丰村有36人（多人有亲属关系）流入新疆，百丰村4名年龄相仿的都到南京市梁青路兰州大酒店，北庄村黑水社兄妹两人在天水秦城区店镇乡大王面馆等等。作为流动到就近小城镇的，更是一种整体性的、结构性的原有乡村社会熟人关系的移植。

4. 流动人口以中青年为主。从流动人口年龄分析，年龄最大的51岁，最小的9岁（随父母）。生于20世纪70年代的有80人，生于80年代的有94人，这两个年龄段的人口占总流动人口的50%。这说明出于寻求生存、改变生存方式的冲动，以及要求摆脱土地的束缚、改变农民身份乃至脱离农村社区的意愿，在青年农民身上表现得尤为强烈。同时在这种冲动下，年轻一代的乡土观念发生动摇，或者彻底背弃老年人的那套农耕观念。正如人类学家米德所称，这种代与代之间的断裂是全新的：它是全球性的、带有普遍性的。相对于继续留在农村的人口年龄，则加速了农村老龄化结构的形成。如王尧在一篇文章中所说：“一家一家地走了，挪不动的是老人，有几十亩地拴着，人就成了树和庄稼。”①

① 王尧：《道器之间的〈太平风物〉》，载《读书》，79页，2008（7）。

5. 从事的行业。从现居地址推断，所从事的行业主要有农业（如甘肃玉门农场、新疆建设兵团、白银市景泰县四个山乡七大队等）、建筑业（宁夏西吉县建筑队、内蒙古乌海市第二建筑公司、兰州七建集团安装公司等）、服务业（深圳市松岗区姊妹购物城、兰州西固区金融大酒店等）。

6. 逐渐增强的流动稳定性。在这样一个“推—拉”过程中，越来越多的人流动到外地，而且由一个人的成功发展到整个家庭举家迁出，在城市定居，过上准市民化生活，完成了对地方性边界的超越。有人将农民进城定居分为四个阶段，首先是候鸟式的，即在城镇打工，住工棚等，但回本地乡村盖房，改善农村居住条件。其次，是鸳鸯型的，即年轻人两口结婚后在异地城镇打工，在城镇里租房，比住集体宿舍或工棚有所改善。再次是小康型的，即有了小孩之后，虽在外地城镇打工，但开始在本地城镇买二手房或以一定的方式自建住房，把老人接到城里来照顾小孩。最后是团圆型的，即购买新房把老人也接到城里一起住，合家团圆，彻底离开农村，这时大多就业和居住都在同一城镇里。在这个过程中，他们对原有农村承包地的关系也发生相应的调整，先是年轻人或中年人出去打工，老人在家种地；然后是将老人接到城里后，把承包地有偿转让，只种点口粮田；再次是把承包地全部有偿转让出去，彻底实现“脱农”。①

但我们同时也看到，更多的农民工参与了工业化，但并没能完成自己的城市化。曹锦清在英国《金融时报》关于农村“城市化”诸问题的访谈中也说，工业化的标准很简单：农民只要进城打工，他就是工业化人口。但如果我们要判定他是否已经城市化，我们还要附加几个标准，如职业、住房、社会保障等。在这个意义上，我们就应该对农民工进行重新定义，一方面是放在城市化的框架之下来定义，但更主要的，是放在工业化的框架之下加以定义：农民工是就业地和居住中心长距离分离

① 参见薛玉炜、柯堤：《关于三农问题的几点再思考》，载“三农问题网”。

的劳动力群体。①

3. 农民造县城

按照马克思的足够庞大的数字和一定集中度的标准来衡量，今天的农民工已经达到了阶级结构出现的标准。因此说，中国30年改革开放在创造了一个世界工厂的同时，也创造了一个新的工人阶级，这个新工人阶级的特殊性在于它是由农民工这种特殊主体形成的。但它目前是一个自在的阶级而不是一个自为的阶级（没有产生统一的阶级认同、阶级感情和集体行动），因此中国的无产阶级化是一个没有完成的无产阶级化，这种没完成的无产阶级化制造了一个不完整的阶级主体。原因是农民工身上发生了工业化而没有实现城市化，工业化和城市化在他们身上是脱节的。第一代农民工处在“我既是农民也是工人”的交叉模糊的状态，这一代人的生活重心在农村，也还认可农村；由于政策选择上没有让农民工转化变成工人的意愿，导致他的生产领域暂时在城市，而再生产领域在农村；当他们耗完了自己作为劳动力商品最有价值的阶段，希冀将来老了再回到农村做生意或发展种养殖业的时候，实际上从当前农村环境来看，农村为想回去的农民所能提供的空间非常狭小，甚至已经没有办法回乡了，农村早被掏空了。第二代农民工则处在“既不是农民也不是工人”的状态，从个人经历上说，他们早已失去了耕种经验和作为农民的可能；从文化价值上说，农村作为一个“落后”的地方和呆在农村“窝囊”的评价，为他们回到农村生活提供了很大阻力；这一代农民工强制自己完成内在身份转化，因此他们从主观上根本就不想回到农村去。②

---

① 曹锦清：《农村“城市化”诸问题访谈》，英国《金融时报》中文网记者魏城采访整理，载“思与文”网站。

② 参见潘毅、卢晖临、严海蓉、陈佩华、萧裕均、蔡禾：《农民工：未完成的无产阶级化》，载《开放时代》，2009（6）。

因此学界提出农民工可进可退的说法①，这是一种脱离实际的甚至冷血的想法，把农民工作为劳动力压榨完后随意地扔掉，把他赶回农村，是一种不负责任的观点。国家必须为农民工赋予就业权、社会保障权和市民权，而不是继续让其受到行政权力的剥夺；相应地，“让农民工回到农村进行劳动力再生产”也是极其错误的观点，农村已经承担不了这个成本，要帮助他们把劳动力再生产的空间也移到城市来。

在这种情况下，一个迫切的问题是，必须在完成城市化难度较大而又“回不去”的中间给他们找一个安置空间。其实这不是什么人和政策主动安排的，是农民自发选择且已显现的趋向，这就是在县城实现他们的准市民化——市民化的过程，而不再让他们的劳动力生产与劳动力再生产“拆分”，并逐步稳妥实现对自己城市化的认同（而不是此前既非工人又非农民的矛盾状态）。

社科院的一份专题调研表明：农民工群体在30年的发展中，其外出务工表现出三个阶段性特征，即非农收入阶段，非农就业阶段和非农职业阶段。这三个阶段背后隐含的是劳动力与土地资本的结合正在转变为劳动力与工业或商业资本的日益紧密结合。在上一代农民工“宜工宜

① 贺雪峰认为，农民进城失败后还可以返乡，有农村温饱生活的退路。支振锋、臧劢：《“中国模式”与“中国学派”——“人民共和国60年与中国模式”学术研讨会综述》，载《开放时代》，2009（4）。

我认为，他没有看到掏空的农村空间的狭小和设置的阻力，其实他们返乡后对农村内环境已经极不适应了。“可以返乡”包含了支持他们回到农村去的意愿，而不是由国家来主动为农民工承担帮助其城市化的责任。我们不能持续牺牲几代的农民工。如果说新兴工人阶级形成的前一阶段包含着一种暴力的话，这种暴力不可能得到持续。

贺雪峰的主张背后还有意无意潜藏着国家政治的逻辑，那就是：城市需要发展，但不需要承担劳动力再生产的责任和成本。也就是你把劳动力贡献到城市之后，城市的发展一旦不需要了，你就重新回到农村中继续以往的生活。或者你可以在国家和房地产没有同谋拆除之前，暂住在城市的远郊或城中村这样一个低级的社区，维持一种较低水平的生活，顽强地留在城市。参见任焰：《工厂民族志：宿舍劳动体制》；卢晖临：《一个初级农民工社区的形成和消失》，载《开放时代》，2009（7）。

农”的基础上，“新生代”农民工呈现出职业化务工发展趋势。与此同时，随着大中城市人口急剧增加，其吸纳新增人口的能力已近极限，农村劳动力异地城镇化的难度上升。在此条件下，农民工以最小成本完成准市民化和当地的城镇化发展一拍即合，“农民造县城”自然而然地成为解决城乡二元结构的一条中间地带或“中间道路”——从大城市和农村中间寻求和开发空间，在县城（或小城镇）完成二元的结合和融合。① 申端锋也通过实证研究指出，（“80后”）农民进县城买房是“农民造大城”的成功实践，并且具有持续的生命力。农民进县城是中国农民的又一个伟大创造，它修正了中国的城市化模式，提供了城乡一体化的新模式和具体路径。②

我们也密切关注到近些年当地凸显的“农民造县城”现象，主要指的是他们向平川区的转移。曾经挣了钱在农村建房的乡土标准，相应转变为普遍认可和接受的到城市购房。农民通过进城，将地方性逻辑延展到村落社区之外，实现了对原有农村熟人社会关系（资源）的跨地方性复制，实现了心理上的缓和过渡（相对于在外地打工缺乏各种情感资源依靠）和生产方式上的脱农（从事非农行业）过程。他们不但有效移植了原有熟人社会关系网络，③ 同时也努力进入基于契约的县城“陌生人的社会”。相对于西方式的遥不可及的高度都市化，这种较低程度上的都市化是一种从实践出发的稳妥的经济理性选择，相信经过实践和历史

① 中国社科院“农民工返乡机制研究”课题组：《应对国际金融危机调研报告之五——徘徊在城乡之间的中国农民》，载《光明日报》，第11版，2009-04-09。

② 申端锋：《“80后”农民与城乡一体化新模式——“80后”农民进县城买房的实证研究》。

③ 当发展中国家的农民都涌入城市时，城市的多样性和异质性便得到进一步发展。通常情况下，新生事物与原始的村庄或者世袭制度、部落、种族、宗教这样的社会文化群体的联系，往往要比城市或城市化的东西关系更加紧密。乔尔·哈尔彭将这种现象称为“城市农村化”。［美］史蒂文·瓦戈著，王晓黎等译：《社会变迁》，89页，北京：北京大学出版社，2007。

的考验将会成为一种“现代传统”。①

在当地，农民进县城买房居住，同时从本地或外地打工（占主要）和农村土地（占次要）两个方面获得收入保障，成为准市民（“半城市化”）的模式已渐成潮流，这是他们在“大城市—县城—农村”之间的一个折中选择，也是最为符合自身经济能力的最佳选择。这一折中选择不仅对他们自己有非常重要的意义，而且对中国农村的发展，对城乡一体化战略的实施都具有非常重大的意义，它让我们看到了城乡一体化的一条新道路。我们同时可以将此看作是地方性逻辑向外在（城市、国家）场域的蔓延，是自下而上的地方性与整体性的汇合、统合。孙立平提出“断裂社会”的概念（可以说，断裂社会的实质，是几个时代的成分并存，而互相之间缺少有机的联系与整合机制）②，其实“城乡二元结构”是最大的社会断裂带之一，而农民造县城也可看成是创造过渡地带、弥合裂痕和实现城市化的最快捷的途径，是农民一方做出的积极主动的努力和贡献，是借助于“非国家投入”完成的造城。

当地农民进城主要有以下几种类型：

第一种是有公职作为支撑，在平川区购房定居，主要是中小学教师和乡政府工作人员进城购房，并将孩子和老人送进城里。短短的几年，进城人数达到这部分人群的90%以上。

第二种是子女在平川或外地工作，将父母从农村接到外地，但大多数选择了在平川区购房让父母居住。子女若在外地，一般由于语言不

---

① 黄宗智指出，在各个领域，中国在实践之中走出的道路，可以称作是中国面对西中并存的悖论实际的挑战在实践之中所形成的可取的现代传统的例子。在今天的二元对立、非此即彼的语境之中，这些是很容易被忽视的既是现代的也是经过一定历史考验的“现代传统”。

今天的中国，完全可以拧出其近现代实践中可取的传统及其逻辑，并明确其现代传统中的可取理念。同时，也可以根据中国自己近现代的理念来对过去和当前的负面实践作出总结和批判。这样，从准确地认识实践出发，再提升到中、高层理论概念，才有可能建立符合中国实际的社会科学和理论并为中国选择一条合适的道路。黄宗智：《悖论社会与现代传统》，载 http：//www. tecn. cn。

② 孙立平：《论“断裂社会”》，未刊稿，2006。

通、身边没有熟人，老人不愿出去，只好就近进城，安置在离原有的熟人社会不远的地方。实际上由于近些年种田、复兴两乡农业人口大量进入平川区，有力刺激了平川区房地产市场，供不应求，房价翻番。目前在平川区，这两个乡的人低头不见抬头见，只要听见乡音搭上话，问清楚是哪个村姓啥的，就有说不完的熟人背景作为谈资。实际上是在城市复制了一份原有的熟人社会模型，一些搬出来的老人居住在这里也不觉得孤单。

第三种是退伍军人不回乡，就近在平川区创业成功，并将自己的小家庭搬入城市。

第四种是以其他各种创业和务工经商形式在平川区站稳脚跟，适应了城市生活，将妻儿接进城市，由最初租房、购平房乃至最后搬进楼房。他们的老人虽然暂时还要呆在农村种地，但隔三差五到城里来转转，逛逛商场和广场，由于自己有亲人在城市，对城市也有了逐渐增强的认同感。

上面说的这几种，都是当地政府的人口流动统计表中所未能显示的。他们中的大部分是“离土不离乡”，承包的责任田平时由留在农村的家人或承包给别人照料，与土地保持着一定的联系，农业收入作为部分生活补贴，往返于城乡之间。他们跟以前乡村生活的联系至少要持续一代人的时间（有较强经济能力的人，这种联系断开得较快）。而大量跨地区、跨省的农民工流动性更加稳定，离乡又离土更为彻底，不易产生回流。进城务工经商人员实际上已经脱离于农村和农业，处于一种拟城市化状态，是介于农民和市民之间的相对独立的社会群体，正在适应城市的消费水平和生活方式，他们最终的发展方向是市民化。

这一“农民造县城”的趋势，是否可以回答部分中国农民的归宿在哪里的问题？

相对于那些因种种原因没能走出农村的人，以发展的眼光来看，他们在物质生活、思想观念诸方面是在倒退了，也就是说，我们在看到朝一个方向发展变迁的同时，也要看到这种“历史的倒退”（或静态）。变迁不是一味的进化论，倒退或不发展也是变迁的应有之义。我们看到人口的流动，也看到了人口的不动，动与不动共同构建了今日的农村格局(要是没有“不动”，哪还有今日建设新农村之必要?)。

以人口流动为例，早期的流动对于冲破城乡差距，改变个人境遇有着积极的正面作用，但是人口流动的持续发展，空壳村、留守儿童、贫富差距等负面不平等不但没有消除，反而扩大了。因此，作为变迁表征之一的人口流动，也存在着“流动的悖论”。

个案1：迁徙三部曲

长太息以掩涕兮，哀民生之多艰。

——屈原

去寻找吃的穿的，然后天国会随之降临在你面前。

——黑格尔

事实上，历史的全部命运无非就是人的命运，而不是什么别的。

——别尔嘉耶夫①

公元1959年春，古为羌戎之地的通渭大地上，人们有粮不敢吃，有路不敢逃，民大饥，人相食②。时年47岁的张全福看着膝下忍饥挨饿的四个女儿，想，逃出去就有活路。便连夜起身，挑起担子，携妻女北上。在甘宁交界的种田乡吴家庄，这群虚弱的人停下了踉跄的脚步。1990年，享年78岁的张全福在吴家庄离世。2008年，在平川区，老人的重孙喝着牛初乳，已渐长大。此时，我力图摸索和感应这个，根之所

---

① ［俄］别尔嘉耶夫著，张雅平译：《历史的意义》，42页，上海：学林出版社，2002。

② 关于“三年自然灾害”期间发生在通渭的灾难，《通渭县志》、沙青的报告文学《依稀大地湾》、杨显惠的《定西孤儿院纪事》中有详细记载。

系——

时间：2008年1月18日　地点：平川区乡镇局家属院　受访人：ZMX　年龄：57　职业：原吴家庄村民

(一) 逃荒

我爸爸叫张全福，在通渭县新景乡的半岔村。我妈叫任玉英，在秦安县魏店乡的陇坡滩村，中间隔着一道沟。我妈一共生了13个孩子，最后成活了我们4个女子。我爸爸给生产队喂牲口，直到从通渭迁出来。

1958年的时候我妈在食堂做饭，那时正赶上“大跃进”,[①] 挖地三尺深、开大会、搞批判。当时我8岁，白天上学，晚上搞夜战，学生也要去背麦子，背一趟老师就领到食堂给一个面饼。刚挨饿的时候吃苜蓿，我二姐饿得忍不住就生吃，嘴角流绿水。我掐回家煮熟吃，还可以烙成苜蓿菜饼吃。到洋芋地里捡洋芋的时候，别的大人给自己孩子口袋里偷偷地装洋芋，有的女人看见我不装，就帮我装上，我还嫌妨碍走路，就掏出来放下。

1958年到食堂吃饭之前，各家的锅都被收掉了。有的人在家里藏了粮食，干部有办法，拿着棍子满屋里捣，把窖下的粮食全部挖出来拉走。要是不把人家里藏下的粮食拉走，还能多救活几个人。我大姐当时嫁在张家渠，也参加过大战华家岭。食堂浪费严重，干部多吃多占，到最后也没啥吃了，清汤寡水，家里不让动烟火。我妈从食堂做完饭，带回来的一罐罐清汤喝完，坐在炕上放到身后，我妹妹就抱着罐子拿指头捋粘在里面的稀面糊吃，偷着吃。因为我二姐饭量大，一直吃不饱，怕她抢走。洋芋埋在地头上都冻死了，粮食收到哪里去了不知道，干部吹

① 中国社科院研究员王晓毅在一篇文章中论述：“大跃进是政府设计并通过国家权力贯彻实施的，尽管表面上可能是各个地方政府放卫星，但实际的动力来自高层政府。”张伟：《试图改善人类状况的项目是如何失败的》，载《中国青年报》，第10版，2008-04-30。

得说一亩地能打几百斤。①

1959年人们就开始吃树皮、荞皮了，我记得树皮煮的汤黏糊糊的，嘴搭到碗边上一吸，全都过来了。树皮把人都吃绿了。1959年开始饿死人了，同时人开始想办法逃荒，村上能走动的全都走了。当时村上可能有一两百人，逃荒加上饿死的有三分之二，剩下三分之一。1959年春天，我们一家五口：爸爸、妈、二姐还有妹妹，晚上偷着跑出来，白天村上不让走。我大伯家里藏有麦子，磨成面后怕人发现，把麦麸全倒到井里了。但是不给我们吃，我爸爸就有了心事，想着出来以后再也不回去了。

张全福的老哥(中间老者)一家　1962

跟我们一起逃出来的还有两个老人领着一个孙子，他们去了新营。出来之前我妈用一个洋瓷脸盆换了几碗谷面，还背着大伯的儿子给我爸爸缝的一个长夹衫，到静宁的时候换了吃的。我爸爸挑着一副担子，一头是一口大铁锅，一头是我妹妹，她是1957年生的，当时两岁多。路上休息的时候，把她从筐里提出来放到路边上，路过人看见都说孩子快不行了。我们是奔着吴家庄和盐池乡玉湾泉的两个姑姑家去的，以前我爸爸曾经来过，一路打听着朝北走，经过了通渭、会宁、李旺等地，路上住塌窑、场窑（麦场上的窑），全程大概有500里路，每天能走几十

① 贺雪峰认为，人民公社制度的安排，是为了适应国家工业化战略的需要，充当了国家从农村提取资源的中间人，成功地为中国工业化提供了数千亿元的原始资本积累。即毛主席说的“满头乱发无法抓，编成辫子就好抓”的意思。《共和国六十年：回顾与展望》，载《开放时代》，2008（1）。

里。路上饿了，就撵到大队食堂门口，一些女人看到我们可怜，每个人分给一点汤喝。过了静宁就能见到白面了，到会宁能吃上馒头了，越往北情况越好。

刚到吴家庄，我爸爸给队里饲养牲口，我们住古庄洼的土窑，在食堂吃饭，吃晒干的白菜。整个庄上逃难的只有我们一家，白天还是要躲出去，晚上回到土窑睡觉。后来村干部 LZS 把我家的锅提起来扔到院子里，赶我们走。1959 年冬天，上面的政策让哪里来的回哪里去。冬天冻得没法上路，就到庄后面李家沟挖了个土窑先躲一躲。拔一堆山里的蒿草晒干铺到地上，盖着破被子睡觉。灾年的时候连老鼠都养活人。我爸爸就到地里挖老鼠仓，有麦穗、糜子，还有甘草根，但是没地方加工，白天又要躲庄上的人，不敢出来，家里也不敢冒烟，到了晚上爸爸就背上老鼠仓穿过庄子，走过两道河湾，翻上一道梁，到杨家洼子的石磨上磨碎，连夜背回来吃。炒面里面甘草太多，味道太难闻了，吃得我上火流鼻血。冬天喝不上村里的水，只有喝山上的雪水，或者砸涝坝里的冰块融化成水喝。

1960 年春，村上开始驱赶逃荒的人，通渭县也让逃荒的人回去，我们全家只好返回通渭。路上我们带的是老鼠仓磨成的炒面，还生怕路上遭人抢，又把荞皮烧成灰和到里面，搅拌得黑一些。回到老家，庄子上没有几个人，据说当时半岔灾难是最严重的。上级开始下来人用面糊糊灌快饿死的人。前一年离开的时候，许多人家里房子都空着，庄里的人和逃难路过的人都是走到谁家就住到谁家。我们家里也好像被人住过，弄得乱七八糟的，我妈收拾屋子的时候，从炕里面掏出了人骨头，吓得大病一场。听说庄子上有个人吃过人肉，天气热的时候眼睛发红。还说一旦吃过人肉，嘴就馋得不行，天黑了就拿个刀子出去，看哪里有死人，就削下肉来吃。一个女的说，她去麦场上背柴，出门的时候弟弟还在炕上爬着，返回家炕上就没人了，锅里面已经煮上了……

回到半岔住了一年。当时救济粮已经发到家里，食堂解散，终于可以在家里做饭了。①

（二）迁徙

1961年，吴家庄生产队觉得我爸爸喂牲口喂得好，就写信让我爸爸迁过来。我爸爸想了想，办好了迁移证就又回到了吴家庄。1961年上来在姑姑的孙子家住，直到我结婚的时候才在旁边盖了个小房子。

政府把那段时间叫“三年自然灾害”，这三年我们一家人正好在两地奔波，亲眼见的根本不是自然灾害，粮食糟蹋到地里了，家里面藏的也被翻走了，洋芋堆在地头上冻死了没人管。1958、1959年上面多次抽人，大搞水土保持工程，到皋兰、靖远大炼钢铁，大搞深翻地，深翻地把死土全翻到上面，几年都长不成庄稼。

我在通渭上到三年级，到吴家庄过了几年又开始上一年级，上了一年没学头，直接跳到四年级。每人发个语录本，上课时抄一遍毛主席语录。四年级毕业后我就不想读书了，老陈老师说可惜了，又到我爸爸跟前动员，我爸说缝不起铺盖。老陈老师又到乡上要了些布票，扯了被面子缝了被，我这才有了铺盖到种田去上五年级。庄里到种田念书的只有我一个女的，还有三个男的。放学回家的路上，他们三个就在半路找个土坑打牌去了，我就一个人往回走。全乡完小六年级只有两个女子，书简单得没啥可念的，只是想家。学校安排我们两个到一个老太婆家里住，她给学校做饭，放学的时候让我俩帮她抬回一大桶泔水，衣服全给淹脏了。那时没有换洗的衣服，冬天穿毛衣连衬衣都没有。晚上还要帮忙推磨，天不亮就被催着叫起来，实在是可怜得很。学生吃的是大锅煮的棋花面，上面是生的，下面的糊了，只好从家里背杂粮面馒头吃。在这种情况下我就不想读书了，老师后来劝了几次，家里没有劳力，我爸爸一年年老了，我上学的事就算拉倒了。当时15岁，参加队里的劳动，挣工分吃饭。

① 《通渭县志》载：1960年12月，中共西北局在兰州召开会议，研究“通渭问题”，开始放粮安排群众生活。

当时爸爸给队里饲养牲口，他割的草都舍不得给牲口驮，而是自己挑。他操心得好，队里也放心。包产到户的时候，我家是按7个人分的地，一共分了50亩地、两棵榆树、一头骡子，还有几只羊。爸爸又喂了头草驴，后来下了一头骡子，他说留下一头骡子我们一辈子就够用了。

1967年，全国掀起了背诵《毛主席语录》和“老三篇”的热潮，要“早请示、午对照、晚汇报”。每家免费发一套毛主席语录和毛选，家里没有识字的也要放好。上地劳动前先学毛主席语录再干活，涝坝沿上有个泥砌的请示牌，写上毛主席语录，把大家集中起来念。不识字的也有人教。红卫兵会在路上拦住提问。毛主席像章也是人人必须要戴，每家都贴毛主席画像。

1968年，村里来了知青，男女都有，安排到各家各户住，和农民一起参加劳动。我们家里住了两个，一个是皋兰的，离开的时候把我爸爸拜了干爸，后来还往家里写过信，寄了几个毛主席像章。那时满山铲的都是“忠”字，一个山头写一个，家里墙上、家具上写的都是“忠”字。

1970年农业学大寨的时候，生产队组织到小沟修梯田，打坝埂，从碾完场就开始，推架子车到山上取土，把人快累死了。我妹妹才十几岁，架子车把人都拽上跑了。我那时候占了念书的便宜，背粪的时候，背一会就跟着队长去计数；拔粮食的时候，拔一会就去算地亩；打坝埂的时候也是一会就去算土方，因此几乎没下大苦。包产到户后，家里的大小农活都要自己干。

周总理和毛主席过世的时候，乡上都召开了追悼会，庄子上喊了一声，每家都去人了。

1972年，我们攒了一些木料盖了房子。

我们从通渭迁出来后，大伯的儿子曾经来过一两回，后来给我爸爸买了棺木带上来。再后来两家断了联系。

我妈的几个侄子情况都好，在兰州军区、物价局工作。以前没有联系过，前几年才开始偶尔走动。小儿子的工作开始想托他们给帮个忙，后来也没帮上，孩子只好自己努力，现在干得也好。军区的那个退休的时候好像是政治部主任，他家墙上挂着和总书记的合影，退休好几年了。2001年清明的时候，他们弟兄两个到吴家庄去给我妈上坟，到庄子上看了看，算是了个心愿，以前从来没来过。

ZMX和丈夫在当年盖的房屋前合影

我二姐和妹妹都出嫁了，我就留在父母身边，我和丈夫一起赡养老人。我的小儿子过继给了我爸爸，跟我姓。我爸爸1990年5月去世，我妈1993年正月去世。开始分开安葬，因我妈去世的时候山向不利，没葬到一起。2006年又迁到了一起，在小沟口子上的梁顶。

当年如果不逃出来，饿死的可能性大。别人家还偷吃，我们一家人又做不出这个事来。不过我们一房人在灾难中一个人都没有死。我们有个亲戚叫信信子，当时留到孤儿院，情况好些之后他爷爷去领他，都不认识了，最后还是领回来了。

（三）进城

2003年，几个孩子成家立业，情况都很好。开始小儿子让呆在他跟前，住了一段时间，城里没有认识的人，大街上拥挤、人多，住不习惯，又回到吴家庄。后来孩子们先斩后奏，把房子先买到了这儿，再动员我们老两口，才彻底把庄上的一院房子处理掉，搬到了长征。这儿住着舒服，也有亲戚。这几年种、复两乡的人搬到长征的越来越多，熟人多，已经习惯了。大儿子去年又在广场买了一套新房，他在外地上班，叫我们去住，装修好了，过完年就搬进去。儿女们的孝心好，早些年吃

老人的新居位于平川区人民广场的兴佳城

了苦，现在开始享福了。

在我们访谈的过程中，老人一边还要照看孙子。这个不满三岁的男孩无法理解我们谈话涉及的半个世纪的事件，他祖上人的命运。他只在床上蹦来蹦去，旁边的桌子上放着他的奶瓶、桶装雀巢奶粉和牛初乳。从50年前的通渭大饥到今天三岁小儿的生活，我想历史要是背过脸去，也难以相认。正如老人所感叹的，自1999年大儿子结婚以来，时间过得出奇的快。《庄子·知北游》曰："人生天地之间，若白驹之过隙。忽然而已。"十年复十年，人生何其短！老人一家历时50年的"逃荒——迁徙——进城"三部曲，成为中国农村家庭从传统农业社会向现代工业城市发展转型的典型样本；个人的生命历程以家庭的发展为目的，家庭的生命历程原本就是社会历史。马克思早就说过，"人们的社会历史始终只是他们的个体发展的历史，而不管他们是否意识到这一点"①。而对于这些成功转型的家庭来说，现代化是个好东西，是一种成果，是可以安享的舒适。局外人对此看得更清楚一些，《中国大趋势》的作者约翰·奈斯比特就说："你们有很了不起的故事，但是你们没有讲。在这么短的时间从极度的贫穷到世界第二大经济实体，这是我们这个时代最

① 《马克思恩格斯全集》第27卷，478页，北京：人民出版社，1979。

伟大的故事。这是个令人惊异的故事。”①

个案 2：城市化及回不去的村庄

主流媒体和学术界从目前的农村劳动力流动看到的是解放和发展，尤其是农村青年一代的自我追求，看不到这是无奈的出走，而背后是城市对现代性的垄断和农村的虚空化。

——严海蓉②

城市与乡下像两把刀子，一把硬，一把软，都不是归宿，他只能长期彷徨在“出门”与“归根”之间。

——雷达③

不过，家乡也只活在记忆里，现在的家乡，就像打工者所在的城市一样让人迷惘。

——《打工诗人》④

在关于乡村的文学想象中，乡村是一个集“家园”与“荒野”为一体的矛盾存在，在作家们经文学重构的想象中，乡村既有留恋和缅怀的一面，又有感伤和批判的一面，乡村是一个令作家们不能释怀的形而下的某处地理位置和形而上的精神指归，或者是一种对“作家所（不能）认同的现实的替代性满足”。⑤

① 张英、俞峥：《你们有很了不起的故事，但是你们没有讲——约翰·奈斯比特专访》，载《南方周末》，第 21 版，2009-09-17。

② 严海蓉：《虚空的农村和空虚的主体》，载《读书》，2005（7）。

③ 雷达：《民族灵魂与精神生态——2005 年中国小说一瞥》，载《新华文摘》，85 页，2006（9）。

④ 蒋昕捷：《在城市的屋檐下》，载《中国青年报》，第 9 版，2008-10-22。

⑤ 参见叶君：《乡土·农村·家园·荒野：论中国当代作家的乡村想象》，32 页，北京：中国社会科学出版社，2007。

发出提纲时间：2008 年 1 月 23 日　被访人：RJH　现住址：深圳市福田区石厦东村 159 栋 802 房　职业：自由职业　爱人职业：服装经营　笔谈返回时间：2008 年 3 月 25 日

(一) 辍学

我从小生长在种田乡拉排村东圈社，村里大概有 39 户人家，近些年大概有 11 户人家搬走。我们家族比较大，有一百多人，祖籍在秦安县魏店乡任家坝，大概是 20 世纪 30 年代，爷爷从秦安迁徙到种田。父亲是一位在当地很有威望的农民，我们姐弟共四人，姐姐是 1970 年生，我是 1973 年生，二弟是 1975 年生，小弟是 1981 年生。

父亲在 1984 年突然大病一场，可能就是现在的中风，导致父亲一年的时间不能起床，最后奇迹般地能开口说话、下地走路，还能干一些农活。随着我们姐弟一天天长大，家庭的负担越来越重，父亲的压力明显增大，可能一时承受不了，就一走了之。这是我后来长大成熟以后的揣测之意。父亲走了以后，家里人以为他生气去了姨姨家，结果第二天、第三天还不见人，那时交通、信息都比较闭塞，无法得到准确的信息，一直等到我星期六放学回家，才得知父亲出走。我跟几个叔叔开了几次家庭会，最后主要以到处问神、搞迷信的方法去找父亲，现在想起来很无奈。我跟姐夫两个人骑自行车在平川区以煤矿为主轴也找了很多地方，都一无所获，连父亲的一点可靠的信息都没有得到。我在外面打工的几年时间里，老二又问了不少地方，都没有任何信息。2002 年，我让兰州一位朋友在《甘肃日报》上登了寻人启事，也是没有下文，算是了却一桩心愿。

上初三那年，我几乎没有心思学习了。那年种田中学有几个学生偷跑，我听到以后，也很想去试一试，又怕家里人承受不了，谈不到成熟。我那时只是一个傻傻的农村孩子，脑子没有想很多，就想早点出去挣钱给妈妈减轻负担，再不能继承父辈这样苦的劳作。

(二) 打工

当时姐姐也出嫁了，老二又小，妈妈身体一直不是很好，又检查出子宫瘤，必须到长征医院做手术。我那时刚好学校放假，没有回家直接去了长征一家建筑工地干了40天，那一段时间真是苦不堪言，每天从早到晚，只能吃馒头大白菜，一月180元的工资。妈妈做手术需要一笔钱，当时家里卖粮、借债、舅舅凑，最后妈妈才在平川动了手术。妈妈出院时，刚好工地也放假，我又没活干了。把妈妈送回家后，二弟也不上学了，只能在家种地负担家里的所有农活，我继续托人在靖远电厂找到一份装卸电煤的活。劳动强度特别大，有时说不定干一整天。应该说我当时的身体条件还是能撑得住，我是年龄最小的，还当班长、带工。可能干了八个月，每月的工资不低，平均都有七八百元，钱给家里还账，还盖了几间房子。那时为了省钱，回家也不坐班车，都是骑自行车。

1992年8月，我辞去靖远电厂的装卸工后，回到家跟妈妈商量想去新疆，因为有个舅舅在新疆。我想兄弟很多，家里很穷，还不如早点走出去。当年村里一户人往新疆搬家，我就跟他们一起到了新疆。火车到武威南，小偷把我的上衣和车票偷走，我去找列车长补票。我记得很清楚，列车长说了不少侮辱人的话，还让我再拿钱来补票，我那时一分钱都没有，他让我站着，我最后都急哭了。快到新疆时，他让我把好几节车厢里的垃圾清扫一次，再把地拖一遍，这件事使我一生难忘。这样才求得一个车站放行条件，不然没票出不去。

到新疆后，新疆根本没有开放，治安环境不好，整体经济也比较落后。三年时间里，我先后做过食品厂的学徒工、啤酒厂的工人，种过地、拉过车、摆过地摊、卖过服装，最后都不是很好。一次听人说到深圳拉牛肉面能挣不少钱。我那时刚好谈了一个女朋友，人家也觉得我比较穷，提出分手。我想干脆学个手艺去深圳算了，在半年时间里，边上班边学手艺，学了川菜二级和牛肉拉面，拿到了证件，就一个人来到深圳。

刚到深圳，天气特别闷热，一时很难适应。深圳有两个亲戚，吃住由他们安排，还给我零用钱，我很是感激。大概等了二十几天，他们帮我找了份餐厅的工作。深圳到处都在搞建设，企业大多数是劳动密集型的加工企业。当时我们没有眼光来投资或做买卖，农村孩子没有任何资本和资源，只能帮别人出苦力来换一份血汗钱。我只能两点一线，从集体宿舍到餐厅，没有休息日，没有假期，拼命给老板赚钱。

那时你随时都要被深圳的保安和警察抓去，要暂住证①，因此哪儿都不能去，人与人之间很远，大家都在拼命地挣钱。老板随时辞退、扣罚员工，感觉一下被深圳速度和深圳效益颠覆了很多传统的好东西。在深圳氛围的感染下，我拼命地干活，老板和经理都很喜欢，我也很快从打杂工调进厨房，从厨房学徒工做起，很快也得到师傅的赏识。但老板每月发 360 元，挣的钱还没有新疆多，于是我没有听亲戚的劝说，自己决定辞工走人，再不能给他们拼命了。我们那些师傅水平很高，老板一天有好几万的进账，但给发的工资很低。后来餐厅的师傅多一半是我把他们叫出去的，出去都拿了高工资，老板因此对我意见很大。

好人有好报，我出来以后半年都没有事干，帮别人干，给一点生活费。快到过年的时候，我有个同事的朋友（现在日本）说深圳石化有个商业公司要投资餐饮，问我去不去，我说都没饭吃了，还哪有不去的，我去了现在的中式快餐之王“面点王”应聘。老板问我要多少工资，我说别谈工资谈工作，看工作再给工资。他们认可我的态度，第一个月就给我 1800 元。

我那时想，一定要好好干，让同事和老板都认可我，平时就全身心投入到工作中去，并利用中午休息时间去参加一些培训。很快从一个档口徒弟做到二把手，又从二把手做组长，不到半年时间，老板就把一个月营业七八十万的店交给我来管理，半年时间做了分店的主管。后来又去参加了高级烹饪师培训班，并且拿了证，又去学了中级营养师。老板是一个典型的创业型、学习型人士，他对员工很好，现在是政协委员、

---

① 对于活着的人来说，不都是“暂住”在地球上？

蒋昕捷在《在城市的屋檐下》一文中写道：在这个国家，“迁徙自由”曾是公民的一项基本权利。1954 年的第一部《宪法》中，就明文规定公民有“迁徙和居住的自由”。1972 年，这一条在《宪法》中消失了。此后《宪法》几经修订，但“迁徙自由”一直没有恢复。载《中国青年报》，第 9 版，2008-10-22。

很多头衔。我从不请假、不迟到早退、不旷工、不无理要求员工，把员工当兄弟姐妹，别人嫌调皮不要的员工都给我。

到目前为止，我从单位走出来好几年了，我还很想念以前的同事。工作八年，最后几年我一个人管两家店，一年营业额一千多万，年年拿先进。当时工作压力太大了，我又是一个很负责的人，不想让单位和老板失望，再加上我1999年在深圳大病一场，住院五十多天，自己没有住院费用（那次花了35万元），老板和单位都给我帮了很大的忙，给了不少支持，员工自愿给我捐钱，我想我应该用工作来回报他们。到现在为止，我经常给以前面点王的领导打电话，去看他们。去年做生意资金不够的时候，老板帮我借了10万元，他还经常鼓励我，有困难就打电话给他，让我好好干，真是让我很感动。

2001年，我们单位需要招工。我给主管人力资源的周总说，希望他能到甘肃去招。他问我理由，我说一是我对甘肃老家的感情，二是甘肃人厚道。那年单位就在兰州招了好几批学生。前几年，家乡人只要找到我，让给他们孩子找一份工作，我都会尽力而为，没有别的想法，就是一份感情和一份心意。

（三）创业

我是2004年辞去这份工作的，最大的原因就是对企业的管理有所看法。我从进企业第一天开始，就拼命为企业的发展做最大的贡献，七八年时间，每天上班时间长达14个小时，没有休息，没有合同，没有月假、年假，没有户口、没有住房，任何保障都没有，领导们只给你压力和责任。做了7年的中层管理，工资没有任何变化，但高层领导们个个买房买车。我就组织六位技术中层管理去公司总部谈判，结果最后大家不欢而散。今天来看，还是缺乏法律维权手段。我和ZJ2004年辞工，每人补6万元，XYM和GCZ2007年辞工，每人补30万元，WY2008年辞工补60万元。元老走了很多，每人的命运不同，每人辞工的待遇不同（劳动法实行后好多了）。企业已经不跟我们谈，我就想出来做一点自己的事也好。再加上工作压力太大，我的身体已经向我提出了挑战，再这样拼命地工作恐怕后果很可怕。人活着就是为了更好的生活，既然生命都要被工作威胁，干吗要工作。

可能是眼光决定我，从企业出来以后，和一位朋友合开酒楼，很想证明自己，结果以失败告终。又去承包上海复旦大学后勤食堂，结果新疆家里的葡萄成熟后要去广州卖，我辞去了大学食堂工作，去了新疆。现在每年的八九月份从新疆往广州拉葡萄。

我来深圳，走进面点王这样的企业，包括在企业成长的这几年时间里，都一直有一个想法，想做一点力所能及的事，但第一次创业的失败让我变得现实起来。目前条件不成熟，决不能靠热情和冲动去泡沫自己。等基础条件具备了，我一定力所能及去实现自己的想法。

我对目前工作很不满意，有钱没钱都是另外一回事，最关键是没有做自己喜欢的事情，心里空空的。我对家庭很满意，儿子很乖，老婆很好，一家人很团结，妻子性格也很强，不跟别人打工，自己做服装生意，有自己的男装品牌专柜三家。就今年比较困难一点，因为中国的整个市场不景气，竞争很激烈也很残酷。（补记：2008 年下半年以来，RJH 再次与一位台商合作经营餐饮，这次创业成功，连锁店发展得很红火。）

（四）安家

我是 1999 年认识的范华瑛，她当时在搞保健产品，是四川人，她可能第一次见我就感觉我很实在、很厚道。我当时想，家庭很苦很穷，不想急着谈对象，但是碰到一个好姑娘也不容易，交往了半年时间后，我们就结婚了。单位领导和同事参加了婚礼，在四川和甘肃都没有再举办。她们家的条件比较好，当时他爸比较反对她嫁给甘肃人，因为甘肃听起来就好像是穷人的代名词，所以趁他爸还没有来得及制止，我们就结婚了。我们有两个儿子，老大 1999 年生，老二 2007 年生，第二胎的指标是假的，当地居委会天天来查，我就拿假的对付。等生完后我就用钱买户口指标。老大在深圳上学，大多数时间都是我接送。老二 1 岁的时候外婆带到四川去了。

2002 年，我在深圳没有买房，当时看了很多地方，房款也凑得七七八八了，最后一想，拿钱在四川建房，错过了在深圳买房的机会，到后来房价年年猛涨，我就放弃了置房的想法。在深圳租了十年房，房租花去了二十几万，你说这事办得让人生气。（补记：2009年，他终于在深圳购置了一套房产，结束了十多年的租住生涯，事业和家庭生活得到更为稳定的发展。）

我弟弟是2004年搬家去新疆的，当时老家的情况比较差，年年干旱，没有收成。我对新疆的情况比较了解，新疆的农民只要辛勤劳动，肯定收成还行，就托人在新疆买地，加上我舅舅也在新疆，经过一番折腾，把一家人都搬到了新疆。老家的院子没有住人，听说被破坏得不像样了，土地给叔叔家的儿子种。（补记：2008年7月，RJH得知乡上有移民新疆的名额，让我打听一下情况，当我告知他一个村只给一户名额时，他爽朗地说，还是留给别人吧，让比我们条件差的人抓紧出去找条路……①）

（五）回顾

回头看看我自己从农村走出来已经15年了，这15年间，确实吃了不少苦，也经过了不少的事，让人感慨万千。如果当初没有走出来，我都不敢想现在的生活是啥样。

现在老家还有叔叔、姑姑、舅舅，他们生活都还可以。我很怀念家乡的一草一木，随着年龄的增长，越来越强烈。我经常给老婆讲，等儿子参加工作了，不需要我们了，我们回农村去。现在村里山都变成了田，树都砍光了，村里越来越多的人都搬到别的地方去了，家乡的变化是朝着更加不好的方向发展。不知道再过几十年，家乡环境的变化还适合人生存吗？真希望地方的父母官，为家乡的变化做出更多的努力，让

① 正如小岗村的一个农民的自述："孩子以后要是能在外面站住脚，还是不要回来了。"《我这30年——一个农民的自述》，载《南风窗》，43页，第22期。

在摄影家朋友孟华摄影作品展"我的梦想我的笑"中，酒泉市东洞初级中学七年级的一名学生说，他的理想是"做一个好农民"（http：//www.xinqiphoto.com/yingzhan/mh2/index.htm）。不知这种理想的产生来自怎样的影响，但这在农村家长普遍的意识中，已属罕见。已经没有人能够去认真地思考，怎样去做农民，而且是"做一个好农民"，却不是在城市打工。

家乡回到以前有绿山、有绿树、有清泉的年代。

说句实话，我很佩服你，感觉有时很骄傲，因为有你这样的一位知心朋友，写一本关于家乡人类学方面的书，我觉得很有必要。每个人有必要问为啥而活着，怎样活着才更有意义，光为物质追求那不是人生的全部，人更加要明白我们从哪里来，做了什么，还要到哪里去，给人留下了些什么。你做的这些工作是很好的诠释。中国的问题到后期就是农村问题，应该让更多的人来关心、关注。最伟大的经济是农业经济，最伟大的文学是田野文学。祝你早日实现梦想，多写一点农村的事，多关注一点农业，多了解一点农民，因为那是我们的根。

我们看到，在RJH一个人身上同时存在两种矛盾的观念，一方面主张和动员同乡从农村尽快出来谋生；另一方面自己在深圳定居，把兄弟和母亲都带了出来，却期待老了后回到农村去。事实上他不可能回去了，别说以后，目前都是一个幻想。我们为他成功地完成城市化而欣喜，但不可抑制地要为他回到乡土的梦幻而感到悲哀。这不仅仅是对他一个人而说，对更多终其一生未能完成城市化者，我们没有欣喜，只有悲哀。

设身处地地讲，我在这一点上也是矛盾的。一方面希望农民也能够享受得到城市化、工业化、现代化的发展成果；另一方面，希望农村的自然和社会环境能够得到足够的恢复，让想回去的农民，包括市民退休后也能够选择在农村安享天年。我说这话的时候，就目前对更多的人来说，只能是梦想。从某种程度上说，在发展主义主导之下，人类不可能既以环境为代价换取经济发展，又等经济发展了再回到原来的环境中去。

三、族群边界模糊的回民

蒙古人的元朝灭亡时，这一类人已经走完了丧失母语的历史；一个新民族出现了——它是一个操汉语汉文而保持着与汉文化不同的宗教心理的异乡人之族。

——张承志①

外来的回回人生活在这片汉文明的海洋里，继失去故乡、失去母语之后，失去信仰的历程一直在进行。

——张承志②

勿论优劣，人类文化的继承，决非生物遗传使然。

——本尼迪克特

在这个回汉民族③交界的地域，在“伊斯兰黄土高原”④ 上，20世

① 张承志：《回民的黄土高原》，载“百度回族吧”。

② 张承志：《心灵史》，5页，长沙：湖南文艺出版社，1999。

③ 明代是甘肃回族形成为一个共同体的时期，“甘肃在明代，几为回民全部区域”。胡振华主编：《中国回族》，银川：宁夏人民出版社，1993。

王育德在《台湾民族论》中认为，民族（Nation）是资本主义诞生以后的产物。参见欧阳肃通：《民族国家的临界点——“台湾意识”的现代性意义》，载《二十一世纪》网络版，第31期，2004-10-31。

在1990年第四次全国人口普查后，通过民族识别工作，中国大陆将1953年第一次人口普查上报的400多个少数民族，正式“归并”为55个。被俄罗斯人类学家季什科夫称为“长官意志下的重组”。事实上少数民族识别也是国家营建（state-making）的需要，少数民族认同是国家“颁发”的认同。参见范可：《他者的再现与国家政治》，载《开放时代》，97页，2008（6）。

抗战期间，关于“民族”概念的使用，中国共产党与日本侵略者、国民党之间曾有过持久的论证。日本侵略者以“民族自决”的话语来实现分裂中国的目的。国民党为回应日本的民族分裂话语，先后提出了中国各族的“同终论”、“同源论”，并禁止使用民族概念，用部族、宗族等概念来代替国内各少数民族。共产党则以斯大林界定民族的四个标准为依据，承认少数民族的合法地位。其实这也是一时政治斗争之需，民族概念依然是一笔没有厘清的糊涂账。截至目前，在同一语境中，“中华民族”和“少数民族”概念的使用依然是一个矛盾。参见文明超：《政治斗争中的民族话语——兼读“族群”与“民族”概念》，载《开放时代》，53页，2010（6）。

④ 张承志在《回民的黄土高原》一文中为“伊斯兰黄土高原”划了一个范围。为了文学，他名之为“伊斯兰黄土高原”。

纪40年代，先后从宁夏海原县、同心县和甘肃的临夏州迁来了几户回民。作为汉民族居住社区的几户外来少数民族，虽然他们在八千多人口中比例很小，却是我们本次考察中无法绕过去的一项内容。调查前我们在想，这样一个来自于异质文化的小群体，迁居在不同于他们原先民族的村落中后，如何协调来自于文化观念、日常生活、人际交往之间的差异？他们应该彰显还是压抑自己的民族属性？有没有民族禁忌冲突和民族隔阂心理？他们如何继续保持与文化母体之间的联系？在汉民族的包围之中，在生存与民族属性两者中，从先天来讲，民族属性是与生俱来的，可是从人是文化习得的动物这层意义来讲，民族身份又是后天"认同出来的"，所以在具体的生活中，他们是在强化着还是淡化着自己的民族认同呢？[①] 生存与民族属性之间，何者又是第一位的需求和选择呢？他们是如何融入于客居地文化和社会之中？如此种种，问题与疑虑总是很多。怀着这样一些关注，我们走访了其中的几户。

个案3：回民

当地在行政区划上处于甘宁两省（区）回汉交界地带，其中种田村散居着为数不多的几家回民。最早有5户，分别是李、田、王三姓和两户马姓。田家于2004年搬到打拉池，现在只剩4户，共计有34口人。其中李姓人家是20世纪40年代末，因逃避马鸿逵抓兵丁从宁夏同心县来到这儿，种田兼做生意。王姓人家是李姓的亲戚（翁婿关系），是李老于1964年从同心老家带过来的。两户马姓人家都是20世纪40年代末做生意迁居此地，其中一户马姓（暂称马老），来自海原县西安乡蔡

① 近二十年来，在汉语文献中，自性（Identitate Identity）常常被译成"认同"。杨煦生认为，在个体的意义上，Identitate理解为"身份"或"文化身份"并无问题，特别是在社会学和政治学的层面上。而援用佛家思想资源，将Identitate译为"自性"或"文化自性"则比较切近。至于在社会的、集体经验的层面上，"自性"的译法几乎别无选择。杨煦生：《东西迷思与自性危机——中国现代性问题札记》，载《开放时代》，2009(5)。

湾村；另一户马姓人家（暂称马某），在其父辈时就从临夏来到这里。

2006年12月25日中午，刘晓乾走访了李某（原平川区粮油公司经理，由于企业改制，一次性买断工作，现闲居在家），他在赵家正和几个村民“摩金牌”。说明来意，他说，“我不太清楚，这几年不在家，一些事由海原人料理”，又回头去摩金牌。站在旁边观看的张某说他不懂，让去找马某。刘晓乾便离开赵家来到马某家——一个破旧的院落，没有围墙，也没有大门，只盖两间土房。屋内正面摆着一张桌子，侧面放一个小衣柜，火炉旁放一把凳子，再没有其他家具，很简陋。说明拜访原因，马某作了相关介绍——

我们在平时的生活中，烟酒大肉都不吃。有时也进汉人家串门，但不吃汉人的饭，不喝汉人的水，但水果类可以吃。现在社会开放，人都四处走动，总会有些应酬，尤其像我们生活在汉人中间，每天都要和汉人打交道，不知不觉开始抽烟喝酒，但他们都要回避长辈和阿訇。

这儿只住着几户回民，无人主事，处于散漫状态，一些节日、风俗都名存实亡。如每天的礼拜，父亲刚来这里时还做，一天五次，现在父亲搬到海原县海城镇水沟洼村居住。我不做，其他几户也不做，主要是我们没学会，又没有清真寺，没有阿訇教，所以这种仪式就没有了。不过有时回到老家，可以跟阿訇学做一下。

我们回民是不过春节的，但住在这里时间长了，现在我们几乎都开始过春节，在春节时给娃们买些新衣服，也买些水果、干果之类的，同时做一些好吃的，让娃们高兴高兴。但与汉族有些区别，家里不贴春联，也不“坐纸”，不拜年，也不参加汉人的“出行”仪式。

自从我记起事，就从来没有得到地方政府的关照，也没有看到政府对少数民族的优惠政策。在计划生育上，政府抓得很紧，当我生下第二个孩子时，政府就强行结扎，我们四处躲避，才得以生第三个孩子，回来后被处罚了100元。我认为政府完全将我们视为汉民。

今年阴历11月12日是古尔邦节，我和儿子玛力到海原去过，主要是去看看父母亲，也到海原的清真寺去听阿訇念经。回来在这儿准备了一些好吃的随便过过。

开斋节是穆斯林最大的节日之一，在这儿只有四户人，一家不走一家，人少不能过，也就简单应付一下。在丧葬和婚姻方面与汉族的区别我不太清楚，我到这儿没有经历过丧事和婚事，你去问问隔壁的马老(今年60多岁，是另一户马家)。

告别马某，来到马老家，住宅完全和汉族相同，院内打扫得很干净，屋内收拾得也整齐，看得出主人过日子的用心。说明来访的意图，马老说：

我们这几户人都是将亡人送回故里，葬在海原的回民聚居区，这样形成氛围，以便祭祀祖宗。

父辈都没念书，有些学做生意，但有风险，不是长远之计。在这儿生活的几十年里，我看到念书考学孩子有好出路。因此，我很重视孩子念书，我的四个儿子三个相继考上学，工作在外。大儿子在靖远县教委工作，三儿子、小儿子在打拉池教书，儿媳也有工作，生活挺如意的。现在我们这几户回民都很重视子女的教育，像马某一个女儿上中专，两个儿子上高中。李老的一个儿子在海原教学，一个孙子中专毕业在乡政府工作，另一个已考上大学。

我们几乎和汉族不通婚，仍然守着回民的风俗，不过邻近的打拉池有些回民娶汉民姑娘，我的儿媳都是外地的回民，大儿媳、二儿媳是海原的，三儿媳是打拉池的。李老的儿媳、孙媳多是海原和同心的。主要靠亲朋介绍，然后让儿子去相亲，若合适就成婚。也有个别是自由恋爱，主要是参加了工作的。也有一定的难处，我的小儿子由于没有合适工作的回民女子，至今还未找上对象。在家务农的小伙子困难更大，主要是缺少找对象的机会，同时家里经济差。现在的姑娘都很现实，像王某三十好几才找上对象。生活在这里真是有苦有甜，一言难尽。现在这里的回民子女对回民的风俗知道的太少了，真让人伤心。

经过这次访谈和日常了解的情况，我们看到了“少数”载入“多数”生存地域之后，少数民族在本我族群认同坚守的艰难，族群边界模糊乃至消失，最终出现某种程度上的同化。近70年的时间，对于一个民族的历史来说不算什么，可是对于仅有的几户少数植入汉民族社区内部的生存过程，这样的时段已足够长，时间的长期冲刷已足够使一些东西褪色、改变。由此，基本上可以梳理出以下几个方面的思考：

(1) 只有位移而无法移植的族群文化。人是文化的携带者和传播者，文化传播有载体移植型和文本借入型（一种文化通过某种中介，如传教士或战争征服等播入异质文化）两种传播方式。某种文化通过该文化持有者的迁移而带入到相异的文化社群中，称之为载体移植型文化传播方式，一般经过文化位移和文化移植两个阶段。位移是物理空间上的，只有移植才是文化的再生能力的体现，它以维持原我文化生态系统为特点。就这几户回民迁入本地来看，经过五代人的繁衍流变，当初随着他们祖先为载体位移到此地的伊斯兰文化，由于势单力薄，同族人数过少，无法建立起与强势的汉文化社会足以分立的回族穆斯林的社会存在形式，其实这反映了他们在离开本族聚居区和相应的社会关系后，原有文化习俗的约束力大大降低，原有的族群意识不但未得到强化，却在汉族的包围圈下，逐一失守、淡化乃至被置换。

(2) 族群边界符号的模糊和消失。作为一种族群意识与族群边界，需要一定数量的人群，拥有一致的文化质素，通过一系列的符号来标明，才能形成更为清晰的边界，才能共同维持自我族群边界的坚硬性和独特性。就穆斯林来说，这些文化符号主要有：

一是语言符号。历史语言学家J. L. K. Grimm说："我们的语言就是我们的历史"，"关于各个民族的情况，有一种比之骨头、工具和墓葬更为生动的证据，这就是我们的语言。"[①] 这几户回民在与汉民的交往中已完全操持当地方言，从语言上判断不出他们的回民身份。只有他们回到故乡，才能听到故乡人或自己笨拙地讲几句本族群的语言（如亲人久别后见面用"色俩目"问好），并由此唤起心底一种"回家"的认同。

① ［苏］阿巴耶夫：《语言史和民族史》，载《民族问题译丛》，13页，1957年12月。

二是建筑和民居符号。穆斯林社区最典型的建筑是清真寺，这是他们的信仰支柱，[①] 这是他们共同体的物质存在形式，是一整套信念和生活方式的集中表现。[②] 可是这几户回民缺乏表达信仰的公共场所——清真寺，而宗教聚集场所是作为一种真正宗教信仰所必须具备的基本条件。他们目前这种信仰状况，一方面可能是基层政府在民族信仰上的关注支持不够，而更多地可能在于他们自身经济力量的薄弱，缺乏民族信仰所需的物质条件。在其他地方一些穆斯林聚居区民居门口有标志，悬挂有阿文清真言的小牌子。白寿彝在西北考察中称赞回教徒善于经营田地和房舍。[③] 但是我们看到，这几户回民的住宅建筑仅仅能满足基本的居住的实用性，外观与当地汉人的住宅一致，甚至要差于当地汉人的居住条件和建筑功能，更谈不上什么考虑民族的思想观念、宗教信仰、风俗习惯在建筑上的审美价值取向了。马某家的住宅更是破旧——建筑符号业已丢失。

三是服饰符号。在回民聚居区，服饰是他们区别于汉人最显眼的界限符号。身陷汉族社区的这几户回民，他们的服饰标志也行将淹没。戴礼拜帽和盖头，[④] 也只有几位年长者和妇女还坚持，多数女性则换成了汉族妇女一样的头巾。男性基本不再戴礼拜帽，因为他们用不着去礼拜，也没有地方去礼拜。

---

① “对于回回民族，清真寺是自己信仰的支柱，是通向永恒后世的路径，又是走向现实生活的路标。”《回族研究》创刊号，载《甘肃民族研究》，1991 (2)。

② 汤因比评价伊斯兰教为，“它是一整套信念和生活方式；它是一种文化和一种文明；它是一种经济制度和经营方式；它是一种政体和一种统治手段；它是一种特殊的社会和治家方式；它对继承和离婚、服装和礼仪、饮食和个人卫生，都做出规定。它是一种神圣和人类的总体，适于今生，也适于来世。”见GH詹森：《战斗的伊斯兰》，10页，北京：商务印书馆，1983。

③ 白寿彝：《西北回教谭》，见《中国伊斯兰教史参考资料选编》，752页，银川：宁夏人民出版社，1985。

④ 《古兰经》光明篇：她们应该低首俯视，应该把自己下身遮蔽，不要让她们装饰毕露……除非是自然外露，应该用纱罩把胸脯遮住，并使装饰不露痕迹……除非是对她们自己的丈夫，或……。见《古兰经》(下)，(阿汉对照本)，林松译，630页，北京：中央民族学院出版社，1988。

四是饮食禁忌符号。饮食方面的禁忌相对来说坚持得要好一些，因为这不仅有族群内信仰的监督约束，还有来自汉民的眼光。而社会交际面对的是无处不在的汉民，依靠饮食文化来维持族群边界会受到防不胜防的“失地”和被“入侵”。面对李某的“犯规”，马某说他们都要回避长辈和阿訇。但这几户回民中没有阿訇，也就是说，只要不在长辈和阿訇的视野内，饮食禁忌还是约束乏力。

五是宗教礼仪和节日符号。由于当地没有宗教聚集场所，没有宗教礼仪的指导和组织者阿訇，也没有人遵守五项功课，所有的宗教行为文化符号丧失殆尽。由于文化生态环境的改变，原有的文化植被完全退化，当初“移植”来的文化之“苗”在本地既缺少适宜生长的土壤，也中断了故乡输入的营养。与此同时，长期混同于本地的日常生活中，也有了非我族群的风俗习惯，本来不过春节的回民，现在几乎都开始过春节。

六是婚姻制度符号。在民族间通婚问题上，他们坚持和汉族不通婚，娶进门的媳妇都是打拉池、海原、同心等异地的回民。定居在本地60年中，5户回民先后出嫁姑娘12人，其中9人嫁到海原地区，3人嫁到邻乡打拉池。娶进门的13个媳妇中，9位来自宁夏海原，4位来自同心，而且都是回民，无一人是当地汉民。其中李老的2个儿媳、1个孙媳同是海原西安乡袁家河村人。这些数据表明，他们的婚嫁始终与汉人保持着距离，并紧密地与他们的故土长期联系，在通婚问题上一直坚持着他们的民族习惯，对民族生物基因的纯粹保持着一份警惕。婚俗除了娶亲日子一般都选在主麻日，并有阿訇参与外，其他基本仪式与汉族大同小异。对族群文化要素的兼顾或许已不是他们重点考虑的，更现实的是在坚持不与汉族通婚前提下，找对象的困难。马老就发愁，由于没有合适的回民女子，小儿子至今还未找上对象。

七是丧葬仪式符号。马老说：“我们这几户人都是将亡人送回故里或葬在海原的回民聚居区，这样形成氛围，以便祭祀祖宗。”——落叶终于可以归根了！为谋生路而逃兵丁、做生意离开所属族群，离开熟悉的地理环境、宗教氛围和社会关系，并难以拒绝地融入迁入地的社会和文化价值，尽管“生活在这里真是一言难尽”。古兰经说：我从大地上创造你们，我使你们复归于大地。个体生命在异文化社区不可挽回地走到了尽头，失散多年的肉体和灵魂在这一刻同时还乡了。在空间的逼仄感和回乡愿望的双重作用下，丧葬问题上彰显出他们对族群边界的坚守，这恐怕是最深层的、未曾受到干扰和同化的，族群边界清晰的民族心理、自我身份认同的底线。或可说从最初以人为载体的文化位移，到以遗体为标志的文化的撤回，象征了在强势文化语境中少数民族融合与生存的艰难。在他们心底，诉说着这样一个萦绕胸怀的想法——这里不是他们的家园！可是家园又在哪里？他们迷失在汉族和穆斯林的双重认同之间，他们是一些被双重边缘化了的回民。

（3）少数民族政策的缺失。对于事实上的少数民族身份，地方政府并未予以他们相应的民族政策，并将他们“完全视为汉民”。在这样一种主导和影响下，他们对本民族的认同和坚守已经失去了任何实质性的意义，在生存层面上，坚守不能给他们带来任何现实利益；在文化层面，最多只是一种象征性的应付而已，仅仅是做给周围的汉族居民看的，免得因自己的过于同化，而遭受汉族同乡的说道。毋宁说，他们与当地汉人承受着同样的生存压力，除此之外，他们还要忍受文化分裂的撕扯。现实的双重困境毫不顾忌地挤压着八千多人口中这似乎微不足道的少数。

（4）教育出路。这 4 户回民家庭，经过 60 多年的生存繁衍，现在达到 34 人（不包括已故和出嫁的）。他们现在享受着与本地汉民一样的受教育机会，目前有 5 人在当地中小学就读。有 5 人通过考学获得在外地上学和工作的机会，其中 3 人从靖远师范毕业后，2 人回到邻乡从事小学教育工作。5 代人中有 2 人在基层政府机关工作过。相对男性来说，家庭女性成员受教育程度和就业机会低于男性，目前只有 1 位女性取得了走出农业系统的机会。其他家庭成员与大部分汉人一样，不得不循规蹈矩地在农业系统艰难营生。单纯从这些谋生的途径来看，他们与汉人已经没有什么区别。通过教育获得出路的机会与汉人同等，数量相当于当地平均水平。

（5）仅存生物遗传。有学者提出，保持民族文化和血统最好的办法是与别的民族在文化与血统上的交融，如果从这个意义上讲，他们拒绝与汉族在血统上的融合，倒是他们保存民族火种最不明智的选择了。他们坚守族内通婚，使得比例悬殊的民族不融合的张力非常凸现，可同时周边汉文化潜移默化的影响，却对他们的日常生活具有最大的溶解力——他们生活在张力与溶解力构成的时空中。玛格丽特·米德在本尼迪克特的《文化模式》一书的序言中说："每一个有着特定遗传天资和特殊生活历史的人与他或她生活于其中的文化之间的关系——有着密切的联系。"生物遗传和文化模式对个体生活的影响，究竟何者起着决定性的作用？在多大程度上，血缘能够传递文化？本尼迪克特认为："勿论优劣，人类文化的继承，决非生物遗传使然……我们必须接受人类遗传特性所提供的一切结论，其中最重要的一个结论是生物遗传行为的影响范围很小，而传统继承的文化进程的作用巨大……在家族血统中，遗传的重要性无比巨大，但它仅是家族血统的事。超越此界，它便是神话……真正把人联系起来的是他们的文化，亦即他们共同具有的观念和标准。"既然血缘的遗传决定不了他们的生活样式，他们只有在血缘获得的民族身份和自身所处的"异文化"之间慢慢化解冲突，不断适应，并形成一种新的生活方式。

（6）族群认同意义的消解。民族是认同出来的。一个民族的认同感来自于血缘认同、文化认同（包括宗教、生活习惯等）和政治认同，血缘是祖上传下来的，文化与政治认同是后天习得的，民族认同感越强，凝聚力愈强，排他性愈明显。梁永佳在大理喜洲的考察中曾发现，明清两代曾经认同为汉族的喜洲人，在中华人民共和国成立后，纷纷从汉人变成了白族人，他们既从族属上承认白族，又不回避族源上"祖籍汉人"，"双重认同"并行不悖，这种变换民族属性的背后存在着政治、政策的影响以及利益的驱动，是一个很有意味的现象。王明珂在北川羌乡的研究也得出了同样的认同逻辑，20 世纪 50 年代，由于“胡耀邦赠送的藏袍”而使得本地有了藏族身份认同；而当 2003 年北川申请成立羌族自治县得到国务院批准后，当地的知识分子热衷于对乡间百姓倡导羌族认同，对于还说自己是藏族的人，一再提醒他们是羌族不是藏族。这背后有一个更大的逻辑，就是过去边缘之人借着“华夏圣贤大禹”来宣称自身为汉人；现在，居于中国边缘的少数民族（许多过去是边缘汉人）则借着“华夏边人大禹”来强调自己的少数民族身份。这样的认同无疑显示出，汉与非汉少数民族之间的分野原是十分模糊的，可以在不同的时期左右摇摆，或者说民族认同本身也是“趋利”的。[①]

在这样一个民族人口比例悬殊的汉人社区，汉人的长期影响或者说“民族同化”是一个不可避免的过程，如同经济全球化一样。但与全球文化的多元性相比，这样一个小村落的几户回族人家，几乎构不成当地的多元或复合文化的特征，但两种文化的纠葛更明显地被回族一方所体会到，对更多的汉人来说，这几户人家的存在是与己无关或者可以忽略其影响的。民族同化的主流看法认为，这是一种进步的历史现象，因为同化是落后民族加入了先进民族的经济和文化体系，是落后民族的文明化。这一理论对于漂泊到中国开封等地的犹太人的完全汉化又如何解释呢？汉民族与犹太民族文化之间又该作何比较？无论如何，“归我中夏，遵守祖风，留遗汴梁”，仍然是一个以汉族作为核心民族的观念，是一个以外来民族为他者的立场。

如果将汉族作为中国的主体民族的话，倒是应该用“主体间性”来看待回汉民族间的关系。张海洋就从民族的相对性提出：“少数民族”的存在是因为存在一个毋庸置疑的汉族。[②] 从本尼迪克特的观点来看：“自人类历史开端以来，在整个世界上都可以看到各民族有能力吸收另

① 参见王明珂：《寻羌：羌乡田野杂记》，85 页，北京：中华书局，2009。

② 张海洋：《评“民族概念”与民族研究的可能范式》，载王铭铭等主编：《人文世界——中国社会文化人类学年刊》，206 页，北京：华夏出版社，2001。

一血缘民族的文化。”这不再是一个被动的位置，而是在自己设定的文化框架之中，以自我为主体对自身所处的文化进行的创生，他已作为自己文化的创造物，而不再是被“同化”。与汉人的血统隔离与生活融合，既是他们的两难选择，也是他们的理性选择，从而使得这一回汉格局呈现出“差异的一致”。差异是客观上民族身份的差异和拒绝血统融合，一致是更多的日常生活的趋同[①]。或者说除了婚姻上与本民族保持着向心力之外，婚姻之外与其族群是离心的。对于这样一支回族小群体来讲，保存民族属性最大的现实利益，莫过于对少数民族学生高考时的一点政策罢了，比如分数线的降低，或同分数优先录取。政策与身份没有使他们享受到更多的优惠。至于真正的心理与文化认同，对他们来说不是什么重要的事，生存永远是第一位的，尤其是在生存条件极为恶劣的这一环境之下，民族认同是一种奢侈的追求。他们顶着先赋的身份，却不愿意或没必要去再认同什么文化身份，先赋的东西对他们来说已经足够了，认同需要付出的努力和代价在当下的现实生活中是没有回报的。如果天旱了就不要浪费种子，这是他们的农耕生存经验，对于民族认同这样看似大而无当的东西，他们也相信生活所告诉他们的道理。

（7）族群疏远。虽然交通条件相较以前是便利了许多，但这几户回民与老家亲戚的联系，也就是他们回归风俗信仰之地，回归民族与祖宗源头的念想和频次，也因一代一代受父辈影响的淡化而不断衰减，并逐渐地拉长这个“回家”的周期。如果继续这样下去，他们的儿孙们，终将有一天与老家的心理距离越拉越大，淡化他们的祖籍和祖族意识，离散于他们的民族文化之根、他们原住地的共同体，忘却返程的路，最终就像一滴墨水消失在大海中，本色逐渐被冲淡和消解，这是这 4 户回族居民的意愿所改变不了的。环境的改变削弱了他们民族认同感除血缘之外的文化认同，政治认同对于他们来说仅仅期望于政府对少数民族的优

① 段伟菊在对西镇重访后，在讨论各民族之间的相互影响时，提出慎用“汉化”，而用“同一特征”的概念来表述汉族与少数民族之间共同的文化现象。

待。因此，所谓的认同也是弱之又弱。我们在想象，将来有一天会发生举家回迁的壮举吗？如果真发生了，那么它的促成因素将是出人意料的。想象毕竟是想象，现实是最有说服力的证据。求大同、存小异，将是在一个较长时段内的文化融合状态。

按照孔飞力（Philip A. Kuhn）的海外华人史研究著作《他者中的华人：中国近现代移民史》提出的“通道—圈”理论（或可形象地比喻为“哑铃状”理论），在移出地和移入地之间存在着一条“通道”，“通道”的构成元素包括实质性的人员、资金、信息的双向流通；虚拟性的情感、文化乃至祖先崇拜、神灵信仰的相互交织。在通道的两端，是移入地和移出地双双形成的“生态圈”。[①] 他也看到了“通道—圈”的断裂和重构两种可能，断裂是因为在移居地出生成长的新一代由于对祖籍地一无所知，造成“通道—圈”难以为继；同时，“通道—圈”作为代代传承的文化传统，它具有跨时代的韧性，以及通过内在动力实现重生与自我完善的特性。我们也希望当地回民的下一代能够保持这种“通道—圈”的传统韧性，并持久地传递下去。

“人文选择”或“生存位育”（潘光旦语，意即民族在其生存环境中追求安其所、遂其生之道）法则，是民族的兴衰变迁背后的推动之手。在看似不变的日常生活中，他们选择着、积累着、变异着生存类型。这也许正是日常生活的力量所在，日常生活就像无时无处不在的生活场域发生的“分子运动”，文化分子间的渗透与濡化持久而深入，两个民族的文化分子长时间的交换后，直到使他们身上回族文化的质素发生变异，变异为一个新的类型。虽然血缘成分使他们保留了户籍上标明的族属，除此之外民族特征的标志已所剩无几。李某的情形便最有说服力，多年脱离于民族圈的影响（在外地工作），使他更快地丧失了原先所载负的民族观念、民族认同和风俗习惯，徒具一个民族的血缘身份。

若干代之后，这支回族群体在他们自己的“生存位育”中，将会演

① 李明欢：《海外华人移民的现代篇》，78页，载《读书》，2009（8）。

化为回民族的一个小小的变体，因为“民族本身总是受变化法则支配的”（谷苞语）[①]。他们最后可能会走上与开封的犹太人一样的命运——在与外部犹太世界隔离后，失去最后一位犹太拉比，犹太会堂被洪水冲垮，放弃族内通婚的传统，开始与汉、回等族通婚，外貌特征的消失，波斯语的遗忘……最后在没有任何外界压力的情况下，自然溶解于客居地文化和社会之中。

① 谷苞：《民族研究文选》，4页，乌鲁木齐：新疆人民出版社，1991。

下篇

本土文化的没落：地方性的丧失过程

第五章
方神信仰："有神空间"的萎靡

祭如在，祭神如神在。

——《论语·八佾》

人老是忘记，神总是记得。

——阿拉伯谚语

传统中国人的信仰是一个开放系统，在这个信仰的熔炉中，诸教相互之间以及与民间的风俗习惯之间不断吸收和整合，成为一个整体，这就是"民间宗教"。

——高寿仙

中国民间宗教不仅混杂，而且功利化……

——贺雪峰

对神的敬畏同样是乡土社会的普遍心理，甚至成为一种基本的意识形态。

——叶君

按照弗雷泽对宗教的定义（我说的宗教，指的是对被认为能够指导和控制自然与人生进程的超人力量的迎合或抚慰。这样说来，宗教包含理论与实践两大部分，就是：对超人力量的信仰，以讨其欢心，使其息怒的种种企图。这两者中，显然信仰在先，因为必须相信神的存在才会想要取悦于神。但这种信仰如不导致相应的行动，那它仍然不是宗教而只是神学。用圣·雅各的话说："信仰若没有行为就是死的。"）[①] 民间信仰具备了信仰与行动两个要素，因此，它应该属于宗教的范畴，只不过是一种非制度化的宗教而已。

当地民间信仰是一种复杂的混合体，它不是一种正式的宗教，不像佛、道、耶教信徒那样研习经典，但却有佛教、道教的相关成分在里面（乃至正统的佛、道思想在民间的传承和表现，并非仅仅是地方小传统）；它不具有完整的教会形式，组织形态不是那么强势，但却能够延续下来。这是一种与"制度化的宗教"（有教义、有经典、有教会组织、与世俗生活相对分开）相对而言的"普化的宗教"，由方神信仰、祖先崇拜、符咒巫术、风水观念等庞大而古老的传统信仰成分组成，只能用"民间信仰"一词来代称或综称。它是多神教的文化，是多元和兼容的；而一神教的文化是一元的、排他的，在西方除了位于中心地位的一神教，其他的都被视为异教。

据崖窑山庙碑记载，当地唐代就已造庙奉祖师，民间信仰体系延续不断。近代以来当地民间方神信仰经历了捣毁——恢复——虚空化三个阶段：民间信仰在社会主义革命运动中被视为落后的封建迷信，方神庙受到摧毁，民间为此还偷偷地开展过藏神运动，但民间信仰的生存空间整体狭小。1978 年改革开放后，民间信仰又逐渐兴起，基础设施得到一定兴建，信仰观念比较稳定，机构健全，神职人员完善，仪式活动有规律地开展起来。近十多年来，在观念上，由于现代传媒的普及，现代

① ［英］J.G. 弗雷泽著，徐育新、汪培基、张泽石译：《金枝》（上下卷），52 页，北京：新世界出版社，2006。

化、市场化以及科学理性观念深入农村，文化自觉意识未能确立，传统的敬畏心理消失，心灵的虔诚度和身体力行大不如以前；在物质生活上，受生态恶化、连年天旱以及大量村民外出打工，其得以传承的社会力量削弱，村落世俗空间一再抽空，神圣空间也逐年调敝，作为地方性知识之一的民间信仰呈现出快速没落的过程。

一、村庙的分布及发展

1. 分布和功能

在调查中发现，当地没有人去整理类似于庙志的文献资料。可以说，方神是游离于文献之外却留在口碑和人心之中的；或者说民间信仰首先是一种生活文化，而非书面文化。为了研究的方便，我们对村庙和方神造表登记，建立了一份《2006 年方神庙统计表》，当地 33 个村，共设有村庙 23 个。

作为村落重要精神空间和公共活动空间的建构，村庙是除祖先崇拜之外一个非常重要的民间宗教信仰的活动场所，一处文化空间。当遇到阳宅或阴宅不顺当，或家里出现其他

吴家庄村庙——青龙山

一时无法解决的危急情况时，人们一般会选择到庙里来求神。因此，这种非正式的聚会与红白喜事一样，为人们见面、沟通和交流提供了场合，这一场域有效地填补了村落政治性、娱乐性等公共空间的空缺，一定程度上满足了村民扩张认知公共交往的需求。陈进国认为，从功能的角度看，寺庙作为中国民间信仰载体，常常成为一个社区的“祭祀圈”或城镇的“信仰圈”的中心……寺庙不仅是社区发展历史的见证，而且是凝聚区域族群向心力的家园。[①] 若一个村里没有庙及由此形成的方神信仰、仪式制度，人们的感觉或日常生活状态或许萌生出一股无名的空虚。

2. 民间藏神

在“文化大革命”期间“破四旧”（实乃用科学和正统宗教的两个标准来对民间信仰进行的压制，缺乏一种对待多元文化的宽容，而中国文化最突出的特征正是多民族、多元文化共存现象）的时候，各村的方神信仰不得不转入地下，村民特别是老人们都自发地进行了护神藏神运动，即找一处隐蔽的地方，有的在村外的山沟里挖一孔窑，把村庙里的神背到此处隐藏起来，秘密开展敬神活动，还有人甚至藏到自己家里敬奉。

吴家庄的 WCZ 说：“横扫牛鬼蛇神的时候，强制各队把神送到北庄。庄上把神背这背那地藏，听说上面发现了藏神的地方，就不断地换地方。当时供的是白马爷、九天圣母和龙王爷。崖窑山的一些神像也被砸掉了，有清朝的、明朝的，非常可惜，对古人的文化遗传没留下来。

“公开敬神是到邓小平政策转了的时候。邓小平、江泽民手里敬神的事，只要你不反党，政策上允许宗教活动。庙宇和神像也是中国文化

① 参见陈进国：《信仰、仪式与乡土社会：风水的历史人类学探索》（下），516 页，北京：中国社会科学出版社，2005。

遗传，我考虑庙宇敬神是一个方面，对文化遗产的流传重要得很。像庄里庙上有一个猴子顶灯石像，也算古物，流传的时间很长了。

"我在庙上也是个参与者，有时候庙上念经我也跟着念，经上其实说的是善话，教育人不要作恶了，老实做事，不要骗人。唐僧到印度取经，实际上还是文化交流，把外国的拿到中国发展。"①

吴家庄的ZMX在回忆破"四旧"的时候也说："那时经常召集到北庄大队开会，院子里摆满了庙里面搜来的神轿。吴家庄的庙在中滩，也让红卫兵砸掉了。几个老人背着藏白马爷，藏在下湾里一个土窑里偷偷地敬。后来刚刚公开敬的时候也还在那里。这也是神的一难，毛主席是最大的神，他要打倒牛鬼蛇神，神都得遭难，没办法。"

这种藏神行动应该是当地人自发的对方神信仰自我认同的一种隐喻，即以隐秘的方式表达一种对地方"小传统"的坚守与保护，以及对代表国家权力系统的"大传统"的回避和小心抵抗，或者说是民间传统在国家监控下的自我防卫，是民间信仰表达遭遇主导意识形态时民间的解决智慧。不过，作为这些老人来讲，他们首先想到的可能不是什么"隐喻"，而是最私心的有神可求的心愿，是对传统信念的保存意识，对心理上的寄托与精神上的认同的不愿放弃，他们不会因为主流意识形态反对"封建迷信"（或者说新政权为建构政权而进行的"解构"迷信的努力，也是将国家意识形态的重要观念输入民间社会话语系统的努力），而主动放弃"祖先传下来的东西"，他们自发地用本土策略悄悄地抵抗

---

① WCZ能够将村庙上升到文化的层面来认识，作为一名参与者，他已经创造性地诠释了文化传统。实际上文化传统正是不断地在后世的现实情境中"被创造的"，而非与现实无涉的遗存。

如同景军在《神堂记忆》中描述大川村重建孔庙的策略，庙管们从庙宇的命名、仪式等多方面竭力突出庙宇的历史教育功能，而非可疑的活动的场所。庙管的小心谨慎无疑体现了文化发明与政治手腕的痕迹。同时表明，文化传统是如何在不同的历史情境下不断地被发明和被创造的。参见景军：《神堂记忆》，中文未出版稿，哈佛大学博士论文，（英文）由斯坦福大学1996年出版。

着政府力量。[①] 如乔健在《漂泊中的永恒》一文中所描述的瑶族人追寻他们的千家峒一样，当地老人在保护他们最正当、最质朴的追求，他们心中最伟大的神，这难道不是对信仰的一种自觉献身？站在大传统的权力体系中是看不到、体会不到这一点的。这是深藏在乡土底层的文化观念与文化行动。

郑萍分析此种现象认为："在国家强大政治压力下，表面上人人响应政府号召，而在人民内心深处仍认同于小传统，在破'四旧'时村中仍有人藏家谱，深夜烧香拜神。国家权力在渗入地方社会时，完全忽视小传统的存在，甚至强行消灭小传统的行为并没有使地方社区变得更为秩序化，反而打破了原有的秩序，变得更为混乱。这不仅是一种历史现象，即使在现代社会，行使国家权力的过程中小传统的社会力量也是不可忽视的。"[②] 或许正如福柯所说："它们被遮蔽不仅仅因为忽视，而且因为它们被仔细地、断然地、恶意地篡改和抹杀。"[③]

余英时在著作中多次引用孔子的"礼失，求诸野"。赵世瑜从对"礼失求诸野"的解释中找出了民间信仰之所以能保存下来的支持，并且往往保留在了远离统治中心的"野"。这恰恰说明，当一个新的王朝或帝国取代了旧王朝、旧帝国的时候，这些礼仪就要遭到清除（包括历法），而在那些与法统争夺没有多大关系的地方，它们或者它们的部分就会被保留下来，因为它们正是生活的一部分。[④]

"破四旧"根本上是对社会的破坏，对文化的破坏。而破坏了文化

① 近代以后提倡"现代性"的国家政权，在面对民间宗教（或称为迷信）问题时，可能会处于比历代朝廷更加尴尬和难堪的境地。与历代王朝多少都为民间信仰留下一些合法性空间的做法不同，这类信仰行为在新政权的意识形态中毫无合法性可言，但是，如前所述，民间信仰的传承以普通百姓的日常生活为基础，不为少数读书人所垄断，总是生生不息。参见郑振满、陈春生主编：《民间信仰与社会空间》，导言，5页，福州：福建人民出版社，2003。

② 郑萍：《村落视野中的大传统与小传统》，载《读书》，2005（7）。

③ ［法］福柯著，钱翰译：《必须保卫社会》，65页，上海：上海人民出版社。

④ 参见赵世瑜：《文化自觉·科际整合·田野调查》，载张立升编：《社会学家茶座》，17页，2006（10）。

立足的社会基础后，传统、现代、现代化的问题就很麻烦。余英时在与刘梦溪的一次访谈中对此举例说明："讲到清朝，有一个问题值得深思：清人关以后，社会并没有变化。……社会不被破坏，文化就会得以保留，现代化与民族传统的衔接问题就好解决了。日本明治维新也是不破坏社会，所以它走向现代化走得很顺利。台湾和香港都未经过暴力革命，旧文化保存得也最多，但反而在现代化方面成绩最好，这是很值得研究的一件事。"[①] 意在通过保皇和君宪救国的康有为，对革命之途径无法接受，当他听到自己门人有"决言革命者"，"头痛大作"，并以"叛徒"视之。他曾以法国革命之惨，警告中国人不可轻言革命。他完全不能同意革命家所谓要建设先破坏的说法，斥为"谬论"，因破坏易，建设难，认为"一破坏之后，则中国永无建设之日"[②]。不过我们看到，当地在经受"破四旧"的冲击后，仍能尽快恢复方神信仰形态，足以证明民间小传统的防御性和生命力。正如余英时所说，天高皇帝远的民间胸怀宽广，"政治老虎发威，我避开就是了"。

3. 并存的辉煌和衰败

20世纪80年代以来，各村村庙得到不同程度的修缮和增建。其资金来源初始是，个别村包产到户时给村庙留有一定公田，种植的作物收入作为庙中香火、庙会活动等费用；大多数村庙靠信徒还愿和布施；另外就是通过各家摊派集中一些资金，个别村落也曾将退耕还林第一年的钱粮全部捐到庙中作为经费，以资建庙、铸钟、塑金身这样一些需要花钱的事。20世纪90年代以后，本地村民自发集资部分所占比例减少，主要依靠本地和外地曾受惠于神恩的"大老板"的大笔布施。这说明经济的发展有力带动了村庙建设，人们在此种现象的表述上，说得直白一

① 刘梦溪：《中国现代文明秩序的苍凉与自信：刘梦溪学术访谈录》，25页，北京：中华书局，2007。

② 江荣祖：《康有为论》，98—102页，北京：中华书局，2006。

崖窑山的土地祠

点是搞迷信，说得堂皇一点是搞文化建设。而且据说布施投入越大、修庙积极性越高的老板，生意上越成功。做官的求神、煤老板还愿，都是一种功利的交换［葛希芝（Hill Gates）讨论了神与人之间的互惠行为］。即便有些村庙的建筑档次在提升，但是持传统信仰的人流失了，一些仪式和活动没有了，老百姓思想上对方神的依赖性降低了，建起的庙宇成了被掏空信仰的辉煌设置，呈现出虚假的繁荣。

创始于唐代，曾经在本地作为“箭垛式”信仰圈中心的崖窑山，由于年久失修，不断坍塌萧条，目前香火冷落，人迹罕至。2008 年 8 月 31 日，常年在山场上香、看护林场的卢老向我们讲述了崖窑山的变迁。作为信仰的“祭祀圈”或“信仰圈”也是动态转移的，这种转移的标志就是庙上香火的盛衰、神灵是否灵验。如崖窑山由辉煌到衰败，导致其中心地位的丧失。而周边县乡会有一些庙宇形成新的“箭垛化”效应，吸引众多的善男信女，并在他们自觉的宣传中越来越声名远播。

二、神职人员：“轿夫”、“明言轿夫”和“马爵”

当地村庙的神职人员主要有会长、“轿夫”（或“明言轿夫”，即扶乩者）、"走龙"（或马爵）、抄乩者（临时性的），以及阴阳、压香人（负责庙内卫生和续香）等，都是兼职人员，需要的时候，大家凑在一起完成一次请神或仪式活动。

在当地，村庙通常是在"会长"的主持下运行的。2006 年 11 月 18 日，我们对上汉村 61 岁的田会长进行了访问，了解到这方面的情况。我们看到，曾经被国家通过暴力捣毁民间信仰的场所和设置，在另一时期又合法化地存在。曾经"反迷信"的一方和"搞迷信"的一方又能和谐共处了。这中间，民间信仰会主动把国家（国家的代表：村乡组织领导，国家的符号：国家体制，及贯穿国家法律精神）拉进来作为自我生存发展的资源加以利用。同时间接表明，在民间仪式中，国家是在场的。不再像"藏神"期间回避与国家正面遭遇，并担心由之而来的灾难。规避或者利用国家力量就是这样吊诡地在同一件事上先后呈现。

个案 1：接神容易，盖庙难

我干会长已经 11 年了，一届任期 3 至 5 年，连任三届。会长是由庙管会选举的，能者上、庸者下，没有受任何神仙指点。由五个社的宗教长老传下来，宗教内部有长老、信徒、宗教人士共同组成管委会选举，可以连选连任。庙管会一般召开由会长、副会长、出纳、会计、保管以及信徒参加的会议，在会上提名，然后共同确定。实行群众监督制，而且还受村乡两级组织的领导和监督，在国家的法律允许下行事。这种机制与国家的体制相同。管委会成员都是本村村民，但不是轿夫、阴阳，这儿没有神汉，轿夫由地方群众推举，专门选举一些无文化、老实人担任。① 阴阳在过会时另请，过怎样的会，就请怎样的阴阳或经班，本地的用的少，多用外地的。主要是打拉池的，因为那儿的发达。

管委会成员的劳动是无偿的，正因为没钱，很多人都不干了。宗教

① 据掌握，附近村庙的轿夫都是由方神指定。

队伍已经开始走下坡路，年老的退出，青年人不愿干，出现青黄不接的局面。

庙里的香火一部分是村民或信徒拿来的，一部分是由庙里买的，主要是信徒的布施，以前在村民中少量收过。这儿条件艰苦又没有企业，哪里来的资金呢？这几年庙中香火全靠信徒，主要是一些老板、经理，还有干部的布施。一年大致收5000元左右，外地的占80%。如王老板曾投资一万多元，还拉来了两尊佛像。郭老板今年一次就投资一万三千多元，主要用于唱戏。我从布施中每学期给上汉小学200多元，有一次给了500元，用于奖励好学生。我们这里近年没有新增神像，新增要花钱，没有那么多的钱。按老祖宗遗留下的来敬，只敬一两个就好了。"接神容易，盖庙难"，我认为神仙多了就乱，敬神就讲究个诚。

我们供奉的神仙佛教和道教的都有，佛教的神仙有释迦牟尼、观音菩萨、文殊菩萨、普贤菩萨。道教的主要是地方神，有白马爷、杨四爷、山神、土地、九天圣母等，其中山神、土地是自然神，白马爷、杨四爷是人鬼神。现在这里成了一个佛、道两教的综合场地。

庙会是神的圣诞或成仙之日，神仙不同庙会不同。一期庙会3至5天，仪式有拜佛、诵经、演教、科场，科场有扬幡、做寿、献供、迎表、发文、超度亡魂、禳灾赐福等。香客一般有200多人。有固定的守庙人，由老实、健康的50至70岁的老人担当，日常负责打扫卫生、每天上香、来人开门等，没有报酬。这儿也没有道士，听说大型山场有道士。

神仙打字的特征是很明显的，有的打单字，有的打诗句，有的打白话文。

我们庙上做过多次水陆道场，大概三四年一次。主要是请大型道教经班来做，如打拉池的道教经班。一般有以下程序：设坛、忏悔、诵经、祈祷、超度亡灵等环节，为期七天，1998年就做了一次。设坛时需水火面度（人生在世时缺肢断臂，身体不全者，水火面度，缺什么补什么），念亡经、冥府经，超度过桥，超转六道轮回。

村庙在村庄的正中，没有什么特别的规定。是历史原有的，也没有搬迁。据说，这个地方很早是由神仙采定的，然后再请风水先生确定字头。

1. 轿夫

神向弟子传递信息有三种方式：一是以字（诗）为媒的间接交流方式，即通过抬轿子（扶乩）打字、抄乩得来；二是在请动轿子的同时，轿夫以口授的方式传达神示，并不依靠字媒，或可称之为神和轿夫在意念上的感应；三是通过替身以语言和行动实现神人间的交流，即通过"提马爵"（走龙）显灵与人交流，这是以马爵为替身和媒介的、直接以声音和行动向弟子"面对面"交流的方式。

先介绍第一种：扶乩。请神必须动神，动神首先得有轿夫扶乩。扶乩，在当地称"抬轿子"。书面语中"扶乩"[①] 又称扶鸾、降卜、扛箕、扶箕、箕占、筛占等。古代对扶乩的描述是"术士以朱盘承沙，上置形如丁字之架，悬锥其端，左右以两人扶之，焚符，神降，以决休咎。即书字于沙中，曰扶乩，与古俗卜紫姑相类。一曰扶箕，则以箕代盘也。"[②] 刘敬叔《异苑》卷五，《东坡集》中的《子姑神记》、《天篆记》

---

① 《中华道教大辞典》解释：扶乩是古代"天人交通"术的一种，又名扶鸾……英文为 Sciomancy 或 Planchette Writing 意即箕占、筛占、乩占等。扶乩的最早记录见于我国东晋时期，唐时传入日本，由日本传入荷兰，再由荷兰传入欧美各国，在日本叫做"灵子术"，西方国家称扶乩的板为"维吉板"，研究扶乩的组织叫"灵学会"，能够组织扶乩和与神交流的人称"神媒"或"灵媒"。美国前总统威尔逊生前笃信扶乩，有一次乩盘上写出了许多古代希伯来文，当时在场的人都不认识。英国著名生物学家查理，达尔文的哥哥伊拉斯马斯坚信扶乩，经常在自己家里组织扶乩会，达尔文曾经参加了一次扶乩会，但中途退场了，达尔文的好朋友、著名生物学家赫胥黎对扶乩虽然持怀疑态度，但经常参加扶乩会，而达尔文的另一位好友、著名科学家华莱士却是扶乩的坚决拥护者。

岳飞遇害后，临安"西溪寨军将子弟因请紫姑神"，不料出现了岳飞的画押，并写诗一首：经略中原二十秋，功过多少未全酬；丹心似石今谁诉，空有游魂遍九州。见朱瑞玺等著：《辽宋西夏金社会生活史》，260 页，北京：中国社会科学出版社，1998。

② 徐珂：《清稗类抄》，第 10 册。

龙轿

都对扶乩及利用扶乩创作道书作了记载。据许地山《扶箕迷信的研究》的考察，扶乩是随着科举盛行起来的。林耀华在《义序的宗族研究》中也指出扶乩在“民间实行也极普遍”，但没有详细讲解，以“从略”处之。[①]

当地请神时，由几个人分工进行，两名轿夫（即扶乩者），一至两名认字和记录者（即读乩者和抄乩者，有时由一人兼任）。“轿子”由木头做成两尺见方的箱式模样（也有更为巨大的），下部延伸出四个“腿”，与两侧安装的铁环作为两名轿夫抬轿子时的扶手，轿子外面穿着绸缎缝制的轿裙。当然，轿子在正式动用之前必须经过隆重的开光仪式。

上汉村[②]的田会长向我们介绍了有关方面的内容——

塑像要请一个大画家专门画像，依据的是道教神谱画像，一般用外地做成的成品。轿裙一般由信徒来做。神像开光仪式有四个环节：第一步，由阴阳设坛（给本地方神具文上表）；第二步，由画家装藏；第三步，由画家和阴阳共同开光，即阴阳念开光咒，画家用笔或针虚点五官七窍，开启神光；第四步，迎神接驾（抬上神像，面向喜神方位迎之或座迎，放入天坛，阴阳作法，画家大声喊神灵的名号“某某接到了，迎到了，落座了，万事如意了，一方平安了，风调雨顺了”；第五步，落座。神像一般要坐 100 天方可动龙轿，少则坐 49 天。

① 林耀华：《义序的宗族研究》，55 页，北京：生活·读书·新知三联书店，2000。

② 上汉村在行政划分上属于邻乡复兴乡，与我们的田野点较近，顺便做了考察。

抬轿子之前，先上香，拿黄表在轿子上面燎一下，然后由两名轿夫抬起来，侧向或面向乩桌（大部分书上记载的是沙盘，该地用的是一张木头桌子，桌面不洒任何东西），此时轿子是不动的，接着大家跪下来继续烧黄表，嘴里念叨着"请！请！请！"随着教铃（安装在轿子下部的铜铃）响起，轿子随之在两位轿夫的手中抖动，表明神已经降临了。有的神此时不断地大幅度"点头"（即轿子上下摇摆）或前后翻跟斗，两名轿夫要及时地、协调地换手配合。这些动静稍事平息之后，有什么疑问便开始向神卜问。求教的内容一般包括问疑、问药、问道等。有时，当地人丢了大牲口，也去问神该到哪个方向去寻找。

神的回答一般都是以五言或七言诗句给出，乩语具有简约性和模糊性的特征，且颇具文采。我们收集到了一些散落在民间的乩诗，如三佛菩萨对崖窑山的盛景和建设过程的描述："破庙残垣重修场，绿树深渊鸟鸣望。三主座下龙虎吼，石猴蛇道狮象堂。"痘症娘娘初到崖窑山时的题诗："千里跨云带令来，南天霁日放晴晖。诚心弟子谢灵意，早叫玉虚盛花开。"如还有表示自己身世职能的诗词，"北方真武大帝"言："吾受玉帝敕令，长生治世福神。佛中无量寿道，乃自金阙化身。统辖天神天将，天上天下游巡。纠察神人功过，一日一度奏呈。"还有一些村民问事的诗句，如小儿犯病杨四将军打诗："金鸡叫，银鸡喧。千年幼灵高空喧，一只土鸡落眼前，灵光浩云盖。"据说香港地区流传着一本《医道远元》，便是扶乩所得。

这些乩诗凭文化程度很低甚至不识字的轿夫无论如何是写不出来的，依他们的水平来题诗或开药方是不可想象的。因此，许地山所说的"十几二十人的思想力或观念力集中在扶乩者身上，使他们不自觉地在沙盘上写字"，"凡箕词都是受在场者的知识与意识所支配所左右"。以及他通过130则故事的讲述分析，最后得出"扶箕不过是心灵作用的一种表现"的结论。[①] 通过当地的实际情况来分析，这一判断是站不住

① 参见许地山：《扶箕迷信的研究》，106、115页，北京：商务印书馆，1999。

脚的。

有时神也会发怒，折腾得两个轿夫气喘吁吁、满头大汗，如果在庙院子里跑动起来，两名轿夫无法撒手，甚至把两名轿夫提起来，双脚离地。据做了40年神汉（马爵）也当过轿夫的张大爷讲："我也抬过轿子，在打字时全由神仙写。我本人不识字，根本不会写。如果有些轿夫自己写，神仙就会打他，把他打得求饶为止。做轿夫的一般都驯服得像绵羊一样，根本不敢乱来。"

为了掌握当地"抬轿子"与文献中的扶乩有何不同，2006年11月5日，我们访问了北庄村杨轿夫。

个案2：杨轿夫

我是北庄村人，一家四口。1981年村上成立社事，当时崖曲青马将军指点我当轿夫。那时社会情况不明，大家就这样跟着干，在思想上我认为对人有教化作用，教人尊老爱幼。我已经干了26年轿夫，期间由于耽工误事，家人曾经反对过我。干这个没有报酬，这与共产党教育人无私奉献有些相似。现在儿女还支持，人都有三灾八难，谁不用谁？这是一种慈善精神。据我所知，没有一个人比我干的时间长。

一般初一、十五按惯例到庙上，临时有人问神也要来，有时到其他地方打整疾病出去得七八天甚至一个多月。去年我们在静宁的四方村疗吉病人，由于效果好，一下人涌了半院，甚至有些人抱住腿不让走，便呆了一个月。

我基本上将此当作职业，每到初一、十五若不去庙里，心里觉得好像缺了什么似的。当轿夫要有道德、有责任感，把神仙伺候好。神仙不到位时，不能糊弄，一定要讲良心，否则会遭报应。人有灾难要求助于神，而神动不动，要靠轿夫抬，动神先得动人。再者，干这个挺辛苦的，如果神仙发怒轿夫会吃亏，会让人受不了。我本人是个爱嬉闹的人，为人比较活跃，所以没有感到自身地位因做轿夫有何变化。我以前在农机站干过，人们对我都比较尊重。

每当神仙来临坐轿时，我便打呵欠、瞌睡，接着神就来临。"好会长多，好轿夫少"，有好多事神给我托梦，一次我迷迷糊糊看见神仙领着一个人说，你的病是不治之症。第二天，果然有这样一个人来问病。

在扶轿时，龙臂写字不假思索。神仙写字主要靠上手轿夫，另一个是顺神而行，神动之前都要抖动，以使两个轿夫的手能够平衡协调，否则不能开臂写字。

我初开始伺候"观音菩萨"，后来是"白马爷"、"雪山太子"、"九天圣母"等，其中给"花儿娘娘"抬了13年。每位神的感觉都不一样。

这几年由于天旱，家中生活紧张，我又做"纸火"，解决生活中的燃眉之急，一年纯收入能达到两三千元，日常开支也够用，若农业收成好一些，生活就更好。

2. 明言轿夫

第二种神人沟通方式既不打字，也不提"走龙"，而是由轿夫来直接明言——当地称"明言轿夫"。不是轿夫一人站在那儿自己说，所有的事先的程序与请神抬轿子一样，只是问事的时候，轿子先在桌子上点点头，然后轿夫就跟着说了起来，这是神的意志作用于轿夫，由轿夫以声音为媒的交流方式。吴家庄的WCZ提到："有的是明言轿夫，轿子不打字，光摇着呢。崖窑山有一个轿夫就开口说。有时候按照轿夫的文化判断，他应该说不出来这些事情，但是他说出来了，这个不可思议。"这种实时的感应虽不像"提马爵"那样惊心动魄，但也是非常奇特，轿夫与神仙之间的交流介质是无形的、无法捕捉的。在当地其他村庙的神仙中我们没有发现这种方式，在我们的田野点之外，一次在省城兰州亲见了来自平川区某地方的明言轿夫，作为神人之间的几种交流方式，在这里补充进来，详情不再展开。

3. 马爵

最奇异、动静最大的还属“提马爵”。[①] 在一些人类学著作中被称为神媒或“童乩”，即神（一般是方神）直接降附于人的躯体上，利用人的躯体和嘴巴，直接与弟子“面对面”交流的一种显灵方式。[②] 因为这已经超出了绝大多数人“理解世界的最普通的能力”（格尔兹语）。

需要明确的是，书面语中的神汉在当地并不作该称呼，他有另外两个称呼，一个是马爵，一个是走龙。神汉的人选一般由神来指定，常人看不出被选的人有什么特异之处，选定后他还是老百姓，照常他原来的生活，只是在平时的生活中要求忌口。每到庙中有事，他和弟子们一起来到庙里烧香叩头后用酒漱漱口，就和弟子们一起坐在大殿或偏殿等候。这时轿夫抬起轿子，请动神仙，弟子们开始问事，有时轿子以打字的方式指示：某位神仙要提“走龙”（马爵），大家会时不时地注视着神汉，发现他的脸色变黄，神情出现微妙变化，那令人紧张的时刻很快就要到来。据一位神汉说：“在提马爵之前，我的心里就不舒服，这时我便松动一下裤带，以防止‘提’，但有时来势凶猛，接着就啥都不知道了。至于后来做的事我是不知道的。”不一会，人们只听“哇”的一声，只见他一个筋斗翻了过去，到站起身时，上衣已经全脱去，只留下一件用庙匾做的红马甲穿在身上，“马爵”已经被“提”起来了，神灵附体

---

① 中山大学历史系的阙岳在对临潭庙会的考察中，也注意到当地神职人员中有“马角”，不过与种田的“马爵”有所不同。阙岳对“马角”注释为：马角，当地对于专门侍奉“龙神”的人员的称法，在庙会期间，他的主要职能是主持祭神仪式和抱龙神塑身上轿和下轿，属于民间性的神职人员。阙岳：《舁神出游与“流动的社会”——以甘肃省甘南藏族自治州临潭庙会为个案》，载《开放时代》，158页，2008（5）。

② 弗雷泽在《金枝》中也提到了世界各地存在的这种普遍现象。他说：“神灵暂时附体或神灵感召这种信念遍及世界。人们相信某些人常常有神灵附体，当神灵附体的时候，此人便茫然无知，抽搐颤抖，全身摇动，做出种种狂态和表情，这一切他本人并不知道，而是神灵附在他身上作出的，在这种异常状态下，他口中说出的一切，都被看作是神附在他身上通过他的口说出来的。”他还列举了桑威奇群岛、波利尼西亚人的原始的神灵显异与古希腊著名民族神灵显异的实例。见［英］J.G. 弗雷泽著，徐育新、汪培基、张泽石译：《金枝》（上卷），95页，北京：新世界出版社，2006。

了。他会大吼一声，用特别低弱的声音命令，拿“马鞭”或“三叉”之类的东西来，此时人们便将事先备好的东西递过去。他拿起来操练一番，常人甩不动的“马鞭”（用麻绳拧成、两三公分粗、一丈来长、没有杆的鞭子），他则如同玩牛鞭一样甩得响亮，或把笨重的“三叉”玩得龙飞凤舞。并再次大吼一声，说某位弟子有大事（犯“毛鬼神”病），需支起油锅。他徒手在滚烫的油锅里洗一洗手，把“毛鬼神”抓入瓶子，放入油锅。在神汉行动的同时，轿子也不落座。这种现象应该看作一种分身术，如同基督教中的“三位一体”，在这里，看不见的神灵本身、神仙存在的空间——轿子及作为其替身的神汉，三者也是“三位一体的”，后两者受着神灵这同一种超自然力量的支配。据弟子讲，轿子里坐的是他的侍童或另一位仙家在助威。

为详细了解“马爵”的形成、提马爵时的情形、村民对他们的看法、当事人的心理和身体感受等一些细节问题，2006 年 10 月 21 日，我们访问了小川村从事多年该活动的张大爷，他分别讲述了做轿夫和马爵时的亲身体验。

个案 3：张马爵

我大约在三十七八岁时，显神爷要我做他的“走龙”，伺候他“老人家”，当时我没有答应。后来，一位村民家中有事，请神打整，我给显神爷抬轿子，进窑洞前，还很清醒，进了窑洞就失去知觉。据后来别人讲我被提了马爵，以神的身份行事。从此我便成为神仙的马爵了，先后又伺候过“白马爷”、“三佛爷”、“杨四爷”。当时也没有任何的仪式，后来，我还是伺候“显神爷”，这位神仙是我们这个地方的山主。

在我伺候显神爷后，有位何姓的村民对我提马爵持有怀疑态度，平时他就和我较量，比谁手劲大，每次我都输给他。据村民说，一次我提了马爵，他将我拦腰抱住，而我一转身，却将他甩出几步远，躺在那儿呻吟，好大一会儿才翻起来。这些都是事后别人告诉我的。

我60多岁的时候，一次村里“炸庄”（神仙对村庄的一种打整方式），显神爷指示：今年村民灾难大，三佛爷要提走龙，进行拨治，禳解灾难，以保本社弟子平安、顺利。随后，我就伺候三佛提了马爵，在对全村“断瘟”时有着一种超乎我本身的神奇力量。事后据某村民跟我聊天说，提了马爵后跑得特别快，过庙院的那个埂子时纵身一跃，就从三四米高的埂子上过了，而年轻小伙子要费好大力气才能爬过去。到村民家院子，把一丈长的麻鞭甩得很响，跳这家院埂子则如过平地一般。回到庙院支起油锅，人们找来30—40公分的铁锅，倒入清油，用柴火将油烧开，面对滚烫的油锅徒手伸进去，然后将装有毛鬼神的瓶子（普通的玻璃瓶）扔入油锅中，只听到瓶子发出喳喳的响声，但瓶子没有破裂。约有二三十分钟后，又伸手把瓶子从油锅中捞出，拿到庙院外埋入土中。事后双手都好好的，没有任何烫伤的痕迹。落马后要缓1至2小时才能醒来，恢复意识后觉得非常疲劳，感觉四肢无力，再以后也没有什么不舒服的地方，生活一如既往。

每次提走龙都是神的安排，不是你想提就提的，而且神要求特别严，决不允许弟子胡作非为，坏神的名声。神对一些弟子的恶作剧或不道德行为决不轻饶，轻则罚跪1—2炷香，重则一顿痛打，让其跪在香炉旁思过，所以弟子谁也不敢乱来，我也不例外。敬神讲究一个“诚”，心诚则灵。在村庄有大事，如念庙、炸庄，或私人家有重大事情时神往往需要助手，这时就会提走龙，至于提后处理事情，我是不知道的。据庄间人说，每次提起来对一些事情直接明言，指导人们如何去做。

我做了40多年的马爵，最后一次提马爵是在77岁。平时生活忌辛辣食物和荤类食物，在年轻时管不住自己的嘴，曾偷吃过几次肉，但每次去庙里，都遭到神的指责或提后自己惩罚自己，后来下决心忌口，渐渐也就能管住嘴了。其余和他人一样，每天都要从事生产劳动，只有当人们需要或初一、十五时才到庙中去。不吃肉并没影响到我的身体，我现在还很健康，今年83岁了，每天还放羊。

我成为马爵后，平时生活中从不和村民发生纠纷，也没有任何村民找我闹事。我家中如果有什么事，只要我说一声，村民们都会来帮忙，从不推辞。如果我不当马爵，村民也许就不会这样抬举我，我当了四十几年的马爵，在伺候神的时候，从来没有拿村民的一分钱。咱是敬神的，只是替神办事的，做了就行，没有别的想法。

我也抬过轿子，我本人不识字，不会写字，打字完全是神仙自己写。如果有些轿夫自己写，神仙就会打他，把他打得求饶为止。做轿夫的一般都驯服得像绵羊一样，根本不敢乱来。

从张大爷的经历来看，成为马爵的契机是神事先征求意见，他虽未答应，但神在需要的时候却自作主张征用了他，有些有礼在先的意思。张大爷提马爵的时候，所有的语言和行为都是在他的意识停止期间发生的，在他"落马"恢复意识后只是觉得非常疲劳。这里的神汉"提马爵"从来都是一个，不会在一次仪式上同时出现两个（巴厘人有的仪式上会有五六十个人一个接一个地倒下，"就像燃放的一串鞭炮"）。

从他担任马爵后直到 83 岁高龄一般不得头疼感冒来看，剧烈的体能消耗使他当时觉得有些累，并没有损伤过后的身体健康。甚至有些奇迹发生，如北庄村的另一位神汉杜大爷，大约在 1985 年给一位王姓人家打整阳宅，神汉恼怒之下，咬碎一个饭碗，嚼得喳喳的响，然后咽入肚内，可嘴角始终没有流血。他 60 多岁时在貌相上出现一个变化，1973 年左右胡须眉毛变白，几个月后又变红，后来又经过变白—变黑—花白—白，1994 年左右突然长出三颗新牙，至今身体还很健康。

在当地，提马爵的活动基本上是各庙每年举行 1—2 次，通常是在庙会、炸庄和私人家有严重犯事时才举行。随着原来的老神汉全部退位，现在已经没有提马爵活动了。像张大爷这样从三十七八侍候神一直到七十七岁的，在当地绝无仅有。还有北庄村的杨轿夫干了 26 年，这在当地都是少有的。

在与吴家庄 WCZ 的访谈中，他也说："提马爵的现在基本上都没有了。我小的时候家里不平安，请过屈吴山的白马爷打整屋里，马爵的名字叫 LYL。听说马爵把裤带解开不系的时候，神就提不起来，人都这么议论着。20 世纪 80 年代初的时候，墩底下的一个人犯了病，说吴家庄的神在培养马爵。结果最后神邪了（法力更大的妖魔控制了方神），提的马爵不正规，就结束了。现在基本上都是轿夫，轿子打字。庄上的 HFC 不识字，却当了多年轿夫。”

据我们了解，马爵消失的原因主要有：一是政策的限制，提马爵被认为是封建迷信活动，加以取缔；二是年轻人对方神信仰观念淡漠；第三方面，可能是神仙没有采到一个好苗子或不愿再培养马爵了。

方神在享受一方弟子敬献香火的同时，承担着佑护一方风调雨顺、百姓平安的职责。具体的表现形式有：求神问病问事、打整屋里、拨治阴阳宅、举行庙会、求雨仪式、“炸庄”仪式（包括断瘟）等。迎神、敬神是为了问神、求神，这是当地方神信仰功利性的具体体现。问神在当地已成为日常生活中排忧解难的一个主要诉求渠道，当村民陷入生活的某一困境的时候，最为捷径的念头始终是通过求神来得到缓解和解决，即便解决不了，也能讨得一种指点，抓住些许蛛丝马迹的预言，增添一份突破困境的信心。求神问事既是他们的神圣生活，也是他们的世俗生活的一部分。

外村和外地人来敬本村的神，证明本村庙香火旺，神仙经常降临，非常感应，弟子们会引以为荣。而且越是香火旺的庙，各种活动也越频繁，特别是举行一些诸如念庙、过会等大型活动时，方神的地域活动空间也得到扩张，既有周边村庙的各路神仙来赴会（这些神受到活动主办方神的邀请），也有十里八乡众弟子各色人等来参加，外地商人和本地发了财的都要借此机会献上数额不菲的布施，活动的排场与声势甚是浩大。

另外，神开药表明没有其他“圪搅”（迷信问题），否则会采用服符、打整屋里、驱鬼等手段。看来神也是科学和迷信区别对待。特别是崖药山曾经有一位神专门开处方，除了不做手术，中西医都会，且请一位当地赤脚医生上山配合取药，一时影响较大。

波谱说过，我们不能根据已知推断未知，根据过去推断未来，我们没见过就不等于别人没见过，我们不可以就不等于别人不可以。在这个意义上，江晓原认为“扶乩是迄今未能用科学知识进行有效剖析和阐释的中国古代方术之一”，“是一种不太容易解释的现象”。因此，我们必须看到科学解释的有效范围，不能对超出科学解释力之外的东西采取粗暴的态度，这是一种最不科学的态度，永远也无助于认识和揭开那些超越于现有人类智慧的“高级系统”或“暗物质”。

对于扶乩的神秘性，一般历来记述的多，研究讨论的少。张光宇对此进行了假设论证，总结出扶乩五个方面的特点。(1) 扶乩的参与者是被遥控的人（乩手），乩手问问题，就能自动写出与问题相关的答案，有时答案极为准确。大量的事实证明，扶乩的书写内容是超乎乩手的知识范围的。(2) 扶乩不是每一个人在任何时候都能写出来的。扶乩系统是一个时变系统。不同环境下，相同的人也不见得能写出来。同时相同环境下，不同的人也不见得能写出来。这说明这个系统是个参变系统。这是一个高级系统。特定的形式下才能显示，说明它是超常规运动，而不是宇宙间的自然力，引力，强、弱作用力，电磁力。这种超自然的力来自哪里？给人们提出悬念。(3) 扶乩的书写内容只是这个系统的输出端，信息的输入端不得而知。作为一个系统，完整地来讲，问问题是一个输入端，既然乩手自身不能回答这些问题，那么这个问题信息必然在别的地方经过处理，再返回到乩手。这个地方是真正信息的控制中心。他负责采集信息、传送信息、处理信息、反馈信息，并作用到乩手的神经或者直接控制乩手的手使其移动，写出答案。(4) 扶乩系统的输入端科技水平非常高。如果我们不把扶乩当成一种神秘现象，而是认为扶乩是可以用我们的高科技所能类比和认识的，那么扶乩系统的输入端必然掌握着高科技。扶乩输入端了解全部的奥秘，才能远程获取和传递信息。而且这可以从乩手得到的答案完全超出他们的知识范围来说明，输入端高于现有人类。(5) 最后，我们假设扶乩系统的控制中心要么是一个全自动的计算机专家系统，要么干脆就是一类智慧生物。而这些智慧生物通过计算机控制中心控制，确定就是一种高科技手段，不会是别的。①

张光宇的论证是将扶乩作为一个计算机系统来看待的，如果将扶乩写字看作打印输出端的话，操键盘的手除了两名轿夫的手之外，更有一只看不见的无形的手作为信息控制和指挥中心的输入端而存在。

康有为在晚年也“放弃了儒家理性主义，而倾向柏格森的神秘主义”，他认为，人类的经验并不能决言有神或无神，用理性来思考神学的任何努力都是没有结果的，而这些努力本身也都是无效的。他虽未皈依任何宗教，自创的孔教亦无疾而终，但深信冥冥之中，确有超越有形世界的神明。②

三、“炸庄”仪式和结构功能分析

神灵是一种既能赐福又可降祸的力量。

除非一片虔诚，感到神秘莫测，否则对神灵就不可能有直接的感性认识。

——胡安·普拉萨俄拉·阿托拉

方神信仰中所涉及的仪式比较庞杂，这里重点介绍一下“炸庄”。该仪式动静大、参与人员多，覆盖和惠及全村每一户人家。起因通常是在村里经常出现意外事故或有瘟疫的情况下，村里人会去问神祈求解决办法，神往往会决定进行“炸庄”的大规模整治、禳解。或者神提前做出指示，说今年多难，为保本社弟子度过灾难，于某月某日晚进行“炸

① 参见张光宇：《人宇科学探索》，载“布达佩斯俱乐部论坛”。

② 参见江荣祖：《康有为论》，149页，北京：中华书局，2006。

庄"，然后做一些安排，让弟子提前做好准备。

（1）准备用物。主要包括请阴阳，各家各户出门在外的人届时回家，布置在炸庄时所需器物（称"用物"），以及每家所要准备的东西。用物一般根据村庄所发生的灾难程度而定，普遍用的是箩儿、铁铧、碌碡棋、砖、瓦、青石、犁头、磨棋、擀面杖、三砂、红筷子、饭碗、辛红等数量不等。有时也用到绣球蛋、木匠墨斗棒。家中备好药渣水、红花水、火面（炒熟的荞面，撒在火把上喷出火焰）、火把、擀面杖、菜刀、五谷粮食、香表、献食及扫帚、笤帚等。

（2）摆阵。根据神确定的日子，届时会长、轿夫、阴阳及村庄里的男丁到村庙集中，先请动神做具体安排，每项工作落实到人头，如按配合阴阳、配合神、拿用物、通报信息等分工各就各位。晚上，请动神仙，从庙里出发，到达村庄中心。在神的指导下，由阴阳摆阵（一般摆是"五虎伏魔阵"，在阵中心挖一个坑，阵四角分作四个"镇"，分别扣上箩儿，箩儿内放上"法碗"，箩儿外放上各种用物）。摆好阵后，留儿个人看守，防止猫狗入侵。

（3）逐户"断瘟"。"断瘟"是炸庄的主要内容，即神和阴阳到每一家进行整治、禳解及"刷扫"。通过断瘟达到消灾避难，保佑平安。每家备好用物，灶神位置焚香、献"盘馍馍"和熟鸡蛋（阴阳也可食用）。断瘟队伍提前派人向主人报信，神驾到时，主人到大门口跪迎，燃香表、金方。进入院内，阴阳到每个门口行法（一手拿箩儿，一手拿菜刀或擀面杖，脚踏罡步，口念咒诀），神也为阴阳助阵。此时家里若有病人，也可乘机禳解一番，随后家人或其他人向门口打撒五谷粮食，对准门口向火把上打火面，再向门口撒药渣水、红花水，并用扫帚跟在其后面刷扫。神和阴阳顺势转一圈出了大门，随从队伍也打撒一圈出门，阴阳用擀面杖将箩儿击出，跟随其后观看，箩儿停止滚动扣倒时，阴阳拿起箩儿返回大门口嘱咐主人要"忌门"（即在大门口挂一红布条，除户内家人，男人三天、女人七天内不许进入家门）。接着直奔第二家，依次对每户断瘟。有时，遇到一家有重大事情或犯毛鬼神病时，便要做相应的打整和禳解，度一个“法碗”扣在中宫（院子正中）上，做镇压之用。

（4）路口行“炸”。队伍行进到十字路口，都要行“炸”，即阴阳行法，挖一土坑，埋入砖、瓦、青石、碌碡棋、牛垓子（犁地时牛脖子上架的横木）各一，红筷子一双，其他有五谷粮食、羊毛、菜籽、辛红、三砂等。

（5）破阵回神。最后一家断瘟完成后，队伍来到村口进行处理。通常是挖一土坑，埋入砖瓦、铁铧、青石、碌碡棋各一，红筷子一双，及五谷粮食、羊毛、菜籽、辛红、三砂些许。然后整个队伍回到村庄中心破阵，阴阳行法降服妖魔鬼怪，神在一边助力，之后将所有用物埋入坑中。破完阵后回到庙内回神，整个“炸庄”活动就全部结束。

列维-斯特劳斯提醒我们，必须把握隐含在每一种制度与习俗后面的无意识结构。在这样一套“炸庄”仪式的演绎过程中，可以发现全程充满了各种符号和所代表的象征意义。如各种“用物”在日常只是一种生产生活用品，但是被征用到该仪式之后，便具有了特殊的功能，变成了符号（火把的使用显然有萨满教拜火的因素在里面），构成了一套符号系统（而一个符号系统的精髓在于能够通过替换而转变成——或者说翻译成——另一个系统的语言[①]），并具有了刷扫、驱逐、镇压等法力和功能，以及所代表的秽物。仪式中所有的行动都是一种模拟，实质上也是一种基于“相似律”原则的模拟巫术。如果把整个过程抽象为几个关键词：摆阵（建立空间秩序）——断瘟（刷扫）——行炸（十字路口埋入秽物）——破阵（集中处理秽物）。当我们建立起这样一个模型时，发现宗教意义上的收煞送瘟可以转换为实际生活中清除秽物的表演，一种定期的卫生清理。我们很容易理解个人卫生、环境卫生这些有形的垃圾清理，乃至能理解思想上的清理；但是对这种空间内不可见东西的清

---

① ［法］克洛德·列维-斯特劳斯著，张祖建译：《结构人类学》（1—2），484 页，北京：中国人民大学出版社，2006。

理有些费解，为了使其可见和便于形象化理解，仪式通过"用物"（砖石、筷等）来物化了那些无形的东西（瘟疫、毛鬼神等秽物）。两种清理的原理和模型乃是一致的，区别在一种是唯物的，一种是唯心的（想象的）。可对于肉眼看不见的空间维度，谁又能断定不会"蒙尘"、受到污染，不需要定期整顿清除呢？而且肉眼看不见的秽物也是由肉眼看不见的神来清理的，他们在同一个时空维度里面，在逻辑上也能讲得通。神不过是通过带领村民付诸行动，赋予了仪式过程所代表的驱逐、净化的象征资源，完成了一个村落由"不干净"到"干净"的周期性叙事。现实世界的卫生清理与仪式所模拟的对无形秽物的刷扫形成同构，都是重整空间秩序，让天地万物各归其位，互不侵犯。

这样的"炸庄"活动在20世纪八九十年代比较频繁，基本上是三至五年一次。尤其80年代"炸庄"时，神往往还要提"马爵"。90年代末，搞这项活动的村庄明显减少，其中拉排村、北庄村在2006年前各搞了一次，小川村也于2007年搞了一次。2008年以来，各村再也没有举行过"炸庄"活动。

有人将民间仪式与现代化相遇后的变通和改进称之为文化重构或文化再生产。文化重构是文化再生产的重要方式，也可以说是文化上的扩大再生产，因而是文化发展的一种内在机制。文化再生产有文化复制的一面，又有文化再创造和文化重构的一面。后者从文化资源来看待又有两种情况，一是基本利用原有文化因素的再创造，一是主要利用新的外来文化因素的再创造。[①] 上述"炸庄"仪式中一些传统用物已经无从寻找，我们假设，如果变通（找到替代物）后能够继续存在，也算是对传统的传承和创新。可目前既没看到变通的行为，哪怕是大幅变通的文化再生产，也没看到再次出场的影子。我们期待着即便是变通了的文化再生产或文化重构的发生，但并没有出现相应的迹象。

① 高丙中：《民间文化与公民社会：中国现代历史的文化研究》，104页，北京：北京大学出版社，2008。

四、主神信仰及特征

中国文化的根柢全在道教。

——鲁迅[①]

中国民间依然处于以各自地方神崇拜为主的宗教格局。

——摩罗[②]

中国民间的供奉，真是极为复杂极为零乱。也许这体现了中国人精神上兼容并包的胸怀，或者说这是人类文化本身所具有的特点：所有的文化相互重叠、相互影响。当多种文化处于层叠状态、我们无所拒绝的时候，这究竟是因为我们太随便，还是因为我们具有某种非凡的气度和胸怀?

——摩罗[③]

何光沪说："宗教是任何社会的重要侧面，是人类生活的重要部分。既然如此，社会里面有宗教就是常态，无宗教反而不正常。"[④] 当地的民间俗教虽然不是某一种正规的宗教，甚至老百姓自己在地方神信仰活动中，也自称为是"搞迷信"。这样一种非严格意义上的宗教，在当地曾是一种生活的常态。

---

① 鲁迅：《鲁迅全集》(第 11 册)，353 页，北京：人民出版社，1996。

② 摩罗：《古代的"地方神"与国家神》，载《读书》，88 页，2008 (3)。

③ 摩罗：《赣北乡村春节期间宗教活动考察日记 (四)》，载摩罗的天涯博客"摩罗空间"。

中世纪法国南部的蒙塔尤社区的信仰方式也是"多种层次的重叠"，是由许多不同年代的异质观念构成的，有点像因地层迭复而形成的大型沉积"盆地"。依此看来，中外民间的信仰形态有些相似。参见［法］埃马纽埃尔·勒华拉杜里著，许明龙、马胜利译：《蒙塔尤：1294—1324 年奥克西坦尼的一个山村》，北京：商务印书馆，2007。

④ 何光沪：《从中外历史看宗教事务的管理》，载《中国宗教》，1997 年夏季卷。

从人类行为的角度看，方神信仰行为，在人类行为结构三层次划分中，既有实用的一面，如求神问药、驱邪禳灾等，也有沟通行为，如通过神汉降神、通过神与冥界交流等，还包括了崇奉行为，如建筑庙宇、雕塑神像、庙会活动、香火供奉等，一个方神信仰就涵盖了人类行为结构的各层次内容。韦伯也指出，乡民具体应用宗教以解决生活问题的倾向实在是非常现实，并缺乏宗教专家追求的伦理合理化和高层次意义。对于乡民来说，高层次意义对他们来说就是没有什么意义，信着、敬着并受着佑护，就已经够了。本地方神信仰的状况和特点可以分述如下。

（1）主祭神和陪祭神。从所供奉神的主次来看，一般都有主祭神和陪祭神。但当地不这样称呼（对主祭神称山主），是我们为了区分两者之间差异的一种划分。所谓主祭神，是该庙的主事神，经常被请动问事，并因其感应而闻名的神。但在神谱等级序列中，并不是主祭神地位都高于陪祭神，却往往是陪祭神高于主祭神，陪祭神被请动的频率低，往往是"高高供起"。是否也可以借大小传统为喻，呈现出注重小传统中的神而忽略主流神谱中的神的现象。人们一般不说哪个村的什么庙，而是重点强调哪个村最感应的代表性方神，体现了某村以某位方神闻名的观念，正应了"有仙则名，有龙则灵"，由此形成了以方神为中心的地域上的信仰圈，或者说信仰"共同体"。①

面对民间庞杂的数不清的神灵形态，高寿仙将之归纳为层序性、地域性、实用性、歧变性和单纯性几个特征。在当地，我认为最显著的一个特征应该是地域性，即各村除一些普遍性的神灵之外，都有属于本村专有的神。这样一种地方性、区域性的神祇崇拜，也正是梁永佳在《地域的等级》中所提出的"地域崇拜"。深入分析这种宗教特征，按照布

① 滕尼斯和青年时代的马克思都使用过"共同体"这个词，不过滕尼斯讲的范围则更小，以直接的人际交往与口耳相传的地方性知识为半径、自然形成的（一般主要是血缘、地缘性的）共同体。秦晖：《教泽与启迪：怀念先师赵丽生教授》，载《南方周末》，第24版，2007-12-20。

朗提出的宗教阶段的划分，[①] 多神教还不足以准确地界定当地的方神信仰状况，虽然每一个庙里都供奉了诸神。确切地描述，它应该属于宗教四分法（即一神教、主神教、多神教和二元神教）中的主神教中的第二种亚类型。因为主神教相信有多个神，但又将其中的某一个神奉为最高的神。主神教又分为两种亚类型，或要求只崇拜最高的神（至上神），或主张在突出崇拜主神以外，还应崇拜其他的神。[②] 所谓方神，他仅仅是主持工作的“常务”守护神。在这样一个符合实际情况描述分析的基础上，我认为当地的方神信仰可以纳入到主神教的范畴里面去。另外，对当地包括祖先崇拜、方神信仰在内的信仰状况，根据其组织结构与特性，还可以归之到杨庆堃对宗教的两分法的弥散型的宗教中去（另一种是制度性的宗教）。弥散型的宗教指一种并不独立自在的宗教，其教义、仪式、神职人员均已和其他世俗制度如宗法、家庭、权力、政治混杂在一起，融合在其他世俗制度的概念、仪式或结构里，主要指祖先崇拜、社区神崇拜以及伦理—政治神崇拜。

（2）分身有术。同一位神被多个村庄同时供奉的现象较多，如杨四爷、白马爷、九天爷、法王爷等被多个村庙同时供奉。这恐怕是神“分身有术”和“多位一体”的具体体现，在当地人的观念中，这并没有什么不妥。所谓“迎神”就是从A村（或本地域之外）庙里“复制”（或新接）一位神到B（乃至C、D）村庙，据说在这么多村供奉的相同的神中，只有一个庙里的是本神，其他庙上的都是“毚教童”（神的童子）。有时甚至出现所“复制”的神由于香火旺盛，比其原来所在的村庙还要感应，人们一般会说，A村庙的“真神”被其他村庙给接走了（看来

① 可以认为，在19世纪孔德及其追随者的时代，曾经产生过人类思想进步的理论，即三阶段的理论。第一阶段是宗教阶段，它本身又分为三个小阶段，首先由被孔德称为拜物教的野蛮人宗教所代表，后来是多神教，再后来又是一神教；第二阶段是形而上学阶段；第三个也是最后一个阶段，则是实证主义阶段，在这个阶段，支配人们思想的既不是宗教，也不是形而上学，而是实证科学。见［英］拉德克利夫-布朗著，夏建中译：《社会人类学方法》，149页，北京：华夏出版社，2002。

② 参见孙尚扬：《宗教社会学》，49页，北京：北京大学出版社，2001。

神也爱热闹而怕冷落）。不管是迎接既有的神还是新降的神，都要经过一套程序，首先是要知道神的名讳，然后决定制作雕像还是画"水牌"（画在木板上的平面画，安装在"轿子"里面），作为神所依附的载体。

（3）神仙谱系。从神的身世看，主要体现了道教神谱谱系的三类神：姜子牙封神，如土神、山神、财神等；皇帝封神，即历代帝王对朝廷有重大贡献的忠臣良将封神，如白马爷、杨四爷、显神爷、关圣帝君等；民间信仰神，如花儿娘娘、子孙娘娘等。其中主要是皇封的神占一定比例。甚至还有当地历史人物的仙化，如丁武爷，据说是靖远高湾人，在明朝万历九年在四川化缘建"朝云观"庙宇出名成神。[①] 屈武爷，据说是平川区种田乡屈家庄人，因降妖有功而转神。

（4）三教同堂。村庙的称呼既有佛寺也有道观，如"兴隆山玉虚观"，"复兴山潮明寺"。但是由此判断它所属的教别，会得出错误的结论，各村的诸神一般不是纯粹某一个教派的神，不管是佛寺还是道观，供奉的神尊却可以互相采借，互相融合。如文昌爷（孔子）、杨四爷（杨四将军）、法王爷（齐天大圣斗战胜佛法王菩萨）分别是儒、道、佛三教神谱谱系中的神灵，但这并不妨碍他们同居一室和谐相处，也不妨碍信徒们的信仰活动。这种不注重何种教派，只注重有神可敬的观念，正表明当地民众的信仰是整合诸教和民间风俗各元素后形成的"民间宗教"信仰系统，[②] 并以道教系统[③]中的神灵为主导（但不是"教会道教"

① 最初流传的神仙，多为上古传说中的人物；汉魏以后，多为道教人物之仙化；唐宋以降，则多为历史人物之被仙化者。在道教中，神仙也有品位高下之别。《仙经》说仙有三等。《太真科》则将仙分为九品。《镛城集仙录》、《三坛圆满天仙大戒略说》等书也都将神仙分为九品，但名称不尽相同。见高寿仙：《中国宗教礼俗》，126 页，台北：百观出版社，1994。

② 高寿仙认为，所谓民间宗教，就是以传承下来的远古巫教形态为基础和框架，不断吸收新的宗教因子而形成的信仰形态。也可以说，民间宗教就是巫教，是比远古宗教更加复杂的巫教。高寿仙：《中国宗教礼俗》，331 页，台北：百观出版社，1994。

③ 道教是一种多神崇拜的宗教，典型地反映了以巫术观为核心的中国人的神灵观。随着民间信仰的融汇，道教几乎把民间信奉的神灵统统编入其神仙谱系，各安职司，还根据传说整理以致杜撰许多神仙传记。同上，124、125 页。

或"道士的道教"，而应该称之为民众道教），因为道教的一个特色就是拥有庞杂的天地鬼神系统[①]。当地村庙具备这种庞杂，但是没有相应的经典和规范组织形式存在。

（5）萨满教的遗存。正如杨文炯的判断，在西部少数民族宗教信仰中，原始宗教与高级宗教、地方性宗教与世界性宗教并存现象十分突出。[②] 作为一种世界性的宗教现象，萨满教的基本信仰有：万物有灵的自然崇拜、灵魂不死的鬼神信仰、图腾崇拜、祖先崇拜等。主要的宗教活动有：送魂、求福、跳神治病、实施咒术和巫术、占卜吉凶等等。此教没有宗教组织、没有经卷、无系统的宗教理论。萨满分为三类：家萨满（经专门挑选出的神职人员）、身抓萨满（神附体而自成的神职人员）、栽利（祭祀仪式中的侍神者）。[③] 当地方神信仰中的"提马爵"，以及祖先崇拜、各种巫术和符咒，既有道教的遗存，也因为西北地区曾是东西方文化交流的必经之地，成为多种文明交融的叠合地带，因此当地信仰状况带有萨满的成分也有它的历史渊源和依据。如米尔奇·埃利亚德在《萨满教：古老的昏迷术》中主张，萨满教是一种古老的昏迷术，没有"昏迷"，就没有萨满教。[④] "马爵"的"昏迷"即萨满教的神灵附体。

（6）地方性的扩张。一般来说，方神只在本地履职，具有相对固定的地域界限。但也有经村外人的求助，赴外地救助的现象。因此，方神之"方"，也并不固定在本村庙所在的范围。我曾经在平川区看到从住

---

① 道教最早的系统神谱出自于南朝梁代陶弘景所著的《洞玄灵宝真灵位业图》。这一谱系由上古神话人物、传说人物、历史人物加上一些民间轶闻中的神通人物而构成。谱系结构的安排根源于混淆不清的观念，如阴阳五行、道与太一、天文地理、行政体制形式等。道教的世俗化、大众化的重要方面就是这些神灵的世俗化。大众有什么愿望，道教就构造出什么神。见王志远主编：《黄河文化丛书·宗教卷》，176—177页，银川：宁夏人民出版社，2001。

② 杨文炯：《传统与现代性的殊相：人类学视阈下的西北少数民族历史与文化》，148页，北京：民族出版社，2002。

③ 同上，55—56页。

④ 郭淑云：《原始活态文化：萨满教透视》，上海：上海人民出版社，2001。

宅小区开出的小车，前面坐着一位轿夫抱着一台轿子，显然是请了哪个村里的神到城里来。也曾遇到方神被人们请到省城，为一些人治病解难。对于方神突破其所保佑的村庄，在更大范围内活动的现象，我们且称之为方神信仰地方性的扩张。

(7) 人神间的契约关系。为了尽快治好病，或求子、求职，或祈求神降临福祉，人们都要到神面前许愿，愿望实现后必须要还愿，一般要送上写有赞颂神灵的匾额，以及香火、钱币等。有的人忘了还愿，神会以其他方式提醒。这既是一种贝格尔所说的强化神圣的合法化的"提醒机制"，也是一种无法毁约的神人间的契约关系（互惠的二元结构），比经济社会任何书面形式的契约关系要牢靠。经济合同还有作废的条件，许愿则迟早都要兑现。当事人忘了的，神甚至会提醒其后代来兑现，人神之间牢不可破的契约，直到兑现的一刻才能自动解除。阿拉伯世界有一句流行的谚语——人老是忘记，神总是记得。这是对人与神之间许愿—还愿关系的最好注解。作为还愿的布施，现在大多以现金支付，互利的特征突出。正如韦伯对中国宗教功利性的判断，"是为了他在此岸的命运而祭祀，全然不是为了他在彼岸的命运"。

(8) 祭神如神在。当地众弟子日常谈论中涉及神，皆以"爷"或"老人家"尊称，在神"不在场"的情况下，也对神尊敬有加。在他们的深层意识里，正如孔子所说"祭神如神在"，他们是以"信"进入这一方神信仰系统，而不是以"不信"进入。并以"信"贯穿敬神的始终，这一信念的巩固和持守便在每一次与神"接触"的相关仪式中得到进一步的固化。这也算是一种"神话论证仪式，仪式反过来支持神话"的佐证，信神的意识与参与仪式的行动这两者之间在这样一个循环重复的过程中得到互相勾连和互为强化。即信仰和仪式是互为表里的，这是宗教的两个重要因素，信仰为仪式的行动提供支持并使之更有意义，仪式用来实践信念并在实践中肯定、支持和不断强化信仰。"信"是因为其"真"而信。涂尔干明确地断言："任何宗教都不是虚假的。就其自身的存在方式而言，任何宗教都是真实的；任何宗教都是对既存的人类生存条件做出的反应，尽管形式有所不同。”在涂尔干看来，宗教并不是简单的幻觉的产物，因为空泛的幻想是不可能形成如此强烈而又持久的人类意识的；而且，宗教所表达的绝不是自然中不存在的东西。[①] 涂尔干是对的。人们是相信“眼见为实”的，在弟子们的观念中，一切神迹都表明神是“实实在在”的，他们绝不相信，亲眼见到的会是幻觉？

对神的不敢不信不是毫无理由和没有相关依据的，村民们经常用老年人流传的神迹和现实中发生的事件强化着方神信仰。有一件事情在这里值得一提，村里一位姓何的村民，他放养着一群羊，同时还兼任庙上的轿夫。一次他家的几张羊皮不翼而飞，他不去周边找一找，而是自恃轿夫几次三番让神帮他找，神的答复其实也已经暗示了一些信息，但他最后还是到神面前发了毒咒，要是行窃者不交回他的羊皮将如何如何。结果，没过几天他二十多岁的儿子神志不清，得上了精神病。后来人们都说，是他儿子偷了羊皮，因为他在神面前发的毒咒应验了，这也许是“逼神太甚”的结果。在这样的事件中，神在不断地凝聚着人们“信”的力量，强化着人们的敬畏和方神信仰的边界。可是如果站在宗教信仰的负面影响来看，或者从何轿夫儿子的立场出发，神的威力是否过于严酷，让人产生心理不安，乃至以精神的崩溃为代价？这是一个没有得到法律审判的神的审判结果，可是村民们始终站在神的一边，最终肯定地将罪判给“有罪”（以猜测的方式，完全没有证据）的人。这在心理上可能属于一种“集体暗示”。不管是他的家人还是村民，都主动放弃了进一步澄清事实的权利。这件事所引起的社会心理紧张并未延续多久，人们以“合理”的逻辑解释了事情的结局，缓解了紧张情绪，并在人们对神的坚定信仰中重又恢复了往日的平静。而何的儿子由于家人对他照顾不周，精神病始终未能得到好转，2006 年正月曾经病危，情形很是凄惨。

---

① 涂尔干：《宗教生活的基本形式》，转引自孙尚扬：《宗教社会学》，6 页，北京：北京大学出版社，2001。

小川村流传着一个故事，那是在1984年正月村里唱戏，请来演出的是会宁塬塘的戏班子。一天演出《伍员逃国》，当唱到伍员背井离乡的那段凄苦生活时，突然刮起一阵黑风，在戏台上空旋转一会，随后飘向村庙方向。这时扮装伍员的演员晕倒在地，不省人事。在场的人赶紧找来村里的赤脚大夫，经诊断脉象正常，就是叫不醒。正当混乱时，有人提出问神，于是村里负责人和戏班子的团长就去村庙请"显神爷"，神说："吾当从空中路过，看到自己被逼迫到如此惨境，不想让当年情景再现，就用此法让演出停止。"说完便打一道符，让人给昏迷的演员服下。人们抓紧按照神的指示去做，演员很快清醒过来。从此，凡是到小川来唱戏的永不唱《伍员逃国》。民间正是利用诸如此类的故事，进一步强化对方神的认同和信仰。

在方神信仰之外，本地历史上也曾融入其他宗教形式，比如一贯道。据了解，一贯道曾在种田一带影响较大，他们以"行善"为名，每天念经、忌嘴。当时流传这样一种说法：一贯道修炼成后就有"夹簸箕过沟，骑草龙上天"的本领。1958年，政府取缔一贯道，抓一贯道分子，牵头人一名被劳教，一名上吊自尽，其他的信徒被戴上"四六分子"的帽子游街。吴家庄的WCZ讲到当年的情况和对此的认识，他说：

一贯道当时这儿也有，花道子的牛家、连家圈的赵家都联合忌嘴，还要劝别人忌嘴。有被动员的人说，我要是想起来肉就馋得没办法了，就入不了。一贯道是共产党给戴的帽子，这里的一贯道只是磕头、行善、忌嘴，屋里有个神牌子，上香供奉。他们的说法是行善对死人活人都好，反动的事这些人没有想过，共产党害怕其中有反党反人民的组织。邓小平的政策把四类分子、一贯道的帽子全摘了，都当群众看待。

相对于当时的政府，老百姓对一贯道的认识则是比较平和的。即便对于当年已经取缔了的一贯道，它后期在台湾的发展也非常引人深思，陈进国在"第二届海峡两岸民间文化论坛"会议发言中说："一贯道在1949年的民国政府一直也是受到批判的教门，解放以后，大陆也把一贯道当成反动会道门来打击。1987 年台湾解禁以后，一贯道在经过几十年的发展以后，现在实际上已经传播到全球 80 多个国家和地区，事实上从某种意义上说已经成为一个准世界性的宗教组织。就是说，无论你承认也罢，不承认也罢，他作为一种宗教文化现象的一个传播，能从台湾这个地区再出发传播到全球 80 多个国家，而且形成事实上相当有活力的一个新兴的宗教运动，这种现象很值得有关部门和学者客观地去进行反思。反思一个曾经被政府视为反动的教门组织为什么能在全球化的时代传播到 80 多个国家，形成这么强有力的一种文化的推动力。”①

除此之外，本地不存在因西方文化东进带来的基督教等其他宗教形式。

五、敬神敬疲惫了

以崖窑山为例，借用布罗代尔的观念，崖窑山可以说是从古代（唐朝）延续下来的“长时段”的面相，今天已经坍塌倾圮，香火冷落，我们从中看到的是传统难以延续的困窘。

一方面，按照马克斯·韦伯的论旨，整部世界近现代史实际上是一部精神上的驱魅史，宗教就是这部驱魅史上不断被驱除着的“魔魅”之一，或者是首当其冲的“魔魅”。另一方面，在技术理性和科学精神主导全球的时代，近几十年来，宗教生活以不同的形式重新焕发出新的生机。

从目前国内学界对民间信仰的研究成果来看，研究其复兴的案例也较多，这似乎暗合了上述宗教在全球范围内新一轮复兴的判断。但这同

① 见陈进国：《全球视野下的民间儒教刍议——第二届海峡两岸民间文化论坛会议发言》，载“中国民俗学网”，2009-09-22。

时会给人一种错觉，即各地的民间信仰都呈现出复兴的征兆，这会影响到对民间信仰发展复杂性的观察。主张复兴的人以其中的少数个案代替全部景观，没有看到历史和现实的多元多歧性，将民间信仰存在的多种面相化约为一种特征，没有为其他的可能留下余地。研究者执其一端，不计其余，只能越来越远离接近研究对象"全部结构"的机会，因为复兴不是民间信仰的"全部结构"和"总体面相"。实际上现存的民间信仰既有复兴的案例，也有衰落的地域，更有维持现状的情况。当地民间信仰的整体没落表现在两个方面，一是信仰共同体的涣散，一是地方性知识的丧失；前者是制度层面的，后者是认识层面的。一个核心的问题正如杨煦生所揭示的，在一个惨遭"脱魅"的世界中，"复魅"（Verzauberung）事实上已经是一个伪问题。[①]

坍塌的庙宇

1. 信仰共同体与农村社会的同构

过去，老年人对敬神尤为重视，年轻人由于考学、工作或打工常年

① 杨煦生：《失魅时代的超越之维》，载《读书》，96页，2009（6）。

不在家，也没有时间去上香，即使在家，也不是特别将上香的事放在心上。这比起格尔兹描述的巴厘人的庙宇体系的约束力是宽松多了，作为巴厘人，“如果你不对宗教礼仪承担自己应尽的义务，那你就彻底被开除了，不光被庙众开除，还被整个社区开除”①。在当地这种指责最多上升为一种民间舆论，这种舆论力量的作用在于，在方神信仰上大家结成一个共同体，作为一个村的村民，同时也都是方神的弟子，弟子对神不虔敬，在道德和良心上都过不去，因为方神佑护着这一方百姓，保证风调雨顺，五谷丰登，每一个村民都作为其中的受惠者，自然要对神进行报答，报答的方式就是使庙里的香火旺起来。在这个意义上讲，方神信仰，包括由这一信仰团体的首领——会长及其弟子组成的信徒，是地方小传统中的共同体②（或者非国家、非社会的第三种社团形式，第三部门）。这一以村庙/村庄为单元的共同体凝聚着人们的信仰，并发挥着祈福（对农业丰收和家庭福祉的祈求）、互助（村民间互相了解、互相帮助）、协调人际关系、维护家庭乃至社会伦理等方面的社会功能，共同体中的成员藉此进行着“持久和真正的共同生活”。如一些仪式需要借助村落的社会功能、共同体的力量来完成。人们在这样一个过程中完成了“人情伦理”上的互惠。人们对神的报答一般以布施的形式交到庙里去。这也正是涂尔干所说的宗教的社会整合功能（现代新功能派的人类学家将宗教功能的意义分为三大类：生存的功能、适应的功能和整合的功能），众弟子通过宗教仪式不断创造着维持社区统一性需要的有一

---

① ［美］克利福德·格尔兹著，纳日碧力戈等译：《文化的解释》，203页，上海：上海人民出版社，1999。

② 滕尼斯在《共同体与社会》中认为，实在的共同体建立在“自然的基础”之上，它的规模虽小（如家庭、村落、友谊团体、关系），却充分表现着思想意志的高度有机结合，是一种“持久和真正的共同生活”。见王铭铭：《漂泊的洞察》，24页，上海：上海三联书店，2003。

滕尼斯认为，共同体的基本形式有血缘共同体、地缘共同体和宗教共同体。共同体的生活是相互占有和享受，是占有和享受共同财产。占有和享受的意志就是保护和捍卫的意志。参见［德］斐迪南·滕尼斯著，林远荣译：《共同体与社会——纯粹社会学的基本概念》，76页，北京：商务印书馆，1999。

定强度的社会归属感，并在这种归属感之上使自己的心理得到调适，乃至继续聚集构成村落共同体的精神资源，加强了自我认同，强化了村落的内在凝聚力，并自发地"保护和捍卫"这些资源，使原有的社会结构得以稳定发展。同时，弟子们也在这一共同体中赋予自己的行为以一定的意义。

生活于这样一个由"地方性知识"所构成的"意义之网"，[①] 人们都能够想象得到脱离这一意义之网的危险，因为那样人们将把他当作另类处置。如同格尔兹在《地方性知识》中讲述的巴厘岛人的观念——"不同类别之间的界线是分明无误的。无法归入类别的任何事物都会破坏整个结构，必须加以纠正或者把它消除"。作为个体，不但要想法融入这个意义之网，受到这个意义之网的庇护，还要通过自己的行为去维护着这一意义系统的秩序，防止自己的行为与该系统冲突或失范，提醒和纠正别人以防成为系统结构的破坏者。这是一种防止自己在文化上出局的本能保护方式，也是地方性知识得以形成和传承的知识生产机制。

早些时候，方神信仰活动在当地不仅表现为一种宗教共同体，村庙也是一个文化的集会场所与中心。如过会时每家每户都要精心准备一桌供品（民间厨艺的展示），这些活动是平静的村庄少有的盛大聚会和节日，没人愿意放过亲眼目睹和参与其中亲身体验。通过这一行动释放激情，调节自己的文化活动。对整个村庄来讲，也是对四季节气和农事日常生产生活秩序的一种调节，如念经祈雨仪式，便是村民面对旱灾的一种集体抵抗与祈求行动，一种试图改变自然界力量的行动。过去组织大型庙会的时候，周边村落方神也被邀请前往，众多弟子也踊跃参加，形成村与村之间的有效联结与互动。现在庙会越来越少，一些村庙多年不再举办庙会，其他世俗公共活动也少，村落间、村落内人员的互动性也

① 意义指的是依照某种更为宏大的参照系对一些境遇与事件所作的解释（理解）。"意义问题属于个人生活的基本信仰，涉及对生存的意义（幸福与受苦、善与恶、为什么我在、死的释义、与他人的生存关系）的认识。"见孙尚扬：《宗教社会学》，53页，北京：北京大学出版社，2001。

大大降低。人们有事没事则守在家里的电视机前，观念和兴趣都发生了转移。而当这种共同体涣散时，庙宇比以前寂静了许多，相应的村落社会结构也就濒临解体。

传统遗产在现代观念中所发生的这种认同危机，必然涉及相关人们在地方性意识与普世观念之间的两难选择。不过，以方神信仰及整个乡土观念为主的地方性知识的意义系统对人们的约束性是有所区别的。对本地常住人口的约束是显而易见的，而对从本地迁出的、大部分时间在外的人，因时空距离的拉大导致认同度的降低，因此这些人基本上是游离于“地方性知识”这个意义边缘或之外的。如果从乡村人口大量外出这一维度来看，有一种挣脱地方性知识或者削弱这一意义之网构成人数、建构强度的力量呈日趋强大之势。这部分脱离乡土社区生活的人，由于生活于不同的意义系统之中，他们原来的意义之网随着时间的流逝而变得不再像他们身处其中时那么重要了，直到割断了与既定意义系统之间的联系。他们或许会质疑原有的意义系统，转向新的信仰，或者转向无信仰的状态。现代思想和政治精英把民俗（包括民间信仰）界定为某种与“现代生活”相对立的落后的生活（设置出先进和落后的区别），而这种民俗本来是他们日常生活的一部分，在“现代生活”和“日常生活”之间造成人为的社会分野和价值分档，作为在外打工见识和体会了“现代生活”的年轻人，自然对其原来生活其中（并仍然短期回到其中的现实）的“日常生活”中的民俗不认同，乃至有意鄙弃和回避参与其中。在这样一个过程中，原有的靠地方性知识维系的信仰共同体无疑遭遇了解构。

人类学家安东尼·华莱士（Ralph Rinzler）在一篇文章中将复兴运动定义为“社会成员为创建更适宜的文化采取的慎重的、有组织的、自觉的努力”。这种努力不管是在年老一代的农民身上，还是年轻一代的农民身上都没有显现，特别是民间信仰的主要参与者和主导者也对其未来的发展颇感失望。正如田会长所说的：“现在明显没有早些年代隆重，以前家家来人，现在只来三分之一，而且来的多是老年人和中年人，青年人不来。我想十年后这里冷冷淡淡，来往的人是寥寥无几。"这已成为民间信仰命运的谶语。它传承和再生产的机缘在哪里？

2. 民间信仰与政治的互斥互容

民间信仰与政治的关系向来是一个颇受关注的问题。最近可以追溯到激进的社会主义革命运动中，新政权为了建立起追求科学、理性的新形象，将民间信仰污名化为"迷信"（实际上这是一个把文化的东西意识形态化的操作过程，这与美国罗伯特·贝拉讲的公民宗教把意识形态的东西变成一种文化的东西灌输到民间正好相反[①]）进行打击和摧毁，完成快速"脱魅"；而近些年在"申遗"热的推动下，承认它在整个国家体制里面的地位，然后让它在学校里面传承，以及各地区民间信仰以旅游文化等变通形式出现的复兴案例，再次表明政治对民间信仰文化及经济价值意义上的认可及其间的和解。两者的互斥互容就这样悖谬而合理地出现。前者是在没有了解、没有懂得中国传统的时候轻易去改变和破坏，后者则是同样轻易地、一股脑地承认。刘魁立对此开玩笑地说："我们都是钢筋铁骨，折过来然后再折过去，折过来再折过去，假定我们是竹子做的话，我们早就折了。"[②] 在当地，方神信仰与基层组织间的关系则一直比较微妙，虽则共存，但并未出现方神信仰的任何复兴迹象。

上汉村田会长的说法很有代表性："每次庙中过会，我都要向村乡两级组织汇报，征得组织同意才过会，在法律允许下办事，不脱离政府。"由于封建迷信是被法律禁止的，如能得到法律允许，就证明这不是封建迷信，这是一种巧妙的自我保护的合法化逻辑，是一种生存技

---

① 参见金泽：《把文化传统和民间信仰连在一起——第二届海峡两岸民间文化论坛会议发言》，载"中国民俗学网"，2009-09-22。

② 刘魁立：《文化传统和民间信仰的功能自在问题——第二届海峡两岸民间文化论坛会议发言》，载"中国民俗学网"，2009-09-22。

巧。同时表明，代表大传统的政治力量（乡村两级组织）在具体的“在地”环境中，并不是与代表小传统的民间信仰相对抗的，它们在长久的双向的流动中达成了一种和谐的共存，互相尊重，共同营建一个具有凝聚力的村落社区，在这一点上，官方意识形态与民间信仰传统文化找到了共同的基点，实现了秩序的维持和观念的互相认同。

按照田会长的逻辑，民间信仰获得合法身份，并与地方政权组织完全勾连在一起了，说是有些事要请示乡村两级组织，实际上宗教活动的主体是在神的主导下进行的，况且这中间处于国家体制内的乡村干部回避了自己的政治身份，而以弟子的身份参与到其中的，他们并没有什么特殊和高于其他弟子的地方。实际上应该这样说，表面上看是政权制约或监督民间信仰，事实上国家在地方社会的代理人已被融化在民间信仰之内，失去了代表国家话语发言的权威和强制力，此时是只见具体的个体的信仰，而不见抽象的政权了。只是这一过于明晰的判断，作为“国家机器与地方社会的一个交接点”的乡村干部不便明说，一切尽在不言中，也可以说是心照不宣，他们在国家话语和乡土话语之间因时因地做着适合的角色和话语的选择和转换。

从中我们看到，一方面，民间信仰体对国家权力做出尊重的姿态，为他们的活动创造空间和合法性。另一方面，国家权力的代表者也常将自己参与民间信仰的言行赋予一种“文化”托词（如重视和保护文化遗产等），并通过这种在地性的观念系统，为自己参与其中寻找合理性依据，在他们的身上同时糅合和统一了国家话语和乡土话语。借用“国家的在场”实为“神的在场”扫清了障碍，神的空间也不再回避国家的空间，但国家也不再理会神“如何生存”。

美国人类学家罗伯特·雷德菲尔德（Robert Redfield）在对墨西哥乡村地区研究时，开创性地使用大传统（Great Tradition）与小传统（Little Tradition）的二元分析框架。其实大传统与小传统（雅/俗，精英/民众）本无高低、优劣、大小之分，他们本是同根生，同是一个地域本土文化“传统”的一部分，甚至是同一种信仰、观念系谱的不同版本而已，或者说因对文化表述所处地域、立场的不同而产生的表述差异。随着近些年"申遗"活动（申遗本身也是中国走向全球化的一个途径或载体）的推进，一些原来上不了台面的小传统也会成为所谓"大传统"的部分，可以成为"先进文化"的一部分。

3. 除魅后的"无神空间"

从认识层面来看，即使在作为世代定居的个别本土居民，他们对方神信仰的看法，也受意识形态挂帅的影响，在迷信与民间信仰的两种认知之间徘徊。在调查中，因刘晓乾要抽些时间去访问，以及整理的资料发邮件要找同事帮忙（刚开始他不会使用互联网），这事传到校长耳中，认为他是在搞"封建迷信"①，思想有些不对头，还专门找他谈话。这是个很有意味的现象，作为本地主要信仰形态的方神信仰，并不是所有人的信仰共同体；而且最先发生的是这样一些有知识的人脱离于这个共同体，并回过头来质疑和反对它（用意识形态的眼光来否认民间信仰存在的合理性、人类文化的多样性）。说轻点，这种做法破坏了文化的多元存在；说重了，这是一种政治和文化的霸权，是意识形态大一统的企图。

人的认识、态度和作用在文化变迁中至关重要。这种鄙弃什么、选择什么的观念形态，能够决定传统文化的命运和发展。我们知道，完全否定传统文化是不对的，特别是以为自己有知而勇于解放在他看来蒙昧无知的人时，它已经无知地破坏了文化。对文化的因循守旧、固步自封也是不对的，但在文化的取舍和更新中把最珍贵的部分无知地舍弃掉也是灾难性的。至少，应该给予不符合主流意识形态的事物以一定的宽容，起码不要把世界变成千篇一律、千人一面，这是作为现代文明社会的人类能够想通和做到的。

① 以往常说的"封建迷信"的说法，把"封建"这个政治概念和"迷信"这个认知方式放在一起是风马牛不相及。有些学者提出用"民间信俗"这一概念。

新庄村庙——行雨观

这位校长（事实上不止他一个人）为什么会有将民间文化指认（感觉）为落后的东西的判断。列维－斯特劳斯曾用物理学上运动的概念来解释这种感觉：当文化与我们在同一方向上移动的时候，我们感到它们十分活跃；方向不同，它们就显得静止不动。原因在于在这位校长（以及更多的受过唯物论思想教育的人们）的认识上，以城市文化为代表的现代文明里面没有这些东西，那么接近、支持和发展（甚至包括研究）这样的民间文化，就是与现代文明背道而驰，是一列反方向的“列车”，不但静止不动而且加速落后。怪不得他为刘晓乾担忧，并要与其谈话。殊不知要是仅仅破解了其中的结构或建立了相应的模型时，它们就已经是多么的“科学”（富于智慧）。何况其中还有那么多未知的领域是科学目前所不能认知的。

这样的人“有点相信而不太承认”。由此是否可以这样推测，当地文化水平普遍提升之后，他们都加入“除魅”的行列。因为人的理智化的过程就是一个除魅的过程，即人类将神从现实世界除去，届时也就是方神信仰终结的那一天！从破“四旧”开始，包括现行的教育，使他们面对科学与迷信“非此即彼”的选择，打乱了人们原有的信仰观念，使他们处于一个“文化自觉”与“不能自觉”之间尴尬的两难境地。这是处于客位从外部观察到的，就他们自身来讲并未意识到这一点。

我们假设，当本地的"迷信活动"发展到如王铭铭考察的闽南地区的石牛山因将原来的"迷信场所"列为"旅游景点"和"文化遗产"，修建了石壶寺带动了本地经济的快速发展，庙宇工作已经成为石牛山发展经济的中心工作，带动农民脱贫的主要渠道，也成为政府和干部的主要工作时，① 如果有这样的一天，作为种田乡接受了现代教育的教师以及乡村两级干部对待"迷信"的态度又将发生怎样的转变？而这种经过符号化的操作变异为旅游资源后，它的"真实性"已大大损失，它的结果不是所谓的传统文化再创造或文化重构，用旅游人类学的眼光来看，它把游客带进"在集体欢腾的旅游的同时遭遇另外一种集体异化"② 的陷阱。在这样所谓创造性的过程中，许多方面背离了传统，甚至找不到传统的影子。冯骥才揭示给我们的是："我们的文化遗产实际上被浅薄化了，被粗鄙化了，而且在被破坏。那些容易被商业化的部分，容易成为卖点的部分，被拉到了台前，比如民俗表演啊，手工艺啊。而那些少数民族语言、民间文学、歌谣，谁也不会给你钱，没人管。我们的文化就这样被肢解了，被稀释了，实际上这是种祸害。"③

每一位看过《最后的山神》这部人类学影片的，都会对片尾的一幕印象至深——老母亲对孟金福表演萨满极为不快，她黯然地说："山神走了，不会回来了"，伴随着眼角流下一行老泪。"神"死了，一种对神的信仰消失了，曾经回荡在兴安岭山林之中的萨满鼓声恐怕是最后一次响起了……这是对现实最为深刻的隐喻。

一般情况下，当外来宗教比本土固有宗教力量强大时，固有宗教就会受到攻击并面临危机，此时就会有一种保存和延续自身宗教传统的"本土运动"发生，这也是两种文化初相遇时常见的情形。可是对于当前的民间宗教信仰来说，它所面临的既不是外来宗教，也不会引起"宗

① 王铭铭：《灵验的"遗产"——围绕一个村神及其仪式的考察》，见郭于华主编，《仪式与社会变迁》，38 页，北京：社会科学文献出版社，2000。

② 王铭铭主编：《中国人类学评论》第 4 辑，253 页，北京：世界图书出版公司，2007。

③ 冯骥才：《被肢解、被祸害的文化遗产》，载《南方周末》，第 21 版，2009-04-02。

教振兴运动”的本能反应，民间宗教信仰最危急的处境是——它面临的是外来“无宗教”的观念浪潮，而祛了魅的民间宗教信仰还算是民间宗教信仰吗？种种迹象表明，曾在村落间居精神核心地位的民间信仰，正露出一种被“去民间信仰”的端倪。

按说与一个民族基本的价值观、宇宙观、生活态度及宗教信仰、传说神话等投射体系相关的文化因素是文化变迁中最稳定的部分，可变迁是在时时持续发生着的，并表现为量的变化——首先是随着人口输出导致弟子减少，当地文化持有者被大量带走；紧接着是仪式规模的递减和程序的简化；最后是流动的人口引进的视当地文化为落后和应该抛弃的外来的思想与观念。就这样，量的萎缩一直在继续着，乃至留下来的人不足以建立起坚固的信仰体系来抵御这种不见硝烟的冲击，出现信仰危机，动摇它原本稳固的基础，呈现出文化传承的非连续性特征。如滕尼斯所说的一代代人对父辈信仰的“继承”发生了断链。[①]

总之，传统是在一代一代的重复中得到复制与延续的。当人们对重复失去兴趣，并被更多的系统外的事象吸引的时候，传统注定陷入萎靡。正如有的村民所说，“现在敬神敬疲了”，意思是乏味了、无所谓了、麻木了、没感觉了、不虔诚了、去神圣化了。再说具体点就是心态上处于可敬与不可敬之间，敬，没有足够的动力，不敬，没有足够的胆量。或者还可以说，敬与不敬，取决于问与不问，若是以防万一迟早要问，那就还得敬着。

---

① 滕尼斯认为，宗教本身就是习俗的一部分，是由传统、传说和老年长者作为切实的和必要的东西流传下来的，子孙就出生在这种环境里，在这里接受教育，就像接受他的语言方言、生活方式、服装样式、饮食方式，接受他的家乡习以为常的东西，父辈们的信仰，信仰和风俗，继承的感受和义务。见［德］斐迪南·滕尼斯著，林远荣译：《共同体与社会——纯粹社会学的基本概念》，322—323页，北京：商务印书馆，1999。

第六章
风水实践：“事生事死”的努力

在所有宗教根源里，最高和最终的生命危机——死亡——是最最重要的。

——马凌诺斯基

丧礼者，无他焉，明生死之义，送以哀敬，而终周藏也。故埋葬，敬藏其形也；祭祀者，敬事其神也；其铭诔系世，敬传其名也。事生，饰始也；送死，饰终也。终始具而孝子之事毕，圣人之道备矣。

——《荀子·礼论篇》

一、死亡观念与丧葬仪式

1. 人死曰归

西方灵魂信仰中，人死后渴望上天堂，回到神的身边。泰勒的万物有灵论认为各个生物的灵魂在肉体死亡或消灭后，能够继续存在，并能上升到威力强大的诸神行列。[1] 中国从先秦时代起便建立了灵魂学说。

---

① ［英］爱德华·泰勒著，连树生译：《原始文化》，419 页，上海：上海文艺出版社，1992。

中国灵魂信仰有佛教的轮回转生，道家的长生不死，以及儒家的返祖归宗观念。返祖归宗即个人有限的生命，加入到家族生命的无限延续中去，从而使家族永存。死后的去向是进入祖先墓地，与祖先会合，回到祖先的地方去。古人称死为归，把亡者叫“归人”。《韩诗外传》云：人死曰鬼，鬼者归也。亡灵返祖，返归的就是鬼的世界。亲人举行隆重的葬仪，就是送魂归祖，祈望亡灵尽快成为祖灵，保佑全家平安、子孙繁盛。[①]《礼记·郊特牲》载，人死后，“魂归于天，形魄归于地”。这是魂魄分离、两个世界的观念，即人死后魂气上天、形魄入地，进入不同的境界。这种魂/魄、精神/形体、神/鬼、生/死的二元结构，是中国古代魂魄观念的核心内容。

《礼记·祭法》云：大凡生于天地之间者皆曰命，其万物死皆曰折，人死曰鬼。

《礼记·祭义》云：事死如事生……称讳如见亲。

《中庸·十九章》云：事死如事生，事亡如事存，孝之至也。

伊斯兰教对生命的终结也持坦然的态度。穆圣在死前嘱众人：毋庸讳言，人总是要死的。死，是无论什么都要走的路。人类始祖阿丹不能免去死亡，千古的圣人也不能免去死亡，历代帝王也不能免死亡，我也不免要死。[②]

诚如唐君毅于民国二十八年夜宿一古庙中之所思：数十年前，吾辈或自始未尝存，或尚在一幽渺之其他世界，以不知之因缘，来聚于斯土。以不知之因缘，而集于家，遇于社会。然数十年后，又皆化为黄土，归于空无，或各奔另一幽渺而不知所在之世界。[③]

“向死而在”的人终究不免一死，无论如何这是一种不可选择的终结。但是在农村人的观念中，人们对此看得再自然不过，既然无法抗拒

---

① 马昌仪：《中国灵魂信仰》，161页，上海：上海文艺出版社，1998。

② （清）刘智著，周致一编译：《天方至圣穆罕默德传》，286页，哈尔滨：黑龙江人民出版社。

③ 唐君毅：《人生三书》，15页，北京：中国社会科学出版社，2005。

那么就坦然接受吧。

一次，一位冒着飞扬的尘土挖墓穴的村民向我表达了这样一种对待死亡的观念，他说："管你是帝王将相还是平头百姓，到头来都不过躺着一个土坑罢了。"这是他在特定环境下的感触，也反映了一个普遍的死亡观念。我们现在仍然可以看到，一些老人因儿孙提前为他们准备好棺材而欣慰，甚至为棺材用了上好的木头而夸口。还有一些老人，健在的时候就安排儿女，或亲自参与请风水先生择选墓地。通常情况下总要把老人过世后的丧事办成白喜事。

2. 仪式的过渡作用

丧葬礼俗是对死者的一种安置，其仪节贯彻着崇拜的精神。

——李学勤[①]

古人的墓葬并不是一开始就有的。最早"不葬其亲者。其亲死，则举而委之于壑"（《孟子·滕文公》）。灵魂观念产生后，才"厚衣之以薪，葬之中野"（《周易·系辞》），但开始还是比较简单。"后世圣人易之以棺椁"（《周易·系辞》）。一套完备的丧葬制度随着社会的发展逐渐形成。[②]

有人去世，就要举办相应的丧礼、葬式。在汉族地区占绝对主导葬法的土葬中，墓地的风水勘察（术语中称勘舆术）是非常重要的一个环节和内容。一般情况下，人躺下时，丧礼、制作寿材和请风水先生看墓

① 李学勤著，傅杰编：《失落的文明》，129页，上海：上海文艺出版社，1997。

② 王志远主编：《黄河文化丛书·宗教卷》，103页，银川：宁夏人民出版社，2001。

在华南从事田野考察长达几十年的文化人类学家 J. L. 瓦森（James L. Watson），致力于解答一直以来使西方汉学家入迷而又不得其解的困难问题，即到底是什么样的黏合因素（或者杜尔凯姆所谓的集体意识），可以在数十个世纪之中把中国社会团聚在一起？他给出的答案是中国葬俗的一组标准化礼仪和统一象征符号，正是这样一套为普通大众追随和共同享有的习俗或礼仪系统，一直保持和强化着传统中国的文化认同意识。见（未署名）：《变化中的国家认同》，来源：BBS 水木清华站。

地便分头进行。[①]

格尔兹认为丧礼的作用在于，“既防止活着的人屈服于从现场惊恐万状地逃跑的冲动，也防止他们屈服于跟着死者进坟墓的相反冲动，从而确保了人类生活的延续”[②]。马凌诺斯基则进一步从瞬间断裂的生者与死者的情感和关系指出，丧礼具有重新愈合与维护的作用，他说：

一系列纪念和祭祀仪式——借助所有这些，宗教对抗来自恐惧、沮丧、道德失落的离心力，针对群体动摇的凝聚力提供再整合的强有力的手段，和重建群体精神风貌的最强有力手段。一句话，在这里，宗教确保传统战胜那种完全作出消极反应的受挫本能。[③]

古人云：“生死亦大矣”，因此要“事死如生”。确实，死亡对于原有的家庭成员关系、社会关系有着强大的破坏作用，作为死者的家庭成员和亲朋好友要借着这样一套仪式和时间的过渡，来重新修补和整合人际关系。[④] 如何避免格氏所说的发生“逃跑”和极度悲恸的现象，就是要依照当地的宗教观念，通过规定的死亡“通过仪式”，来调适和弥合这中间所产生的裂隙，维系原有的秩序，[⑤] 丧礼就是这样一种仪式。

---

① 不但“生成了人的永恒主题”，“死”也具有了无限的意义……黄河流域的先辈们认为人死后灵魂是不会死的，会生活在另外一个世界里。由于对死后生活的强烈关注，就形成了庞大的缕缕不绝的灵魂家园文化——丧葬文化及风俗。见王志远主编：《黄河文化丛书·宗教卷》，101 页，银川：宁夏人民出版社，2001。

② [美] 克利福德·格尔兹著，纳日碧力戈等译：《文化的解释》，186 页，上海：上海人民出版社，1999。

③ 同上，186—187 页。

④ 在有关死亡之根源的弗克思族神话中，服丧的人告知说：“这是你应做之事。你们，即你和死者必须彼此永远脱离（即举行一次接纳仪式）。然后死者的灵魂就会安然迅速地远去。你必须接纳某个人。你们必须对此有完全相同的看法。而且你和他的关系将（与你和死者的关系）完全一样。这是你的亲人之灵安然迅速离去的不二法门。”（米齐尔森）这番话足以说明以下这一情况：在这个例子中亦如此，即迅速驱赶死者。见[法] 克洛德·列维-斯特劳斯著，李幼蒸译：《野性的思维》，218 页，北京：中国人民大学出版社，2006。

⑤ 祖先崇拜认为祖先的灵魂不死，由于祖先在世的时候是家族中享有威信的，死后威信仍不消减。祖先可以被拿来成为维系家族关系、保护家族平安的神灵，因此祭祀祖先神灵成为原始部落日常社会生活和个体生活的习俗。见王志远主编：《黄河文化丛书·宗教卷》，77 页，银川：宁夏人民出版社，2001。

记得 1990 年 6 月外祖父去世的那个清晨，亲人们沉闷地呆在上房，父亲打发我去请二爷过来。我第一次身处这种不祥的氛围，神经质一般逃离，骑上自行车去请来二爷。当二爷上了炕用发抖的手缓缓地合上外祖父双眼的时候，亲人们已经放声哭了起来，我则完全发懵，像被一把巨锤击中，思维暂停，没有哭的冲动，只是走出上房在院里来来回回走动。后来，也不知是怎么打破沉浸在自我难以置信中的僵局，哭出了第一声，至于闻讯前来的人怎么给我穿上孝服，越来越多的人前来操办丧事，已经完全没有意识，我只在麻木和失控的状态下哭了三天三夜。后来听村上的人说，"从来没有见过一个孙子这么伤心地哭爷爷的"。我想我是没有承受住亲人去世的摧毁性的打击吧！

面对永无止境的消亡和永无止境的再生，人们如何调适这种转渡过程的不适感？

孔子对如何对待亲人亡故的意见就非常谨慎，甚至左右为难。《论语·孝经》：子贡问死而有知。仲尼云：吾欲言死而有知，则孝子轻生以殉死。吾欲言死而无知，则不孝之子，弃而不葬。林耀华在《金翼》中将人际关系形容为由橡皮带与竹竿连在一起的网，每一根竹竿就是我们生活中所交往的一个人，每抽出一根竹竿，我们会因之痛苦地跌倒，特别是当亲人被"抽"走之后，整个网便有所松弛。要使"皮带"与"竹竿"构成的网络恢复到一个新的状态，需要一个过程。①

为了减弱和淡化这种瞬间分崩离析的破坏力量，丧礼的议程一项一项必不可少，正是在这样的仪式中，死者完成了一生最后一道"通过仪式"，生者和整个社区则得以完成情感上的"软着陆"和新的关系的确立，由最初的不愿相信到最后的平静接受。林耀华也在这个意义上说："举行这种仪式完成了活人对死人以及所有人对死者家属的责任。这样

① 参见林耀华：《金翼——中国家族制度的社会学研究》，2 页，北京：生活·读书·新知三联书店，1999。

传统一代代传下去，才不断更新着社会成员间的组合。”[①] 当地的丧葬仪式，就具有这种缓解和过渡的作用。

3. 对祖先的“记忆装置”

丧葬礼仪中的各种规程、各种实物性器具，如纸火、棺木、遗像、祭文、坟墓、墓志等永久性和半永久性的宗教性设施、标志，以及此后的定期祭奠活动，共同构成了日本学者小松和彦所谓的保存和强化对祖先记忆的“装置”，借着这种装置，灵魂和记忆同时诞生（再生）了。他强调，随着时间流逝，记忆逐渐风化，而克服风化并保存记忆的惦念便滋生为“灵魂”的记忆“装置”。这从人们通常的死亡中也可以观察到。某位家庭成员去世，民间信仰就认为其“灵魂”还在什么地方继续生活，或把他的“灵魂”叫做“祖先”。与死者有关的人们和他的子孙想一直记着他，但随着时间流逝，记忆会逐渐稀薄。为重新唤醒记忆，则有一年或三年定期举行的“年祭”。被称为“年祭”的仪式，是使对故人的记忆得以持续的装置，也是因为使用了“灵魂”这一概念才成为可能的记忆装置。[②]

2006 年阴历九月二十七日，种田村一位张姓老人病故，我们借此机会目睹了丧葬礼俗。

个案 1：丧葬

(1) 停尸。老人去世前，孝子先给老人穿上事先准备好的寿衣。亡故后，给老人口中灌酒，称之“凉尸”。再将老人的眼睛、嘴闭合好，剪掉指甲，脚腿、胳膊放正，并用绳子绑住腿。撤去堂屋家具，在地上

---

① 参见林耀华：《金翼——中国家族制度的社会学研究》，95 页，北京：生活·读书·新知三联书店，1999。

② ［日］小松和彦：《名为“灵魂”的记忆装置——围绕“民俗”概念的素描》，见周星主编：《民俗学历史、理论与方法》（上册），398 页，北京：商务印书馆，2006。

铺一层草，再将老人抬放到正堂。若老人的长辈在世，便放在正堂右侧。脸上、身上盖上白纸，叫"停尸"。① 尸停好后，继续用药棉、白纸贴在胸前，谓之"泻火"，起到暂时防腐作用。一些有钱人家也用水晶棺。

(2) 戴孝。子女披麻戴孝，长子、长孙披戴全麻孝，小儿子穿半身麻孝，若无长子，小儿子全身披麻，重孙辈孝衫上挽块红布，谓"花孝"。坐在草地、草席，不许上炕，谓"坐草铺"。晚上不能睡觉，要守灵，防止猫、狗、苍蝇伤害尸体。

哭丧

(3) 请阴阳和"总理"。丧家很快请来阴阳，根据亡者的生年八字确定下葬时辰，以及准备辛红、三砂等用物。阴阳还要用白纸书写引魂幡（出殡时举的长幡）、告牌（写有亡者生平和子孙后代的碑文，一般写儿子、孙子的数量和姓名）、殃状（埋葬亡人时应该遵循的事项，如避相和用相等）、煞单（除亡人去世时触犯年、月、日、时的凶煞，主要是一些中草药名，起镇压作用）等。操办丧事要请来"总理"（村里懂礼数，有一定威望的，经常料理红白事的人），安排协调各环节的事宜。首先吩咐庄间一些"代劳人"分头赴丧家的亲友家报丧，并安排两人去当地"纸火铺"买黑驴、白鹤、金银斗、花圈、吊纸等，又派人去请唢呐匠。

(4) 迎铭旌。迎女婿、外甥的铭旌（用红布或红绸做的窄长的条布挂在纸做的楼房下面，并贴有女婿、外甥的姓名）时，孝子手拄丧棒

① 在中国，人即便死了，他与家庭的关系也不因此而切断，他依然是大家庭的一个成员，只要财力允许，死者的尸体将尽可能长时间地被留在家中。死者的墓地就像生者的庭院一样，得到精心照管。见［美］许烺光著，薛刚译：《宗族·种姓·俱乐部》，44页，北京：华夏出版社，1990。

（缠有白纸的短木棒），排成两队跟随在乐队后面，从大门出去到村庄路口跪迎，然后女婿、外甥手举铭旌走在队伍最前面原路返回，并将铭旌高悬于大门前。

（5）开吊。二十八日开吊，亲朋前来吊丧。娘舅家人请来后，孝眷要手拄丧棒排队跪迎。随后娘舅家人来到上房点纸、叩头，又看看给亡人准备的被褥的薄厚、棺材木料的质地，其中一位年长者就后代的孝道情况和丧物准备情况进行评价，对赡养不周的还要批评。前来吊丧的人多数送纸卷（白、黄纸）和献食（大馒头），也有送花圈或挽幛的。每人都要进入上房点纸、叩头，每进一人孝眷都要哭啼一番，祭奠完毕后便到帐篷吃饭。

（6）谒庙游纸火。鼓乐手走在最前面，众人手举各种纸火排成两队出发，一路上尘土飞扬，大队人马到达庙院后上香、叩头，然后原路返回。

（7）"领羊"。饭后，几个人拉着两只羊走到院中央，举行"领羊"仪式（即以羊为牺牲的祭祀仪式）。总理喊："让亡人领女婿、外甥的羊。"全体孝眷跪成一个圆圈，把羊围在中间，说："请您老人家领了，这是女儿的一片孝心……"这只羊在包围圈里转来转去，神情紧张，试图从人群中冲出，但每次在堵挡中失败，一会儿羊由于过分紧张或其他原因，打了一个颤，众人齐说"领了！"在人们的说笑声中羊被拉出去宰了。接着又拉进一只，仍然用同一种方式，这只羊虽然很乖，不乱冲撞，但就是不打颤，不知不觉半小时过去了。众人七嘴八舌，有的说给羊的鼻子或耳朵洒些水，有的说看来老人家对女儿不满意。说着只见一个穿孝衫的女人放声大哭，"妈，您有意见为啥不早说，现在您不领羊，是嫌弃女儿穷，还是另有原因？……"众人又纷纷劝说，您老人家生前很慈祥，现在怎么刁难起女儿了，快领了，您看女儿已哭成泪人了。劝说归劝说，可羊还是不打颤。这时全体孝眷都用不同的方式祷告，哭的哭，说的说，过了一会羊总算打颤了，人们也随之松了一口气。"羊领了"意味着亡者对丧事的满意，以及对亲人没有什么牵挂和意见，可以放心地走了。

(8)"喂黑驴"。傍晚时分，女儿们要"喂黑驴"，还要请鼓乐伴奏。只见一个女儿抱着一头黑纸做的毛驴放在院中，端一碗水、一碗谷豆，跪在黑驴前一边喂驴，一边祷告："黑驴吃饱，走路驮好"。这一过程持续 20 多分钟。

(9) 过"金银桥"。晚上，亡人要过"金银桥"。人们在院子里用木板支了一座"桥"，其实就是用两个凳子把一块木板支起，随后全体孝眷跪在院内。阴阳一手拿纸扎白鹤，一手拿引魂幡，嘴里念着别人听不懂的咒语，让白鹤从木板的一端"走"到另一端，然后出了大门，朝村口的方向走去。这时鼓乐跟随其后，孝眷中举火把的走在前面。到村口后，阴阳将亡人的灵牌插在白鹤背上一起焚毁。这一过程称"明路"。

(10) 送葬。九月二十九日下葬。早晨 7 时左右，阴阳手抓一只公鸡并刀、碗，面对上房，嘴里念叨咒语，脚底踏着步罡。此时从上房门口到大门口留开一条通道，不准任何人站在这里或从此经过，若有冒犯者对自己不利，因此大家都站在通道两边。突然，阴阳脚一跺，嘴里发出"阿吐费"的声音转身向大门口冲出，手起刀落，公鸡的头被剁下，并将碗扣在门口，刀架其上，此过程叫"出殃"。然后阴阳返回院内喊："亡人入殓，准备出丧。"这时七八个年轻小伙子将棺材抬到上房，孝眷给棺底铺些长麻并将被褥铺好，把亡人抬入棺内，去掉绑腿绳、苫脸纸，四周用白纸塞紧，盖上棺盖。随后用粗麻绳捆绑棺材，由八个年轻力壮的人把棺材从屋内抬出。总理喊："起

抬棺（现在多用架子车拉运代替）

丧，邻居和路过人家点火。”随后，邻居或路过人家门口柴火燃起，浓烟直冒。此时由孝眷、亲朋、庄间人、阴阳、总理等组成的送葬队伍整装待发，他们按次序排列，长子举引魂幡，女婿、外甥举铭旌走在最前面，孝眷手扯挽在棺材上的白布按辈分次序排成两队，与亡者血缘关系最近者，离棺材最近，护送灵柩前往墓地。其余的人拿着纸扎等物跟随，一路上不准棺材落地，直到墓地为止。

在此之前，墓地选好后，举行破土仪式（南宋江西《张君重四宜易地券》称，青乌子曰：按鬼律，葬不斩草、买地、立券，谓之盗葬。）开挖墓穴，然后根据亡命、长子、长孙的属相，判定山间是否空闲，择定吉日，以吉日择定下葬时辰，部署和举行仪式繁多的葬礼（如上所述）。①

(11) 下葬。送葬队伍到达墓地后，孝眷及棺材要按顺时针方向绕墓地一周，谓之“抢茔”。后将棺材放到墓坑正前方。娘家人要查验墓坑是否合格，称“验茔”。孝眷要向坑内挖墓人撒钱，以表酬谢。等下葬时辰一到，总理喊“下葬”。众人将棺材用麻绳吊入墓坑。总理再次喊：“请孝眷最后瞻仰遗容。”开棺后，孝眷起身到墓坑边上最后看一眼亲人的面容，然后退到坟院号啕大哭。此时阴阳走到墓坑进行“分经”（由阴阳察看亡人是否端正，墓坑经脉与山的经脉是否吻合），分经后盖棺，并将引魂幡、铭旌置于棺上，然后在左上方挖的小洞内放入食品罐，后上方挖的小洞内放入笔、书、油灯（灯叫“长明灯”），右下方挖的小洞内放入孝子盆。② 这时总理说：“请娘舅家人动土，孝子回土。”几个孝子走到墓坑前背对墓坑跪下，将三把土分别从左肩、右肩、头顶

① 以解放前汉族农村地区为例，丧礼（丧事）可分五道程序：停尸；抬魂；吊丧；殡仪；送葬。每一道程序还有许多礼俗。关于葬式，虽然种类也很多，但不外乎土葬、火葬、天葬（鸟兽葬）、树葬、水葬、塔葬、悬棺葬等。见林耀华主编：《民族学通论》，429页，北京：中央民族学院出版社，1990。

② 巫鸿在《“墓葬”：可能的美术史亚学科》中指出，中国的墓葬传统不但锻造出了一套独特的视觉语汇和形象思维方式，同时也发展出一套与本土宗教、伦理，特别是和中国人生死观和孝道思想息息相关的概念系统。载《读书》，28—29页，2007 (1)。

上空丢入墓坑,再由庄间人挖土掩埋。全体送葬人员焚烧冥票、花圈、纸火等,亲属哀哭,集体叩头。

(12) 葬礼结束。从墓地回来,孝子跪于门前叩谢亲朋。进院后,阴阳将事先准备好的一盆水和一把刀拿起,一边洒水,一边用刀作剁的姿势,口中念:“水洒吾门常清净,刀斩邪魔永不归。”之后将原来写好的门符贴在大门、上房门后面,确保全家平安。众人洗手、洗脸,整个丧葬仪式结束。

(13) 烧纸。葬后三天内,孝子要送水火,越远越好,到第三日晚为止。第三天要到墓地修整坟堆、墓地水路等,谓之“全三”。之后,每七天烧一次纸,共计49天,谓之“七七纸”。“五七”、“七七”纸必须到墓地烧,谓之“尽七”。百日、周年、三年、九年到墓地烧纸,而且要做准备,届时亲朋前来悼念。九年纸也叫“完年纸”。

近年来,人们在丧葬的程式上有一些出入,有的地方还要请戏班和道班,进行超度亡魂;有的则冷清得连抬埋的人手都很紧张。

与以往丧事上如果排场大点也就请个唢呐手或唢呐班子不同的是,近些年丧事上出现了规模较大的西洋乐队。这一家丧事中就邀请了乐队,参与一些主要仪式的伴奏。这种流行文化介入丧葬习俗,也可以说是传统丧葬仪式的现代转型。另外在仪式细节中我们看到,迎女婿、外甥的铭旌,娘舅家人对孝子的批评,领女婿、外甥的羊等,显示了母系家庭结构和社会结构的遗存;而护送灵柩的路上按血缘关系远近安排孝子靠近棺材的顺序,下葬后孝子回土等仪式,则显示了对父系家庭结构和直系血缘的重视。

通过上面的叙述我们可以看到,停尸—围灵—守灵—出告牌—迎铭旌—游纸火—喂黑驴—过金银桥—明路—出殃—入殓—出丧—抢茔—验茔—分经—埋葬这些主要环节,基本上构成本地完整的丧葬礼仪。讲究繁多的仪式在丧葬中占据了主要内容,或者说仪式才是丧葬的主要表现形式,没有仪式便没有祖先崇拜。仪式的如此重要以至于维多·邓纳

(Victor Turner) 在研究中提出了一个“阈门”的理论，这是一个非常形象的概念，亦即人的成长要经过许多里程碑式的转折点、一道道门槛，这些地方犹如一道“阈门”，只有通过一些仪式，才能帮助当事者完成这一转折，送他顺利地跨入人生新的阶段，如满月、结婚等。而死亡是在承认死后灵魂是人生延续意义上的另一境界，因而这一理论对于死亡也是具有解释能力的，即它象征着以阈门为界，对前一阶段的告别与隔离。荷兰学者范瑾尼（A Van Genenp）在《生命礼仪》一书中将人在生命的某一阶段举行的仪式，称之为“通过（Passage)”的仪式，这与“阈门”的理论如出一辙。当地给孩子“办满月”、“抓周”等都是人生的转折点。特别是丧葬仪式中的过“金银桥”，便是最典型和形象的引渡亡魂从阳间进入阴界的“阈门”和“通过”仪式。与这种个人的“通过”仪式相对应的，还有以家庭、社区和国家作为主体的通过仪式，如新年、国庆等节日。20 世纪 80 年代中央电视台开始举办的春节联欢晚会，二十多年来成为国人过春节不可缺少的一项内容，是一种最为典型的国家和全民辞旧迎新的“通过仪式”。

4. 丧葬的现实困局

祖先崇拜及其与风水观念杂糅在一起的意识形态，构成了当地人们日常生活世界的一部分。但是一些新情况的出现，让这些固化的仪式陷入困境。由于整个丧葬仪式中需要的人力比较多，这在以前不会成为一个问题，个人自由流动的机会不多，青壮年劳力还大都在农村的时候，亲朋好友都要前往帮忙，特别是村里的人每家都要出一名劳力前往“代劳”。随着这些年连年干旱，待在家等于坐吃山空，逼得年轻人甚至五六十岁的人都外出打工，使得在丧葬这个问题上的人力问题凸显了出来。如 2006 年 5 月，小川村一位老人去世后，本来村里只有 20 来户人，又加上年轻人外出打工，使得村里壮劳力明显不足，无法抬埋亡者棺材，只得邀请远方亲戚朋友来相助。吴家庄一位姓李的老人去世后，村里连抬棺材的人都找不上了。这是一个新问题，也是一个令大家感觉窘迫的局面，或许，以后各村会越来越多地遇到这样的难题，乃至于要对传统葬法提出挑战。有的人家只好用车来拉，解决人手不够带来的难题，但是若墓地在山坡特别是高坡上，还得需要足够的人力。或许，还有一种变通的方法，针对丧葬劳力紧缺而葬礼不能不举行这一现实"市场需求"，在乡间孕育出一个专门的服务公司来，如同城里的灵棚租赁和火葬场提供的一系列业务，并改变传统的葬礼上各家之间的协作互助关系为租用和收费的关系，在这样的假想中，以及随着外来服务关系的介入，必然要淡化村落人际交往中的人情味，触及并简化其中一些仪式和细节。在这个意义上讲，也显现了一个传统祖先崇拜礼仪在步履艰难中前行的迹象。

二、对理想风水的追求

中国人关于风水的知识、观念、信仰既是巫术的，又是宗教的，它深刻地表达中国人对自然、生命和死亡的基本态度和文化理解。

风水信仰与祭祀仪式是相互交织，有效地维系了生者与死者神灵沟通的能力。

——陈进国[①]

1. 作为孝道实践、安排时空秩序的风水

在人们的日常生活中，如有一段时间家里不顺当了，则要自觉地给先人烧纸，并祷告一番。有时家里人得了重病久治不愈，或出了其他大

① 陈进国：《信仰、仪式与乡土社会：风水的历史人类学探索》（下），436、692页，北京：中国社会科学出版社，2005。

事，便要疑心到祖坟的风水上去，就得去找阴阳或求神问卦，[①] 如果核实确是坟地风水出了问题，则要请阴阳或神拨治，乃至于更大的动作——迁坟，这涉及祖先崇拜的另一个十分重要的内容——阴宅风水，这是乡土空间格局中一个重要的组成部分，也是一种深层和普遍的风水空间观念。

在当地，丧葬也往往与风水观念和实践紧密联系在一起，甚至融入道教符咒等多种形式。风水观念不仅是追求空间和谐的观念，还是追求时间和谐的观念，是人们日常生活中趋吉避凶的重要内容，是人们理解时空和安排时空秩序的基本手段，如墓地及下葬时辰的选择等等。特别是阴宅风水活动通常被自然地视为一种孝道实践。

追求时空和谐的风水观念，一直是民间传统文化中最基层和深厚的宇宙信念，在"事生事死"活动中都发挥着重要功能。"事生"主要体现在阳宅选择，"事死"主要应用在阴宅选择。站在风水的服务对象的角度，以"内部的眼光"去理解他们对之的态度和参与风水活动的程度，风水既非迷信，也非疑似科学，就像格尔兹所说的宗教一样，是一套文化系统，毋宁说这是被精英和民众共享的文化。更确切地说，它融入人们生活世界当中，它是人们信仰生活的一部分，也是一种为自己及子孙的生活所编织的"意义之网"。借此，村落周边的地理空间被赋予了一种风水的意义。

2. 作为一种技法、致荫致祸和积德回报的风水

风水，又称堪舆、形法、地理、青囊、青乌、卜宅、相宅、图宅、

① 当地人生了病，看大夫与"讲迷信"往往并行不悖，人们既求助于医学调整身体的平衡，也求助于"迷信"调整人与祖先等各种关系的平衡。对于最终的效果，人们也是一分为二地看待。许烺光在《驱逐捣蛋者——魔法、科学与文化》中就指出："我们不能简单地说科学就是理性，魔法与宗教就是非理性，人们同时采用宗教魔法与科学知识的现象亦并非是他们缺乏理性，而是因为人们的行为在很大程度上，受到所处社会组织与文化模式的影响。"

阴阳等。许慎曰："堪，天道也；舆，地道也。"风水一词，一般认为北宋时期便已流行了，清人丁芮朴《风水祛惑》"风水"条谓曰："至'风水'二字，始见于宋儒之书。"风水涵盖"为葬事（相墓）和"为地事"（相宅）"。托名晋郭璞撰，① 可能降于宋代的《葬书》所谓风水，多指狭义上的"为葬事"。②

关于风水术的起源，《汉书·艺文志》中已著录有《堪舆金匮》和《宫宅地形》等书。在考古发掘中，已出土了数个汉代完整的六壬盘，说明六壬术在当时已十分发达。六壬术的应用范围很广，勘舆是很重要的一个方面，后代的风水罗盘就是在六壬盘的基础上发展而成的。③ 从东汉起，还出现了托名青乌先生的《葬经》。《葬经》早已亡佚，只有托名晋郭璞的《葬书》保存下来。此书围绕"葬者，乘生气也"这一总纲，得出了几项原则，如"藏风聚气，得水为上"，"千尺为势，百尺为形，势来形止，是谓全气"，"葬者以左为青龙，右为白虎，前为朱雀，后为玄武"等。在唐宋时代，《葬经》一直被风水师奉为经典。④ 弗里德曼也认为，理解中国空间组织的观念，关键在于理解中国的风水。

风水模式应该是一个具有普遍解释力的理论框架，2006 年第 1 期的《中国国家地理》卷首语称风水为"中国人心中的秘密"。确实，这是一个公开的秘密，中国人的风水观念真是太深了，尤其是在农村，空间安排的唯一有效手段就是风水理论，不管是阴宅还是阳宅，人们都不能随意地去选址布局。

风水的效应究竟来自祖先的遗骨还是墓地的空间建构，余光弘认为，风水灵力并非发自祖先的骨骸，而是来自每一个时空因素的配合，

---

① 郭璞（276—324），字景纯，河东闻喜人。他博学多才，却不善言谈，词赋为一时之冠，精通阴阳、算历和卜筮，被尊为风水理论鼻祖。参见（明）王世贞编，李克和编译，张华英译：《中国的神仙》，长沙：岳麓书社，2002。

② 参见陈进国：《信仰、仪式与乡土社会：风水的历史人类学探索》（上），2 页，北京：中国社会科学出版社，2005。

③ 高寿仙：《中国宗教礼俗》，345—346 页，台北：百观出版社，1994。

④ 同上，346 页。

祖先只在被忽略或激怒时才会惩戒子孙。[1]

在当地人的观念中，祖先既能致荫于子孙，也能致祸于子孙，致荫致祸，墓地的风水起着至关重要的作用。[2] 祖先坟地的风水直接决定着子孙的兴衰，如水路决定财路，山向决定人丁（山定人丁，向主财脾）等等。林耀华在《拜祖》中将祖灵和子孙的关系界定为："前者借后者之发扬门楣，荣宗耀祖；而后者则赖前者之降福庇荫。"[3]

《葬书·内篇一》曰："父母骸骨为子孙之本，子孙形体乃父母之枝，一气相荫，由本而达枝也。故程子曰：卜其宅兆，卜其地之美恶也。地美则神灵安，子孙盛。若培壅其根，而枝叶茂，理固然也。恶则反是。"又如："父母子孙本同一气，互相感召，如受鬼福。故天下名墓在在有之……苟盗其精英窃其灵秀，以父母遗骨藏于融会之地，由是子孙之心寄托于此，故其心之所寄，遂能与之感通，以致福于将来也。是知人心通乎气，而气通乎天，以人心之灵合山川之灵，故降神孕秀……呜呼！非葬骨也，乃葬人之心也。"

现实中，人们既是在葬死者的骸骨，也是在葬生者的人心，了却一个心愿，寄托一份期望，让逝者安息，保生者平顺。因此，在乡土观念形态里，一处风水好的墓地既是风水先生依据五行、阴阳八卦等理论的综合应用，特别是具体到龙、穴、砂、水、向五个基本要素去寻觅和综合判断的结果，也有说法是主人生前修来的或者子孙守孝道所得的报答。我们看到林耀华《金翼》中的东林，在买了一块风水宝地将祖父母的遗骸安葬后，"这对他这个活着的人来说是多么宽慰啊！他感到如释

① 余光弘：《没有祖先就没有祖宗牌位？——E. Ahern 溪南资料的再分析》，载《"中央研究院"民族学研究所集刊》，台北："中央研究院"民族学研究所，第 26 期，1987 年 12 月。

② 许烺光在《祖荫下》中关于祖先与子孙后代的关系中提出"中国人的祖先都是永远仁慈而保佑子孙的"，他这话只说对了一半，为此该命题曾受到广泛争议，武雅士（Arthur Wolf）就提出"祖先会惩罚子孙"。惩罚的原因，在当地观念和经历的事件中，大部分原因是祖先对墓地风水的不满意。

③ 林耀华：《义序的宗族研究》，233 页，北京：生活·读书·新知三联书店，2000。

重负，心境终归于平静"[①]。在当地，祖先葬礼的完成情况，往往成为村民们评价后人孝道实践的一个标准和一段时间内的话题。

个案2：风水操演

通过倾听下面发生在马某家的风水实践活动，我们能够发现和理解风水观念如何渗透于一个普通的家庭，他们如何实践并演绎着其中丰富的意义。这些"荒诞"的故事听起来似乎好笑，但它却折射着祖先崇拜的一个层面，一个协调阴、阳两界，祖先与后代之间平衡关系的观念。这些风水故事，在当地是一个较为普遍的现象。大家所接受的风水观念是一致的，改良风水效应的主导者——阴阳和神仙，也都在这样一个地域圈子里面，因此在风水活动中的处理方式、操办仪式也有一个基本的范式，经过祖祖辈辈经年累月的心口传递，留下来和积累到现在的风水观念和行为，依然影响和决定着大部分人解决问题的思维方式，成为地方性知识的一个重要组成部分。

（一）搬祖坟

母亲告诉我家里一次迁坟的过程。20世纪80年代初，由于家里极不平顺，父亲常年有病。有位邻居提醒，生疮是坟上的事。还说海原胡家套有一位段先生，能掐会算，可以去问问。母亲便慕名前往。段先生说："你家祖坟进水，回去找人把坟搬了，病就好了。"征得二叔同意后，便开始张罗搬坟需要的物品，然后到百丰去请当地的罗阴阳。罗阴阳选择了吉日吉时，当天又请了神，神被供在我家堂屋的桌子上。阴阳选好墓地后，神仙再次复查时辰及新选墓穴风水情况。随后便请人挖新墓穴，另一些人到原坟地挖棺材。有了神仙的助力，罗阴阳便高枕无忧，开始喝酒，喝醉后倒头便睡，眼看下葬的时辰到了（大约18时左右），可怎么也叫不醒他。此时人们非常焦急，有人出主意请神定夺。

① 林耀华：《金翼——中国家族制度的社会学研究》，21页，北京：生活·读书·新知三联书店，1999。

神仙请起后非常恼怒，用轿拐将罗阴阳打醒，他连忙赔情——“您老人家别打了，弟子知错。”神仙发话（打字）：罗弟子太马虎，把事未当事，若跟吾当办事，再这样就绝不轻饶。随后又吩咐：马上行动。人们按照吩咐带上东西去墓地，可是罗阴阳还昏昏沉沉，神在一旁监督，进行整脏、入殓、分经、掩埋。将先人再次安葬后，家里的一切都渐渐平顺了。

（二）招魂

父亲提到一次招魂的事。20世纪70年代末，接连几年家族不平顺，二爷好端端地去世，堂婶犯病传说三太爷要儿子。父亲找阴阳寻求帮助，阴阳说：“你有个三爷，死在外地，没有后代，现在他在阴间要你们给他指定一个后人。”父亲曾听爷爷说过，他有个弟弟，因赌气外出，至今下落不明。阴阳又说：“你这个三爷被人打死了，现在他要后代，你们想办法给他招魂指后代就平顺了。”父亲谢过阴阳回到家，召集二叔、堂叔商议，并经多处访仙问神核实后，决定给我三太爷招魂。这次招魂的费用全部由堂叔承担，我家只负责给前来帮忙的人管饭。这样给三太爷招魂指后的摊子设在我家。

1978年阴历十一月初九，那天天气特别冷，堂叔请来罗阴阳，开始写“文”、“招魂幡”等，并设坛念经。晚上从庙里请来神仙供在桌上，20点左右请动轿子、提起“马爵”，在村庄中心的空旷之地摆阵，叫“阴阳城”。堂叔看阵防止猫、狗之类冲撞。约半个小时后，阴阳手拿“招魂幡”行法，从外界勾魂，把魂引入阵内进行超度，马爵手提三叉，身背麻鞭绕“阴阳城”巡逻助阵。随后又引入家里事先准备好的棺内（一米多长），棺内放有木人（顶替三太爷）。之后，由四爸（即将过继给三太爷的后代）头顶孝盆，众人抱棺匣向墓地出发，到墓地后阴阳将引魂幡放入木人之上，再撒五谷粮食等用物，盖好木匣掩埋。回庄破阵后，已是零点，从开始准备到结束整个过程共用了18个小时，程序异常繁多，人力也耗费很大。

3. 作为争取利益的风水

在风水问题上，人们不只限于请阴阳，也常常垂询于神，到神面前核实风水的良莠。乃至请神看墓地风水，但仍以人为主导，寻找人谋与神谋的结合。

阴阳看风水时，由主人和村里帮忙的人陪同，到村子周边的山里去踏勘，称"搭地方"。一般来讲，好的风水有一个理想的模式，往往还有非常好听的论形名称，基本上是由神鬼、人体、生活器物、自然物象、灵异、动物等几类物象构成。如种田附近的王将军墓被堪舆家称之为"犀牛望月"，小川村有一座坟称"二虎赶羊"，川口村有一座坟称为"凤凰双展翅"等，都是以动物的物象命名。

对祖先坟地理想风水的追求，在民间流传着许多奇异的故事，这些故事不断地渲染着风水的神秘性，并用身边的事例传递和强化着风水观念。当地有人就钻了牛角尖，甚至走上了极端，几次三番地迁坟，而将"入土为安"这一说法忘在了脑后。当事人对此一般持回避态度，而傅立曼在 1967 年就已经看到和直接指出了这一现象："作为一幅骨头，一个祖先已经不能再支配他的后嗣；他是受他们摆布的。他们不再崇拜他，而他则侍候他们的意图。"① 不过李亦园还是承认傅立曼所说的，"在风水中各房的子嗣是竞争而对立的"。这一点正如当地人常说的"风水轮流转"，不顺的一房会力主迁坟。这种对祖坟风水"利益"的争执，甚至会引发亲房间矛盾升级，反目成仇，大打出手。由风水所引起的族房之间的"凝聚/分裂"观念比较普遍，"这先在地决定祖墓或祠堂风水崇拜的活动受到一种"靶心式"的"箭垛化"效应的制约"。② 各房对穴地风水"房分不均"的意见不合，而屡议改葬或迁葬，以致成为多年争议不决，或即使迁葬后又会引发新的矛盾的话题。这时，祖坟的风水

① 转引自李亦园：《人类的视野》，220 页，上海：上海文艺出版社，1996。

② 参见陈进国：《信仰、仪式与乡土社会：风水的历史人类学探索》（下），674—675 页，北京：中国社会科学出版社，2005。

便成为一把双刃剑，既扮演着促进宗族或各房自我整合的“象征场”，也会成为导致各房走向分裂或纷争的“利益场”。

对祖先墓地的选择，必然引起关于风水土地的买卖或置换。在政府的公文中不允许墓地占用耕地，实际这一规定也是流于形式。首先作为这一国家制度的推行落实者——村干部，他们的祖辈也是葬于这片土地上的，他们可能比别人更为重视祖先墓地的选择，哪怕是选定在自家的良田中。若是在别人的土地上，关于墓地的兑换与买卖便少不了，这是在国家给定土地承包权之下所开展的地下交易，除非选定在无人耕种的山野或退耕还林的土地，按说退耕还林地也要受到保护，但在当地人的观念中，祖先的风水用地始终要优先于耕地和林地的保护。总之，在与风水有关的在地风俗与国家制度发生冲突时，总是站在风水的一方占了上风，牺牲、回避、忽略的一方总是国家权力的规定，这在当地人的观念中有着长时段历史传统中“历来如此”的合法性。在这样的时候，国家权力总是“下沉”不到乡土社会，或者悬浮在根深蒂固的固有观念之上，发生不了实质性的作用。

三、在乡间“走艺”的阴阳

风水先生在当地不是一种单纯的身份和职业，当地人称他们为阴阳，他们集念经、择时日、看风水于一身，是能够沟通神、俗、冥三界之间的中介者。阴阳的职司除了看风水、择时日、念经超度亡灵等为人服务的工作外，还要为神做一些工作，如念庙、普度孤魂野鬼等。从当地的庙会活动中基本上可以看出阴阳承担的大量工作。

个案3：“复兴山潮明寺”庙会

本地庙会是一些大型的山场或地方村庙对本山场山主或本庙主神的

圣诞或成仙之日的一种纪念活动。一般由神仙选定日期。全年庙会分两期，前半年是祈雨，大约在阴历的三四月间；下半年是报答神恩，大约在九十月间。

小川村"复兴山潮明寺"的庙会会期为四夜三天，称为"整三破四"。每年的五月初三，会长、副会长及其他本村"弟子"到庙中请神问事，请示神来安排本年庙会的活动。如：发多少统"文"，念几天"经"等。初三晚上，首先由阴阳设坛请神，发请神"文"（类似于人间官僚体系的文书系统，做什么事就敦请什么神），念请神"咒"，然后在庙院栽一些木杆，上面挂有"风调雨顺"、"国泰民安"、"五谷丰登"等字样的纸条幅，称之为"外坛"，起到对"内坛"的保护作用。接着请众神仙科经，谓之"诵经"，一般念地方"城隍经"。

五月初四，早晨上"早课"，接着"扬幡"（幡为写有神仙名讳的纸条）。神仙各有各的"幡"，如"三元爷"的幡是"太上三元三品三官大帝"。若庙会盛大便给三界"扬幡"（写有："天地三界十方万灵真宰"），给"三清尊神"念"清净经"。中午进行"午朝"，给上界发文，如给"三元爷"、"文昌爷"发文。下午三四点左右进行"早朝"（阴间倒说晚为早），给中界神仙发文，如"白马爷"、"显神爷"等发文（因为"白马爷"有私雨，"显神爷"是山主）。晚上，上"晚课"，一般念"救苦经"。

五月初五是正会（神仙的圣诞或成仙之日）。上午"秉烛迎供"，"迎供"是给神仙所献之十供养——香、花、灯、水、果、茶、食、宝、珠、衣，并按此顺序摆放，另加两碗饭，献在神案前。然后开始"秉烛科"，秉蜡烛（蜡烛数一般为12、24、36。"12"代表十二个月，"24"代表二十四节气，"36"代表三百六十天），念秉烛书"文"。下午念一卷经，主要是"方神经"。晚间上"晚课"。

五月初六，早晨上"早课"。中午念一卷经，还是"方神经"，另加"主管神仙经"。下午发"满散文"。随后倒坛（撤销院内的一切设施）。晚间进行"祭虫"，用五个碗，每碗扣一个鸡蛋，阴阳手提公鸡行法，神仙也助威行法，将事先准备好的小纸旗用鸡血浸染后，给本社"弟子”分发，让他们插于自己的庄稼地，可以杜绝虫害。若遇雷雨多的一年，便要进行“斩水路”。随后进行“撒食”，俗称“烧官纸”。由神仙指点，每户“弟子”在划定的区域内分别给自己的祖先烧冥票，也是祖先崇拜的一个项目。并单独划定一个区域，拿出一些冥票给无后代的亡魂焚烧，算是送走这些孤魂。再“撒食”，主要是撒些米汤、面条之类的东西。最后回到庙里，由主神以打字的方式对整个庙会进行总结，圆满结束庙会。

前些年，一些大山场的庙会活动还夹杂着演戏等文娱活动，各地香客、村民前来进香观戏，有些外地村民、香客前来抽签算命、请神问病、求子祈福等，人数大约两三百左右。赶庙会的人一般都要上布施钱，可多可少，所有募捐用于扩建庙宇和筹集下次庙会费用。近些年，大多数村庙不再定期举办庙会，能够坚持下来的也简化了许多，远远没有以往的完整和隆重，比如就很难再现早先场面宏大的献供仪式上，各种丰富多彩的面食供品，这种民间的食品加工技艺竞赛。

当地阴阳经常翻阅的是《周易》、《四库术数类丛书》、《形象学》、《理气学》、《风水入门》、《地理五诀》、《四大弹子》、《象吉通书》、《永吉通书》、《协纪辩方》、《万事不求人》、《诸葛神算》、《生生术》、《谱虚竭子》、《早晚午三科》、《请神科》等书籍，以及念诵相关经文。阴阳告诉我们一些经文的种类，如方神经（包括九天经、法王经、杨四经）、禳星告斗经（包括顺心经、禳灾经、叫魂经）、亡斋类经（包括超度亡魂、破狱招魂、赐施放饭、渡桥沐浴、明路送亡）、子孙圣母赐子宝经（包括求子保安经、转女生男经）等。在与种田村的杨阴阳和小川村的张阴阳的交谈中，我们基本可以了解阴阳的学习经历、知识体系及实践活动。

个案 4：杨阴阳

时间：2006 年 10 月 22 日晚　地点：种田村　受访者：杨某　年

龄：55　性别：男　文化程度：小学　身份：农民兼阴阳

杨阴阳出生在一个阴阳世家，他的伯父是当地的风水先生。伯父在二十几岁时，一边给本地姓张的大户人家做活，一边学阴阳。张家的主人是方圆几十里的有名风水，死后他的一些书被杨的伯父收藏，一些在文化大革命期间被焚烧，流传的很少。后来杨的伯父去了新疆，直到解放后才回家，杨某便跟随伯父学阴阳。

我十五岁从完小毕业，"文化大革命"开始，由于我们家庭成分高，我便开始劳动。我喜欢读书，一个偶然的机会，我见村里一位姓牛的拿着一本《地理五诀》，就用小人书换来看，回家后连夜把这本书抄写下来。再后来村庄里有埋人之类的事，请来阴阳念经或搭地方，我就跟上用心去听，去看，同时记了些理论的东西。1980年左右，一个偶然的机会，与别的阴阳交谈中得知有一套《四库术数类丛书》，后来我就从兰州买来这套书，从此我便不断地学习。期间，我的伯父1978年从新疆回来后在家乡走艺，我也跟上实践，他给了我很多指导，使我把理论与实践很好地结合起来。我们共同走了10年的艺。我伯父和一位姓蔡的风水在《形象学》、《理气学》中关于"水法"产生矛盾。我认为两派"水法"都正确，因为中国地大物博，地势差别较大，如"三合水"在山区地方比较灵验，"九星水"在平川地区比较灵验，我把两者结合起来运用。在葬人时，理气、山形、水法上若与"三合水"相吻合就按"三合水法"葬，若与"九星水"相合就按"九星水法"葬。在后来的走艺中，我与伯父因意见不同就分开了，主要是在敬神、念经上不同。我伯父只要神在，什么都正确。而我不同，必须按书上写的做。1998年，我去浙江宁波的学窦寺拜访一位精通地理的禅师，临走时他送我《地理真指源》、《八大荒泉水法详解》、《论四大水口》等几本书。据说当年蒋介石在这里避难，受禅师指点而去台湾。2005年8月我去看望老禅师，他已圆寂，只好在圣会上跪祭。

从1986年起，我开始独立走艺，这二十年来，家人很支持，对子女、村民的影响较大。原来我家缺吃少穿，自从我爷爷去世后葬了个好地方，家里情况好转，考上了几个学生，村里人很羡慕，说坟的风水好。我认为地理是真的，而神鬼之事是虚的。一次，土寨柯一户姓王的人家女人遭车祸，压破盆骨送到医院治疗后，回家休养，结果三天后死了。后来他家人来叫我，让我去看看他父亲的坟，我发现坟的山向是"巽山乾"向，"辛"字上有一股水，这水属于"黄泉水"，在2006年的8月26日克42岁的属蛇的阴人，他的女人死的那天正是8月26日，所以我认为风水是真的。

阴阳的知识体系大致是这样的：自从道教的"阴阳五行说"分开，有"元始天尊"、"三清尊神"，后又分成三大门派，即龙门派、华山派、茅山派。我是龙门派弟子，念的经文是七大祖师的体系，用具有鼓、铃子、钹、剑、印、雷尺等，念经时鼓在左边。这儿的张阴阳是华山派弟子，念经时鼓在右边。

过去阴阳、风水、送匠（注：专门用水碗、火之类道具驱送疾病的巫师）是有区别的，阴阳专念经、烧香、拜神，而风水专埋葬亡人，现在都混淆了。我们风水一般学习《周易》、《风水入门》、《地理五诀》、《四大弹子》、《象吉通书》、《永吉通书》、《协纪辩方》、《万事不求人》、《诸葛神算》、《生生术》等，阴阳学习《谱虚竭子》、《早晚午三科》、《请神科》等。

我干这一行对儿子影响较大，当时我让儿子学阴阳，他不愿意，我将一些亲身经历告诉他，让他信服，再让他看书学习，一边给他讲解，才引他入门。后来我走艺时把他带上，让他做我的助手，并从中学习一些经验，回来又相互切磋，渐渐他就喜欢上了。我们在身份上是师徒关系，在合作中，我掌法，他随从。现在他已经能独立走艺。

我认为这个职业是神圣的，也是一个凭良心的职业，"医生杀人一个人，阴阳杀人杀几代"，所以责任重大。对职业道德的要求也高，如因别人在招待上不周到而起心思，便不认真看地方，那是损阴德的，会连累后代的，据说走艺心黑的人都绝后了。我在走艺中自我要求严格，一点不敢马虎。

全乡8000多口人中，有十多个阴阳。小川村的张阴阳一年中有10个月的时间去从事阴阳活动，几乎不再打理农活，全交给家里人去操持。一般在外地一次简单的活动收50—80元，本村收10—20元，大型的"念庙"（在庙里念经）收100—200元。如超度亡灵由于天数多，收1000多元，这样一年的收入大致是4000元。经济相对发达地方的阴阳，年收入在一万元，甚至比这还要多。张阴阳认为，阴阳也面临后继无人的问题，但他觉得这一职业不会中断，而且会更正规化，如可以通过考试、发放资格证之类的方式规范从业素质和行为，这样就不会出现坑蒙拐骗的事，对于民间宗教信仰是一个规范过程。

从杨阴阳备用并经常翻阅的书目中我们可以看出，阴阳的知识体系的习得除了师徒传承之外，若想从理论上进行规范与提升，没有一定的文化基础不行，仅靠来自民间的知识也不行，必须对相关的经典进行研究，他为此还专门到宁波学窦寺拜师学艺。因此，在学识的理解和训练上，他们和专家学者面对的文本是一致的。我在与白天星[①]的一次交流中，他说，在种田这一带走艺的阴阳，他们的知识体系比较混乱，从学理上还没有真正理解透彻，做不到对各种地理因素的综合判断以及对理论的综合应用。

或许，对于民间阴阳这一群体的认识，我们可以从三个层面或角度来看待：其一，如一些人所说，他们是封建迷信的倡导者，在历史上曾经遭到禁止，当然现在还有这样的说法，不过即使持这一见解的人也越来越能心平气和地看待这样一些人，并从"封建迷信"的看法转到对"风水""科学性"的承认上来（其实随着五行说、阴阳说、八卦说和气

① 白天星，《白银市志》、《平川区志》主编，白银市三县旧志总校注，多年潜心研究民俗、天文、术数、齐门等，常为民间请看阴阳宅、立碑、修谱等。2006年发起成立白银市民俗民间文化研究会，创办《西北民间风俗》刊物，在平川区享有盛誉。2007年去世。

说的融合，风水术在汉代已形成一套严密的理论体系）。其二，认为他们仅仅是地方性知识或民间文化的持有者，是“懂得规程”、“能掐会算”的人，是处于地方的不入流的东西，仅仅在民间有市场、有地位。其三，如果从学术层面来看待他们的研究和实践活动，如杨阴阳和白天星，他们对相关经典自觉的解读、领会与应用中，我们能够明显地看到他们具备的学术意识和学术身份，虽然他们仅仅是在一个小的圈子内或者说民间被承认，没有被相关学术机构和学术界承认，这并不影响他们的研究与实践活动。因此，他们身上同时也代表着精英文化的一面。

我们可以赠给活动于乡间的阴阳一顶桂冠，称他们为民间的“卡里斯玛”（Charisma，其本义为蒙受神的点化而获得天赋的神性人物。德国社会学家韦伯引申了它的含义，以之指认那种社会生活中具有原创性、富于神圣感召力的人物的特殊品质），这是不足为过的。正如郭于华所看到的，他们不仅是张光直先生所称的沟通天地之间、阴阳两界的人物；他们本身也是两种文化、两种知识体系之间的沟通者、传递者，而且特别是民间知识的实践者和守护者。① 庄孔韶称这样一群为历史学家和正史所忽略的人为“文化掮客”、“儒道掮客”或“最后的乡村儒家”。

葛兆光先生所主张关注“一般知识、思想和信仰世界的历史”，其实也包括了民间带有着普遍意义的风水知识与观念形态。风水先生充当着“文化媒人”的角色，借着他们，介绍给一般民众基础性风水知识和观念，这些零碎和初步的知识，传播着、规范着、强化着民众关于风水的认知实践和观念，“沉潜”和积累为一种信仰民俗，成为乡土社会一般性的知识、思想、信仰世界的组成部分，进一步壮大和发展着文化“次媒人”的队伍并代代相传，构建着当地居民风水观念的“共同体”，强化着对渗透风水生活方式的认同。为此，在风水知识的传播者——阴阳的后继问题上，我们若从长时段的风水观念和当下民俗习惯来看，建

① 参见郭于华：《在乡野中阅读生命》，24页，上海：上海文艺出版社，2000。

立在世俗化、实用化的文化观念基础上的风水观念，仍然有深厚的传统文化心理与现实需求，仍然不能忽视这些人及其知识师徒相传的正当理由，以及他们继续在乡间走艺的必要性。传统的延续实际上最脆弱也最牢固地依赖于这样一支"草根群体"；传统延续的力度，无疑取决于这支群体及其"次媒人"对该种知识的研习与传承力度。

四、巫 术

无巫术就无宗教，同样没有一点宗教的因素也就没有巫术。

——克洛德·列维-斯特劳斯①

科学与巫术的共同之处只在于两者都相信一切事物都有其内在规律。

——詹姆斯·弗雷泽②

每个种族都有其魔法信仰和习俗的秘密宝库，其中留下来的有许多都是优雅、美妙的，保留了文明的连续性。希望现代唯物主义思想不会将它完全灭掉，使马来文化显得枯燥无味。

——理查德·温斯特德③

当地村落间还普遍流传着一些被阴阳或老年人掌握和应用的治病消灾的技法，在施行中要用到一些道具、祷告和咒语，实际上是一种巫术

① ［法］克洛德·列维-斯特劳斯著，李幼蒸译：《野性的思维》，242页，北京：中国人民大学出版社，2006。

② ［英］J.G. 弗雷泽著，徐育新、汪培基、张泽石译：《金枝》（下卷），662页，北京：新世界出版社，2006。

③ ［美］克利福德·格尔兹著，纳日碧力戈等译：《文化的解释》，196页，上海：上海人民出版社，1999。

形态，当地人不叫巫术，只说“叫魂”、“擦一下”（或“查冲忌”）、“禳歉一下”、“过关煞”、“打整一下”等。

按照弗雷泽的观点，巫术（交感巫术）有两个分支：基于“同类相生”或“果必同因”（也称“相似律”）原则之上的“顺势巫术”或模拟巫术；基于“物体一经互相接触，在中断实体接触后还会继续远距离地互相作用”（也称“接触律”或触染律）原则上的“接触巫术”。①

“擦一下”或“禳歉一下”，一般是家人得病用药无效后，怀疑是祖先不高兴，或“毛鬼神”缠身，便取来菜刀、纸钱、筷子和一碗清水，点燃纸钱在病人头顶燎一燎，嘴里祷告一些相关的情况，同时将筷子立在碗水中，如果筷子在手离开后能够站立不倒，证明祷告的对象已经答应让病人得到痊愈，然后将清水、纸灰和泼散的食物一起端到门外倒掉，不久将会应验。孩子得了病要到庙上“过关煞”（林耀华在《义序的宗族研究》中也提到了这一风俗），也是通过一种媒介趋吉避凶。

在“擦”的操演和对灾难的驱赶行为中，人们相信“相似的行为产生相似的结果”，通过在病人身上燎纸钱和祷告，把致病的东西带到水里去，然后把水泼到门外，意味着把病魔给驱逐了出去，就是一种典型的顺势或模拟巫术。此种巫术的实施者又称送匠（并非专职人士，一般家庭成员也可操演）。有的阴阳在禳解之后，让家长将面做的油灯煮熟了给病人吃，也是一种作为巫术的载体。还有，当地流行认干亲，从小体弱多病的孩子都要找干亲，既是一种转移侵扰孩子病魔的模拟巫术，也是通过干亲来保护孩子健康成长的压胜巫术。阴阳或神在房顶或院墙上压“法碗”的行为，既是一种压胜巫术（又作厌胜、魇胜、厌魅、魇魅，传说始于姜太公）②，也是一种模拟巫术，即通过“相似联想”和

① 参见［英］J.G. 弗雷泽著，徐育新、汪培基、张泽石译：《金枝》（上卷），17 页，北京：新世界出版社，2006。

② 压胜巫术是将一定的物件置于一定的处所防止恶鬼恶灵侵犯骚扰……汉族地区普遍流行的贴门神的风俗……照妖镜和太极、八卦等图案也常运用在房屋的门上、屋顶上以及正梁中。见高寿仙：《中国宗教礼俗》，342 页，台北：百观出版社，1994。

相似行为，达到把妖魔制服在法碗底下（与孙悟空被压在山下一个道理），使其不再作乱的"想象"的结果。当地盖房时在中梁上要固定一面小镜子，[①] 既有模拟也有接触的要素在内，是两种巫术的融合。当地请工匠盖房时，要防止工匠将泥人、木人、纸人等东西藏在屋中，以镇物压胜（纪晓岚《阅微草堂笔记》也载有镇压的故事），这些都是模拟巫术。

阴阳和神所常用的符（不管是服符还是佩符），都是遵从了"接触律"的原则，因为这道符首先是被神或阴阳接触过的（画过的），然后，符将加于其上的神力/灵力，通过服或佩对人体的接触，"传感"或施加给病人，产生效力，达到祛病护身的目的。

正月二十三举行的"跳干儿子"（或燎干儿子，即跳火节），孩子们一个个从火堆上鱼贯而过，也不管燎着了眉毛、头发和衣服，兴奋地喊着"燎干了，燎净了，一年四季没病了"。通过这样的活动来驱邪除秽，保证一年的健康与平顺。跳完火堆后，大人们还要用铁锨将灰烬高高地扬起来，依据灰烬在空中划出的火星状，来判断是麦子、谷子还是豆子，是哪一种的形象便代表了该种粮食今年要获丰收。这应该是一种巫术的遗存，即祈求土地丰产的巫术仪式，模仿了天子每年通过卜问获得来年丰收与否信息的行为。

早些年，一旦天降冰雹或地震，老人们就赶紧边敲锣边喊"过去了！过去了!"，"吓"走强大的自然力量，减少自然灾害，就是一种顺势巫术。

作为应用巫术，弗雷泽依据巫术的目的是在于获得一个希望得到的

---

① 李时珍在《本草纲目》里记述了镜子防鬼驱魔的作用：镜乃金水之精，内明外暗。古镜如古剑，若有神明，故能避邪忤恶。凡人家宜悬大镜，可避邪魅。葛洪《抱朴子》云："万物之老者，其精悉能托人形惑人，唯不能易镜中真形。故道士入山，以明镜径九寸以上者背之，则邪魅不敢近，自间其形，必反却走转。镜对之视，有踵者山神，无踵者老魅也。"《龙江录》云："汉宣帝有宝镜如五铢钱，能见妖魅，常常佩之。"见姚周辉：《神秘的符箓咒语——民间自疗法及避凶趋吉法研究》，8页，南宁：广西人民出版社，2003。

结果，还是在于避免不希望得到的结果的区别，将交感巫术体系又区分为积极的巫术和消极的巫术，消极巫术又称作禁忌。两者最显著的区别是，积极巫术或法术认为，通过巫术行为，“这样就会发生什么什么事”。而消极巫术或禁忌则告诫人们，“别这样做，以免发生什么什么事”。①

小的时候，每年中秋节各家要在院子中央给月亮献供，同时老人会告诫小孩子，千万不要在当晚用手指头直接指月亮，否则手指会疼，就是消极巫术或禁忌。家里有妇女坐月子时，家门口会挂一条红门帘或拴个红布条，提示外人“此地莫入”，称为“忌门”，就是一种生育禁忌。过年三天不许扫地，否则会将财运扫出家门；过年不许说不吉利的话；主妇们在炸油饼时，不让厨房乱进人，否则油饼炸不好，且很快会把油烧干，这当然是那个年代食用油匮乏，为了节约油而做出的想象性的禁忌。这类禁忌和限制，都是免于发生什么事（一般是不愿意看到的结果）的消极巫术的实例。

咒语从它使用的逻辑来看，认为语言的所指与它一旦被念出具有某种同等力量，这里就有顺势或模拟的特点；同时，语言的字面意义通过发声“传感”给所诉诸的对象，有“接触”的特点。因此，咒语的实施行为，是对顺势巫术与接触巫术的综合应用。从咒语的实施目的看，它具有明显的控制企图，凭这些特征，咒语无疑是可归到应用巫术中去。即便从巫师采用的手段看，咒语是一种灵活而常用的巫术方式。小孩受惊失魂后的叫魂，就是通过一些仪式的操演和语言的对答来完成。家中小孩夜哭严重，就写一纸条（“天皇皇地皇皇，我家有个夜哭郎，过路君子念三遍，一觉睡到大天亮”）贴到路边。既有咒语的特点，也有巫术的行为。

从当地的实践活动来看，巫术与宗教有着千丝万缕的关系。

① 参见［英］J. G. 弗雷泽著，徐育新、汪培基、张泽石译：《金枝》（上卷），23 页，北京：新世界出版社，2006。

阴阳在庙里所开展的仪式中，就有敬神和按照神的授意所进行的活动，同时也夹杂着符和咒的应用，即巫术与宗教是混合在一起的。因此，在学术观点上，既有将二者完全区分开的，也有视为一种综合体的。如黄涛在对二者的研究中，采取了区分并对举的方法，"巫术"指人对自己的法术具有超自然力的信仰及活动，"宗教"指人对神具有超自然力的信仰及活动。其中宗教主要指民间宗教。① 而许烺光则说："无论我们采用哪一种标准，都会得出这样一个结论：巫术与宗教不应看作是两种互不相容的实体，而必须整体地将它们看作是巫术——宗教体或巫术——宗教现象。这种观点得到越来越多的人类学家的赞同。"②

黑格尔在《宗教哲学讲义》中认为巫术的宗教是宗教史上最早的一个阶段。弗雷泽在《金枝》中也指出，在"宗教时代"之前有一个"巫术时代"，即在人们懂得向神灵、灵魂礼拜求告之前，已经发明和应用了以符咒的应用为特征的巫术，从它的形成来看，是独立于宗教信仰的一套体系。按照弗雷泽做出的判断，在人类历史上巫术的出现早于宗教，而且在相当长的时期内，它们各自尚未从对方分化出来，如今仍然存在同时举行着宗教和巫术仪式，几乎在同时既念着祷词又念着咒语，宗教和巫术混融在一起的现象，遗留到现在的仍然不少。

高寿仙在《中国宗教礼俗》中所提出的"中国宗教是以巫术为基本架构"观点，同样表述了一个从巫术到宗教的历时性发展过程，前者是后者生发的直接土壤。并认为："世界上所有民族都经历过巫教阶段。但在这之后，不少民族走上了向着一神教发展的道路。中国却不同，巫教传统一直没有断绝，成为传统文化最深厚的根基。"③ 而且从商汤"斋戒剪发断爪，以己为牲，祷于桑林之社"的传统可以推知，商王本

---

① 参见黄涛：《语言民俗与中国文化》，215 页，北京：人民出版社，2002。

② 转引自史宗主编，金泽等译：《二十世纪西方宗教人类学文选》，725 页，上海：上海三联书店，1995。

③ 高寿仙：《中国宗教礼俗》，24 页，台北：百观出版社，1994。

身就是巫，并且是群巫之首。① 陈梦家先生也说过，商王为群巫之长，由精神领袖上升为政治领袖。② 巫师在当时的社会里占有很崇高的地位。按照张光直在《青铜时代》中的推论，商周时代的巫师是当时最重要的知识分子，是智者也是圣者，是有通天通地本事的统治者的通称，为此殷商王室的人可能都是巫。③ 王者既是政治领袖，又是群巫之长。且商代巫医不分，表明当时信仰与理性合一的显著特征。

从上述的巫术分类和实例来看，巫术具有明显的控制超人力量的特征，如咒语在很多的时候就是给神灵下达命令，具有支配神灵去做某类事的控制能力。发现巫术的无效，是宗教时代到来的标志。但是巫术并没有被宗教所根除，并且在当代存在的理由恐怕依然如弗雷泽所说："因为它的根已经深深扎在人类绝大多数的心中了。"④ 当地巫术与宗教融合不悖的现象就很有说服力。

五、符　咒

我笃信草根文化具有救赎的力量——无论它被定义为"小群体内的艺术化交流"、"日常生活的美学"、口头传统，或涵盖了如"神话、传说、民间故事、笑话、谚语、谜语、号子、符咒、祈祷、咒骂"等在内的广泛领域。

——史蒂夫·J. 莱特林⑤

① 高寿仙：《中国宗教礼俗》，29页，台北：百观出版社，1994。

② 参见宋镇豪：《夏商社会生活史》，428页，北京：中国社会科学出版社，1994。

③ 参见张光直：《中国青铜时代》，45页，北京：生活·读书·新知三联书店，1983。

④ 参见［英］J.G. 弗雷泽著，徐育新、汪培基、张泽石译：《金枝》（下卷），61页，北京：新世界出版社，2006。

⑤ ［美］史蒂夫·J. 莱特林：《我是民俗学家而你不是——民俗学实践中泛化与分界的策略对抗》，见周星主编：《民俗学的历史、理论与方法》（下册），770页，北京：商务印书馆，2006。

从概念的划分来看,符咒应包含在巫术里面,作为巫术的一种媒介或者工具在频繁地使用。但为了单独就符咒现象作一描述与解释,专门辟出这一专题来述说如下。

符,是对一种笔画屈曲、似字非字的复杂书面图形的制作与应用,它致效的核心是符号的神秘力量,甚至越难以辨认就越具有法力。许慎《说文解字》:“符,信也,汉制,以竹长六寸,分而相合。”① 符图(或神符、符水、符咒)是道教和道士常用的驱鬼治病的手段,《太平经》卷 108 指出,“欲除疾病而开大道者,取决于丹书吞字也”,丹书就是符。《太平经》卷一至卷十七所说后圣李君传授青童大帝的二十四决中,便有《服开明灵符》、《佩星象符》、《佩五神符》等。魏晋南北朝以来,符图之术更加兴盛。自此以后,符图笔画愈衍愈繁,图形日趋诡秘。②掌握这套法术的人,一般情况下决不示于别人。

从语言崇拜方面来看,符的产生也是语言崇拜的一种反映,符是咒语的书面化。有学者就认为“很可能最初的符只是咒语的书面化,后来为了同一般的字句相区别,反映符的神秘性和无穷威力,采用变形文字和在符面上增加线条,使符面成为一种似文字非文字、似语句非语句的图形。”③

符的形式,按载体不同可分为木符(包括印符)、纸符、布符、绢

---

① 关于符的起源和演化的一种观点是,符是中国古代的一种信物,始于春秋末年、战国初期,秦汉时期最盛。后来,巫师和方士道人借用了“符”这一名称,假托将神力以符号的形式附着在规定的“文字”或“图形”上,并将其书写在规定的纸、绢、木、石等物品上,作为传达神命和行使神命的凭据,这就是我们今天所能见到的“神图巫符”。参见姚周辉:《神秘的符箓咒语——民间自疗法及避凶趋吉法研究》,6 页,南宁:广西人民出版社,2003。

《后汉书·费长房传》记载,费长房曾画一符,并说此符可以“主地上鬼神”,“能医疗众病”,鞭笞鬼神,及驱使社公。后来,他“失其符,为众鬼所杀”。可以断言,符是由古代的厌胜巫术发展而来的,在道教创立之前,大概早就是方士们用以驱鬼治病的手段,后为道士采纳。从现存资料看,太平道和五斗米道建立时,就已大量造作和使用神符了。见高寿仙:《中国宗教礼俗》,157 页,台北:百观出版社,1994。

② 同上,157—158 页。

③ 参见王贵元:《女巫与巫术》,187 页,石家庄:河北人民出版社,1991。

丝符和实物符等。按笔画的结构和特点不同可分为文字符、图画符、非文字非图画之图案符，以及文字与图画、文字与图案相结合之符等。①

这些符咒由巫师或阴阳单独使用时，与神灵观念无涉，通过语言和符号的灵力向对象物施加影响或制服他们，此时符咒靠的是自身的力量，并不需要借用神力。还有一些阴阳在家中供奉了神灵，他们在使用符咒时一般也借用了神灵的力量。阴阳制符一般用朱笔黄纸，配合掐决。在当地的方神信仰中，神也经常以度符的方式给人治病，即撕一条空白的黄纸或红布，神用“龙臂”在上面虚写虚画，当然符图是肉眼看不见的，是否配以掐决则无从知晓。神给的符有三种用法，一种是佩符，即将纸符包在红布里（有时给的布符直接佩戴），缝在内衣佩带；一种是帖符，将符或埋于门前窗下，或贴在门后或墙上；还有一种是服符，用开水或神开的大枣之类的药引子，将符焚化成灰后让病人用药引服下。若与阴阳画的符有什么区别的话，这种符应该是汲取了符的灵力和神灵法力的双重功效，即是巫力和神力的综合应用，或者说是有神灵因素加入的巫术，当然它与家里敬神者的巫术不一样，其中神力是居于主导地位的，因为这符是神制作的，神给的。这里面有一点需要解释，在巫术阶段，巫力的发挥靠的是符咒的灵力，而在宗教阶段巫

八卦镇中宫符

① 参见姚周辉：《神秘的符箓咒语——民间自疗法及避凶趋吉法研究》，7页，南宁：广西人民出版社，2003。

术还采借了神灵的法力，同时我们看到神灵在施行自身法力的同时，也借助于符来作为媒介。所以符咒和神力不是为两者所专用和垄断的知识与技法，而是可以互相采借和共享的。或者可以这样假设，在神灵未成仙之前，即他作为巫师的时候，已经在使用着符咒这些巫术了，当他成仙以后，必然还要应用这些有效的法术（如下图），不知这算不算一个合理的假设推理和解释。

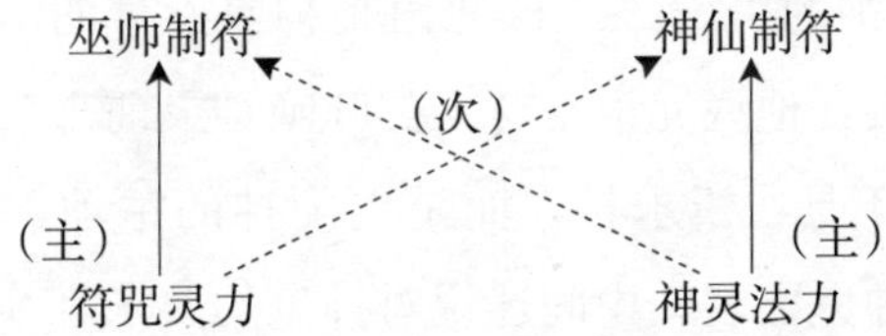

在当地，符咒一般为阴阳所掌握，并成为他们的必备技法。我们在向杨阴阳求教它所用的符咒时，他只简单提供了一些，最核心的东西轻易不予透露。

根据弗雷泽的“交感巫术”原理，人们相信语言与相应的模拟性动作，能够控制它所指称的东西，实现行为发出者的愿望，或者表达人们欲望的词语与目的之间具有某种交感作用，语言和行为的反复实践，就固化为人们认为具有一定超自然力量的神秘巫术。所以，“一些表示欲望的词句，一经说出，便算达到目的”。[①] 由此，语言就形成了巫术的主要技法——咒语。咒语，也叫咒词、神咒、视咒、明咒、咒决、口诀、决、禁咒、真言、密语等。《说文解字》中载：“祝者咒也”，黄帝时代祝、咒不分，设的官职祝由又叫咒由。符咒中的咒语起源于古代巫师祭神时的祝词。道家的符咒咒语便来自古时的巫祝。符与咒的关系密切，画符时要用咒语，用符时也有咒语，作法时也有相应的咒语。

弗雷泽和马凌诺斯基在讨论巫术现象时也分析了咒语。为什么相信由语言组成的咒语具有如此魔力，理由是“文字本是将语言由着听官移

① 李安宅编译:《巫术与语言》，13页，上海：上海文艺出版社，1988。

来视官的东西，所以对于语言的迷信都可移到处置文字。然因文字比较有形可见，所以对于文字迷信更深”[①]。“语言灵物崇拜发展到极端是符咒。符是书面语（文字）的物神化，咒是口头语（语言）的物神化。”[②]咒语形成过程，除了上述语言崇拜，还有一种是刘晓明在《中国符咒文化大观》中的观点——“咒是人们向神明表达的某种语言信息，这种语言信息集中反映了人们的某一愿望，并企图通过神明来实现这一愿望。”“咒起源于人们对神的祈祷。”[③] 即咒语是神灵崇拜的结果。李炳泽对咒语的界定更为直接，他说咒语是“人类呼唤神灵前来为自己服务的语言行为”[④]。这已经不是在祈求神，而是支配神的举动，比如咒语的结构一般是首句呼唤神鬼之名，中间述说对神鬼的要求和命令，末句以“如律令”作结，含有明显的祈祷、敕令的性质。[⑤] 这应该算是咒语成因的第三种意见，或者说是第二种意见的一个分支，前者是求告，后者是驱使。

咒语用作祈祷时，一般使用赞颂神灵或祈愿（或支配）的言辞；在治病时，表达语到病除的意思；在修炼时，咒语多为安神定意，或者请求神灵来帮助。

咒分为：护身符咒、祈雨咒、请神咒、回神咒、避鬼咒、入火不焚咒等。杨阴阳告诉我们护身符咒诀：“出门神，出门神，出门撞见观世音，八大金刚护我身，护前身，护后身，护左身，护右身，浑身上下都护定，神鬼见我避三分，急急如太上老君律令敕。”（“急急如律令”意为勒令鬼神按符咒令去照办）其他咒诀需要保密，不便泄漏。他的这种分类显然比较狭隘，估计是受到他所掌握和使用的局限。姚周辉对符咒

---

① 李安宅编译：《巫术与语言》，15页，上海：上海文艺出版社，1988。

② 同上，41页。

③ 刘晓明：《中国符咒文化大观》，351页，南昌：百花洲文艺出版社，1995。

④ 李炳泽：《咒与骂》，7页，石家庄：河北人民出版社，1997。

⑤ 参见姚周辉：《神秘的符箓咒语——民间自疗法及避凶趋吉法研究》，2页，南宁：广西人民出版社，2003。

的分类主要包括：化凶为吉类、防病治病类、日常起居类、婚恋类、生育类、成年人出门类、生意兴隆、六畜兴旺及避鼠鸟虫害类、建房镇宅及防盗镇盗类等等。

在咒语的使用中，呼名是一种关键的咒术，即通过呼告鬼神的名字达到驱遣鬼神的作用。从杨阴阳提供的护身符咒决中我们也可以看出这一点，短短的咒语中接连出现了观世音、八大金刚、太上老君三位声名显赫的神灵。请神咒和回神咒也是用来求助神的时候所使用的。咒语的保密性和神秘性，使得咒语的使用者仅仅限于阴阳这样极少数的人。

原始氏族社会，人们利用咒语支配鬼神的现象比较普遍，可是随着神灵崇拜的升格与普及，巫师与巫术便由支配神变异为人与神之间的中介，兼巫师与祭师于一身，巫术与宗教活动便混在一起，久而久之，两种成分结为一套具有相对固定程式的整体结构。在当地的一些民间宗教活动中，我们经常可以看到两种形式混用的情况。

除了被极少数人通过秘密传承渠道获知并应用的咒语之外，还有两种巫术或宗教的语言现象，即神谕和祈祷语。神谕在当地表现为通过抬轿子（扶乩）、提马爵（神灵附体于神汉）以及上香抽签等方式获取的神的语言。扶乩是通过辨认神打字并记录下来的词句或诗句，神汉说出来的是最为直观的神的腔调和话语，抽签得来的则是与签号对应的签语。神谕一般都带有

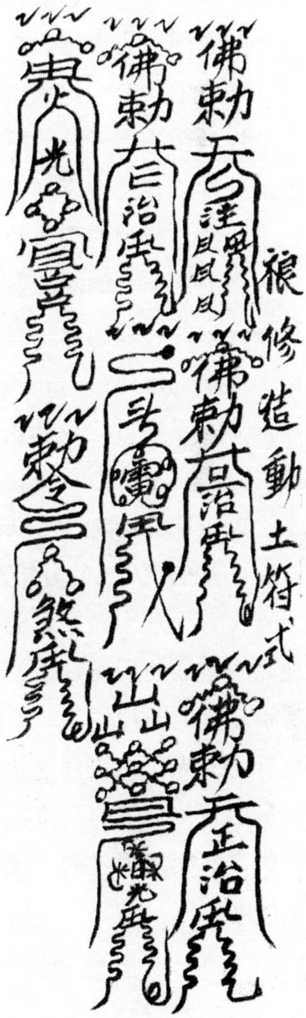

动土符

解疑、预言、告知等功能，这其中人们通过语言的力量（它排忧解难和预知事件的奇迹性）来感知神的法力。在一些神话中语言成为高于神的一种力量源泉。祷词主要应用在叫魂、“禳歉”、祭祖等一些仪式中，它持一种迎合和求告的态度，也没有特别固定的套语，只要与祷告者所要实现的意图相关即可。这样说来，经文被阴阳念出来（应该是唱，因为有唱腔，并且有锣、鼓和镲子的伴奏），也算是一种祈祷语，不过它的内容和意图更为丰富，有规范的书面语法和经典文本。而前面所说的咒语在文法上具有一定固定性与神秘性，在应用中具有强制性、支配性、命令性乃至凌驾于神的意志之上的特征。本质上，咒语、神谕和祈祷语都是一种语言灵力崇拜。

当然，与神的沟通乃至支配神，不是人人都可以做到的。上古时代曾经因为人与神的混杂，即家家都有巫师，可以通神，打乱了天地间的秩序。为此，颛顼命令重和黎重新隔离两界，整顿天地间的秩序。《国语·楚语》记载：“古者民神不杂……颛顼受之，乃命南正重司天以属神，命火正黎司地以属民，使复旧常，无相浸渎，是谓绝天地通。”是说只有南正重与颛顼才管得天上的事，把群神的命令汇集起来、传达下来。火正黎管理地上的群巫，把宗教的事业变成了限于少数人的事业。① 这种对天地的分层观念，后来发展为天、地、阴三层界分，并将天界又分为三十六层，地狱分为十八层。此后，能够实现人与神、天与地之间沟通的人便是极少数，他们要么是受神降附于体的人，要么拥有特别超凡的通神技法。毛泽东在1944年陕甘宁边区文教会上说，“在一百五十万人口的陕甘宁边区内，还有2000个巫神”②。据我们了解，随着最后几位神汉的退位，截至目前再也没有产生新的神汉。这应该算是唯物主义无神论者的“成功”呢，还是如理查德·温斯特德所说，是文明的断裂？

---

① 参见张光直：《中国青铜时代》，48页，北京：生活·读书·新知三联书店，1983。

② 毛泽东：《文化工作中的统一战线》，见《毛泽东选集》，1009页，北京：人民出版社，1966。

第七章
祖先崇拜：时空变迁和意义稀释

黄河流域的处处遗址，表明在这条母亲河的身旁，从久远的古代，已经孕育了中国本土宗教的基本观念："敬天法祖"。

"神、鬼、祖先"的三种分类准确地划分了中国民间宗教的神灵。

——梁永佳

国之大事，在祀与戎。

——《左传》成公十三年三月

东亚的祖先崇拜模式是由风水、祭祀和巫俗构成的复合型态，在实际生活中三者不可分离。

——［日］崔吉城

李亦园认为民间宗教的成分大致包括了六个方面：祖先崇拜、神灵崇拜、岁时祭仪、农业仪式、占卜风水和符咒法术。这如休斯顿·斯密斯所总结的："每一个中国人在伦理和公众生活上是儒家，在个人生活和健康上是道家，而在死亡的时候是佛家，一路上还加入一些健康的萨满教的民间宗教。"[①] 当地民间信仰就呈现出这样一种普遍意

① ［美］休斯顿·斯密斯著，刘安云译：《人的宗教》，202页，海口：海南出版社，2001。

识，毋宁说它曾经是一种生存文化，或者说是正在从生活中剥离出去的文化。

一、规　程

祖先崇拜是鬼神崇拜的一种形式，也是民间人生礼仪（生老病死）中最普及、最常见、最主要的一项内容，更是神秘色彩最少而亲情氛围最浓的一种家庭内或家族内的祖先祭祀活动。祖先崇拜建立在相信人死后灵魂不灭的基础上，把祖灵当作一种超自然的存在，认为灵魂具有超人的能力，活着的人畏惧它，但也能够依赖它。即将血缘关系内的祖先鬼魂当作“神”，并通过一定的仪式将去世的祖先的灵魂与活着的人维系在一起，① 使家庭成员与祖先之间保持精神的沟通，通过祭祀仪式使祖先在彼岸世界得到安宁，同时庇护生者。

祖先崇拜在殷商时代以前已形成完整的仪式，《礼记·祭法》记载：“祭法，有虞氏禘黄帝而郊喾、祖颛顼而宗尧；夏后氏亦禘黄帝而郊鲧、祖颛顼而宗禹；殷人禘喾而郊冥，祖契而宗汤；周人禘喾而郊稷，祖文王而宗武王。”林耀华在《拜祖》中通过国学的文献考证，梳理了拜祖的渊源和礼仪。

作为一个家庭、家族中的一分子，你可以不去参加什么宗教活动，但是你不能对自己的祖先表示不尊崇。这一情形与梁漱溟的分析是一致的，即中国不存在宗教的超越性（transecndcnce），在宗教方面首先表

① 宋镇豪认为，祖先崇拜是鬼魂信仰系统的运作机制的升华，人鬼特定的社会属性与崇拜者之间持有的血缘关系，是祖先崇拜确立的基础；人鬼的善行和崇拜者相信其对本族或本家族集团成员具有降福和庇佑子孙后代的神秘力量，因而长期受到供奉和各类名状的祭祀，其神格也由鬼魂转化为固定的神示，这是祖先崇拜的重要特征。见宋镇豪：《夏商社会生活史》，505页，北京：中国社会科学出版社，1994。

现出来的就是祖先崇拜。①

祖先崇拜的具体表现形式就是在一些特定的节日或家庭发生一定的事件时对祖先举行的祭祀仪式。之所以从这些仪式为切入口去了解村落文化形态，正如王铭铭所说："作为'隐秘的文本'的仪式，是活着的'社会文本'。"② 也是人们建立阴阳两界良性交流模式的理性尝试。这些节日包括春节、清明节等，事件包括丧葬、婚礼、分家等。

在古代，鬼神崇拜是上下有别的，什么等级地位的人能祭祀什么鬼神是有严格规定的。天子仍是通神的最权威人物，他可以祭祀一切神灵，但其他人则只能在自己的权力范围之内祭祀有关神灵，否则就是"淫祭"。③ 周代宗庙制度曰，"天子七庙，诸侯五庙，大夫三庙，士一庙，庶人祭于寝"，其时仍无司马光之"影堂"或朱熹之"祠堂"建立。在周代，如果作为庶民，只能拜到祖父，士大夫可以拜到曾祖父，一级一级有严格的限制，唯恐被统治的这些人的共同体变得越来越大。过去不实行计划生育，生的孩子很多。如果允许被统治者祭祀五代以上的祖宗，那么周王就会认为对自己的统治构成了威胁。所以中国文明一出现，其重要特点就是分而治之，跟西方文明的统治方法完全不同。通过规定礼仪的等级来使得民间共同体不能膨胀。④

所以，民间一般是祭祀三代祖先，在户内人口较多的家族，通常在

---

① 祖先崇拜是鬼魂崇拜中特别发达的一种，凡人对子孙的关系都极其密切，所以死后其鬼魂还是想在冥冥中视察子孙的行为，或予以保佑，或予以惩罚。其人在生虽不是什么伟大的或凶恶的人物，他的子孙也不敢不崇奉他。祖先崇拜由此而发生。见林惠祥：《文化人类学》，245页，北京：商务印书馆，1991。

葛兆光说：对于祖先的重视和对于子嗣的关注，是传统中国一个极为重要的观念，甚至成为中国思想在价值判断上的一个来源……这使得中国人把生物复制式的延续和文化传承式的延续合二为一……见葛兆光：《中国思想史》第一卷，24页，上海：复旦大学出版社，2001。

② 王铭铭：《漂泊的洞察》，166页，上海：上海三联书店，2003。

马丁在1981年发表的《中国人的仪式与政治》一书中就曾经提出过一个论点，即中国民间仪式是一种交流模式，交流的两方分别是人和神。同上，168页。

③ 高寿仙：《中国宗教礼俗》，32页，台北：百观出版社，1994。

④ 王铭铭：《漂泊的洞察》，221页，上海：上海三联书店，2003。

辈分最大的老人所在的一家供奉三代祖先神牌，或者只在其他的分支家庭里祭祀一代祖先；也有从外地迁入、远离家族或单门独户的，也是祭祀一代祖先，这在祖先神牌的文字中可以看出区别。正规的祖先神牌用木头制作、毛笔写上祖先的称谓（商代祭祀祖先的木制牌位叫“示”，周代所用的木牌位叫“主”）①。供奉三代祖先的写上：“某氏门中三代宗亲之神位”，供奉一代祖先的写上：“已故先考某公某某之神位”或“已故先妣某门某氏之神位”。

也有一家的供桌上同时并列供奉两个姓的祖先牌位的，就是上门女婿同时祭祀自己和岳父两家祖先。台湾研究汉人社会的学者所说的“异姓公妈”的崇拜，一种就是将招赘夫家的祖先一同供奉，指的也是这种情况。木制的神牌在乡村已经非常少见，只有一些大户人家或非常讲究祭祀礼仪的人家留存，大多数人家则用红纸折叠成神牌的样子，写上相关内容，用一板香穿进纸质神牌支起来放在供桌上，接纸（即迎接祖先）的时候，带着这个纸神牌去，送纸（即送祖先）的时候，连同神牌一起焚化。平时家里的供桌上则不放置祖先牌位。②

二、家祭、墓祭、“烧官纸”与路祭

祭祖是人们建立阴阳两界良性交流模式的理性尝试。

——陈进国③

---

① 周代宗庙中的神主，通常用桑、栗等木制作，长方形，平时收藏在“佑”（收藏神主的函）中，祭祀时取出。见高寿仙：《中国宗教礼俗》，54页，台北：百观出版社，1994。

② 许烺光提起过，“或精巧或朴素的祖先神龛直到1949年，还能在多数中国人的家中看到”。见［美］许烺光著，薛刚译：《宗族·种姓·俱乐部》，44页，北京：华夏出版社，1990。

③ 陈进国：《信仰、仪式与乡土社会：风水的历史人类学探索》（下），51页，北京：中国社会科学出版社，2005。

对祖先祭祀的前提是，认为祖先在阴间和阳间一样，有着衣食住行的需要。

烧十三周年纸时的家祭 2003

完整的祖先崇拜仪式空间，一般包括祖先牌位和坟墓两个部分，牌位祭祀因地点的不同又分为家祭与祠祭。可能是受经济和历来祭祀观念的影响，在所能追溯的时间内，当地从未建过祠堂并搞过祠祭活动。因此，主要集中在家祭和坟墓祭祀。[①] 如陈进国所说，对祖先牌位的祭祀往往等同于对祖先遗骨的祭祀，家（祠）祭与墓祭是有机统一的，只是在不同节日、不同地点，表现为不同形式的祖先崇拜而已。林耀华称，没有创建祠堂的墓地成为后人祭祀祖先的"集合表象"。[②] 在牌位和坟墓祭祀之外，还有仅以烧纸形式存在的到村庙"烧官纸"（由方神组织的集体性祭祖活动），以及离开故土的人们对祖先的路祭。这几种祭祖形式，是在不同的空间周期性地与祖先沟通的模式，祖先崇拜观念则在这样的演绎中不致失散。实际上我们在下面的叙述中可以看到，祭祖形式都被简化、敷衍乃至遗失了。

上述四种祭祀方式是按照地点不同的分类，具体在一次祭祀中，可能要同时涉及其中的一种或两种。因此，我们分别按照祭祀时间和地点

① 参见李亦园：《近代中国家庭的变迁：一个人类学的探讨》，载《"中央研究院"民族学研究所集刊》（台北），第54期，24页，1984。

② 林耀华：《义序的宗族研究》，32页，北京：生活·读书·新知三联书店，2000。

的不同描述如下。

(1) 春节祭祀。节前每家每户要备好供奉祖先的许多用品，如香、香炉、鞭炮、纸钱、白酒、“盘”及其他一些供品（林耀华在《拜祖》中考证了香、烛、纸等祭品的由来）①。大多数人家仍然自己手工拓印纸钱，在一张一张拓印过程中，寄托着浓浓的对祖先的思念。“盘”就是较大的白面馒头，各家都要蒸上一副，用做“坐纸”时的主要供品，供桌神牌前方左右各摆一座。另外，现代生活中的各种食用品，如糖果、蛋糕、香烟乃至人民币以及其他一些逝者生前偏好的东西，皆可当作祭品。大年三十的上午或下午，各家男丁带一些香火和少量供品到祖先的墓地上坟，墓祭的时候，祭土地与祭祖先并存。履行完这一套礼仪，算是邀请祖先回家过年，提前给先人送一些路上的盘缠。

完成坟墓祭祀后，接下来就是春节三天的家祭活动，包括接纸、坐纸和送纸三个阶段。

年三十天黑后，各家男性成员端上一只摆放神牌、三炷香、简单供品、纸钱、酒茶等的木盘，正式去接纸（即正式迎请祖先），接纸的方向是祖先坟墓方向的村口处。这是一个人鬼近距离交融的时刻，小孩子们平常夜间出来心里非常怕鬼，而在这样一个夜晚，孩子们既有过年难以掩饰的兴奋，还有一种奇妙的对鬼的不再害怕甚至对先人的“好感”。将附在神牌上的祖先接回家坐纸，接受供奉。当晚多数人家“坐夜”（守岁）时要吃猪骨头，且先要给祖先敬献，其实是猪头祭祀的遗风。香火从此不能断，一直延续到正月初三晚上。其实恪守这一规定的人越来越少，一般按主人的作息时间，第二天起床后再续香。在现实中这些原本烦琐讲究的细节，已逐渐被“偷工减料”。正月初一早饭后，先是亲房之间互相祭拜祖先，然后要到同村坐纸的人家去上香，也是一种祖先崇拜活动的“交流”方式。正月初三的晚上，将神牌和纸灰收了，取

① 祭品的处理方式有燔祭、灌祭、瘞祭、沉祭。见高寿仙：《中国宗教礼俗》，48页，台北市：百观出版社，1994。

墓祭烧纸　2003

一些盘和其他供品作为泼散，同接纸时一样到村口去送纸，要把剩余的纸钱和神牌焚化，圆满送走先人。下次接纸要等到第二年春节，或者期间家里举行婚礼及丧事，也要坐纸，基本程式大体相同。近些年出现了一种更为简化的现象，有的人家在正月初三的早晨就把祖先给送走了。有的更省事，过年也不接纸，只在正月初三时到村口给祖先烧纸。这在保守的人看来简直不可思议，嘴里念叨着“连祖先留下来的规程都不要了!”

(2) 清明扫墓。通常在节前五日内，选择吉日扫墓祭祖。上坟时，将供品和铁锹一并带到墓地，先在土地神的位置安土。再用铁锹将坟堆修整完善，给坟院中挂些“挂纸”，以示对祖先的挂念，说明后继有人。最后将大量的冥票焚烧于坟墓前。

(3) 阴历十月初一“送寒衣”。对此，明朝人刘侗在《帝京景物略》中就有记载。每年此时，各家用蓝、黑、紫等色纸剪糊成棉衣、鞋子、帽子等衣物，并备好冥钱。傍晚时，将衣物冥票带到祖坟上进行焚烧祭祀，有些由于祖坟太远，便在村外路口选一处位置，画一个圆圈将衣物冥票焚化于其中，使祖先在冥界有充足的棉衣，以抵御漫长的寒冬。同时在圈外少量焚烧一些冥票，给那些无人照管的亡魂，防止游魂野鬼抢劫自己祖先的衣物。

(4) 庙会上的“烧官纸”。在祖先崇拜仪式中，还有一项是在村庙进行的重大祖先崇拜活动，本地称之为“烧官纸”，就是方神在庙会结束之日的晚上，将各家的祖先及野鬼孤魂全部召集来，在村庙门前划定区域，各家给祖先焚烧写有祖先姓名的大信封封包的大量纸钱，并给孤魂野鬼烧纸钱、泼散吃喝，集中进行打发，实现“阴安阳乐”的功能。这一仪式与梁永佳在《地域的崇拜》中描述的大理的情形比较相似。小川村的庙会中就有相关的环节与内容。（见“复兴山潮明寺”庙会纪实）原来各村庙会一年一度举行的时候，“烧官纸”的祭祀方式得以持续，后来大多数庙会终止，这一祭祀方式也难以为继。

（5）路祭。除了家祭、墓祭和烧官纸，随着城市化的发展，农民的后代越来越多地进入城市工作和生活，每逢各种祭日，不能赶回老家进行祭奠时，都会到马路边朝着故乡的方向进行路祭。但愿阴间的祖先有知，能够跨越时空前来享受祭奠，否则城里那么多的纸钱算是白烧了，而坟头荒草萋萋，长期见不到前来祭奠的后人身影……

如李亦园所看到的，“对一般大众来说，祖先的灵魂会降福生者是促使他们按时祭祀的重要原因”①。祖先崇拜就是在这样一些年复一年在时间间隔上不断重复的节日中演绎着、回访着、强化着，每一次祭祖在仪式和时间、环境空间上的同构性，提醒着后代对族群的认同和记忆，集体记忆再次置换为对家族的“识别图”，以此来支持族群认同，固化和保持了作为个人一般的知识、信仰和思想模式。

保罗·康纳顿认为：“宗教表述的精髓在于，它们要在起源之后，把变化保持在最低限度。他们的效用在于重复表述。”② 祖先崇拜的表述与此相似，也是通过重复的仪式和行为来展演着阴阳两界的沟通与交流。但是，“重复的行动永远不会是一样的。在介于其间的时段里，一切所涉之事都不可挽回地发生了改变”③。当然在这样一个看似永恒的演进中，“规矩”本身从来没有变化，变化着的是人们对规矩因时、因地、因家庭的不同所作的改写与简化。这些年，人们对祖先祭祀一再敷衍，多

---

① 李亦园：《人类的视野》，146 页，上海：上海文艺出版社，1996。

② ［美］保罗·康纳顿著，纳日碧力戈译：《社会如何记忆》，77 页，上海：上海人民出版社，2000。

③ ［美］史蒂文·瓦戈著，王晓黎等译：《社会变迁》，3 页，北京：北京大学出版社，2007。

数人家嫌麻烦都不再坐纸，或者只是象征性地完成任务。乃至人们因空间上脱离故乡地域后，在依靠重复所表达的祖先崇拜中所造成的空白，形成时断时续或者断裂式的祖先崇拜形态。通过重复祖先崇拜的仪轨，能够强化与远近祖先的亲近感，在宗族内部建立一种连续感。而仪轨的有意或无意的遗失或变相，无疑要导致这种亲近感和连续感的丧失和断裂。

当地还有两种家庭祭祀形式，但不是用来祭祀祖先的。一种是祭灶爷（灶神），与其他地方的风俗大致相近。朱熹认为，"人家饮食所系，亦可祭"（《朱子语类》卷九十）。另一种是祭"醋娘娘"和"酱娘娘"，实际上是生产行业职能神崇拜。与家庭手工业相关，并伴随着一些自然神崇拜的色彩。该种技艺一般只有老年妇女掌握，是用麦麸、豌豆或麦子作为原料来发酵醋和酱的方法，本来是一种科学发酵的技术，在流传中被附加了一些神秘色彩，认为酱醋能否酿制成功，决定于是否对"醋娘娘"和"酱娘娘"尊敬有加。现在村里的年轻人认为自家酿醋太麻烦，宁可花钱去买醋，没钱的就用简单易行的浆水来代替，原来的家庭作坊现已被工业化规模生产所代替，技能与仪式一并失传。

三、时空格局及变迁

空间位移和时序错置的介入……空间位移后所进入的异质文化空间给他们带来的不适感……城市以其文明的优越性睥睨乡村的存在，生活在都市里的乡下人的乡愁自然于焉而起，在想象中让自己置身于故乡的另度空间。

——叶君①

① 叶君：《乡土·农村·家园·荒野：论中国当代作家的乡村想象》，33页，北京：中国社会科学出版社，2007。

一旦祭祖的鞭炮声不再响起，那种寂静会透出更多的不祥。

——韩少功①

文化作为人类的生活经验是有时空定在的，正是时空性保持了文化存在的稳定性，时空发生变化，原有的文化内容失去了根基，文化的遗失便是不可避免的。文化空间，“是体现意义、价值的场所、场景、景观，由场所与意义的符号、价值的载体共同构成”②。空间变化不仅改变祖先崇拜的形态，更容易改变人们的观念。不管多么根深蒂固的东西，环境变化了，空间不同了，土壤没有了，枯萎是注定的结局。

1. 祭祀时空的稳定结构

在祖先祭拜的仪式中，坐纸人家中的供桌成为整个空间的中心和事件的聚焦点，不管是过年、婚礼还是丧葬，所有的活动和仪式都是以供桌及其上的祖先为中心或等级秩序上的最高位置来参拜的。

在村庄，能形成地理空间的中心或公共空间的地方不多，如多年前唱秦腔的戏台、看电影的露天场地、茶余饭后聚集的涝坝沿或者某一块村中的平地、搞活动的村庙，再就是村小（主要限于孩子的学习活动场所）等等。这种空间算起来确实不多，而坐纸及供桌则是其中一个在特定时间比较普遍的相对私人化的公共空间，说私人是因为它处于某一家庭，说公共是相对于全村人来说它是一个特定时间大多数人都能去的地方，并能参与其中的一些活动仪式。供桌坐北朝南的空间定位拟仿了中华帝国的符号格局，也算是一种象征系统，祖先神牌代表该系统的核心，即代表祖先在此时成为最高的被请示者、同庆者、审查者和统治者，这一“实实在在的”祖灵在这些活动中受到人间的最高礼遇。

---

① 韩少功：《山南水北》，80页，北京：人民文学出版社。

② 高丙中：《民间文化与公民社会：中国现代历史的文化研究》，3页，北京：北京大学出版社，2008。

祭祀空间的形成还需要时间的积淀和重复，即在某些特定空间的以一定的时间频度反复进行的身体行为，使一些分离和阻断的场所连接在一起，堆积成了祭仪空间或民俗空间，如人们定期重新访问的墓地、祠堂等，共同构成一个巨大而神圣的地图，这个地图是沉淀着故事、记忆和时间的地图（是“时间文书”和“行为文书”的聚合）。

所谓的“传统”就是一种恒定时态的传承（王斯福语）①。当传统赖以存在的时间和空间都发生变动的时候，传统就已不复存在。近些年随着农民通过各种途径进城定居，起初也逐渐将这一观念悄悄地带进了城里，但是当他们发现时空的异变之后，传统很快断裂。

2. 时间框架和文化空间的错位

李某进城居住后的第一个春节，他便觉得特别不自在。如韩少功所说，在祭日里两眼茫茫，无事可做。主要是觉得城市的空间没有给祖先崇拜留出应有的位置，包括楼房里的客厅，找不出坐北朝南的主位，日常家居中，沙发与电视的摆放位置已将电视置于空间位置的中心，表明这是一个“电视崇拜”（或传媒主宰）的空间。而在农村，电视无论如何不能放到供桌上去，在农村堂屋的空间格局中，它只能偏居一隅。另外，他觉得城里没有祖先崇拜的氛围，接纸该上哪去接呢？祖先能够远路迢迢地找到城里来吗？而城里又有这么多迷宫似的街道和楼房。还有，城里过节，要么举家去广场、商场、饭店，家里要是坐纸，谁留在家里给先人续香呢？这都是一些具体的操作问题，种种疑虑，使李某觉出了这样一个“非岁时空间”或“异空间”的别扭。可又一想，古代的皇帝举行祭祀不也在都城和郊区吗？今天的老百姓为什么不能在城里坐纸呢？李某打听了两三年，终于得到也有农村迁入城里四合院里（有堂屋）坐纸的消息，并向子女讲了这一情况，子女没有表

① ［英］王斯福：《帝国的隐喻：中国民间宗教》，南京：江苏人民出版社，2008。

态，既未赞成也未反对，他便一直没有付诸行动，只是每年送寒衣、年三十烧纸这样的时日，在城里的街道边找个朝着故乡的方位焚纸钱、叩拜，即路祭。

李某在这种“他空间”面前的局促，在城市住宅的不知所措，是原有时间、空间和祭仪行为全部断裂后，来到新的时空框架内的不适应。这正是李窗益所说的祭仪时空间变化时出现的现象。同时说明空间景观或时间架构具有地方性。

对农耕社区来说，公历（附带星期）是一个无用的时间制度，农耕依据的是节气的循环规律，农村传统的农历历法（附带节气）、庙会、初一十五到庙中上香等时间概念是一套与大自然的变化规律深度相连的、实用的岁时时间制度（二十四节气、农耕时间、阴历或天干地支纪年），西洋历法很难代替。当然不是说新的时间秩序完全无用，学生上学要执行星期制度，有学生的家长也便慢慢适应了这一套时间制度。而且随着大旱和农耕的荒废，围绕自然和农业节奏建立起来的传统时间体系也越来越没有用武之地，而流于颓废了。因此，农村并存着二元的时间制度[①]，但他们的时间感觉也逐渐向阳历时间制度看齐。整个地方被带进了国家的线性时间中来。

在城市的时间框架内，村落山川及其布局其间的神圣地图被城市街道坐标所替代，祭仪行为无处落脚，不但不能用身体性行为周期地去沉淀和重复结构，而且就此终结，陌生的新时空沦为无意义的、空洞的抽象物，原有的祭仪时空被“他时空”所击碎，农村的岁时时间和祭仪空间的意义被文明的城市去除。至此，时间与事物分离，人与自然及神鬼远离。而“人们凭借记忆或想象力把包含在空间内的故事放置进时间

---

① 中国上古习惯用天干地支组合的六十甲子来纪日，这一传统形成于殷商，影响连绵到今天。从战国末期开始，正式的国家文件上仍然大量使用干支纪日，但是日常的纪日中序数纪日已经普及，出现了两种纪日并行的局面。参见刘晓峰：《东亚的时间：岁时文化的比较研究》，24 页，北京：中华书局，2007。

里，空间里包含的故事才成为真正的时间”[①]。或者说李某的感觉是一种时间从地点分离出来的“脱域”的过程，有祭祀观念而没有祭祀空间是一种“缺场”的状态（absence），是“空间的虚化”。[②]

3. 从“焦虑症”到“遗忘症”

祖先崇拜传统空间的变化是随着城市化和人们的移居过程发生的。崔仁鹤所描述的20世纪70年代韩国的“新村运动”造成“茅草的屋顶代之以砖瓦，土墙被推倒代之以水泥墙；因为要拓宽道路，村中的神树被砍掉，树在村口的守护神‘长牲’也被烧毁”[③]。此现象与国内的情形十分相似。孙庆忠在对南景村的回访中看到，俗民社会成员迁移到都市时，会将其传统文化带到都市中以适应新的生存环境。我想，李某的个案，便是对乡村传统文化观念在城市的妥协与改写。梁永佳在研究喜洲行政、市场、仪式三种空间时，认为仪式空间最为稳定。李亦园向我们讲述的20世纪90年代台湾供奉祖先牌位的情形也是如此，城里的住所已无法供奉祖先牌位，因为这对于流传了几千年的祖先崇拜来讲，是一个异质的空间，因此逢年节大家都返回老家祭祀宗祖。他说：“不仅现代化居住方式不宜安排祖先牌位，现代社会的心态也不容易容纳这种信仰形态。”并认为年轻一代与长者要缓解在这一点上的冲突，应该考虑用一种现代的象征体系来代替古老的崇拜制度。倘若真有什么能够代替，其实代替不也是一种瓦解和置换，甚至颠覆吗？换言之，祖先崇拜仪式的存在和延续，它有自己特定的时空需求，它长期形成了相对稳定的时空结构，并以此作为存在的土壤。

---

① 参见［韩］李窗益：《民俗的时间、空间和近代的时间、空间——记忆时空间的变化》，见周星主编：《民俗学的历史、理论与方法》（下册），532—555页，北京：商务印书馆，2006。

② 参见［英］吉登斯著，田禾译：《现代性的后果》，16页，南京：译林出版社，2000。

③ ［韩］崔仁鹤：《韩国民俗学的发展和研究课题》，见周星主编：《民俗学的历史、理论与方法》（下册），489页，北京：商务印书馆，2006。

有意味的是，刚到城里对坐不坐纸还很在意的李某，过了短短五年时间，2009 年春节，李某竟然将年三十晚上对祖先进行路祭，错记为正月初三。估计连他自己也没有意识到，他会这么快地遗忘掉这么重要的事。如果回到当年农村的家中，这样的事无论如何是不会发生的。在李某的身上确切地发生了从祖先崇拜“焦虑症”到祖先崇拜“遗忘症”的迅速变化。接触祖先的特定场所没有了，身体也就难以呈现“原境”下相关的仪式行为。坎纳顿（Connerton）说：“在习惯性记忆中，过去是积淀在身体中的。”我们可以用更为具体的说法，我们之所以知道应该怎样以符合仪式的方式控制自己的身体和语言，是因为我们对这些动作和语言不断重复，以至于它们已成为我们的第二本性，一种具体的反应。[①] 习惯性记忆和身体动作的重复是互为巩固强化的，后者的缺失直接导致前者的健忘。这便是李某无意识背后的深层原因，是祖先崇拜观念和行为在空间结构变迁背景下的命运。空间改变了，相应的仪式行为象征的意义稀薄了，文化的根基也必将丧失。

在种种文化中没有什么东西比计算时间的方法更能清楚地表达这种文化的基本性质了，因为计算时间的方法对人们的行为方式、思维方式、生活节奏及人与周围的关系有着决定性的影响。[②] 现代时空观对传统时空观的取代，是社会文化从传统到现代转型的主要方面。在此意义上，有的学者关于建设“有神社区”的建议，其实质乃是恢复传统文化空间，调适文化性的“民族”与政治性的“国家”之间关系的努力。

---

① 景军：《神堂记忆》，中文未出版稿，哈佛大学博士论文，（英文）由斯坦福大学 1996 年出版。

② ［苏］A. 古列维奇著，庞玉洁、李学智译，庞卓恒校：《中世纪文化范畴》，25、101 页，杭州：浙江人民出版社，1992。

四、“敬宗收族”的文化残符

若不修谱以详后世，总有孝子贤孙，欲敬宗而收族者，代远年延，统系失踪，宗派紊乱，湮没无稽，虽有子孙之名称，实无先祖之观念。

——吴进贤

人们一般相信，“本族成员的善鬼在冥冥之中，仍然群居聚处，组成另一个鬼域生活集团，与在世者保持着千丝万缕的关系，因此最好把死者集中埋在聚落附近，形成共同的宗族墓地，免使鬼魂流荡散失，或遭外鬼的侵害”①。

记得小时候每每走过村口北侧的下湾口那片吴家的祖坟地时，密密麻麻的坟头往往使我联想到吴家枝叶繁多的房派及其势力上去。与小姓、小家、小规模的祭祖及风水信仰活动相比，这样的大姓（大户、大家族）则有显赫的围绕家谱的祖先崇拜。吴家庄就是以大户人家姓氏命名的村庄，该村名诞生于吴氏迁入该地同期，即清康熙、道光年间，至今已有三百多年的历史。我们打听到吴氏家族就有一本家谱，前往了解这本家谱的来龙去脉和与此相联系的敬宗收族的观念。

2007 年 2 月 1 日，我们走访了存有吴氏家谱的 WBH，告诉他来访意图。他说家谱现在不在这儿，今年清明节时，老五回家祭祀祖先后带到银川去了。还有一本留下来的残缺的家谱和神主。说着就从大衣柜顶上的一个小盒里拿出一本破旧的书。封面用毛笔书写“吴氏家族谱牒”字样，打开一看，纸页发黄，内容全用小楷书写，有一种老读书人的功底。谱牒内容分三部分：祭文、字辈谱和墓碑志。他说这是“文化大革命”时，祖父用手抄的，其余的都被烧毁。听后非常惋惜。他进一步讲述了这本家谱所沉淀的时间和深藏的故事。

---

① 宋镇豪：《夏商社会生活史》，499 页，北京：中国社会科学出版社，1994。

以前的家谱我不清楚，听我爷说很早了。保存最完整的放在靖远三角城吴家湾，我们这里只是其中的一部分。现在我们手头的这个家谱是我爷那一辈做的，后来我们作了修订完善。

吴氏家谱——神主

据说我们是明朝河西将军吴瑛之后①，做官迁到靖远三角城吴家湾。清道光年间，其中的一支来到吴家庄，分居大、二、三、四、五房，立业务农。同治年间兵乱，又逃往中卫，光绪元年再次迁回吴家庄。现在这一支成员大约100多口人，多数立业务农于吴家庄本村，少数考学工作在外，分布到宁夏银川、海原，甘肃平川等地。以前有没有宗族或家族祠堂我不知道，现在没有祠堂。字辈谱在家谱中就有。②

我们最后一次修谱是在我父亲70大寿时（1993年阴历3月12日），当时请了海原县西安乡的一位

① 此一借着由族谱文类和家族记忆流传下来的"英雄祖先"之家族史的历史意义，正如王明珂所说，在某种程度上强调了血缘上的华夏单元（家族、宗族）与整体之关系，即"华夏部分、边缘"向"华夏整体、核心"的依附；尽管吴氏家族"英雄祖先"的历史有据可考，并非"神话"和"乡野传说"，但却非吴氏族中人所能察觉到的深层结构，或者说"英雄祖先历史心性"的历史叙事结构。参见王明珂：《英雄祖先与弟兄民族：根基历史的文本与情境》，16页，北京：中华书局，2009。

② 明确确定字辈的记载是在宋初。明朝是字辈使用进入相对成熟的时期，孔府字辈便是此时被确定下来的。见徐建华：《中国的家谱》，46页，天津：百花文艺出版社，2002。

常规性的修谱始于公元3世纪，最初只限制在统治阶级——贵族家庭和士大夫。这种独占一直延续到宋代（960—1279），只是在大约11世纪的时候，地方的血缘群体才开始编修私谱。这些族谱的标准是由欧阳修和苏洵等学者立下和传播的。中国社会撰写族谱的真正高潮是在明代后期才出现的。见景军：《神堂记忆》，中文未出版稿，哈佛大学博士论文，（英文）由斯坦福大学1996年出版。

书法家李东昌来写家谱，同时请了礼宾，举行了隆重的仪式。仪式的主要过程是：将三代祖先供奉在上房的桌上，李东昌在家谱上续写后世子孙的名讳，再把家谱图（神主）挂在后堂正中，由礼宾主持，子孙对祖先行三叩九拜之礼，然后由长子用中指血和辛红水在父亲的名讳上点一下（父亲必须亡故），称“点主”。这套仪式做完后，又给我爷立了碑。

后世修谱主要有四道程序：一是迎接三代祖先，二是上家谱，三是举行仪式点主，四是家谱图保存。迎接三代祖先时用红纸折成灵牌形状，写上“吴氏门中三代宗亲之神位”，到村口跪迎祖先，回来后将灵牌放在桌子上供奉。上家谱是请德高望重之人续写后世子孙及亡者的名讳。点主时将家谱图挂后堂，子孙叩头跪拜，长子点主。点主一般可从三个日子中选择，一是父辈大寿之日，二是父辈去世之日，三是专门选择吉日。家谱保存有规定，如在长子家进行点主，就由长子收藏。保存三年后，方可转入另一家。若这期间某一房有婚丧事，就要到长子家请神主，请到后挂在后堂，事情结束后就由该房收藏（不再还给长子家）。若没有另一房来请，仍然要放置三年。依此类推，围绕婚丧嫁娶，神主在各房之间被传递和保存。

关于家谱保存在谁家，我认为并不代表在家族中的权威或经济实力。比如家谱虽然保存在我家，但我不是族长，也不是家庭的统帅，在家族中我也没有什么权威的话语。现在的家族中，辈分最高的是我们远房的堂爷，但为什么家谱不留在他家而是保存在我家，只不过是家谱以前由我爷收藏，因此我就自然地接手下来了。这些年只有我们这一房用家谱，其他的都已不用了。现在的家谱图画有我爷、我奶的像。

我认为作为后世子孙，既可以通过使用家谱这种媒介，进行表达对祖先的怀念和祭祀；还可以通过查询家谱记录，了解家族的历史，给后人讲述祖先的来历。

WWG的墓碑文载：太翁周伯之后裔也，先祖创业始于明、清，世建功，四代一品，河西名将，将军之后，原籍湖北汉阳府汉阳县玉山乡大山口人也，先祖由仕官而迁居靖邑三角城吴家湾，清时康熙、道光年间，子孙繁衍，移流吴家庄……

WCR 的祭文显示：自清道光年间居住吴家庄立业务农，子孙繁衍，分居大、二、三、四、五房各自务农，至同治年间土匪作乱，连遭兵燹，四处分散，先祖之业不能保全，吾之祖父逃至中卫，待平定，回到三角城吴家湾先祖故地，立业务农，后迁居吴家庄至今百余多年。

字辈谱中列有很多辈分，写着“显考公讳××之神主，妣孺×氏”的字样，左旁有“孝男××奉祀”的字样。可以看出最早的是“殿字辈”，最近的是“昌字辈”。其中“殿字辈”10 房分，“永字辈”23 房分，“仁字辈”8 房分，“万字辈”4 房分，“进字辈”7 房分，“昌字辈”10 房分。重修之后已补到“曾字辈”，即增加了国字辈、邦字辈、文字辈和曾字辈，共计 10 辈人。这次采访的主人位列邦字辈，现已 60 多岁。

WCR 写的家谱序言“思念先祖奉修神主绘画祖像，恐失先祖永垂不朽之名，后裔子孙无报本追远之绪，承先启之道，自此复延矣”。也恰切地表达了一个敬宗收族的意思。

该家谱已被银川工作的五弟带走保存。原本作为“敬宗收族”的家谱，其力量已大为削弱，其他的房分已不再使用和保存，或者说他们已经忘记了祖先曾经留下来过这么一套东西，在今天还有什么实用价值。

家谱作为家族制度的重要体现，主要作用在于“防止血缘关系发生混乱而导致家族的瓦解”，达到“敬宗收族”的目的。[①] 修谱工作便可以看成是对家族制度的文本与仪式表述。最早，宗族家族制度作为一种

① 徐扬杰：《宋明家族制度史论》，26 页，北京：中华书局，1995。

有较大族谱的家族一般都拥有相当一群士大夫，他们的文本知识和历史想象力使他们可以攀附一个显赫的祖先。正是基于这一点，萧公权把修谱描述为“一种士绅制度”。相对而言，环境平庸的家族总是缺乏世代久远的族谱。莫里斯·佛里得曼（Maurice Freedman）认为：“族谱是有关起源与关系的一系列说明，是一种图式，是一种散布的地图，是大范围社会组织的一个框架，是行动的一个蓝图。它是一种政治述说——因而是值得人类学家研究的一个极好题目。”转引自景军：《神堂记忆》，中文未出版稿，哈佛大学博士论文，（英文）由斯坦福大学 1996 年出版。

与土地紧密联系起来的制度，把具有宗族血缘纽带的一群人团结在自己的一片热土上生长、繁衍，形成一系列人伦关系、伦理道德和“光前裕后”的文化思想，培养了“中国人最初的和最终的责任是对祖先和后代尽心尽力”①。但是随着土地制度的分化、小家庭的独立、商业的发展和人口流动的加快，建立在宗族制度之上的关系、观念和感觉（历史感、归属感、道德感、责任感）一并丧失。原有的家族和亲属纽带也一并涣散，原来由行动和文化仪式共同维护的宗族制度，仅剩下了一些备受冷落的残破家谱的物质形式，在当下的社会中很难有新的生长点。

吴氏家谱成了被绝大多数吴氏后人所遗忘了的残存的文化符号。不过，好在这些残存的家谱被能够意识到其传统文化价值的后裔作为私人收藏，而敬宗收族的相关意识和功用一并退化。WBH 提到的“我们远房的堂爷”，即吴进贤，曾打算给其房分另立家谱，并于 1962 年间作成《吴氏家谱序》（岁次壬寅春拟纂修谱草稿）——

夫家之有谱，犹国之有史也。国无史，则政治之沿革无所考，治乱兴衰何由见；家无谱，则先祖之系统无从稽，亲属远近莫能知。国史与家谱关系大矣哉。若不修谱以详后世，总有孝子贤孙，欲敬宗而收族者，代远年延，统系失踪，宗派紊乱，湮没无稽，虽有子孙之名称，实无先祖之观念。余系吴氏之后裔，故于岁次任寅春，时年六十有九，懒于劳勤，拟纂修谱之稿，遂援笔而草创之。然余见同井蛙，枝笔雕虫，小学程度，襪线而已，何能叙述明析，用以报本追远而念昔先人耶。

考吴氏世传周太伯之后，系湖庶汉阳府汉阳县玉山乡大山口人，由仕宦而移居靖远，落户立业在大明嘉靖前后，有功于国，振右如兹，河西名将，四代一品，先太公荣禄大夫吴瑛即头一也，先太公即吴氏始祖也。先太公后裔分支有四，据老先辈口头传，清初由三角城迁移靖属吴家庄和会属旧庄沟者，系大房一枚也，惟旧庄沟因代远，子孙迁徙，宗派分支不能详。迨后大房分支又有五，吾门即五房一系统也。乃大房之

① ［美］许烺光著，薛刚译：《宗族·种姓·俱乐部》，53 页，北京：华夏出版社，1990。

四房，经同治兵燹绝嗣。大房之三房，在民国九年地震遭劫嗣绝。大房之长房传至族叔讳万纲，生子有三，长曰进峰，次曰进喜，幼曰进敏，乃将进喜过继承嗣与大房之二房，族祖讳全仁为孙。目前长房子孙绳绳、瓜瓞绵绵。二房至今人丁孤单，只有进喜公之曾孙，名叫帮柱，现未成年。子孙之繁衍，莫可限量云。再查太公之二房，居东湾砂梁一带。三房在三角城。四方在若里原，各方分析略述之。

常闻吾祖父口头之传，吴氏之宗谱，经同治兵燹，回匪猖獗，宗庙毁矣，家谱失矣，先祖之名讳多无所考矣。迨至兵燹平靖，孑遗之户族，欲敬宗而收族，以是在清光绪中叶，全族商议，举行修宗牌，列其昭穆，仅于共所记忆者而登之，于无所不知者而缺之。

今余根据宗牌，并参考庙钟开载，将吾门传至世祖讳璞，由世祖璞以下之先祖名讳并载排列，虽则不详，亦能知其梗概。世祖璞所生四子，考之宗牌而无者，曰殿扬、殿雄、殿和，长房因不知者而缺之。但长房之子曰永寿，据吾祖父言，在同治兵燹花门变乱之际，分居为四门，共有眷属三十余口，均扶老携幼，东奔西逃，糜室糜家，屡于穷以藏其身，常食藜藿以充其饥，险阻艰苦，备当之矣，其血统流传之，因不清楚，毋庸详赘。

另外将吾祖父一生颠末叙述之。吾祖讳义仁，赋性天真，忠厚老诚，昆弟四人，祖列行三，吾祖之生父即永寿，吾之曾祖也。当逃难至陇南百花川，此时眷属沿途均系难亡，只遗吾祖和曾祖父子二人，吾曾祖病饿交加，深知是劫之数，而嘱吾祖父曰，咱们一门之继承，唯尔是赖，从速往曹家老湾，你姊姊那儿逃尔之命，我是不久与人世了，要是贪恋守家不逃，你也要把命丧在这里。可是吾祖父因父子之情难离，不听吾曾祖之嘱，日则乞讨，夜则陪伴，过了数日，吾曾祖自觉有累于吾祖父，因此自缢身亡。

唉！全家数十口之眷属，竟然作他乡之鬼，岂不伤痛哉，言念及此，真令人酸鼻。吾祖父从此再无挂牵，不分星夜，逃奔静宁县属曹家老湾，与吾祖姑母家中佣工二十六载，迨至光绪七年返回故里，从事开

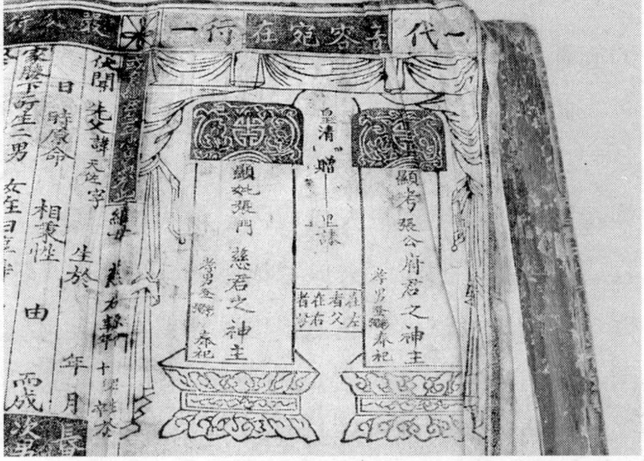

种田张氏家谱

垦，辛苦百般，幸蒙上天之默佑，托先祖之德行，四门有一线之延。

吾祖父在佣工时，经姑祖从中介绍，婚配祖母刘氏，生子女各一，女即吾姑母，子即吾生父，讳万林，婚配吾母成氏，生吾弟兄四人，妹二人，及长均皆婚配，聘师课读。不料吾母中年，于光绪三十四年逝世，吾弟妹均皆弱小。彼时，吾父为子女有许多苦衷。后续继母冯氏，贤明异常，抚育弟妹如亲生，吾父遵导庭训，克勤克俭，家道小康，人丁繁衍。讵料民国九年，冬月初七晚至戌时，忽然地震，天崩地翻，崖塌屋倒，伤人无数，甚至全家覆没，十室九空者，难以枚举。遭劫最惨重者，惟有海原并靖属东乡一带。吾父和继母冯氏，胞妹以及诸小孩，合家大小十口，罹天灾而覆黄壤，惨悲之情，罄竹难书，爰其俚语，以志大概云尔，是为序。后裔进贤字聘三谨识

作为当地屈指可数的文化人，吴进贤在其晚年曾尝试另立家谱，其草拟的这份家谱序稿，回顾了祖先的渊源，各房的繁衍和遭遇的苦难，且记下了亲人在民国九年大地震中遇难的事件，情真意切，读后不禁令人热泪盈眶。不仅具有一定文化意义，而且留下了一份珍贵的史料。

种田沟张氏家谱在海原大地震中掩埋，碑文也在 20 世纪 70 年代初砸毁。张氏另一支在震后民国十五年又重修了家谱。

我们还得知百丰村有两本家谱，一本是罗氏家谱，为解放前所修；另一本是蔡氏家谱，2007 年在秦安老家家谱基础之上，只续修了其所在一支，为续谱。这可能验证了肖唐镖的研究发现，即有无旧的族谱或

祠堂与新修族谱或祠堂之间，呈现出高度的正相关，有旧的族谱或祠堂的族姓其新修族谱或祠堂的比例，大大高于无旧族谱、旧祠堂的族姓。

此外再没有发现其他家谱，可能有几个方面的原因：一般情况下，只有具备一定规模的大家族才有兴趣和必要去做家谱，当地这样的大家族特别少；即使家户人口规模足够大，若祖上没有出过官宦名人，也不宜或没有足够的底气去做家谱；制作家谱，需要对家谱这一体例有所掌握，以及一定的撰述能力，也就是要有一定数量的“文化人”及修谱氛围，这些都是当地所欠缺的要素；还与一定的物质基础有关，长期以来，当地民生艰难，维持生计是第一位的大问题，没有足够的力量和“闲心”来操持这些文化的东西。

在文化精英看来，族谱是一种满足家族共同体想象的文字依凭。当家族共同体随着分家、随着社会经济的因素解散之后，他们早已丧失了思古怀幽的情致，“敬宗收族”的文化观念、展演仪式和物质形态便不复存在。

第八章
方言土语：从丰富的叙述到单一的陷落

语言可以被视为文化的产品，一个社会所使用的语言是整个文化的反映。但在另外一种意义上，语言也可说是文化的一部分，是它的众多构成成分之一。

语言结构是文化结构和社会结构的“原型”。

——列维-斯特劳斯

每一种部落语言必定反映讲这种语言的人的经验和正在发生的文化。

——威尔伯·施拉姆　威廉·波特

每一种伟大的文化都具世界感的秘密语言，这种语言只能为心灵属于这一文化的人才能充分理解。

——奥·斯本格勒

它是把口语直接写进去的书。

——张承志评价《蒙古秘史》

曾在同事的书柜中无意中翻到了一本《寸草心》，是陇西的姬克昌先生在其母亲去世后，因怀念之深而每每念叨母亲犹在耳边的训语、民间故事、民歌等声音，继而激发起回忆、搜集、整理的行动，终于完成了此书的撰录出版，同时为读者留下了这样一份民间语文的遗产。

为何要提及这样一本书，是因我在初次浏览时竟然发现其中好多“训词”、“歇后语”和儿歌，曾是小时候外祖母常念叨在口头，我们耳熟能详的东西。当时“日听而不知”，多年后猛然看到这些停留在民间口头的东西整理为文字，有一种久违了的温存感。我将此书推荐给母亲，母亲看后说：“这些话和故事不都是你外祖母说过的吗？平时随口说时好像不多，这个有心人竟然整理出了这么多！咱们老家的方言和流传的故事看来和陇西差不多……”

《根》(*Roots*，1976）的作者阿里克斯·哈利曾在听完寻访到的一位传说的承担者讲述肯特氏族的经历后，心情无比激动，因为这与他自己从祖母那里听来的是同一个故事，他立即庆祝加入肯特氏族，该族人还祈祷“赞美真主，他把我们中间一个失落了很久的人又送回来了”①。

由此引起了我对方言的思考。俗话说：山成语，水成歌，一个小山窝可能会产生一种不同于外界的方言。语言是文化的核心。德国语言学家威廉·洪堡说：“民族的语言即民族的精神，民族的精神即民族的语言。”人们的交往只有借助于语言才能进行，一切知识的继承和传递也只有借助于语言才能实现。

一、方言本字求证

人类的一切世界体验都不可避免地取决于语言。马凌诺斯基认为，

① [英] 保尔·汤普逊著，覃方明、渠东、张旅平译：《过去的声音——口述史》，28—30页，沈阳：辽宁教育出版社，牛津：牛津大学出版社，2000。

语言不仅是一个工具系统，而且是一套长期养成的发音习惯。世界上大约有 2800 种不同的语言。现代汉语方言中有许多有音无字的语词。章太炎曾在《博征海内方言告白》中说："中国方言，传承自古，其间古文古字，涵蕴甚多，而世人不知双声相转、叠韵互变之法，至有其语而不能举其字。"章太炎早就困惑，当方言进入书写系统时，难以找到表意的本字，书写时无从下笔。因此，研究现代汉语方言的任务之一，便是求本字。

1. 作为"既定资赋"的方言

把自己的方言落实为文字，是我一度就有的想法。这个问题来自于切身的表达实践：

其一，外地上学必经由方言向普通话的转渡（农村中小学那时用普通话教学的老师屈指可数，且要顶着一定方言环境的压力），这一过程中发现有些方言必须丢掉，普通话中没有它的位置。因此，每每为家乡的日常用语在普通话中找不到对应的表达为苦，在想，为什么曾经与家人及周围所有人交流使用了多年的语言，突然失去了它使用的正当性依据，有一种自己原来生存的文化土壤失去了意义和被普通话所否定和抹杀的感觉。常人可能会觉得不就是一个从方言向普通话转换的心理过程嘛！可能是我过于敏感，但是又放心不下，并时不时去想其中的问题。单是因为遭遇到了"雅言"或"通语"？若是没有雅言或通语这个"他者"出现呢？还会产生方言的反思和不自信吗？

其二，当我回头再考察那些被认为土得掉渣不能进入普通话的方言时，发现有些方言竟然出自于古汉语，这使我大为惊奇，几辈人都不识字、也很少走出田间地头的农民，是在什么朝代、什么人开始把文言文遗落到乡间来讲？——土话原来是雅言。大山沟里的"下里巴人"日用而不知的竟然是"阳春白雪"！当我在李锐的《太平风物》中读到他也曾经有过类似的发现时，我更加确信这一点。李锐在下乡时见到的农具在方言中的称呼，搞不清楚它的来历及在书面语中的写法，这个问题与我的心理历程相似，不过我的思考是从内到外的，即我是先用惯了方言，再接触普通话；而他是从一个持普通话者进入陌生的方言语境。

格尔兹（Clifford Geertz）将一个人生长在一个群体中，他因此得到一些既定的血缘、语言、宗教、风俗习惯，称之为由亲属传承而得的“既定资赋”（givens），是非自我能选择的“赋予特征”。① 其实，方言和普通话都是相对的，普通话是以北京官话为基础建立的国语。而对于从小讲方言者，普通话几乎等于书面语。特别是对于香港、马来西亚、印尼、台湾的华人来讲，普通话就是书面语。如梁文道所说，如果当时将广东话作为国语（据说差两票就通过了），那么今天的北京话也就成了方言。②

2. 方言乃通语之母

我对自己“既定资赋”之一的方言存在疑惑与惊奇两个方面。所谓疑惑就是对方言中的口音找不到对应的汉字，如神汉当地称作“马爵(音写)”，用这两个字显然是解释不通的，但当地人就一直是这样讲的，实在无法从词源学查证这两个音的本字。再如我外祖父在嗔怪我时用的是“ca（音三声）疙瘩”，虽然至今不知道这几个字怎么写，但是我绝对不会理解成表扬我的话。现在当地没人知道和使用这个词了，当初除了外祖父别人都不用它。还有，外祖父经常说，“马燕低飞蛇过道，牛打喷嚏白雨倒”，他把“下大雨”叫“发白雨”，这恐怕是他从通渭老家带过来的，这个词只会留在我们家人的记忆中。这种现象有时似乎让我碰上了有语言而没有文字的部落。所谓惊奇是发现方言的古音古字，非但是封闭的地域方言，而是直承几千年前的书面语，这与李锐偶然发现

① 王明珂：《华夏边缘：历史记忆与族群认同》，19 页，北京：社会科学文献出版社，2006。

② 梁文道：《外边中国：从外缘介入中原》，“思与文”讲座录音，载“思与文”网。

邸家河方言称为“碨”的磨，源自春秋可考的记载，因之感受到的知识与历史的“如雷轰顶”是一样的。①

在这样封闭的村落，竟然流落着所谓的土话其实是古音古语。古音古语落入方言的合理解释，我想可能是在人类社会发展中，口语先于文字产生这一事实吧。也就是说，不管是仓颉造的字，还是谁造的字，最初都是从口音转入书写的，这也正是汉字作为形声字的“声”之所在。章太炎也承认，文字“先有声然后有形，字之创造及其孳乳，皆以音衍”②。造字初期，应该正是大量方言进入通语的过程。对文字的学习由于受教育条件等各方面的限制，历代农民中不会写字的居多，但张口说话从小就会，耳濡目染中口语一代代流传下来，正是在口口相传中使得许多古音得到了有效保留。如，当地人将雨后彩虹叫“绛”。自从课本上得知那叫彩虹之后，我一直不得其解。直到有一天得知经范紫东先生考证，“虹”字古音本来就读“绛”，当地方言不但没有错，而且语出有据。再如，本地人在称谓上将兄弟们的妻子之间互称“先后”，书面语中除了“妯娌”之外，找不到其他合适的文字来对应这种称呼。后来在《史记》中找到依据，史记卷二十八封禅书：“神君者，长陵女子，以子死，见神于先后宛若。”③ 冯玉涛对“先后”一词的渊源作了进一步的考释。④ 当地称作铺地（或铺田）的“铺”字，据考证可直追

① 见李锐《太平风物——农具系列小说展览》，前言。

② 孙毕：《章太炎〈新方言〉研究》，14 页，上海：华东师范大学出版社，2006。

③ （汉）司马迁：《史记》，166 页，长沙：岳麓书社，2001。

④ 颜师古《汉书注》云：孟康曰：“兄弟妻相谓先后。”至少在汉朝到唐朝的这一时期，“先后”还是一个关中方言词。司马迁在这里也是用了一个非常鲜活的口语词语，对于熟悉关中方言的人来说，就很容易理解这个词的意义。最早解释“先后”具有妯娌意义的辞书，是东汉刘熙的《释名》。又《尔雅·释亲》：“长妇谓稚妇为娣妇，娣妇谓长妇为姒妇。”郭璞注：“今相呼先后，或云妯娌。”“先后”的读音也发生了变化，和表示时间前后的意义在读音上有区别。在关中方言中，表示时间前后意义的时候，“先后”读作 xiǎn hōu，而在妯娌的意义上则读作 xiān hǒu，在语音上的区别昭然若揭。见冯玉涛：《〈史记〉疑难词语考释》，载《西北第二民族学院学报》。

先秦。[①] 而将"全部"读作 cuan 部，将"咸"菜读作 han 菜，不知是发生了怎样的语音变异。

一些口语，在当地认为是方言的，其实都能找到对应的文字，如当地将追说为"撵"；叫作"毛蚰蜒"的一种虫子竟然是它在昆虫科的学名；靸（sa）遢——拖着鞋走路的声音；牛鼻桊（juàn）——穿在牛鼻子上的小木棍或小铁环，都是方言和通语共用一个字的例子。

我们从中可以体察到口语和文字既统一，又不统一；文字能够表现语言，但又有文字不能完全再现的语言。即使在种田本地，地理环境的不同也划出了方言的分界线，一个基本的区分是，川地与山沟之间的语言差异，相对来说，川地人的语言更接近通语一些，而山地农民语言更"土"一些。这也应了"任何语言语法规则都是由社会文化的语境所决定的"论断。[②]

3. 本字之可求与不可求

如何解决方言这样一个语言事实进入书写系统的问题，实际上是求方言的本字的过程，就是有音无字的方言应该用哪个方块字来写？游汝杰在《言语方言学导论》中说：方言词在历史文献中最初的书面形式，即是这个词的方言本字……"方言本字考"即是对方言词的最初书面形式的追索和考证。[③] 近年来，汉语语法学界有所谓"大三角"的提法，即由普通话、方言、古汉语组成"普—方—古"三角形，谢栋元、李秀坤认为，其中"方"角、"古"角，对于"普"角起着外证的作用。其实质就是要对一个语言事实作立体的动态的分析。把今语、古语、

---

① 在现代方言中，部田又作"铺田"。铺，据汉代扬雄《方言》第十二云："铺，止也。"铺田，即指轮歇不种庄稼的田地，在今甘肃南部、东部、陕西北部、宁夏的南部等地区的农村，铺田一词的使用仍很广泛，方言中仍有保留。见杜正乾：《吐鲁番文书中的"部田"考释》，载《中国农史》，2006（4）。

② 李恒基、杨远婴主编，《外国电影理论文选》，500页，上海：上海文艺出版社，1995。

③ 孙毕：《章太炎〈新方言〉研究》，225页，上海：华东师范大学出版社，2006。

方言三者合起来互相求证。[①] 这方面最早从周秦时代就开始了方言的调查与研究的努力，西汉扬雄的《方言》是我国第一部研究方言词汇的专著。章太炎先生也十分看重汉语方言的价值，他说："但令士大夫略同小学，则知今世方言，上合周、汉者众，其至贵过于天球、九鼎，皇忍拨弃之为！"在《新方言》中章太炎先生就采用了"察其声音条贯"，"寻其语根"，把现代方言和古代典籍沟通起来的方法求本字。

求本字只是对方言进入书写系统的转译，但是方言称其为方言且不同于普通话和古汉语者，很大成分上就在于它的有音无字，这正是前文字社会的语境。如果所有的方言都能够求证到汉字了，那么这种方言也该消失了，何况相对中国如此众多的方言口音，求证方言难词的本字及推求其语源，本身就是一件艰难的、难以穷尽的事，这是方言研究者的遗憾，也是方言"文字化"所不可全"化"的，亦即方言中的词字，不一定都要求有确当的写法。[②] 而且我们发现有一些求证到的所谓本字本身就很牵强。在《寸草心》这本小册子中，姬先生尽可能地对涉及的方言加以注解，但就一些难以求得本字的，也借谐音字代替，例如对方言中的"失散"(偶尔为之的意思)，如果从它的书面意思去理解，必将牛头不对马嘴。因此，实现方言的完全书写，客观讲是不可能的，既然它已经存在了几千年，那就应该保持这样一个三足鼎立的稳定性，让其自

① 谢栋元、李秀坤：《章太炎先生的汉语方言研究》，见北京师范大学民俗典籍所编：《民俗典籍文字研究》(第一辑)，138页，北京：商务印书馆，2003。

② 沈兼士在对章氏《新方言》的求本字提出了六点批评：一是表示语言的文字，本不一定用其本字；二是凡音理相近之字，其意义多有可通之点，不可拘泥执于某个本字；三是后起的语言，不必在古书中都有本字；四是语言或因种族交通而混杂，不能一概以汉字当之；五是拘泥于"字"不注意到"词"，把复音词拆开理解，再去替它找本字，殊不可取；六是倘不举出应用句子中的种种例子而只是孤立地解释，很难准确。见孙毕：《章太炎〈新方言〉研究》，25页，上海：华东师范大学出版社，2006。

足地发展或者消失（如人口较少的少数民族语言）。① 所以，对于方言求本字，我们必须承认这样一个基本原理，即语言是第一性的，文字是第二性的。

公正地讲，方言不应该被打上“土”的标签，人类口口相传的东西往往比记在纸上的要牢固、要安全（不易被篡改），因其被老百姓广为使用的草根性而不易遗忘，因其长在民间土壤而更具生命力，因其“口头性”而直抵“活态”的生命场。

从另一方面思考，文字化正是过于重视文字而轻视口述的现象，口述史或口述传统研究改变了这种局面。

二、作为一种方法的口述及口述史的学术价值

“在前文字社会里自然只有口传形式，在大众识字率有限的社会里（历史上的绝大多数时期乃至当今许多国家的欠发达地区莫不如此），口述一直是传递传统的主要方式。”②

如上文所说，李锐的“如雷轰顶”是异文化者（或持有普通话的精英者）碰到本土文化（方言中的古音古字）后，由文化比较而产生的惊奇；作为我来讲，则是本土文化持有者接受这一地域之外的文化后以域外文化的视角回过头来打量和深入思考时，频发地惊呆。而对于世代生活在当地的人来说，他们不会这样大惊小怪，他们只管按照祖祖辈辈传下来的口音确认和称呼那些乡间的事物，这是古老生活方式及与之相伴

---

① 郝苏民曾谈到口承语言濒临生存危机的问题，如东乡、裕固、保安、土、撒拉和锡伯这些有语言而没有文字、人口很少的民族。见郝苏民：《人口较少民族的口承文化遗产保护——难题与启示》，见王铭铭主编：《中国人类学评论》第3辑，126页，北京：世界图书出版公司北京公司，2007。

② 胡鸿保、王红英：《口述史的田野作业和文献——从〈最后的记忆〉谈起》，载“国史探微”网。

随的“耳识之学”，大家在同一个语言（口音）体系内，有着相同的语境，不会发生理解、交流和沟通上的歧义和困难。

口述，正是无文字（或不能完全求得本字）的方言的表现强项。姬先生所搜集的由其母所流传下来的民间故事、道德训诫等知识，是此一地域长期积累下来的口头文学和口头教化，是社会生活史的口述文本，是民间的语言传承。姬母同时也如保尔·汤普逊所说，是作为乡村中传说的承担者，“他们比宫廷专家更经常地持续不断地将传说传下来，直至今日”[①]。在西方学界，民间文学被称为“口头传承”，一直归属于民俗学范畴。以麦克斯·缪勒（Max Muller）为代表的太阳神话学派——认为口头传承是自原始神话诗歌时代以来的语言疾病，它并非原始状态的遗存，而是辉煌发达的远古的回声。[②]

以方言（或者通语）来交流、相传和叙事的这种非文字文本特征，正是学界给予越来越多关注的“口述”研究范畴，包括作为历史学分支学科的口述史（oral history）与作为民俗学研究主体领域的口述传统(oral tradition)。近年来许多人文领域有一个研究倾向，就是从一直被忽视的宏大叙事和文献记载[③]的另一面——民间和以个人为主的口述(无文字和民间口述成为与“大传统”并行且未曾中断的一条“暗河”，与钦定的正史相对应的另外一种“小传统”地位的叙事）中去发现新的研究资料和线索，找到新的学术生长点。我们由此看到了学界建立起的口述史或口头传统研究的学术自觉，将目光从精英史转移到普通人的历史、民间“活态”文化及“文字缺席”的地方所得到的补益，从翻来覆

① ［英］保尔·汤普逊著，覃方明、渠东、张旅平译：《过去的声音——口述史》，27页，沈阳：辽宁教育出版社，牛津：牛津大学出版社，2000。

② 贺学君：《从书面到口头：关于民间文学研究的反思》，见周星主编：《民俗学历史、理论与方法》（上册），82页，北京：商务印书馆，2006。

③ 钟敬文先生曾指出：“文献，不是民族文化成绩的全部……除了上述那类文献的保存和所显示的历史成果之外，中国还有更大量的、没有或很少被文字记录的、流传在民间的各种文化。”钟敬文：《〈到民间去〉序》，载《中国民间文化》（第八集），133—134页，上海：学林出版社，1992。

去的卷帙浩繁的旧史料抽身，从书面历史的宏伟模式中解脱出来，到下等人、无特权者和失败者的口中，去搜寻新的和更为隐秘的口述原始材料，并因此可能导致历史重心的转移、开辟出新的探索领域乃至向既定的记述提出挑战。

纳日碧力戈对口述的赞扬不遗余力，认为口述史本身终究是人类学者的宝，它拥有文字史不拥有的价值。[①] 文字远远迟于语言（口述）诞生，但是后来文字“一统天下”。对此朝戈金有个比方——如果将人类的发展进程看作是一年的话，文字的发明和使用只是12月下旬的事。[②]

口述即语用，不需要识字——文字的学习过程就是体罚和规训的过程，就是受社会监控的过程（纳日碧力戈语）——不需要书写，它是嘴巴和身体的“劳作”。在此种意义上，纳日碧力戈将民间口述视为一种“操演”的和“作为行动的社会记忆”，[③] 认为非文本的口述确实有许多文字表达所不及的优势，身势、表情、语调、场景的“合谋”，以及丰富的“副语言”现象（对口述来说恰恰是“正”的非语言现象），生动地传达寓意，包括大量不可言传的直觉和不可推理的意识。如对于家族记忆的深浅，与有无文字保留族谱没有绝对的关系。在没有文字的民族

① 《口述史：历史人类学研究（笔谈）》，载“国史探微”网。

② 有人推测，人类最迟到大约旧石器时代中期时，发声器官已经进化得比较完善（请注意，这个说法没有直接的“凭证”，尤其没有“白纸黑字”的记载），相对复杂的口头交际大约也就产生了。这是距今大约10万年前的时候。如果把从那时以来的人类进程当作是一年的话，我们神圣的文字的发明和使用，都是发生在第12个月份里。埃及书写传统产生在12月11日那天。欧洲的第一本书（Gutenberg's printing press）出现在1445年，大约相当于12月29日。亚洲和美洲的书写传统也一样晚。而且长期以来只是人群中极少数人掌握着的特殊技术。如果说人文学科应当平等地关注人们和他们的精神活动，关注这些活动的规律和规则，那么，我们就有理由追问，我们为什么长久以来就盯着人类这一年当中的最后半个月中的事情而置另外的事情于不顾呢？为什么长久以来就看重文字的一方而有意无意地忽视口述的另一方呢？见朝戈金：《民俗学视角下的口头传统》，载“国史探微网”。

③ 纳日碧力戈：《作为操演的民间口述和作为行动的社会记忆》，载“国史探微网”。

中，也不乏以口述记忆保存多代甚至数十代谱系的例子。[①]

从更广泛意义上界定，乡村庙会吟诵经卷、地方戏曲都是一种口述，一种个体与群体共时行动的口述。众多的民间说唱就是这种操演和社会记忆的典型代表，如藏人的格萨尔、蒙古人的江格尔、柯尔克孜人的玛纳斯，以特殊的记忆形式进入说唱者的操演并不断加深、重现、重构或重造地方社会记忆。

作为表演理论的一个有力组成部分，及其中关于文本移录方法的一个分支，民族志诗学致力于对口头表演艺术移录、翻译和录音整理为写定的书面文本，努力再现口头文本的原貌。民族志诗学促使人类学、语言学由关注文本转向关注语境（context）[②]，回到口头表演的原生现场进行研究。实际上都是对口述生成机制和非文字化特征的深入认识，而此类学术研究的开展将为口述传统的重新发现和充分挖掘提供新的契机。

方言作为口耳相传和口述操持的主要工具，作为口述史和口述传统研究借以开展的基础，它为正史、文献和学界话语提供了一个来自底层的参照，由方言所建立的民间话语（民间语文），越来越多地受到有心人和学者的关注；相对于普通话，有数以其倍的人群操持着各种不同的方言，这样一个众数和它长达近“12个月”的语用，说它是“小传统”或者“下位”确实是一个不恰当的界定。好在爱德华·希尔斯肯定了它不可取缔和取代的地位，他说：“任何事物都不能从人类文化中彻底消除记忆存储和口传传统……除非人类丧失听说能力，否则，书写文本或

---

① 王明珂：《华夏边缘：历史记忆与族群认同》，29页，北京：社会科学文献出版社，2006。

② context，或译情景、场景、生境、原境。理查德·鲍曼把语境划分为两个层面，文化语境和社会语境，并进一步划分为六个小层面：意义语境、制度语境、交流系统语境、社会基础、个人语境、情景性语境。

巫鸿在其汉代美术研究的个案分析著作《武梁祠》中就运用了考据学、图像学和原境分析（contextualanalysis）等方法。参见巫鸿：《“纪念碑性”的回顾》，载《读书》，108页，2007（11）。

印刷文本不可能取代口传传统。”①

无疑，在尚无文字的社会中，所有的历史都是口述史。在这一阶段，劳动技能，时间与季节，故事与传说必须牢记在心，口耳相传。②

巫师口耳相传的知识主要是：人类起源等神话、创世纪史诗、英雄史诗；氏族部落迁徙历史和原因；各氏族和家庭谱系；各民族间的仇杀事件；氏族部落的首领和其他人物事件，以及所供奉的神谱等。③ 民间老人的讲述，恢复和传递着个体、家族、村落及其所处的宏大历史背景的历史记忆的过程，实际上正一代一代地延续着为后人存史，并为后人考察历史曾经拥有的另一种表述、另一种面相的可能提供有益线索。如盲诗人荷马流传下来的《伊里亚特》、《奥德赛》中提到的一些情况，如古代城邦等，已被后来的考古发现所证实。张伟然在多年后考察了一个小时候流传在故乡的“龙过身”故事，并大胆地把“回江西探母的龙”这种自然现象中的空间概念，还原为从江西来到湖南的移民历史，这种经过神话了的、曲折反映的民间叙事，深藏着一部用另类方式书写的地方史。④

作为脱胎于人类学、“进村找庙”式的走向民间、走向田野的方法，越来越多地被应用到史学研究中，碑刻、族谱、账本、口述历史、个人信件、日用杂书以及日常生活、大众心态都被扩展到历史文献的范围之内，使得史学家从传统的、简单化的政治史、王朝史中走出来，增加了丰富的体验和感觉。

从社会“记忆”是一种相当多元的、易变的综合体出发分析，王明珂认为：无论如何，我们所知道的“正史”（典范历史）只是被社会中

---

① 纳日碧力戈：《作为操演的民间口述和作为行动的社会记忆》，载“国史探微网”。

② ［英］保尔·汤普逊著，覃方明、渠东、张旅平译：《过去的声音——口述史》，25页，沈阳：辽宁教育出版社，牛津：牛津大学出版社，2000。

③ 丁波：《口传历史时期传播的历史知识》，载《学术研究》，2007（3）。

④ 参见张伟然：《一条要回江西探母的龙》，载《历史学家茶座》，总第八期，145页，济南：山东人民出版社，2007。

部分的人或人群所选择、强化、传布的社会记忆。以此对外划定族群边界排除外人，对内合理化该人群的优越地位。这些人或这群人，通常是年长者、统治阶层、祭师、男人、知识分子、优势族群或核心地域人群。他们所界定的“文化”，决定了该族群的边界与本质，另一些人被迫失忆与接受优势者的记忆，同时接受较低劣的社会地位。①

自古以来，历史撰述一直在统治阶级的取舍和政治主题的单一维度内循环（也可以说表现了某种历史的贫瘠）。“直至本世纪，历史的焦点基本上还是政治问题……普通人的生活……很少受到关注。”② 赵世瑜在对“中国传统史学中的官修正史基本是一部‘政治史’”这样一个基本认识的基础上，提出应尝试从更多的角度、以更多样的方法复原和阐释历史，将研究视角由“自上而下”转变为“自下而上”，到民间寻找历史，并作为对精英史学的一种有益补缺。如对族谱记载、民间祭祀活动、习俗传说等口头历史的探询。③

如任汉中借助于淹没在宏大历史中的老营盘那片墓地所反省的，“党政机关的档案是比较健全的，其他行业和普通人、社会公众档案往往被排除在国家档案馆之外”（国家档案馆馆藏较为完整齐全的档案史料仅始于1618年，也就是说有档案可查的中国历史只有400年）。因此，收集口述历史愈加显得弥足珍贵，是潜沉在民间的有待整理的与《史记》中的王侯将相史相对的另一本“小人物”的历史，它将为历史的补写、改写或者重写提供新鲜的史料。④ 因为历史绝不是一面之词，

---

① 王明珂：《华夏边缘：历史记忆与族群认同》，257页，北京：社会科学文献出版社，2006。

② ［英］保尔·汤普逊著，覃方明、渠东、张旅平译：《过去的声音——口述史》，3页，沈阳：辽宁教育出版社，牛津：牛津大学出版社，2000。

③ 赵世瑜：《从田野中发现历史：民间文献、传说故事的知识考古》，转自“中国社会科学院民族文学所网”（http://www.cass.net.cn/chinese/s16_sws/lel-homepage-sino.htm）。

④ 山旭：《“无名英雄”的历史怪圈——“中国需要一场档案启蒙运动”》，载《瞭望东方周刊》，24—26页，2007（51）。

一种简单的总体面相。

重写历史的努力或许就建立在这些由民间口述、地方性知识和教科书之外的真实所勾连的基础之上，并由此赋予历史崭新的维度，使历史写作的范围变得更加广阔，历史变得更加民主。

人们用语言在自己的头脑里建造客观世界，语言不同，对世界的反映也不同。

而进入相应的地方世界（历史）的秘密通道，也要由方言来引导。

三、新“巴别之乱”[①]

海德格尔告诉我们，语言是存在的家园。离开世界，自然没有语言；离开语言，也不能认识世界。迄今为止，人们所认识的世界都反映在语言里。

中原雅言的历史达一千五百多年。《论语·述而》载：子所雅言，《诗》、《书》、执礼，皆雅言也。《毛诗》谓：“雅者，正也”，“言天下之事，形四方之风，谓之《雅》”，“以一国之事，系一人之本，谓之《风》”。“风”者，地方性和方言之谓也。[②] 所谓雅言、雅诗都是以西周京畿的方言为官话，语音为标准音。《诗谱》载：“商王不风不雅，而雅者放自周。”周以后，各朝随着统治者的不同和国都的迁移，雅言的应用受到一些干扰，如随着蒙古人入主中原，产生了汉蒙混合的“汉儿语音”，满清在入主中原初期，在北京城内推广满语满文，但最终都没能改变普及性极强的雅言。历代正统汉族王朝，都不遗余力地推广雅言。

① 《圣经·旧约·创世记》第11章：因为耶和华在那里变乱天下人的言语，使众人分散在全地上，所以那城名叫巴别(Babel)。

② 于迎春：《“雅”“俗”观念自先秦至汉末衍变及其文学意义》，载《文学评论》，1996(3)。

雅言在唐宋时期，发展到了最高峰，达到了一字一音，唐诗宋词作品大量涌现，各周边国家皆争相学习雅言。不可否认，如果没有雅言，没有通用的汉字，浩繁的典籍文本的撰写和阅读便不可能，至少2000多年前的《论语》我们今天便无法读懂。

雅言和方言的并存，使得作为沟通两者的方言研究才显得如此重要。汉语方言分区最早可上溯到扬雄的《方言》。正式对汉语方言的分区是从章太炎《訄书·方言》开始的。李荣提出了汉语方言分区层次的新架构：大区—区—片—小片—点。[①] 章太炎在《检论》中分全国方言为九种，亦即九区。“陕西为一种。明彻正平，甘肃肙之，不与关东同。”甘肃方言从属于北方方言的西北次方言。在生产生活中，各地又分化产生出了各自的方言，大致可以分为六个方言区，分别是甘南地区方言、临夏地区方言、天水张家川方言、河西地区方言、平凉地区方言、兰州地区方言。[②]

这些被变乱的方言最初是如何发生的？难道仅仅如上帝看到的人类建造巴别塔后，变乱了人类的语言？那它总有一个作为变乱的源头吧。一个语词在不同的方言中出现不同变体又是遵从一种什么样的变异机制呢？这应该是汉语方言词源学研究的范畴。而一个语词（或口音）经过几千年仍在民间丝毫未改地在使用，这也许是上帝所变不乱的文化（语言、口音）的独立性传承力量吧！

张承志在《辉煌的波马——献给我的导师翁独健先生》一文中曾讲过一个有趣的事，同样是三岁左右的碎娃子和阿迪亚，分别操着属于各自的厄鲁特蒙语和甘肃土话激烈而凶狠地争吵起来，“我猜他俩都说不准一句自家的语言，可是他俩却不觉得别扭”。这情形若放在两个成人之间，显然是没法沟通的。关于在文学创作中使用方言的问题，作家余华也曾经说过：“福克纳用方言是用得很厉害的。但我不敢用，我怕看

① 孙毕：《章太炎〈新方言〉研究》，8—9页，上海：华东师范大学出版社，2006。

② 李春丽：《浅析甘肃方言与普通话的差异》。

不懂。”看来余华领教过方言之间的巴别之乱，不得不谨慎对待、退避三舍。[①] 人们常说，三里不同风、五里不同俗，外祖父和外祖母当年迁入这里带来的显然是秦安和通渭的方言（天水是古黄帝部落语言之源头，天水一带方言不仅在源头上继承了古汉语言，甚至是曾作为国语使用的秦声雅言[②]），毕竟属于同一省内，交流不至于造成障碍，但仍有诸多差异。

实际情况往往不像学术分类那么界限清楚，种田这么一个有 8000 多人口的地方，如山间的一块洼地，汇集了周边沟沟壑壑流来的各种“雨水”。经过对比，我们发现有好多词汇的发音和表意不但与兰银官话分布区域内的相同或相近，甚至与山西、四川、客家话有很多相同的地方。这种状况的形成有很多原因，人是语言的习得者、创生者、容器和附着物，由于历代自然灾害、屯兵、战乱、商贸等原因发生的移民，五湖四海的方言被汇聚在一起交流、融合、沉淀，最后形成各地各种词汇共生不悖的现象。这是由人的迁徙而带来了方言的融汇，方言之间互相解读、互相熟识、互补利用。较之普通话，民间方言敞开着自己，包容和留存着先人的、不同地域的口音遗产，成百上千年地堆积着语言的化石层。

嬴秦民族在西迁过程中与斯基泰人联姻，语言中也不断融入西戎的音译，据学者考证，秦先人的名字中，如“蜚廉”、“恶来革”、“太几”、“大骆”、“百里溪”皆是胡名。“戎胥轩”则是“斯基泰”（Scythian）的旧音译“西息安”族名前冠以“戎”合成的名字。类似这种由于各民族交融、杂居形成的语言“混血”现象不在少数。[③]

---

① 洪治纲编：《余华研究资料》，7 页，天津：天津人民出版社，2007。

② 雅言，就是夏言。《辞海·雅言》条：“雅言，古时称‘共同语’，同‘方言’对称。”我国最早的“雅言”是以周朝地方语言为基础，周朝的国都丰镐（今西安西北）地区的语言为当时的全国雅言。孔颖达在《正文》中说：“雅言，正言也。”“雅言”就是我国最早的古代通用语，相当于现在的普通话。

③ 孙新周：《岩画·鹿石·嬴秦民族寻根》，载《新华文摘》，65—68 页，2007（23）。

在人类学研究中有一个主题是关注“地方性知识”，而方言正是地方性知识的重要组成部分，人类学家切入研究的第一步便是解读陌生的方言，它是暴露在田野点上的本土知识的集中表达与表现，不断等待着人类学家去深入认识、追溯、注释、呈现和留存。方言的重新发现和研究（有学者注意到在通语语境中持方言者的数量群体，与该方言之所属的地域经济发展之间有着内在的关系），较之通语（普通话或文字）这些“大传统”，为方言和无文字的口音建立了学术正当性，找回了文化身份的依据，赋予了“小传统”的认同。但是，小传统中并非没有大传统的成分，如方言中的古音古字，本身就是上古的“经典”，或者如谢栋元、李秀坤认为的，二者是上位与下位的关系。因此，“在作为传统化的载体这一点上并无分别。通语与方言，是上位与下位的关系，只有适用大小之别，而无贵贱之分。况且通语与方言并非一成不变，古代的方言到了今天，可能已成为通语；古代的通语有可能成为今天的方言。所以不论通语、方言都要视为珍宝”①。有时想，或许正因书写系统中未进入或有所遗失，使得方言有幸逃脱了另一套规训，正自由地生长在民间，照样流动在人类的唇齿之间，源源不断地发出那些奇妙的口音。

当然，使用方言或普通话，每个人都会视场合而定，以显示或掩饰特定的身份认同。但是普天同“语”的另一极刺激了语言多样化的充分发展，随着民间语文、草根文化的兴起，给了方言一次张扬个性的机会。如民间说唱艺术登上了大雅之堂、原生态民歌赛备受追捧、各种方言配音版本的《猫和老鼠》演绎得活色生香、方言手机短信更是满天飞。用普通话表述平淡无奇的东西，一旦换成方言表述，立刻妙趣横生。

但是，这些作为艺术资源所提炼和使用的方言，在某种程度上是一种语言资源单一和弱化的表现，为此从方言中寻求营养的过程，并不能

① 谢栋元、李秀坤：《章太炎先生的汉语方言研究》，载《民俗典籍文字研究》（第一辑）/北京师范大学民俗典籍，140页，北京：商务印书馆，2003。

代表方言日常使用的全部，一场新的（反方向的）“巴别之乱”其实已经开始了。学界提出了母语“陷落”或母语“失语”的概念来表述方言传承的濒危。方言危机在农村表现为，随着农村中小学教师普通话资格考试、电视媒体的普及和人口流动的影响，越来越多的汉语普通话进入方言语境，方言的使用人数逐渐下降，正面临着“陷落”。当村民无意识中接受到电视普及的普通话，并耳熟能详，特别是有些人家有意识地将孩子送到县城幼儿园以早日学习普通话（这一代孩子将不再有自己的方言根基和方言记忆），诸如此类无意识遗忘或有意识改变的结果，将出现又一次逆向的“巴别之乱”（方言变乱——通语化的过程）。

随着发生在乡村更深层次和更大规模的人口流动，在回乡班车的方言交谈中，会时不时地冒出一些蹩脚的或带着乡音的普通话来，人们似乎对此习以为常了。这种情况正如索绪尔所说：“大部分居民会成为能说两种语言的人，既说全民的语言，又说地方上的土语。”[①] 殊不知这样一些“文明”的进入，加快了“去方言”化的进程。如同川西羌族和藏族都讲“汉话”，发展到使用他们本民族的语言甚至在内部都难以沟通的境地。[②] 一些丰富的方言词汇正慢慢地从口唇之间消失了，连同方言所携带的历史记忆和文化。

汪晖在讨论方言问题与现代语言运动时说：“现代白话的形成和倡导是中国知识分子寻求现代性的历史产物，我们至少可以在两个最基本的方面理解现代语言运动与现代性的关系。首先是现代语言运动是一个反传统的、科学化的和世界化的语言运动，其次是现代语言运动是形成现代民族国家的普遍语言运动。”[③] 用汪晖理解现代语言运动与现代性的关系的维度理解当地农村方言土语的普通话转向，我们也可以得出如

① ［瑞士］索绪尔著，高名凯译：《普通语言学教程》，273—274页，北京：商务印书馆，1985。

② 王明珂：《羌在汉藏之间——川西羌族的历史人类学研究》，5页，北京：中华书局，2008。

③ 汪晖：《汪晖自选集》，355页，桂林：广西师范大学出版社，1997。

下结论：方言的普通话化，既是反乡土传统的，由此颠覆了建立在方言基础上的乡土传统文化；又是乡土现代性最显眼的表征，通过方言的普通话化，将异质的乡土文明引向同质的城市流行文化，或者将同质的城市流行文化引入异质的乡土文明。

四、方言特点及调值表

种田乡现有居民多是在解放前后从通渭、秦安、会宁等地流入的，他们的语言是杂糅的，不同的村庄有不同的特点，总体上吴家庄、墩底下等川地口音偏北一些，即趋向于普通话；屈庄、百丰等山区之地口音偏南，即更为方言化；种田、小川等半山区之地口音介于南北之间，有着一定的地域区别。同时，基本上都呈现着原来老家的口音。从他们使用的方言词汇、声母、韵母上来看与普通话词汇有一些差别，举例如下：

（1）词汇构成与普通话的差别

a. 普通话中一部分只能构成合成词的语素，在种田方言中为单纯词；普通话中的单纯词，在种田方言里是合成词。如肋、顶、底等不能单独成词的语素，在种田方言中加“子”缀独立成词。肋（肋子）、顶（顶子）、底（底子）。又如天、地、脚等单纯词，在种田方言中是天爷、地实、脚片子等合成词。

b. 名词前后加上一定的词缀，构成附加式合成词。如“哥”、“爸”等词前加“老”缀构成“老哥”、“老爸”。“猪”、“鸡”、“花”等表示动植物名的词后加“儿”缀，构成“猪儿”、“鸡儿”、“花儿”等。个别动物名词后加“娃子”后缀，构成“猫娃子”、“狗娃子”、“驴娃子”等。也有一些词后面加“㞞”表示某种性状，含贬义。如“坏㞞”、“穷㞞”、“笨㞞”等。

c. 部分词重叠构成名词或形容词。如：瓶子、盖子、绳子等重叠，构成瓶瓶子、盖盖子、绳绳子等。又如定、端、齐等重叠，构成形容词"定定"（不乱动）、"端端"（端正）、"齐齐"（东西放得很整齐）。

d. 部分词在构成词的语素上与普通话有些差别。如："呻吟"说成"呻唤"、"聊天"说成"谝传"、"舒服"说成"舒坦"等。

（2）声母、韵母与普通话的差别

a. 舌尖浊鼻音 n 与舌尖浊边音 l 混读。如：难 nan 读作 lan，奶 nai 读作 lai，脸 lian 读作 nian，农 nong 读作 long 等。

b. 将部分声母 zh \ ch \ sh 的开口呼韵母字读作 z \ c \ s 相应舌尖声母的字。如：支、查、山的声母分别读作 z \ c \ s；但知、超、世等字的声母仍读作 zh \ ch \ sh。

c. 将一些不送气音读作送气音。如：b \ p，鼻子 bizi 读作 pizi；病 bing 读作 ping；zh \ ch，赵 zhao 读作 chao；g \ k，跪 gui 读作 kui。

d. 将 j \ q \ x 与 g \ k \ h 混淆。如：街 jie 读作 gei，鞋 xie 读作 hai。

e. 前后鼻音韵母混淆。把后鼻尾韵读成前鼻尾韵。如 eng \ ing \ ong \ iong 等混同于相应的前鼻尾韵，出现"精"和"金"不分，"共"和"棍"不分，"崩"和"奔"不分，"穷"和"群"不分。

f. 将 ou 读作 u，uo 读作 e。如：楼 lou 读作 lu，多 duo 读作 de 等。

j. 有些将 ue 读作 ie。如：学习 xuexi 读作 xiexi。

（3）种田方言声调与普通话声调对照表

例字 / 调值	青天飞	晴田肥	语暖椅	外办幸
普通话调值	阴平 55	阳平 35	上声 214	去声 51
方言调值	平声（13）		上声 42	阳平 35

（注：种田方言有三个声调，以平声为多，上声少，去声一般读成阳平。整体语调平缓，缺乏抑扬顿挫之感，感情色彩不强烈，听来绵软平实。）

第九章
教育文化：权力不对位和自组织乏力

一切坚固的东西都烟消云散了，一切神圣的东西都被亵渎了。

——马克思

贫瘠的土地使与土地联系在一起的一切都失去了魅力。这种文化生态的恶劣使他们挣扎在想逃离却又无法逃脱、与苦难的生活联系在一起的暗无天日的精神煎熬之中。

——石勇

背井离乡的一代/他们的后代叫做留守的一代。

——张绍民诗歌《留守一代》

一个地方的教育发展状况，决定了当地民众受教育机会和整体素质。教育发展和民间文化相辅相成，共同担当和发挥着文化教育资源的作用，都是民众文化意识和文化素质培养的重要组成部分。失去其中任何一个，都会导致受教育者和民众精神层面某种程度的缺失。

当地能够追溯到的最早的教育史，始于民国二十八年（1939）吴家庄人吴进贤（字聘三）同地方乡绅陈夏琳等集资，在刘家井“山陕会馆”旧址建成国语学堂，开设公民、国文、算术等课程。新中国成立后，由政府主导的教育得到大力投入和长足发展。近十年，由于连年干旱，人口大量外迁，加上计划生育政策的落实，农村适龄儿童和上学孩子锐减，多数村学人数减半。小川小学由最多时150多名学生减为现在的50多名，个别家长将小学生送往乡中心小学，自己则租房陪读。各种原因导致一些小学因生源减少而日渐萎缩甚至撤并。① 目前全乡在校小学生900多人，教师达到80多名。我们看到，当地发展教育的成效是显著的，如入学率、升学率的提高，为更多农民子弟提供了相对公平的接受教育的机会，通过教育实现个人素质提升和成功社会化，可以获得职业乃至带动家庭脱贫和搬迁进城。从正面来讲，乡村发展教育的作用是积极的，贡献也是突出的。但所有这些都掩盖不住教育事业中因体制或人为的各种因素，造成一些错误的决策，一些被边缘化了的人，一些由此埋下的后患，一些曾呕心沥血的民办教师和代课老师没有得到应有的回报，留守儿童问题突出，我们把这些都称之为农村教育发展过程中的“原罪”，其中有些是可以悔改的，有些已造成了难以挽回的创伤，而这些本应都是可以避免的。

而与此同时，不管是由政府还是由民间自发的文化形式都一路衰落，民间活动疲惫，文化空间陷于空洞。

一、遗弃之罪

乡村老师大多原本就是农民家庭出身，几乎没有完全“脱产”的外

① 叶敬忠在对五省留守儿童调查中看到，以前很多村都有小学，现在都被合并到镇里。我不是说每个村一定要有一所小学，我们的现代化过程，老喜欢讲规模效应，追求大而全。实际上这是需要思考的。实际上，讲究规模不一定是以人为本。但是，大家没有想到学校对于村庄来说太重要了，没有想到朗朗书声对于一个村庄的文化所产生的巨大影响。叶敬忠、张弘：《透视中国农村留守人口》，载《社会科学论坛》，2009(5)。

地老师。他们平日里教书，周末和假期还要回家务农，有的课程安排在下午，上午还要耕地或碾半天场，胡乱吃上几口，又匆忙赶回学校上课。他们既是全家唯一领工资的，也是家里最主要的劳动力。在讲台和农地两个空间来回奔波，在粉笔头和犁头的轻重之间来回转换就是他们的生活常态。

在这些老师中，还有一些身份比较特殊，他们肩上和内心的压力比一般老师更大，他们要克服的困难和付出的辛苦要比其他老师更多，但他们得到的总是极其可怜，而最终的结局无不使人欷歔和伤心，他们就是民办教师和代课老师，有人从其劳动力之廉价比拟，称之为“教育界的农民工”。

我小学的启蒙老师、语文老师兼校长，就是民办教师。在整体文化水平非常低的那样一个时代和环境中，他的地位和威望在村民心目中还是很高，若除去手中有不小权力的村长，完全靠自身德行建立起人格魅力并受人敬重的，就数这位小学校长了。当时老师少，语文、数学、体育、音乐、大字、珠算什么都教，为此全村的人尊称为“老吴老师”。对于村民或学生家长来说，他的身份问题自有其形成原因，这不是大家关注的问题，毋宁说在人们的眼里他和那些公办教师没有什么区别。家长重视的是对孩子上心不上心，学生娃娃的成绩好不好，还包括能不能练一手毛笔字这样一些附加的收获。他们对学生的热爱和执教的敬业，甚至比正式教师有过之而无不及。相反，他们却拿着更少的报酬，承受着更为沉重的家庭负担，心头笼罩着前途未卜的阴影。给我印象最深刻的也正是他给我们题的方格子（即写大字时临摹的贴，那时没有毛笔字帖，老师给每人题写一张，练习一段时间再换一张新的），总觉得他的每一个字都写得那样完美，总感觉到临不完、临不够，虽然每次交大字作业总能得几个红圈，依然觉得那种水平是我无法企及的。多年后我再次得知老吴老师的消息，1990 年他已退休回家，最终未能转正，两手空空地从执教一辈子的讲堂和校长岗位上走下来，拿着几十块钱退休在家，让人觉得心寒。2008 年 2 月 11 日，我怀着一份感恩拜访了他。

个案1：民办教师

(一) 学行兼善的吴进贤

吴聘三，20世纪50年代摄于兰州

《平川区志》人物篇中收录了我父亲的一些事迹：吴进贤(1893—1963)，字聘三，种田乡吴家庄人。幼年读私塾。民国十二年(1923)受陈希魁[①]聘请，开始在百泉书院教书，后来改为打拉池东明小学后，老人继续在东明小学教书。[②] 月薪斗米，忍饥忍寒，克勤克俭达36年。二十八年同地方绅士陈夏琳等集资，在刘家井"山陕会馆"旧址建成国语学堂。1957年以后在种田北庄小学任教。为人忠厚，学行兼善，毕生从事小学教育，乡民钦敬。

吴进贤排行老大，是我的伯伯。他老人家没有儿子，有两个女儿，我是过继给他的。

老人家在墩底下的陈俊严家读过私塾，那时私塾教三字经、百家姓、四书五经。老人到靖远上过学，上学的时候科举制度刚变，不然的

① 陈希魁(1873—1928)是光绪三十四年(1908)《打拉池县丞志》的主编，字斗锋，打拉池人。《区志》载：光绪二十五年(1899)于大坝沿龙王庙建百泉书院，聘士子吴进贤执教。

② 《打拉池县丞志》"学堂"条：池街于光绪三十二年，设初等小学堂一处，系因旧有百泉书院一座，尚存泥修破坏小房数间，稍微补修改设。常年经费的款，尚止筹有六十金，不敷之数全恃随时设法筹给，教习一员，员司二员，学生三十名，而试院向来无之。见《打拉池县丞志》，(清)廖炳文、陈希魁修纂，清光绪三十四年(1908)抄本，甘肃省图书馆藏本。

话还能考个秀才。他念过的书开始都留着，后来破“四旧”的时候全烧了。当时家里还有一副范振绪的对联，都交给村上了。老人在打拉池教学的时候，打拉池也有房子。

会馆遗址上建起的戏台也已破败不堪了……

那时除了靖远有学校，就是东明乡小学。种田、复兴文化落后，孩子没处求学。当时老人都六十几了，他的心迹是让种田的娃娃就近上学，就提出在刘家井创建学校，刘家井有以前留下来的会馆遗址，他就和刘家井的陈夏琳商量把会馆定为学校地址，由他在打拉池筹集资金和材料，陈夏琳在刘家井负责建设。刘家井的人在我跟前说，可惜你们老人的心迹了，盖下的教室四处漏风。国语学堂建成后他没有教，罗如贤当过老师，学生我能记起来的有张占仓、宋健中、刘俊华。

我在打拉池上学时他就退了，那时老得教不动了你就回家叫儿女养活去，没有退休工资一说。他最后报了个民主人士，解放后靖远县每年春节就给发一个贺年帖。1953 年，家里被定了地主，他就回到吴家庄放羊。我 1954 年从打拉池小学毕业，到靖远参加考试没考上。

（二）子承父业

1956 年我 16 岁时，公社的领导议论，叫我教书去，有老人扶持一定能教成。我就被安排到安家湾教学。老人一边在家放羊，一边辅导我教学。国语学堂停办后，这些学生又到安家湾给我当学生。刚到安家湾的时候学校在羊圈里，学生在石磨台上写字，天冷了就钻到羊窑里面，最后挪到了杨四爷的庙里面。那时我好像也不害怕，中午叫学生趴在将台（神仙打字的地方）上写作业，晚上我裹个烂褥子在上面睡觉。后来我知道老人在刘家井办的学堂有桌子，跑去把桌子搬到安家湾。我听刘家井的人说，他爸办下的学校，他儿子来拆了。

那时教书能不能教好，群众还看你一笔毛笔字写得怎么样，能不能把学生的方格子（即学生写大字用来临摹的帖）题好，我在家里练过，毛笔字写得还行，群众反映也好。安家湾教学的时候我非常认真，麻家滩的人造舆论说我爱和娃娃打毛蛋（用毛线缠成有弹性的球做游戏），家长怕把学生耽误了，ZCZ就把学生转到种田去了。实际上我和娃娃玩时放开玩，学的时候也抓得很紧。当时小学只有四年级，五六年级在乡上，叫完小。考完小的时候，我领了四个学生，心惊胆战地去参加考试，赶考的路上我提问四个学生回答，提问了一路。那时种（田）复（兴）两个乡在一起考，考完试榜挂出来的时候，我的学生ZZC第一，HYD第五，LJH第七，HYX十一名。那回考完试回来，群众影响一下大得很，转出去的学生家长又找我把学生转回来，种田也不去了。第二年带了12个学生到种田考试，榜出来一看，还是第一名。我每年要到种田开一次教员会，回来老人就问我会上说了些啥，他心里有数，就给我说应该怎么按上面的要求去办。老人一直扶持着我。

当时公社缺老师，1957年又把老人聘到北庄小学教了两年学，之后又到北庄公社商店卖货。老人常到种田调货，赶个毛驴，驼着褡裢，调些袜子、火柴、布匹来卖。那时物资匮乏，过年的时候给他称上一半斤散酒，老人就高兴得很。

“三年自然灾害”期间，放学不让老师回家，生产队长把我叫去，跟着做记录，审问几个人有没有私分粮食。我那时教学，一天七两面，有一天通知到种田开会去，饿得走不动。春天地里有苦菜了，我叫了个老师站在坡上给我放哨，我跑到地里挖了些苦菜，煮上些面糊糊喝，有点力气才去开会。当时没人敢说真话，不敢反映说吃不饱，一说就是反对农业合作化，右派帽子就戴上了。

1960年北庄办了小学，我又调到北庄教学。那时食堂还是没饭吃，只喝清汤。北庄小学桌子还是土泥台子，学校没有炕，叫人盘了炕。后来到花道子、上岘子、百丰都教过，最后回到吴家庄小学当校长。

1962年老人赋闲在家时，准备重修家谱，但只写了序，1963年就得病去世了。

（三）40元的"退休金"

我是1990年退的。当时退休是自己主动提出来的，"误人子弟如杀人父兄"，为啥退，考虑到我的病教几天就得请假。再回学校听说，学生娃娃在教室里面请老人家（神）、提马爵（即当神汉）着呢，我看病的时候其他老师再也没进过教室。我考虑到要是把板凳不腾出来硬占着，把娃娃们就耽误了。乡上说叫我先混一混，看能否有个转正的机会。但转正的事情一直没有办成，开始说文化程度不够，后来到一中要了个初中文化程度，还是不行。①

我这个民办教师1956年聘用的时候是甘肃省发的聘书，我转正的事没办成后，有人找我说出100块钱把我的聘书买走，也是为了转正，当时聘书已经不在我手里了。我把手续全部交给区教育局，一直没有下文。我找领导也不敢找，找去了紧张得说不成话。现在这一套手续在不在都很难说，家里还有个白银市发的"园丁奖"证书。当初退休费40元，后来加到50元，年底再补发70元，一年总共拿670元，现在还是这个数。娃娃们过得也好，我对没办成转正的事也不后悔。（女儿在一旁插话：啥不后悔？真正得病也是吃力到这上面了！二儿子插话：我辍学回家种地，也是因为你得病，家里没人务庄稼了。）

我常给子女们说，能挣多少就得多少，不要占空头便宜。老二到新

① 1997年9月，国务院制定下发国办发（1997）35号《国务院关于解决民办教师问题的通知》。要求有计划地将合格民办教师转为公办教师。"九五"期间，国家每年安排20万人左右专项指标，至2000年四年共计80万人。

疆去打工，我只害怕学坏吸上毒，结果他路子走得正，靠自己的劳动生活，我也就放心了。大儿子和女儿教学也都很用心，这有我的影响，也有个人的努力。

2003 年 12 月我搬到城里，二儿子在这买了楼房，姑娘的房子也买在了一起。二儿子和媳妇去新疆打工，我和老婆子在家看孙子。

当年我的小学数学兼体育老师，是一位身材修长、非常潇洒的青年民办教师——成绪章，他始终面带灿烂的微笑，浑身充满活力。那时还没有崇拜偶像这一说，但肯定也令高年级的女生们着迷。令我难忘的是早操和体育课上他嘹亮的哨音、领操的标准姿势、打篮球的敏捷身影。1997 年他因病英年早逝，留下三女一男。令我吃惊的是，大女儿嫁给了老吴老师的二儿子，这其中除了年轻人之间的爱情成分之外，出于老人怎样的情怀，只有读者去体会了——成老师是老吴老师的同事和下属。另外的两个女儿，一个嫁在了本地，小的外出打工。

当年小学还有一位女代课老师 WJB，她高考落榜，一边到学校代课，一边继续复习准备参加第二年考试，一下课就把自己关在屋里苦读。她终究没能考上，多年后嫁给了红会的一位工人。目前，全乡还有一名代课老师，2008 年 5 月 25 日，我们对她进行了访问。

个案 2：代课老师

（一）代课老师

1990 年，我从平川区共和中学高中毕业后在家闲呆着，由于当时小学教师紧缺，村上问我愿意不愿意当代课教师，我说愿意。后来通过乡政府和学区组织的考试，我就被录用了。记得参加考试的高中毕业生有七八个人。

当时家境贫寒，温饱问题都不能解决。我们一家共 7 口人，住在五星村新庄社。家庭生活来源主要靠种田，当时也没外出打工，没有其他收入。那时我们村子里每家都很穷。

初开始我在吴庄小学任教，每月工资只有80元钱，现在也不高。学校一共有五个年级，200多名学生。我教三年级，班上36名学生，语文、数学、美术、体育、品德都教。学校老师少，我又最年轻，自然就挑重担，除正常下课休息外，几乎没有时间休息，一天下来感觉很累。

吴庄小学当时有7名老师，民办教师3名，代课老师2名。1990年左右，公办教师每月工资200元左右，民办教师50元；1996年左右，公办教师每月400多元，民办教师80多元。民办教师和代课老师待遇基本一样，我的工资比民办教师少十来块。在当地领工资的人当中，我的收入处于最低水平。待遇差距带来的心理压力非常大，每当领工资时，我不敢正视工资花名册，悄悄地从会计处把我的那一份血汗钱领上转身就走。工资后来增加到80、130、200元，从去年开始每月领300元。但是与公派教师相比，还是天壤之别。我的工资远远不够家庭支出，如今通货膨胀，物价疯长，家庭开支越来越大。我丈夫每月1600多元，家庭的一切支出主要靠他来承担。虽然工资低，但我对教学工作抓得很紧，从没有因家务事而耽误给学生上课，现在实行双休日，家务劳动基本上这两天就做完了。

（二）优秀教师

后来我参加继续教育，一次在甘肃教育学院数学系脱产学习两年，取得了大专学历。一次参加“西部阳光工程农村中小学教师培训”，在西北师范大学学习一个月。现在学历是大专，职称没有，代课老师不给聘任职称。

现在我在屈庄小学，有8名教师，本科1人，大专4人，中专3人。其中民办教师转正的有2名，后来获得师范培训类文凭。我现在带二年级的全部课程，包括语文、数学、品德、美术、写话等，全班13名学生，全校80名学生。

我任教期间教学成绩显著，名列全乡前茅，多次被评为乡“优秀教师”。学生和家长评价也很好，说我尽职尽责，爱护学生。我先后在四所学校教书，吴庄、连圈、花道、屈庄小学，每到一个新的学校，态度只有一个，就是好好教书。每次换学校，工作量都会加重，一个人讲一到三年级的所有课程，又忙又累。

我丈夫是公派教师，当时我和他在一个学校教书，相互了解，1996年我们结婚，婚后住在北庄村连圈社，婚后第二年要的孩子，共有两个子女，1997年生的女儿，1998年生的儿子。当时监管不严，就偷着生了第二胎，当然违反了政策。当地政府按照计生条例罚款，先后交社会抚养费15000元左右。[①] 处罚后还是给上了户口。孩子小的时候公公婆婆照看，现在都在屈庄小学上学，在我们身边。

我也曾经想过放弃，看到人家打工挣的钱都比我多，也很眼热。但看到这些天真活泼的孩子，我又静下心来，走上了讲台。说实话，这些年我有过激烈的思想斗争，每次都是丈夫的劝解和学生求知的眼神，让我一直留了下来。代课教师的社会地位很低，遭人歧视，就连公派教师的地位也不高，何况我们这些“名不正言不顺”的人了。学区对代课老师和公派教师一样严格要求，一视同仁。教育局不管我们，一切聘用或不聘用以及工资的发放都由学区说了算。代课教师像我这样长时间的，在会宁、定西他们都通过考试转了正，在我们平川区没有转正的机会。

（三）面对清退

全乡代课教师最多的时候是在1993—1998年，小学共有16名代课教师，从1999年开始清退。通过区上组织的考试，只保留了前几名。有些直接是学区清退，具体政策我不清楚。一共分两批清退了15名，现在就剩我一个人了。清退的代课教师中年龄最大的是王俊碧，38岁。我隐约记得在学区清退的代课教师中有位姓赵的，由于工资没有清算，后来还向学区校长要他的代课费。

① 2008年4月，福建省出台《关于解决我省历年出生人口未落户问题的意见》，成为全国首个明确“不得把缴纳社会抚养费作为户口登记前置条件，并据此解决历年出生人口未落户问题”的省份。

代课教师被清退之后，他们有的务农、有的做生意、有的外出打工，总体来看都比我强。其中两位女代课老师现在的情况都比较好，一位姓张，一位姓杨，她俩比我小几岁，老公做生意，在长征都买了楼房，过上了城市生活。还有一位姓杨的男老师，比我大两岁，他后来做生意，现在也很有钱，在长征也有房子。

我没有被清退，原因是我家在连圈社，连圈有村学，这个村偏僻艰苦，其他外地老师待不住，学区让我来承担这个村学的教学工作。现在这个村学也撤了，学生到屈庄小学读书。我因教学成绩显著，学区就派我到屈庄小学继续任教，这一干又是五六年了。

从政策来看，我肯定要被清退，这毫无疑问。然而当今社会真难说，把专业不对口的中专生分配到教育上，却把原来在教育行业干了多年的“赶尽杀绝”，这几年的师范生又不解决就业问题，管理有些混乱。

这些年一直是我丈夫支持我当代课教师，他也是老师，从不嫌弃我挣的钱比他少，还经常开导我，鼓励我，说政策是变化的，你的教学并不比别人差，如有机会就可以转正。另外，务农、外出打工也并不好混，你的身体单薄，重体力活干不了。就这样，我一干就是17年，精力最充沛的时间耗在了这个上面。

我现在对工作不感兴趣了，主要原因是待遇低、工作量大，跟公派教师相比，他们工资最高的是我的十倍多；与打工者相比，他们也比教师自由一些。如果有一天我被清退，我是十分愧疚的，一生的事业也算结束了。以后要把全部的希望寄托在两个孩子身上，我要告诉孩子，要好好学习，将来考一所好的大学，为妈妈争光，为社会做贡献，不要像你妈妈一样被社会所淘汰、遗弃……

上中学的时候，学校有几位民办教师，有的通过有关渠道转正了，有的直至清退也没能转正。其中有一位是语文老师兼班主任——吴老师，还有一位是带体育的党老师。吴老师是我家邻居，他讲课认真，对学生要求极为严格。后来他被清退回家，靠做花圈为生。再后来听说他把花圈店搬到了集市上，老夫妻二人惨淡经营。前几年班上几位同学去看望他，据说半身不遂，同学们的心情十分复杂。2008 年 1 月 14 日，刘晓乾到种田街上的花圈店拜访了吴老师，屋内陈设简单，两张床，一张方桌，两个破旧的沙发，周围堆放着纸火。他卧病在床，因为老伴患病住院，小孙女负责伺候。由于病情恶化，说话已非常困难，听明白来意后，拿出了几份以前写的申诉书。自被清退后，他一直向上级主管部门和政府领导反映自己的事，总是没人理会，石沉大海。我们从申诉书中看出，他至今难以平静的心情。

听一位同学说，党老师被清退后到平川区开醋坊，到各家牛肉面馆去送醋，有时去吃牛肉面，他总能碰到党老师穿越大街小巷为生计奔忙的身影……

不管是民办教师的退休待遇，还是一次性清退的措施，与他们的半生辛苦相比，与他们当下的生存状况相比，无论如何显得有些轻率了，显失公平和基本的道义。他们晚年的生活早已无人问津，没有谁主动给予他们妥善的安置和出路，既没有政策依据也缺乏社会关怀。我们想，任何一个有良知的人，任何一个富足和敢于正视历史的国家，一定有胸怀和能力处理好这样的历史问题，不要让十年几十年后的学者再来反思它。值得中国学者反思的东西已足够多、足够沉重了，任何的反思毕竟是事后的，而且总是在不可挽回的代价付出之后。

个案 3：留守儿童

全国妇联发布的《全国农村留守儿童状况研究报告》显示：全国农村留守儿童（指农村地区因父母双方或单方长期在外打工，而被交由父母单方或长辈、他人来抚养、教育和管理的儿童）约有 5800 万人，其中 14 周岁以下的农村留守儿童约有 4000 多万！在全部农村儿童中留守儿童的比例达 28.29%，平均每 4 个农村儿童中就有 1 个留守儿童。这一现实问题使得相关部门和有识之士意识到问题的严重性。城乡二元制结构下的户籍制度成为城市人与农村人不可逾越的鸿沟，由此产生的本户籍地考试制度，使得大批进城务工父母无法带子女到身边，[①] 留守孩子便因流动人口加剧而逐年增多，他们的受教育和生活、心理状况问题越来越突出，成为一个社会转型背景下的社会问题。

我们分别选择了种田小学、种田中学的一些留守儿童进行了问卷调查和访问。调查问卷共涉及 30 个问题，对留守儿童的生活、心理和学习等方面进行调查。受调查学生 180 人，其中中学生 122 人，小学生 58 人，共计收回答卷 175 份。

（1）生活状况。目前这些孩子多数是父母一方外出打工，孩子和另一方生活在一起；有的是父母全部外出，孩子和爷爷奶奶生活在一起。大部分留守孩子说，他们经常主动承担了一些力所能及的家务活，例如扫除、洗衣、做饭等；也有少数不愿干活，表现出对家务负担的不耐烦，因为这往往会占用他们的大量娱乐和学习时间。

如：张某，女，14 岁。父亲在她出生一岁后就到县城或外地打工，每年在外的时间长达 9 个多月。父亲外出后，母亲要干很多农活，尤其到农忙季节，不仅要锄草、拔麦子、打场，还要做家务活，如给猪喂食、给驴铡草填料、做饭、洗衣等。她说，每到周末，她就去帮母亲做饭、洗衣、给驴添草、饮牲口、揽添炕（背煨炕用的衣草），尽量让母亲少干一点。但她有时也觉得很烦恼，因为同村的别的孩子可以随便玩，而她不能。

多数留守孩子仍然维持在较低的消费水平上，平均每天的零花钱不到 1 元。这与当地农村的总体生活水平低有关系，连年干旱、粮食减

① 主持“中国农村留守人口研究”项目调查的叶敬忠教授说，留守儿童不光是因为户籍问题，导致父母不能把他们带在身边上学。民工那一点工资和福利待遇，跟城市人口不是一样的。留守儿童如果去了父母那里，造成的负担会更大。这里有太多制度安排联系在一起，另外，小学升初中还得回去，再说高考，江苏一个系统，浙江一个系统，广东一个系统……还有，有的民工并不是都在一个地方，可能今年广东，明年浙江。在这种情况下，并不仅仅是一个户籍的问题。叶敬忠、张弘：《透视中国农村留守人口》，载《社会科学论坛》，2009（5）。

产，甚至绝收，多数的生活费用主要靠打工支付，并且打工的收入尚不足以维持家庭生计和孩子上学的费用，勉强能够解决温饱问题，所以绝大多数家长无法考虑孩子的零花钱。

如：刘某，男，15岁。父亲长年在外打工，只有过年或农忙时回家，每次来都不给他零花钱，偶尔买些水果。他平时身无分文，在学校主要吃干馍馍、喝白开水。每当学校收钱时（资料费、考试费等），他母亲都要向邻居孩子核实清楚，不会多给一分钱。看到别的孩子花钱或吃零食时，他总有些羡慕，也感到深深的自卑。因此，一些调皮的同学给他起了个绰号"铁公鸡"。谈话中，能明显感到他的羞涩和自卑。

调查统计显示，小学留守孩子，每周无任何花费的人数占调查总人数的41%，每周只有2元花费的人占总调查人数的32%；中学留守孩子每周无任何花费的人数占调查总人数的37.8%，每周只有2元花费的人占总调查人数的25.2%。同时，中学留守孩子的零用钱与小学孩子相比，整体有所增加，每周能消费20元的孩子占到5%。

（2）心理情感状况。家庭是个人社会化的第一环境要素，家庭成员的状况不仅深刻影响个体的行为模式，而且直接决定其社会化结果。对于留守孩子来说，尽管家长打工挣钱能为他们的物质生活带来一定的保障，但由于双方交流、联络极为有限，有些孩子数年见不到父母，孩子们实际上已失去了最为宝贵的亲情，空留下一个称谓。家庭成员的"离散化"，使留守孩子缺少家庭的亲情温暖，心理发展不够健康，普遍存在孤僻性格，心理笼罩着一层阴影，影响了他们生活的幸福指数。当然，这些留守孩子也非常想念出门在外打工的父母。面对"你想和打工在外的父母说什么？"这一问题，一些受调查者在问卷中作了认真的回答，虽然简短，但能深切感受到他们情感的饥渴和"穷人的孩子早当家"的一份成熟。他们无法享受到家庭正常的抚养、教育和关爱，儿童权益受到严重侵害。

HJF（种田中学初三学生）："我很想念爸爸，爸爸您在那里打工一定要注意身体，找一份好的工作。"MJD（种田小学二年级学生）："爸爸妈妈，我想你们，你们快回来吧！”ZJ（种田中学初三学生）：“爸，您能早点回来吗？我可想死你了，您为了供我们念书和支撑家里生活去打工，很辛苦，要保重身体。”

(3) 学习状况。调查显示，大部分留守孩子学习成绩中等偏下。小学留守儿童无家庭辅导的状况，占调查人数的41%。中学留守孩子无家庭辅导的状况，占调查人数的65.5%。

分析留守孩子学习差的原因，个别家长认为现在孩子读书没用，就是考上学，出来不分配，也是打工，还不如早打工，早赚钱。这种经济理性算计是非常现实的，对于多数家庭来说，如果举全家多年之财力供出来的大学生不能很好地回报家庭教育投资，或者带动家庭脱贫致富，则会将一个完全靠农业收入为主的家庭拖入绝境。在近几年大学毕业生就业形势越来越严峻的情况下，一些考上大学的学生家长早早地就开始发愁，不仅为昂贵的学费，还有毕业后等待工作的无着无落。在教育投入产出的理性算计下，一些家庭为了减少不确定性风险，只好作出让女孩子牺牲的选择，只供家里的男孩子上学。特别是外出打工的一些家长，更加了解一些大学生找工作的艰难，无形中降低了对自己孩子的学习要求，如果孩子学习不太好，便放弃了供其考学的希望。作为隔代监护人，年迈的爷爷奶奶们说：“我们不识字，也不懂怎样辅导孙子的学习，也就很少过问，有时看到孙子玩耍，就问你作业写了没有？孩子说写了，也就不了了之。”监护人文化水平低，对孩子的学习几乎起不到任何监督作用。

另外，作为学校方面，学校和教师功利思想太重，只注重眼前升学率和考试分数，几乎不和学生交流和谈心，不能因人施教，甚至插上“标签”，放松要求，另眼相看这些有家庭缺陷的孩子，认为只要不给学校和班级添麻烦就行了。甚至个别学校或教师对“顽劣”的留守孩子还采取了开除或劝其退学的办法，把他们推向社会或别的学校。直接导致多数留守孩子对学校和学习产生抵触情绪，学习兴趣降低。留守孩子迟到人数最高可达25%，10%的留守孩子有过逃学经历，辍学现象呈上升趋势。

(4) 行为失范。不少留守孩子从学习成绩差开始，一步一步走向行为失范，人生的起点就这样陷入灰色。他们在家不愿听祖辈的说教，在学校经常旷课逃学，打架斗殴，欺辱同学，甚至抽烟、酗酒，与社会上一些有不良习气的人混在一起，染上诸多坏习惯，心理长期压抑导致行为偏差或性格扭曲。

如：马某，男，15岁。父亲长期在外跑车，母亲也经常出外打工，他与奶奶生活在一起，现在辍学在家。我们找到他并展开来了一番对话，刚开始他不愿配合，对问话只是一笑了之或避而不答，后来慢慢回答。

"在家做不做家务?""我经常帮奶奶喂猪、饮牲口，给牲口添草。"

"你在校时学习怎么样?""一二年级时，语文、数学都考七八十分，三年级开始渐渐下降，五年级时只能考四五十分。"

"对你的成绩下滑，你爸妈怎么说?""我爸一般不问，一问轻则骂，重则打，我很害怕，就开始说谎，企图躲避爸爸的毒打。我妈只是嘴上说说，并不懂，我也就不当一回事。"

"上没上中学? 是怎么上的?""上过中学，那年我没考上，爸爸把我又打了一顿，但没有办法，只好托人求情，把我放到中学，但我对学习失去信心，整天混日子。"

"老师怎么管教?""开始老师还逼我学习，找家长，后来也就放弃了。因而，我便到处乱转，也就学会抽烟、喝酒，而且也欺辱小同学，向他们敲诈钱……"

"后来怎样?" "后来我被老师推来搡去，谁也不愿意要，就不念书了。"

…… ……

我们看到，留在家里的父亲或母亲由于承担了全部家务和农业生产，无暇关注孩子学习，把教育责任推卸给了学校；隔代监护人心有余而力不足，无法更多地介入孩子的学习；学校不但不重点关注，而且对他们放任自流，甚至采取开除或劝其退学的消极办法，出现“三不管”的现象，使他们成为过早流入社会的“街角少年”。[①]

二、文化站的命运

这样的一块土地在面临强大的外部压力的今天，已经不足以支撑农民在农村这样一个共同体中包括文化在内的生活体系了。当苦难的生存已经使不再是一个封闭系统内的生活失去从容不迫的氛围，那么想要从乡土文化中再次发掘出一种安身立命的资源便是极为困难的。

——石勇[②]

人们自己创造自己的历史，但是他们并不是随心所欲地创造，并不是在他们自己选定的条件下创造，而是直接碰到的、既定的、从过去承继下来的条件下创造。

——马克思[③]

作为人类学的一个重要方面，要充分关注当地的文化是如何世代相传的。总体来看，当地民间文化的传承与发展，表现出一种不自觉、非

---

① 在对五省农村留守儿童、留守妇女、留守老人三个群体做了深入调研后，主持项目调查的叶敬忠教授深有体会：父亲外出不仅对儿童有影响——妇女因此在家要面对所有的劳动，还有孩子的教育和老人的照顾等问题。另外，受到影响的还有老人。中国现在主要是家庭养老，结果到老年以后，孩子出去了……我在想，等留守妇女年龄大了，就变成了留守老人。当她年轻的时候，丈夫不在她身边，当她年老的时候，孩子也可能不在她身边……咱们说城市反哺农村，这个思想挺好的，但是，真正的结果，还是农村在支持着城市。参见叶敬忠、张弘：《透视中国农村留守人口》，载《社会科学论坛》，2009（5）。

② 石勇：《被文化殖民的农村——读〈L县见闻〉》，见“当代文化研究网”，原载《天涯》，2005（1）。

③ 《马克思恩格斯选集》，第2卷，585页，北京：人民出版社，1995。

自觉乃至去自觉的过程，或者说是无力自觉的状态。广播电视的普及，看似发展新型文化传媒，实则将原来多样的民间文化逼上绝路。如果说这是农村摆脱封闭和走上现代化过程必须付出的代价和不可避免的命运，那么建立一种文化自觉，就有必要对“去自觉化”的过程进行一定的反省，实际上这种反省已经太迟了。

近年启动的新农村建设，是由政府主导的旨在统筹城乡发展的一项利民工程。从各地反映出来的情况来看，重点放在一些硬件的投入和设施的改善，是新农村“建设”，而非建设“新农村”，疏忽了文化精神层面的补充、滋养。与砖瓦房、平板楼、柏油马路、摩托车的普及等物质上快速富起来相反的是，农村文化领域的加速贫穷。我们选择了文化站和个人订阅报刊情况进行了这方面的考察。

种田乡文化站创设于20世纪80年代，由当时的乡镇企业投资建成，建成初期零星地组织开展了一些农民运动会、提供图书阅览、组织电影放映等群众文化活动。事实上由于各村社居住分散，文化站资源的利用率也可想而知，尽管它功能单一，也不能对这样简陋的陈设提出过高的要求。尽管如此，随着电视的普及，文化站的功能彻底削弱，特别是在2005年建设派出所时将存在了20年的文化站全部拆除，更是宣告了一个即便作为象征物的消失。地方政府可能觉得它已实在没有存在的必要，与其摆在那里占用土地，不如快点了结了它。由此，文化站经历了占地面积从450平方米到只剩一间办公房，藏书从3000册到0册的发展命运。文化站的命运形象地演绎了当地文化空间贫乏以及最终式微。这是一个政府主导下的乡村文化建设在20年间的发展轨迹，最能说明“文化”这个概念在基层政府领导人观念和议事日程中的地位，我们对这样一个基层文化机构除了失望就是绝望。文化站的职能现在只剩下了“村村通”，但电视真的能改变农村文化贫瘠的状况吗？或许除了文化殖民，带给农民的只会是面对电视屏幕时时刻刻所感受到的精神焦虑。

2006年11月26日，我们对文化站的走访中，得到的已基本是一些“历史回顾”。在当下的文化空间，它是缺席的。文化站的负责人师某介绍，乡政府的文化站成立于1984年8月，由乡政府金铜矿筹措30万元建成。设施主要有：影剧楼1座、游艺室1间、阅览室1间、办公室3间、篮球架1副、乒乓球案1副。文化站落成后，每天都向群众开放，连续举办了3次“农民运动会”，开展象棋、篮球、乒乓球比赛和猜谜活动。后来一个书架被私人拿去当货架，一个不知去向。图书约有3000多册，1990年图书丢失光了，后来房间租给私人作他用。电影放映随着电视的普及，1996年电影被淘汰停放。2005年文化站全部被拆除，原址划给派出所建房，选新址建了戏台，但只唱过几次秦腔。现在还有文化站的机构，但没有场地，只在乡政府的院内设一间办公室，几乎形同虚设。民间的“社火”队和戏班子都解散了，基层农民娱乐基本靠赌博。文化站作为文化传承角色的缺位已是不争的事实，进一步加快了乡村文化走向末路的速度。

当政府在发展乡村文化的职能弱化后，农民个体又如何去安排自己的闲暇时间，他们能从电视媒介中得到一些启示或刺痛吗？他们如何继续或开始自发的文化学习与积累？我们对个人订阅报刊情况作了统计，从中管窥到的信息还是让我们无法乐观。从统计来看，越是有文化的人，越是重视文化的积累与学习，而这些人往往是有公职的，主要是教师和乡镇干部。在2005—2006两年的79名订阅者中，只有3名学生和5名农民。绝大多数家长和子女既没有这种意识，也没有这份“多余”的支付能力。现在，或许人们被电视媒体过度地填充和欺骗了，很少有家长能够意识到纸质读物的重要性。中小学生的课外阅读范围与层次也没有得到教师的引导和家长的足够重视。

总之，我们看到了当地村民文化精神生存空间的贫瘠这个事实，旧有的文化传统已经或正在消亡，加速着全球互动的传播媒介改变了人们的生活方式，新的电视媒体吞噬了人们的农闲时间。我们对当地村民关于“日常生活”的调查记录显示，春节期间人们基本上沉浸在各种电视节目中，公共空间被小的电视空间完全取代。特别是学生的精神空白也是非常令人担忧的。我当初策划田野调查时，曾设想让刘晓乾发动他的学生参与进来，既可以帮助我们搜集资料，同时也是对他们写作能力与视野发展的一次锻炼与开拓。但是在刘晓乾传递给我的信息中得知，他向学生讲明意图后，学生的第一反应是，这个能给他们带来哪些直接的好处，有的学生甚至直言“给不给钱”，功利观念已经非常强势地渗透到了还在校园读书的学生的深层意识中去，以致我们想发动学生的计划泡了汤。

文化站“缺席”了，农民个体的文化生活空间也成“虚空”状态。这就是目前的状况。

三、戏班子的衰亡

在许多县城和乡村，生活逐渐好起来的同时，既享受不到当代文化产品，连传统的精神生活也被破坏殆尽，难以恢复和延续。

——徐百柯①

一个社会要想从以往的文化中完全解放出来是根本不可想象的，离开文化传统的基础而求变、求新，其结果是必然招致失败。

——克拉克洪

文化殖民使一种只满足感官欲望的一次性文化消费为城乡分享，但与这种文化殖民有着隐秘的联系的制度与意识的歧视却使农民应该享有的与这种文化消费同构的生活遥遥无期。

——石勇②

① 徐百柯：《中国电影毛病在哪——贾樟柯访谈》，载《中国青年报》冰点周刊，第9版，2008-11-26。

② 石勇：《被文化殖民的农村——读〈L县见闻〉》，见“当代文化研究网”，原载《天涯》，2005（1）。

现代化是一个改变曾经因封闭而呈现并保持多元的生活方式和生存文化趋于单一的陷阱。交通和通信的发展将乡村从封闭的环境中解放出来后，种田乡便没有停止它的现代化进程。但我们并未看到现代化给农业生产带来明显的技术升级和产量增长，毋宁说我们看到的是在现代化的背景下农业的急剧衰落，或者说我们没有看到技术的力量，看到的是以电视为载体的现代传媒对传统文化形态的解构和对传统观念的颠覆。

以往人们用于消遣农闲的是唱戏（秦腔）、耍狮子、旱船等，这是些只在春节初一到十五期间举行的活动。狮子队一般在晚上出演，每到邀请村庄的村口，都要举行一场双方代表都参加的"说仪程"仪式，即双方到村口会合，各自派出一位能说会道的人（即"仪程官"）说议程，仪程是社火活动中的一种语言程式，双方面对面单腿跪地，即兴说些大吉大利的话。如"远看灯火一片红，近看亲戚把我迎；不用接，不用迎，咱们都是自家人!""不该、不该、实不该，不该年兄接我来，年兄接我双膝跪，我把年兄搀起来。"刚进了村子，就说"宝庄宝庄好宝庄，宝庄修在龙头上。远看村庄雾腾腾，近看村庄赛北京。"看见一家整洁的院落了，则说"这个大门修得好，里面住的是阁老。头门上瓦的张口兽，二门上狮娃滚绣球。房上撒的是琉璃瓦，槽头上拴的大骡马。前院有棵摇钱树，后院有个聚宝盆。"来到学校前，规格更高："正行走来抬头看，这是一座翰林院。教师个个是翰林，学生个个赛状元。"有时双方还要抛过一些挑战性的话头刁难对方，考验对方的智慧与应变能力，对答精彩的，便引来一阵喝彩。除了在村口的迎接议程，来方一般都要到迎方村庙里说议程、敬香。如狮子队的仪程官到村庙中说："近看一座城，远看一条龙，你把龙升起，我把人马带进城。进得庙门雾沉沉，双膝跪倒地里平。蜡在架，花在瓶，蜡在架上放光明。"迎方对词曰："本是大雄殿，尊神居上边；你把龙香点，弟子跪殿前；大雄宝殿巍峨峨，三叩九拜大礼行；香头火，火燃香，香烟缭绕上九霄。"

随着以家庭为单位的生产、生活方式的建立，特别是传媒时代的到来,[①] 这些传统活动逐渐淡出村落空间，被遗弃到历史的角落中去了，留下来的要么在苟延残喘，如种田村的戏班子，要么已找不出一点残留的痕迹。电视媒体的特征是分众的，它的普及必然地对以往的聚众性文化娱乐生活予以冲击和替代。村民的文化生活便由一个相对贫乏但不乏热闹的时代、交互性非常强的场域中，一下子陷进媒体信息的汪洋大海，但却将人们隔离得彼此间越来越疏远，电视将本来就不多的村落公共空间切割成一些零星的碎片，消失在各家各户的电视柜上去。

以前人们热爱的秦腔，随着村里的戏班子相继解体，也没人再提此事了，更别说花钱去请外地的秦剧团。狮子队也早已解散。各村的庙会吸引力大不如以前。以女性为主剪窗花、绣枕套、鞋垫等属于女红之类的活计不再作为对媳妇和妇女素质的衡量标准，女性集体形式的活动就剩下串门了。曾经被孩子们所乐此不疲的滚铁环、荡秋千、打沙包、打梢、跳方、老虎吃羊（民间棋艺）等民间传统娱乐方式，也所剩无几，孩子们的娱乐被引进的塑料和电子玩具代替。成人的娱乐项目则依然古老而稳固，还是摩金条（牌）、摇碗子（赌博），并新增了打麻将。现在，除了比较频繁的赌博，因连年天旱他们掉进长年农闲的奇怪状态中无所事事，大部分时间只有消耗在拙劣的电视肥皂剧里了，实际上电视中的生活和理念对他们而言属于一种异质的状态，并不能解救他们所处的物质和精神困境。[②] 也许正如石勇看到的“他们对肥皂剧的热衷仅仅

① 如果说传媒时代带来了一个文化的世界格局的话，那么对文化进行探究的社会人类学者更不应停留在“土著文化”和“远方生活”的描写之上。社会人类学者的研究对象不应再是与世隔绝的“村落”和“文化的他人”(che other)，而应包容传媒文化和流行文化研究的对象，那就是来自于现代社会的文化形态。见王铭铭：《漂泊的洞察》，140—141页，上海：上海三联书店，2003。

② 考察现代生活方式转型的社会人类学者和文化研究者面对的是同一个事实，那就是在现时代，时空坐落中的文化形式，不再是单一的体系，而是由存留的地方性传统、新发明的民族文化以及全球文化组合而成的“多元一体”文化格局。特定时空坐落的文化格局，要求我们用交叉并置的文化观去分析和表述人与社会的文化经历的多种可能性。无论对于传媒文化的研究者，还是对于社会人类学者，体验传媒时代的文化并置性，均是一个重要的挑战。见王铭铭：《漂泊的洞察》，143—144页，上海：上海三联书店，2003。

是文化生态已经极端恶劣的自然反应”①。以往在村落公共空间存在的文化形态的相继消失，原来的公共仪式处于衰微状态，使得公共空间被抽去了欢笑和人群，成为一个“缺乏认同的社区”，丧失了灵魂与色彩，被废弃为仅仅游荡着毒日和风尘的虚弱而死寂的场地。

作为历史上西北农村常见的主要文化组织形态，种田乡的戏班子在繁荣时期几乎较大村庄各有一支，到今天就剩下种田村的一支在踽踽独行、奄奄一息，它已经走到了末路。2006 年 11 月 22 日，我们与曾经是种田乡戏班子团长的一次谈话，算是对戏班子的最后回顾。

个案 4：戏班子的末路

我小的时候就爱唱戏，经常听一些老戏，长大后就开始学唱戏，起初借戏本手抄，后来就买了一些剧本学。1978 年我四处联系，组织鼓动了 30 多个人，向公社杨书记申请办“社火”，杨书记答应给 3000 元，我说不够，他说你先拿上买东西，回来后我再给你。我就在兰州购置了衣服、帽子、靴子、器具等，总共花了 6150 元（他拿出 1980 年 1 月的一张收据，说购置费至今未给清，收据仍然留着）。

戏班子一共有 40 多人，起初全是男的，一些旦角也是男的扮演。1985 年有了第一个女演员，1990 年女演员达到八九个。但随着女演员出嫁退出戏班子，只好由男的顶替，我当时都唱了好几年旦角。由于大多数文化程度低，在内容的理解上有难度，唱词是一句一句背下来的。

演出的剧目主要有《下河东》、《游西湖》、《穆桂英挂帅》、《游龟山》、《铡美案》、《三滴血》、《生死牌》、《回锦州》等 40 多本，排练时大致一年学一本戏，花了将近 20 年的时间才全部能登台演出。一般在正月初三四开始唱，到十四五就结束。最长的一次唱到二月初二。在本村唱四五天后就开始外出，经常在本乡的一些村庄，如小川、北庄、屈

① 石勇：《被文化殖民的农村——读〈L 县见闻〉》，见“当代文化研究网”，原载《天涯》，2005 (1)。

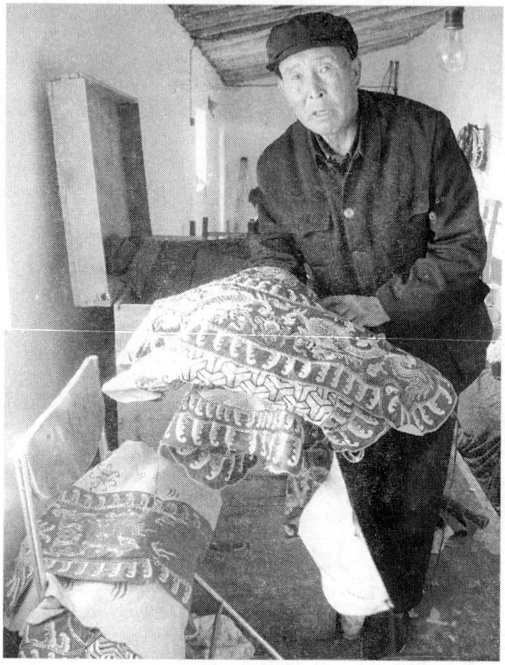

成团长翻出压在库房久已不用的戏袍，黯然神伤

庄等，也到双铺村连续唱了几年，最远到达海原县的西安乡刘湾村。1993年三月初三，受崖窑山卢会长的邀请，到崖窑山为神仙过庙会唱戏。

在生产队的时候，男演员唱一天戏记10分工，女演员记8分工。包产到户后就取消了记工分，没有报酬了，演员也就没有积极性了。唱戏次数明显减少，曾一度停了一两年。每年到唱戏时，到处动员演员，有很多的困难。有时候确实想撒手不干，但自己太喜欢了，过后还是积极组织，把戏继续唱下去。

过去戏班子演出是自发的，一些好事者在一块儿串联，就唱开了。后来是在乡、村两级组织的指示下演出，因为每次演出都要一笔费用，包括给演员一点劳务费，若没有组织掏钱就演不起。演一场大概是三四天时间，一般给剧团300元左右。现在给300元也不演，嫌钱太少，即便给演员不发钱，但总得买一些烟酒，也好要求他们。在本村演出时演员各自回家吃住，外出演出时，由所在村庄的村民负责，一家领一个，安排吃住。20多年来共演出30多场次，演出剧目40多个。十年前，乡、村两级组织对戏班子支持较好，每到演出时村干部都负责召集演员，组织上给一定的经费，要求群众必须看戏，不准打牌、赌博，对民风也有很好的教化作用。这几年不支持了，有些虽嘴上说，但不行动，也不出钱，所以这几年不唱了。他们的态度也是让其自生自灭，再没有过问。不唱戏的时候，村里聚众赌博成风，是非较多。

起初演出时观众特别多，大概有1000多人，大多是中老年人，妇女多一些，年轻人很少，都是来图热闹的，真正看戏的不多。后来年轻人外出打工，回来都不看戏，原因是听不懂，看不出来龙去脉，对戏里的历史背景和情节不清楚。

秦腔是一个古老的民间文化形态，流传时间较长。戏班子最繁荣时，全乡有六、七支，到现在只有种田村有，其他村的早已解散。

这几年政策宽松，大多数人到外地打工能挣到钱，而在戏班子里不能得到钱，所以很多不愿再唱戏，去打工，戏班子队伍拉不起来了。1991年停演后，1994年正月又唱了一次，之后停了10年之久。2003年底，种田村在市场东口新建了戏台，在村级领导的要求下又费了很大周折组织起来。这次我已不担任团长，新选一位姓殷的年轻人担任，我负责幕后。2004年的正月唱了三天三夜的“打台戏”，最后一晚唱了《下河东》，这次村上给了1000多元，每人唱一场付28元的劳务费。后来再没有唱过。

我对秦腔一直非常喜欢，戏箱还保存着，每年要翻出来晾晒。戏班子解散的原因，我觉得主要是连年天旱，人们的经济收入急剧下降，为了谋生不得不外出打工。另外，戏班子演出需要资金，没有资金来源，就无法组织。第三，当地文化意识不强，文化氛围淡薄，这仅有的文化形式肯定保留不住。同时，我认为城市文化繁荣是由于经济条件好，政府重视并大力支持。而农民连温饱都难以解决，哪儿还有心思去消遣、娱乐呢？1996年这儿曾有人办过舞厅、卡拉OK等，现在都没有了。

截至目前，成团长也不知道什么时候还能拉起下一场演出，那个时间会在什么时候？演员们还能不能聚齐？每当他在晾晒演出服装道具的时候，我想他总是会想起这些外人所无法理解的心事的，他可能会随之哼起《下河东》里面的唱词：“王越思越想越伤情……”

曾经在村里享有很高威望、每逢村里唱戏都要请他点戏的二爷的辉煌经历已成为过去。如今，八十高龄的二爷，由于患过白内障既不能看电视，也没有其他可供打发时光的爱好，只有拄着拐棍到院子里晒晒太阳，到羊圈里给两只羊喂喂草。再就是同村的姑奶奶，二爷的老妹妹，隔个十天半月让她的孙子用架子车拉着她瘫痪了的一把老骨头，来陪陪她的老哥哥，就这样度过他们同样寂寥的晚年。实际上当地老年人的生活都是这个样子，要是连温饱都成问题，那就更为凄凉了。

2008 年 3 月 1 日，我在对 WCZ 重访的时候，了解到吴家庄秦腔戏班子的发起及衰落过程。他是其中热情的组织者和参与者，讲起这一段经历，他如同回到了当年的情景，表情和动作都生动了起来——

个案 5：社火的兴衰

吴家庄的戏创办得早，由团支部书记 HFY 牵头组织唱新戏。那时吴家庄文化生活活跃，所以公社也作为重点扶持。1970 年左右的时候，公社就派 LSQ、LGD 到靖远上红专。LSQ 在靖远学会拉二胡，歌谱也会拼了。那时计划生育在党的当前工作的“刀刃”上，我请他到学校给学生教《计划生育好》，“六一”节到种田去演，开始准备把我们评为第一，后来有人说种田中学杨校长脸上挂不住，又改为第二，全公社多数学校没有节目。

我还跑到兰州专门买了戏箱，有解放军、日本人的着装，盒子枪都是正规的。《穷人恨》、《三世仇》唱完以后，这些不让唱了，开始唱《沙家浜》、《红灯记》、《智取威虎山》，唱的红得了得。一共拍了四五本戏，起码白天晚上不重复。我记得到古岘川演出，乔山的人看了说好，就又请去演出。那时还考虑到赌博不好，正月里搞个文艺活动，把娃娃们都领到正路上。

我小的时候庄上还没有秦腔，但要过船。我跟上跑探马子，社火即将进庄的时候，配合仪程官。尽说些吉祥话、客气话，礼节性的。那就是个顺口溜，比如到你家门口，就把你的房子夸得让你高兴。听说还有专门说仪程的书。

唱秦腔是后来的事了，以前不准唱秦腔，毛主席时代唱秦腔是要掉头的。到邓小平时代开放了，“四类”分子、一贯道、“右派”分子帽子一摘，烧香磕头盖庙由你搞去，唱老戏的唱去，再不管了，这才开始唱秦腔。

刚开始，庙上指定我当团长，神的意思也是把庄间的青年人引到正路上，不然闲呆着光耍赌博，搞些文艺活动赌博就少一些。我们开始请的是海原剧团团长的儿子，他在靖远剧团唱戏，请来教了《赵氏孤儿》、《罗碗记》、《巧县官》等好几本戏，那时戏的缺点是女角不行，她们放不开。我妻子常说，我晚上把孩子领到戏场上，就再也见不到我的面了。我说起唱戏连饭都不吃，在庄里搞这些活动心上美得很。到后来演员都不好好唱了，组织不起来了，八几年时候就解散了。

WCZ的经历正如王铭铭所说的，是一位“地方文化英雄”，从他身上我们看到丰富的集于其一身的地方文化信息，即他的生活史所包容的文化和历史——命运体系的多元性。这样一些代表性人物的退出，早就宣告了他曾身处其中的、参与创造的文化环境的虚化。

我们认为，民间社火消亡的原因，一方面是本身得以建构的民间力量流失，参与人员的积极性、兴趣发生了变化；另一方面作为一定形式的国家的缺席（无投资，任其自生自灭。而最初成立也是由于国家的认可和支持——乡领导答应提供资金，团组织的代表牵头）所致。

四、传统的丧失抑或“内部殖民”的强化

1. 文化空间的凋零

丘建生曾对乡村文化的窘迫发出感叹：“一般认为，家庭联产承包

安家湾青盘花剧院长满了荒草

大年初一出行跪迎喜神，传统规模还应该放出所有牲口

制以后我国农村的公共空间即一年比一年狭小，以家庭为单位的生产、生活方式在使人回归家庭温情时也使人的公共意识渐趋淡漠，所以我们会看到荒草从农村戏台的化妆室里长出来，也会看到水从损毁的沟渠里倾泻而出，偶尔一辆小车从村道通过，它扬起的灰尘或溅起的污水也会让我们皱起眉头。农村的一切都在继续着，土地在继续，猪舍在继续，闲言碎语也在继续；唯有公共生活没有继续，组织没有继续，集体没有继续。而市场、强政府、电视文化趁着这空当悄然地霸道地侵袭了农村，农民则在这种袭击下丧失了大部分的自信，甚至尊严。”①

① 龙勋：《干燥的社会与枯萎的灵魂——05年第七期〈读书〉、第四期〈天涯〉读后》，见“当代文化研究网”。

在半个多世纪的时间内，农村经历了从分散到集中（实行农业合作化），从集中到分散（实行联产承包责任制），再从分散到更分散（外出流动）的过程。在“前电视社会”或者说收音机时代，农民在农闲时拧开收音机，会被偶尔收到的“美国之音”或台湾频道吓得赶紧跳台；而作为那个时代的孩子，“小喇叭开始广播了”则成为一个经典的记忆。收音机早扔在角落里不再打开了，目前只有极个别的老人想听秦腔的时候，偶尔打开录音机听听秦腔磁带。20 世纪 80 年代中期，刚刚有一两家能买起电视的时候，农民实际上把电视当电影来看，有电视人家的地上和炕上挤满了大人和小孩，看不到屏幕上出现“再见”都不走人。目前，村落公共空间一再衰竭，电视的普及改变了人们的交往方式，没有人再去聚众看电视了；多年形成和常见的串门，也被人们的意识和行为所淡忘，真是“无事不登三宝殿”，串门的人数和频次都有了明显下降。现在走进这些村庄，安静中觉出一份冷静与荒芜，人们为了生存奔行于村外的世界。他们已无心、无力再造公共空间。

目前仅存的传统节日活动有：正月初一早上的“出行”，用红布、红花绑在牲口的鬃毛、角和尾巴上，大人小孩赶着牲口，敲锣打鼓到村口喜神①的方位，聚集到一起祭拜、放炮，祈求全年好运。原先几乎是全村集体出动的“出行”仪式，现在不但很多人不参加，有些孩子甚至不知道为什么要“出行”。过去孩子们摔泥巴玩（将软泥巴捏成碗状，口朝下在地上一摔，空气在泥碗内炸开）、打梢等游戏（一人用一根木棍将树梢截成的两寸许的木块击出，其他孩子从远处捡到扔回来）现在已不多见。

端午节的节日气息，来自于大清早门口插上柳条、艾叶，以及孩子

① 旧时过新年北方有迎喜神的仪礼，在张贴“出门见喜”、“抬头见喜”的春条同时，正月初一从凌晨起就有迎喜神、接财神的程序，按照喜神所在方位，由家长上祭焚香出迎。见乌丙安：《中国民间信仰》，167 页，上海：上海人民出版社，1995。

们聚在一起比手腕上的“花花绳”、胸前的绣荷包。“花花绳”[1] 是用几种颜色的绣花丝线合在一起搓的细绳子，据说戴上可以驱邪、防蚊虫叮咬（据闻一多关于端午节的研究，系彩丝起源于原始的龙图腾祭祀，系彩丝可能是文身的变相）。当地不产糯米，也没有包粽子、吃粽子的风俗。

摩金牌

再从村落环境文化来看，全部的也可以说唯一的就是“标语文化”，如果说它能称之为文化的话。进入中国每一个乡村，直接映入眼帘的最浓的“文化”景观，就是各种形式的标语。可以说，中国基层政权的力量延伸到哪里，哪里就有标语，标语与政治意识形态如影相随。在某种意义上，标语成为政权的象征和意识形态的具象化控制——充斥在田边地头和生活场域，侵占了原野、侵占了民居、笼罩在意识的天空，下地种田、出门进屋，让你躲都躲不开，连目光都没有一处舒适的停留的地方，农村就这样沦为政治标语的粘贴板、展览场，从土筑的墙上铲出来的圆圈刷上“无产阶级文化大革命万岁!”到砖墙上的“少生孩子多养猪”，农村墙体上汉字的变化，是一部未载入史册的

① 古人最开始是把五月五日视为“恶月”、“恶日”的。在汉代的时候，人们在这一天都要带用青、赤、黄、白、黑等五彩丝线合成的细索（称为长命缕）驱瘟病、止恶气。见王志远主编：《黄河文化丛书・宗教卷》，106页，银川：宁夏人民出版社，2001。

物化的政治缩影或者隐喻。而这其中最为典型的便是实行计划生育基本国策以来的计划生育标语，这些政治标语甚至对日常语言发生了某种污染。以“标语文化”为窗口，民间和地方社会处处可见国家的符号、国家的代表、国家的力量和国家的在场，因此国家和地方的统治关系、互动可能是一直存在着的。

我们在思考，当地目前存续的可以称为文化形态的东西究竟还有什么？或许旧的文化形式已经跟不上和满足不了人们（特别是年轻人）的文化需求了，尽管曾出现过舞厅、卡拉OK等，也是昙花一现，他们无人愿意和能够从“旧”的文化形式中去挖掘和创造出可供享用的新玩意；也许连自己都不清楚，他们需要什么样的新的文化形式，也不知道城里（现代化快速进展之所在）会给他们带来（淘汰给?）什么样的文化。他们或许还会像办舞厅一样盲目地去模仿、引进，然后不断地丢弃。由此，我们看到了消亡，而没有看到新的文化特质的生长。这是当下境遇中面临的困惑——传统文化走向死亡，而现代文明却无力向前。

2. 文化再生产的乏力

按照马凌诺斯基的文化功能理论，[①] 不管是祖先崇拜还是方神信仰，都是满足人们基本需求的方式，即人们通过规定的仪式，借此佑护一定地域农业的丰收、家庭的平安和个人的发达，并通过这样一些活动，使人们暂时聚集在一起，整合人们的交往行为，一定程度上将松散

① 马凌诺斯基把人类学研究对象划分为“文化”（即由各种用具、物品、社会团体、观念、技术、信仰、习惯等人类创造物所合成的整体）和“人的基本需求”（即人的新陈代谢、繁殖、舒适、安全、行动、生长、健康等需要）。他认为社会人类学者的使命在于通过田野调查理解人的文化性、制度性的活动与人的基本需求之间的关系。而人类学者赖以理解这种关系的工具，是功能（function）的概念。所谓“功能”，指的是文化满足人的基本需要方式，或满足机体需要的行动。需要导致文化的产生，文化又反过来满足需要。见王铭铭：《漂泊的洞察》，137—138页，上海：上海三联书店，2003。

的村落共同体紧固起来。可是，一方面，物质生存层面越来越窘迫，使人们意识到这些“民间文化”并不能直接满足人们当下的“基本需要”，消费观念对居民的影响至少是吃饱穿暖并有零花钱，这个最低的需求“民间文化”满足不了，环境的恶化与农业的歉收双重逼压，使得连最低需求的满足也越来越成为问题，大量人口离开土地投奔其他行业；另一方面，传媒时代带来的村落边界的全方位开放，使得人们满足“基本需求”的方式不仅仅局限于传统的观念、信仰、仪式与活动，不仅仅受制于文化站的空架子，人们相信，新的观念、新的文化活动方式更多地存在于村落空间的外面。由此两方面导致地方性传统文化形式已经成为不了满足人的基本需要的取向。为此，传统民间文化、宗教信仰（民间传统节日、祖先崇拜、方神信仰等）的功能正在衰退，村落共同体的松散也将是一个不可避免的过程。而新的需要所指向的并不是自身村落这个本地域，而是外界空间。因此，新的需要也不能导致在本地产生新的文化，而以电视为主要载体的传媒文化在本地并没有形成深层的文化观念和显著的文化形态。在此，地方性传统文化及其本土居民同时陷入一个既不能自我更新，也不能自我满足的两难境遇！正如石勇所得出的：“贫瘠的土地使与土地联系在一起的一切都失去了魅力。”[①] 在这里，地方性知识与外来文化系统并没有真正地并置于同一时空（或者说仅仅在浅层面是并存的），甚至也没有形成梯次续接的局面或趋势，而是呈现出一种两方面的虚空状态，因此，也不能完全用费孝通的“多元一体格局”来描述它。

庄孔韶认为，保护地方农民文化的多样性，就是保护中国文化。[②] 可是，保护的主体又该是谁呢？当这一文化的持有者自身不愿意再“持

---

① 石勇：《被文化殖民的农村——读〈L县见闻〉》，见“当代文化研究网”，原载《天涯》，2005 (1)。

② 庄孔韶等著：《时空穿行：中国乡村人类学世纪回访》，7页，北京：中国人民大学出版社，2004。

有”呢？甚至他们与外界对照后觉得当地的东西都很落后，① 不但没有文化自信，反而产生文化自卑心理。谁有资格和权力以及能力来保护这种文化及其多样性呢？乡土传统文化如何自处？如何自我保存？如何解决“持有者”继续认同的问题？

文化的特性产生于它与环境调适的迟滞性，即经过长时段调适，才能形成目前这一文化模式与特性。对于当地民间文化来说，问题是环境（本土环境与外界环境）变化太快了，而调适的进程与节奏却远远地落在了后面，在与外界文化差距面前，目前文化调适能力显得力不从心，在这样一个匆忙的追赶中，本土文化固有的式样、模式、特性和价值系统，已陷入紧张与困境，变得愈加迟滞，使得原来的文化轮廓也面目不清。而新的短时间的调适，还未曾形成相对稳定的新的生活方式和价值观念，使得当下的本土的文化状况露出荒芜和杂乱的表征，也可以说原有文化调适功能自身系统也出现了紊乱或瘫痪。

郭于华在《在乡野中阅读》中指出，“其实，所有的文化设计、文化创造都因生存的需要而产生，都是指向生命的……田野乡间的普通百姓是其文化的创造者、享有者和传递者”②。而我们在当地看到的情形是，随着乡村自然环境的恶化、农业的衰败、人口的输出导致的村庄整体性的亏空和萧条，一些文化形态逐渐消亡（如戏班子），一些宗教信

① 中国艺术研究院的方李莉研究员在西部农村考察中发现，著名剪纸能手家的墙壁和窗户上没贴剪纸，倒是四处贴满了明星照，连她自己也认为“剪纸丑死了，一点不好看”。同样，腰鼓不再作为古老的民俗庆典和祭祀活动而存在了，而是为了挣钱和拍电视。其实对自己的传统文化持这种看法的，不是某一个地方的农民的心理，而是与经济发达的城市相形之下，农民普遍感觉农村“落后”，对自身一切物质非物质传统文化缺乏自信，认为登不了大雅之堂，这便是费孝通所说的“文化自觉”意识未能建立。见方李莉：《塑造西部农民的心灵》，载“西部人文资源网”。

② 郭于华：《在乡野中阅读生命》，62页，上海：上海文艺出版社，2000。

仰逐渐在仪式中淡化[①]，一些重要仪式被简化（如丧葬），就连春节祭祀祖先也“偷工减料”，曾经的“文化的创造者、享有者和传递者”，现在成了文化的背弃者、遗忘者和不能认同者，他们对此的淡漠也是“指向生命的”，是非常现世的生存的生命，是处于村落亏空化后个体生存的无奈，是整个功利性社会影响下的功利选择。这些“沉重”的文化附着在其载体上做着艰难的延续。在这些细节中，我们看到了一种指向终结的文化的趋向，是一条直指低谷的抛物线。不过这种终结的迹象有时表现得明显，有时则流露得潜隐，有时则渐变得不易觉察，有时显示出一种颠覆性力量，但在总体上它是向着终结的方向走的，这步子或许会走走停停，但它在现代社会已经很难挽回颓势，也难以有复兴的可能。实际上，当地没能走出去的年轻人，从观念上缺乏文化自觉意识，从机制上缺乏文化传承和创新的自组织机制，也完全处在传统文化和现代知识两头都不沾边的传习空白地带。就像孙兆霞《屯堡乡民社会》中所揭示的：他们面对的旧系统坍塌了，新的系统遥遥无期。[②]

由上述分析，我们再看标题“权力的不对位”和“自组织的乏力”，权力不对位包括越位和缺位两个方面，如政策对民办教师和代课老师的过于薄情，对他们的出路不计后果，缺乏基本的人道关怀；对留守儿童问题不够重视，没有建立起相应的联系和关爱机制；由基层政府主导的文化事业多年处于空白，对民间文化组织缺乏必要的引导、鼓励和扶持，陷入权力无为的状态。从民间自发的文化组织来看，受价值观念变化和人口大量流动的影响，作为民间文化的“卡里斯玛”式人物后起乏力，缺乏形成新的自组织机制的条件，民间文化长期枯萎。

---

① 如地方神信仰在自然和人文环境双重衰败下的没落。关于这一点，郑振满和陈春生也看到，因为大多数神庙都“扎根乡土”，有相对固定的“信众”群体，其兴衰与乡村自然和人文环境休戚相关。参见郑振满、陈春生主编：《民间信仰与社会空间》，导言，7页，福州：福建人民出版社，2003。

② 孙兆霞等：《屯堡乡民社会》，336页，北京：社会科学文献出版社，2005。

3. 重建或“内部殖民”？

2009年初，就在我们将要结束考察的时候，甘肃省推动的“农家书屋”工程已发展到乡里，上级分发的1339册书和24个书架及桌凳已经送到了乡政府，由于文化站已名存实亡，书籍放在哪里也成为一个问题，目前临时存放在村委会。同时，上级又有重建乡镇文化站的计划。记得斯特劳斯曾表示怀疑：“文化”能否在“宫”（文化宫、文化站等文化设施）里成长和扩展？我们认为仅从知识传播上讲是可能的场地。

对于“农家书屋”的读者群的培育产生，我们也心存疑虑。但对这个新生事物所负的使命和它将来的命运，我们会予以关注，并视为一个新的契机。至少，我们希望不管是设置“农家书屋”还是重建文化站，不要沦为政绩工程，而是真正把一种读书的自觉和文化的氛围日复一日地培养起来、修复起来，逐渐恢复一种对现代文化资源的习得、享有和传承的力量。对于当地，何况在原有的文化和知识资源已相当匮乏的情况下，不论是对传统回归（如果可能的话）还是对现代知识的学习，都显得极为迫切。为此，在当前新农村建设中，要把文化的建设性发展提上重要日程，有计划地、进行持续性的、充满智慧地推进，在提升农民文化素质方面发挥积极作用，而不可让老文化站的命运轮回上演。

但是在“农家书屋”具体的建设管理中，据有关调研反映，也出现了急于求成，只重数量不重质量，重建不重管的现象，使花了相当代价建成的“农家书屋”陷入“有屋没书”（虽然藏书多，但适合农民的读物少，而形成事实上的“有屋没书”）和“有书没人”（一方面农民的阅读习惯和风气没有养成，另一方面有知识的青壮年外出打工，使农村失去了最佳读者群）的尴尬境地，有的书屋形同虚设、名存实亡。[①]

农家书屋是一种形式的送文化下乡，它的前提预设是“民间没有文

① 王旭东、朱立芸：《“有屋没书”与“有书没人”现象的剖析——兼论“农家书屋”建设产业链中的出版发行体系的创新》，见《甘肃社会科学》，117页，2009（5）。

化”，但许多事实证明“文化就在民间”（传统民间节日成为国家法定假日就是对“民间没有文化”的更正）。那民间究竟需要的是出版社赶制的书（一位出版社朋友2009年的主要任务是赶制70本农家书屋的书）积压在各书屋呢，还是真正从本土挖掘原有文化质素、文化遗存，做一些类似于乡土教材的小书，真正地培养民间的文化自觉和自信，从而借此推动民间文化保护乃至掀起民间文化复兴运动呢？这其间看不到农民自己的需求和行动。实际上不管是对民间文化曾经的否定和摧毁，还是今天试图复兴和保护，都不是农民自己在做，而是国家和农民之间的代理人在做、在改造，根本没有给村民自己的文化选择留有任何的余地。何况“改造的结果不是使既有的乡村文化成为一片‘废墟’，便是会激起进一步的抵抗而使既有的文化受到重创和摧残”。在这个意义上赵旭东指出了民间文化复兴的“死结”所在：乡村文化的复兴是处在了一种“不可能”的境遇中，最终的结果只可能体现出不能超越左和右的恰如摆钟一样的“拆”与“建”的循环往复。这也许是现代性的悲哀，而不是乡村文化自身的悲哀。①

贺雪峰主张的中国发展道路的新方案也侧重于农村文化建设。他认为，中国九亿农民从农村转移出来，是一个艰难且漫长的过程，在这个过程中，农民的经济状况将长期保持在“温饱有余、小康不足”的状态。“温饱有余”是指中国农民早已解决维持基本生存的物质所需，“小康不足”是指农民未来增收的渠道有限。在这样的情况下，新农村建设的重点就不在经济方面，而在文化和社会方面，在环境方面。说到底，他希望重建的是田园牧歌式的生活，这是多数人的理想状态。我们也赞成在一些农民外出流动和进县城定居之后，最后留在农村的农民能够在外界的帮助和自身的努力下朝这个方向恢复，在经改善了的自然环境之下，过上一种有别于消费主义的生活方式，提高农民的主体地位和文化

① 参见赵旭东：《认同危机与身份界定的政治——乡村文化复兴的二律背反》，见王铭铭主编：《中国人类学评论》第2辑，96页，北京：世界图书出版公司，2007。

感受力，既能够分享到现代化的好处，又能过上体面而有尊严的生活。①

话说回来，从当前的新农村建设、文化下乡再回溯到历史上各种乡村改造运动，其背后的支配意识乃是“文化殖民”。即前提是将文化区隔为两极：以现代都市为代表的文明、富裕、中心，和以农村为代表的野蛮、贫穷、边缘。由此赋予文明的代表者去改造乡村的落后面貌的权力，如给各家各户门口钉上“星级文明户”的标牌和门牌号，编辑出版“农家书屋”专用书籍——权力支配的政治学已付诸具体的实施，表面上似在融合城乡文明，但它的心态和手段都在不断地界定差异、营造差异、扩大差异，试问让农民读点“农家书屋”指定之外的书又何尝不可？“问题是这样的改造和界定永远得不到终结”。②

再回到本篇的标题——本土文化的没落：地方性的丧失过程。所谓地方性的丧失，指的是原有地方性特质的丧失，这种由目前看来传统文化特质流失的地方性是一种新的“地方性”的特征。相对于整体性，始终存在地方性，它是在与整体性不断地互动下时刻激发和产生出来的“地方性”。如同没有一成不变的文化一样，也没有一成不变的“地方性”，经过实践过程发生变迁、再结构及转型后的地方性还是地方性。这是“地方性”提出的悖论，也是地方性能否丧失的悖论。

① 参见贺雪峰：《乡村的前途》自序，后记，http：//www. tecn. cn。

② 参见赵旭东：《认同危机与身份界定的政治——乡村文化复兴的二律背反》，见王铭铭主编：《中国人类学评论》第2辑，88页，北京：世界图书出版公司，2007。

外篇

大灾难：地方性事件的超地方影响

第十章
山走了：民国九年大地震

揭开第六印的时候
我又看见地大震动
日头变黑像毛布
满天就挪移
好像书卷被卷起来
山岭海岛都被挪移
离开本位

——《圣经·启示录》

当那些黄土山峁上的风吹过了八十八年之后，我们为什么要回首八十八年前的那一幕？为什么要从大灾难幸存者及其后代的口中，打听那个阴阳相递的日子留下来的可怕回忆，触动人们不愿提及的伤痕？这样的追溯有什么意义？

我想，人是脆弱的，当巨大的灾难降临时。而当三三两两的人从尘土中爬起来（那是一个兵荒马乱的时代和无人顾及的地方），叫天天不应，哭地地不灵的时候，他们依靠自己的力量顽强地生存下来并繁衍生息，这时候我们说人是强大的。从人类的视野看，生命是至高无上的，大难中，“逝者为生者承担了死亡”；大难后，生者及其后代不应该过分地健忘。因此，当我们的目光投向这里的时候，怎么也绕不过去这一页，我们只能选择谦卑地读取。寻访中，我们颤抖着双手抚摸田野点上曾经巨大的伤口，从生者的记忆和口传中，① 从实地遗迹的踏勘中，感受着生者生命之荣耀，同时也为死者的亡灵寄以吊奠。

一、摇摆歌

甘肃地处地震多发地带，据研究显示，中国有 28 条主要的地震带，其中的 16 条位于西部地区范围之内。②

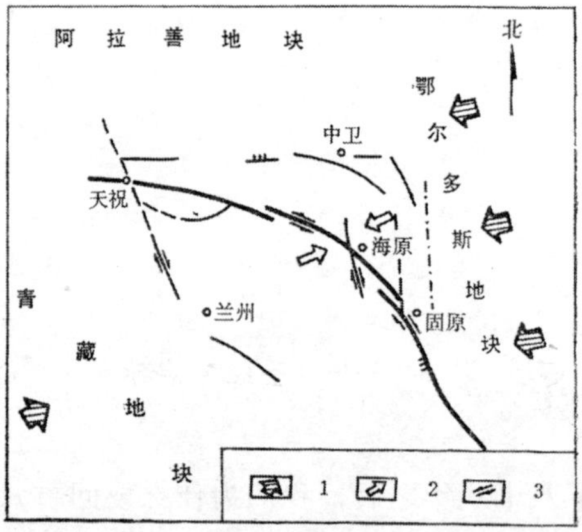

1. 动力来源；2. 海原地区主压应力方向；3. 力偶海原地震的应力来源及作用方式③

民国政府派出的甘肃大地震考察组成员翁文灏，对甘肃历史上有记录的地震进行了梳理，制成“甘肃地震表”。自“公元前 780 年，周幽王二年，三川震泾渭洛竭；凤翔岐山崩”，至“1909 年，清宣统元年，秦安雒家山南山自六月十五日响动，飞尘时起，至二十后忽崩，侯家枣树庄被压伤毙 3 人。”共计 239 次。④

第 240 次，地魔选择了青

① 邓启耀认为，口述史学还可应用于自然灾害、社区史……或“正史”不敢正视、不能涉足或不可告人的方面。

② 金磊、李沉编著：《西部危情》，107 页，北京：中国城市出版社，2001。

③ 国家地震局兰州地震研究所、宁夏回族自治区地震队编著：《一九二〇年海原大地震》，89 页，北京：地震出版社，1980。

④ 翁文灏：《甘肃地震考（1921 年）》，见黄汲清选，潘云唐编：《翁文灏选集》，89—109 页，北京：冶金工业出版社，1989。

藏地块和鄂尔多斯地块之间不起眼的这一片地方。1921 年 4 月 26 日《字林西报》在报道中说："从未记入地形图的北方某处传来了一个呼吁……"，发震时为民国九年（1920 年）。

此前一年，当地一些莫名的童谣四起——

《摇摆歌·园子里的绿韭菜》

园子里的绿韭菜，摆摆摇
货郎子哥哥快挑来，摇摇摆
咯呀咯噔摇，哗哩哗啦摇
货郎子哥哥不挑来，摇摇摆
地摇了
稀哩哗啦塌散了
哗啦哗啦摇
咯呀咯噔摇

还有其他多种版本的摇摆歌，都在表明地震发生前的各种预兆。2008 年 3 月 1 日，大地震中幸存者的后人，吴家庄的 WCZ 听了笔者对这些歌谣的复述，说："头一年有这个现象，合适着呢。听老人说过。"震后两年出生的种田村 ZDX 说："我是民国十一年的娃娃，地震时还没有出生。后来听我爸说，地震的前几天，街上走着一个担着扁担的人，一头担着一个娃娃，一头担着一些杂货，手里拿着个笤帚，摇来摇去，嘴里念叨着：摇摇摆摆，摇摇摆摆……"与 ZDX 属同一家族的震后幸存者、张自清的后代说："听我爷爷说，他们那时候唱着一个歌，里面有这么几句：'摇摇摆摆到来了，呦嗨……到来了。'这个歌后来我都唱过。"

ZDX 说："听老人说，地震发生在晚上，那天晚上种田还唱戏，唱戏的地点在现在的乡政府西侧的山嘴下，那儿有几孔大窑，人都在里面看牛皮灯影。[1] 当时有一个老汉，孙子闹得要看戏，没办法就背着孙子去看戏。刚走进窑洞，孙子又哭着不看了，爷爷问为啥不看了，孙子说，里面的人恐怖得很，所有的人背上都插着一面黄旗。爷爷还骂孙子太调皮，故意整人，只好又背着孙子走出去。走出没多远就震了，窑震塌把看戏的人都压在里面了。”

甘肃省地震局一位研究员说：“这个现象很奇怪，我也说不清，是不是这个小孩生下来，因为他受后天影响小，他的本能里头是不是能感觉到地震或感觉到什么摇摆，或者他那个器官里头感觉到什么，我不清楚。”[2]

张自清的后代说：“听爷爷说，奶奶和几个丫鬟去看戏，都打死在里面了。”

张自清的后代、一位85岁的老人说：“我爷爷说，那时小红水有个人很怪，喝水要亲自到井里打，喝完水把碗扣在头上。地震前，给他父亲说：出大事了，抓紧跑，人人背子上都插着白旗。他父亲问：你看咱俩背子上插了没？他说没有。还有一次，他去买庄里一个妇人的箩筐，那个妇人要了500个麻钱，他说300个行不，那个妇人说不行。他就说，你要那么多没用，你连一个都花不出去，都是别人的。结果卖箩筐的妇人在地震中丧命。据说这个人识破天机了，后来操心过度也死了。”

海原县西安乡下小河村CCW（97岁，幸存者）说：“那时候都是娃

---

① 山庄人带来的新闻是另外一种，因为山庄人都住的窑洞，是土山上掏的洞子，山面震落下来，把人都闷死在窑里了……闷死的人特别多，一窑一窑，一沟一沟，绝庄绝户是常有的。最大的窑甚至有压死100多人的，这大的窑是在冬季农闲以后，当晚正演唱着皮影戏，妇人娃娃男女老少聚在一起玩乐，轰隆一声，窑面落下来，一齐闷死了。唐济泉：《宁夏23万生灵毙命——1920年海原地震》，见钱钢、耿庆国主编：《二十世纪中国重灾百录》，127页，上海：上海人民出版社，1999。此处记载的应与ZDX所说的是同一件事。

② 唐济泉：《宁夏23万生灵毙命——1920年海原地震》，见钱钢、耿庆国主编：《二十世纪中国重灾百录》，82页，上海：上海人民出版社，1999。

娃，我十五岁。放牲口的娃娃、放羊的娃娃都唱着呢，就是这个东西，唱了一年嘛半年就地震了。老人说这是天意。”① 地震发生后，“白天黑夜哭声不断，一阵阵的来了，轰隆隆的。那时的老人不知道这是啥，来了就喊，过了过了！一直喊着呢，不知道是啥摇的”②。

二、山走了

大灾难！
何谓大灾难？
你怎能知道，
什么叫大灾难？
那一天，
人们就像飞蛾一样四处乱窜，
群山宛若碎绒毛一样飘忽分散。

——《古兰经·大灾难》③

时间一步步逼近民国九年（1920），除了一些突然冒出来的摇摆歌、一些人的怪异表现、一些鸡犬牲口的异常反应让村民们感到意外，人们并没有意识到，地壳聚积的应力已经到了千钧一发之时。12 月 16 日夜幕降临，深冬的严寒把人们早早地赶进了窑洞入睡。那时，住平房的屈指可数，绝大多数是崖窑和箍窑。

从种田乡的吴家庄向西北方向走，经赵家崖渠、玉湾泉，不足 20

① 牛中奇主编：《在山走动的地方》，29 页，银川：宁夏人民出版社，2006。
② 同上书，81 页。
③ 林松译：《古兰经韵译》（全两册），（阿汉对照本），第一〇一章，1140 页，北京：中央民族学院出版社，1988。

公里即可到达唐代全国十八盐池之一——以盛产食盐出名的干盐池[①]，食盐销往周边的固原、西安、兰州等地，附近的种田沟、刘家井也是集市。前往干盐池贩盐的商人驼队络绎不绝，一位商人抓紧接近年关的商机，携带金银财宝赶着驼队前往干盐池驮盐，而道路的前方已危机四伏。一些人感到了内心的恐惧，但为时已晚。不管是先知还是神祇，都已无力阻止这近在咫尺的灭顶之灾。

20时06分09秒的秒针撞开了地狱之门——

吴家庄的ZMX说："听我姑父说过，那时候他还在通渭，说晚上出来不知道怎么了，满天弥漫着尘土。"关于地震，她随口提到了一个字眼"山走了"，我听了后非常惊奇。1922年美国《国家地理杂志》在报道此次地震时的文章题目用的是《在山走动的地方》（Where the Mountains Walked)，后来查到原文，他们说："由于中国的语言缺乏与'山崩'相应的术语，因此，这儿的中国人创造了唯一能够描述所发生事情的词：'大山走了'。"[②]

原来"在山走动的地方"这一说法出自本地，而非从英文翻译过来的，就是当地人对地震的直呼。

——山走了！

——惊心动魄，极度恐慌！

---

① 据清宣统元年编纂的《打拉池县丞地理户口调查表》载，干盐池堡为打拉池县丞所辖八堡之一。"干盐池堡，在城东五十里，户数六十八户，人口四百六十六人，堡内有方神庙一座，驿站一处，堡外有盐池一所。"调查工作"承办绅士韩发礼"，落款为"县丞喻增荣谨识"。

《打拉池县丞志》"盐法"条：盐池在东五十里干盐池堡，西边数里旧有盐水一池，其源出自该堡三十五里大贺家沟，居民先筑池盛水，将地犁平，划分成块块，面以池水均匀洒之，隔夜盐生而味微苦，名曰苦盐。岁约出盐十余及二十余万斤。本地土著贩往固平一带，销售向由平凉道署派员收厘，光绪三十三年由省派员改抽统捐，此外境属无产盐之区，茶马无之。见（清）廖炳文、陈希魁修纂，《打拉池县丞志》，清光绪三十四年（1908）抄本，甘肃省图书馆藏本。

② 厄普顿·克劳斯、埃尔西·麦考密克：《在山走动的地方——最近发生在中国甘肃省，致使十万人丧生的地震的报告》，见牛中奇主编：《在山走动的地方》，170页，银川：宁夏人民出版社，2006。

我倒觉得这要比什么“山崩”的术语更为恰切，一种出自本能的、魂飞魄散的、脱口而出的呼喊！

“一位当地农民，清晨梦醒后大吃一惊，原来从窗口看去，只见一座高山居然移到自家门口，而且就在他的茅屋前几尺远的地方。”①

甘肃官绅1920年12月29日赈电称：“甘肃于12月16日晚7点（注：疑为当初对震发时刻仍无精确报告）地忽大震，省城震六七分钟之久，毁屋伤人，越日复继续小震。……甘肃多山，其交通要路……均因崩塌阻塞，电杆亦毁，交通断绝，实为向来未有之天灾……所遗灾民，无衣、无食、无住，流离惨状，目不忍见，耳不忍闻……”②

震后灾情惨重。由于交通、信息中断，外界无法得知灾区的具体情况，震时国内没有一台现代地震仪和地震台，国外多处地震台也未能测出震中的准确位置。据当代科学家计算，震波能量相当于2.2亿吨炸药能量，是唐山地震的11倍。地震的破坏程度，比当时确认的8.5级还要强烈。极震区烈度为11—12度，纵深29公里，持续时间十多分钟。一条长长的地震带爬了地球整整两圈半，世界上有96个地震台都记录到了这次地震。余震一直持续了3年之久，一直到1923年9月。极震区2万余平方公里几乎成了无人区。全国17个省、市、自治区，有感面积达251万平方公里，占中国面积的1/4强。

当时正值军阀混战，北洋政府没有及时采取有力的救灾措施，致使灾情进一步加重。1921年2月24日，甘肃旅京人员仍在《中国民报》上发表文章，要求政府救济，并抨击当时的政府：“甘肃为国家征出租税之地方，甘肃省人民即为国家负担义务之分子，今遭此亘古未有之浩劫，竟不能过并顾荣筹之余患。既拂与情，亦非人道。”这个报告书的发表，《中国民报》可谓是冒着得罪当局的危险，而为民请命，这在当

① 夏明方、抗沛竹：《在山走动的地方——一九二〇年甘肃大地震》，载《中国减灾》，民政部国家减灾中心，42页，2007（9）。

② 唐济泉：《宁夏23万生灵毙命——1920年海原地震》，见钱钢、耿庆国主编：《二十世纪中国重灾百录》，124页，上海：上海人民出版社，1999。

时还是君君臣臣的时代，言论没有多少自由度的大形势下，敢于直言抨击当局政府者实为难得。①

也许是这篇文章起了作用，加上社会各界的不断呼吁，北洋政府终于派出考察团赴灾区考察。1921 年 4 月 15 日，在震后 120 天，考察团迟迟离京赴甘。考察团由内务、教育、农商三部各派 2 员共 6 人组成，所需经费由交通部支付。内务部为苏源泉和易荣膺，教育部为王烈和杨景吾，农商部为翁文灏和谢家荣。翁文额、王烈任考察团委员。考察团于 1921 年 4 月 15 日从北京出发，乘火车沿京绥线经呼和浩特至包头后，改由水路乘船至银川，再乘汽车至省会兰州，稍事休整后从兰州进入震区。先后在会宁、静宁、固原、平凉、天水等地进行调查和考察，历时 4 个月，行程数千里。至同年 8 月考察工作告一段落。同去的还有美使署军事随员特拉斯台。与此同时，国际饥饿救济协会的麦克考尔密等也对部分震区的灾情进行了调查。他们在《在山走动的地方》一文中对于灾情，特别是对于地震滑坡作了生动的记述。②

他们的这次考察及调查到的内容经翁文灏、谢家荣、王烈三人整理后分别编写了专题报告，先后发表在《晨报》、《科学》、《地学杂志》等报纸和刊物上。③

据谢家荣在 1921 年《民国九年十二月甘肃地震报告》中称：同日晚地震甚烈……东区之甘盐池房屋无一存者。打拉池新修之东、西、北三城门及县署街面，均被摇倒……自十六日大震后，土匪乘机劫掠，经军警弹压，始安堵如常。大震后时有小震云。

据翁文灏、谢家荣《农工商报》载："去岁地震，甘肃、全省据各

① 中国地震局兰州地震研究所武玉霞、高晓明：《120 年来我国新闻媒体在传播地震灾害信息方面的发展史》，载《国际地震动态》，18—27 页，2000 (4)。

② 唐济泉：《宁夏 23 万生灵毙命——1920 年海原地震》，见钱钢、耿庆国主编：《二十世纪中国重灾百录》，132 页，上海：上海人民出版社，1999。

③ 国家地震局兰州地震研究所、宁夏回族自治区地震队编著：《一九二〇年海原大地震》，2 页，北京：地震出版社，1980。

县当时查报，共计死亡二十余万人之多。初闻此数，殆疑不确，但经亲历海原、固原等地，房屋则一律塌平，人民则十存二三。求其灾重原因，尤在灾区一带地多黄土，人民则穴土窑居，一遇震撼全部倾覆。即有室居者，亦以木材稀少，全用土筑，崩塌极易，复压遂多。即山崩走亦多属黄土所成，厚层黄土为中国时有之地质，乃竟为甘肃震灾特重之原因……”①

据王烈《调查甘肃地震之报告》载：“海原为甘肃全省受灾最烈之区，全县人口前为十二三万，被灾而后，竟失去三分之二。城内房屋悉数倒塌，伤心惨目，莫此为甚……”王烈还感慨道：“……与沿海各省比较……穴土而居……见官如虎，任其鱼肉而毫无愿望……愚而可怜，莫此为甚……”②

约瑟夫·W. 霍尔在1922年美国《国家地理杂志》第12卷第五期发表《在山走动的地方》如此描述：“山峰在夜幕下移动，山崩如瀑布般一泻而下，巨大的地裂吞没了房屋、驼队，村庄在一片起伏松软的土海中消失得无影无踪。这就是在1920年12月16日北京时间20点06分09秒，发生在中国甘肃大地震中的一些景象……就像罗马历史学家讲述庞贝城不可思议地消失那样……”

……活下来的甚至无心去掩埋那些从废墟里拉出来的尸体。三个月之后，我们来访时，遇难的人和动物的尸体仍然一起摆在街道上，腐烂着。……山崩是如此严重地袭击了畜群，只有脑袋和四肢从中伸了出来。它们都被村里游荡的群狗吞食了。房梁变成了坟墓，露于地面上。③

震中及震后人员伤亡极其严重。《陕甘地震记略》一文报道，大震后灾区人民“无衣、无食、无住，流离惨状，目不忍闻；苦人多依火炕

① 《与历史的山脉一起走动》，见穆斯林@伊男的个人空间，载“中国穆斯林网”。

② 王烈：《调查甘肃地震之报告》，见王烜辑：《甘肃历代地震记》，甘肃省图书馆西北文献室。

③ 《在山走动的地方——最近发生在中国甘肃省，致使十万人丧生的地震的报告》，见牛中奇主编：《在山走动的地方》，174、175页，银川：宁夏人民出版社，2006。

取暖，衣被素薄，一日失所，复值严寒大风，忍冻忍饥，瑟瑟露宿，匍匐扶伤，哭声遍野，不特饿殍，亦将僵毙，牲畜死亡散失，狼狗亦群出吃人……"①

震后的第二年，民国政府才向全世界公布了一个爆炸性的数字：死亡234117人，死亡人数占灾区总人数的56%。《甘肃省志》等资料对此有记录。② 但是，这个统计数据并不完全。而且因其消息的迟迟发布，有人称之为"发生在现代社会中最缺乏报道的灾难"。

关于整个灾难中伤亡人数，至今国内外仍没有确切的统计数据。从事地震研究多年的南京工业大学教授韩传寿认为："我发现23.4万死亡人数的统计是根据当时甘肃11个县计算出来的。而当时受灾面积又何止11个县，地震波波及范围达到70—80个县。"韩传寿分析认为，地震发生在晚上，北方天气异常寒冷。由于居民都在室内，死伤更为严重。有的人闷死于窑洞，重伤者活活痛死或惨遭狼吞食，许多人被冻死、饿死。事后北洋政府没有采取救灾措施，致使灾情扩大。第二年春瘟疫蔓延，又造成大批人死亡。他最终得出，在这次海原大地震中造成28万人死亡。若这一数据接近真实情况，那么这次地震就是16世纪以来死亡人数最多的一次毁灭性地震。

---

① 《陕甘地震记略》，载《地学杂志》，1921（1）。

② 《甘肃省志》记载：……甘肃58县发生里氏8.5级的强烈地震……烈度为12度，极震区还包括靖远、会宁、通渭等县。共死亡23.4117万人，牲畜死亡、房屋倒塌惨重。百万灾民流离失所，风餐露宿。震后瘟疫流行，灾民被冻、饿、疫疾而死者甚多。灾区与省会兰州之间交通、信息中断。见甘肃省地方史志编纂委员会编纂：《甘肃省志》第二卷，大事记，225页，兰州：甘肃人民出版社，1989。

公元一九二〇年十二月十六日酉刻甘肃全省地大震……北路靖远为重，城垣倒塌……过了七日，又震……靖远……等县及村镇房屋倒塌几尽，死伤无数……。《记民国九年大地震始末》，见甘肃省图书馆编，馆员梁德菴抄写：《馆藏甘肃地区1920年大地震文献资料》，1966年4月。

民国九年十一月初七日，地大震，连续两月余，陵谷变迁，城乡房屋俱毁，压死人民万余，为数百年未有之奇灾。《靖远县新志》，（民国三十四年），见李金财、白天星、张美全总校注：《靖远旧志集校》，354页，兰州：甘肃文化出版社，2004。

经各新闻媒体的呼吁，各界向灾区踊跃募捐。[①] 但由于赈灾款项使用等问题，震后人员陆续伤亡问题仍然不能得到遏止。[②]

而那支行走在盐池的驼队，中途陨没。[③]

28万亡灵的沉重代价，换来了首次地震科学考察。[④] 否则，“你怎能知道，什么叫大灾难?”

三、灾难记忆

我们不太了解中国的这些内部地质的景观，高低不平的地形，干旱

① 当时执政的北洋政府组织了一个全国急募赈款大会，另外，国内各界名流也在北京组织了一个甘肃赈灾救济会，甘肃也成立了一个地震救灾会，北京工商界人士也组织了一个华洋义赈会。其中甘肃赈灾救济会，由当时的风云人物黎元洪、曹锟、张作霖、阎锡山、吴佩孚及平民教育家熊希龄等84人发起并组成，具体工作由所属4个股承担，用电话与全国各地联络，呼吁各界踊跃捐款。捐献者的名字全部在报面上公布，捐献者有社会名流、军政要人、教育名家、工商界人士以及广大的学生民众。值得一提的是捐献者名单中还有当时不问政事的女士10余名。武玉霞、高晓明：《120年来我国新闻媒体在传播地震灾害信息方面的发展史》，载《国际地震动态》，18—27页，2000(4)。

② “令人气愤的是以甘肃救灾名义，在国内外募集到的一些捐款，最后没有用在甘肃救灾上”，中国地震局兰州地震研究员郭增建如是说。为什么？他说：“各界都捐献了些钱，但是这里面出了些问题，就是华北五省也遇到了大旱灾，那一年死了50万人，所以当时北洋政府以地震名义捐来的灾款，没有完全用于地震方面，他们借口救助华北五省的旱灾——是不是救助了咱们不知道，但是却成为了他们不拨钱救甘肃震灾的一个借口。”《与历史的山脉一起走动》，穆斯林@伊男的个人空间，载“中国穆斯林网”。

③ 据徐家汇观测台地震纪录《1920年12月16日大地震的概述和评注》记载：“地震发生后，这一地区到处堆积的废墟流出了灰黑色的地下水！大路因此发生断沟而变了形状。有一个骆驼商队全部都在这个地裂缝中消失了?!”

④ 我国第一次地震科学考察是1920年甘肃8.5级大地震，从此开创了我国地震学的科学研究。见《甘肃省地震学会第一次地震科学学术讨论会论文摘要汇编》，甘肃省地震学会，8页，1981年3月。

我国著名的地震学家傅承义教授曾经说过：“用现代的科学方法来观测地震，在中国可以说是从1920年的海原大地震之后才开始的。”《让世界记住海原——挖掘1920年海原大地震资源的思考》，载“魅力海原网”。

的气候和贫瘠的土壤。所以，我们很难想象得出那些居住在震中附近、经受了这次灾祸的人们所遭受的悲惨情景……在裂缝里或者在破坏的窑洞里，不仅找到了成千上万的死者，不仅成批成批的村庄被毁灭，而且这里的整个地区面貌全变了，山脉坍塌了，平原和山谷被石块堆满，宽大的裂缝遍布地表，大地从安然睡梦中苏醒过来，在可怕的惊厥中痉挛起来，可以想象，极度的慌张控制了那些被灾祸吓呆的人和迷信的人，他们向上帝呼救。

——佚名①

只有首先真正地记住，才能真正地遗忘。

——阿格奈什·黑勒②

这块平地被震为许多碎块，有600只羊被埋在后面倒塌的窑洞里

极震破坏情况③

与震中相距20公里的种田，实际受灾情况是什么样子，我们先从震后调查结果中看一看对它的定性。种田，位于西华山以南，距西华山北麓的发展断裂带20公里。地震开始时，

① ［俄］佚名：《一九二〇年的中国，西方忽视了的灾难》，见牛中奇主编：《在山走动的地方》，163页，银川：宁夏人民出版社，2006。

② 《第欧根尼》中文精选版编辑委员会选编：《对历史的理解》，136页，北京：商务印书馆，2007。

③ 国家地震局兰州地震研究所、宁夏回族自治区地震队编著：《一九二〇年海原大地震》，24页，北京：地震出版社，1980。

垂直运动特别猛烈，据目击者回忆，碾场的石滚自地面跳起约 1.5 米高，落地之后再次跳起，然后地面才开始左右猛烈摇晃，人不能站立，屋盖也被掀掉。地震使该村的房屋、崖窑塌倒无余，全村[①] 170 多人仅 6 人幸存。这样高的伤亡，即使在极震区内烈度最高的地区也是极少见的。[②] 根据甘宁地震部门对震区中心破坏情况的调查，种田的情况也完全相符。

实际上，距发震构造 20 公里处的种田，地震烈度也在 11—12 度，处于同等烈度的有盐池、西安州、李俊堡、杨明。而且发震断裂带上的许多现象，直到目前在该处仍可见到。

据这次大震的目击者回忆，在这条形变带上出现了各种类型的破坏现象，其中最突出的是地裂缝。它们长短不一，宽窄不等，深浅各异，大者长数百米，宽达十余米，深莫能测，人畜不得越过。此外，还在多处出现了一边下降、一边上升、相对高差达一米左右的地震陡坎。当形变带通过比较平坦的地带时，草皮冻土受挤压拱起，犹如一条长龙。更为可观的是有的地方草皮冻土成人字形架空支起二米多高，人可从中穿来穿去，足见当时的破坏程度。[③]

据干盐池以东地区的人们反映，地震是由干盐池一带向东南传播的，而景泰地区的人们又反映地裂缝是由东南向西北发展的，由此说明始破裂点应在干盐池和打拉池一带。因此，干盐池一带为 1920 年海原大地震的宏观震中，其地理位置为：北纬 36.5°，东经 105.3°。[④]

1920 年 12 月 25 日（农历十一月十六日）的七级强余震，是海原大

① 据清宣统元年编纂的《打拉池县城地理户口调查表》载，“种田沟堡，户数三十九户，人口三百八十六人”。据《打拉池县城志》载，“喻增荣，湖南人，光绪二十六年任”。据此推算，386 人应为 1900 年的人口。因此，编著者所指 386 人应是种田沟堡的人口，而 170 人可能是种田村的人口。

② 国家地震局兰州地震研究所、宁夏回族自治区地震队编著：《一九二〇年海原大地震》，24 页，北京：地震出版社，1980。

③ 同上，35 页。

④ 同上，40 页。

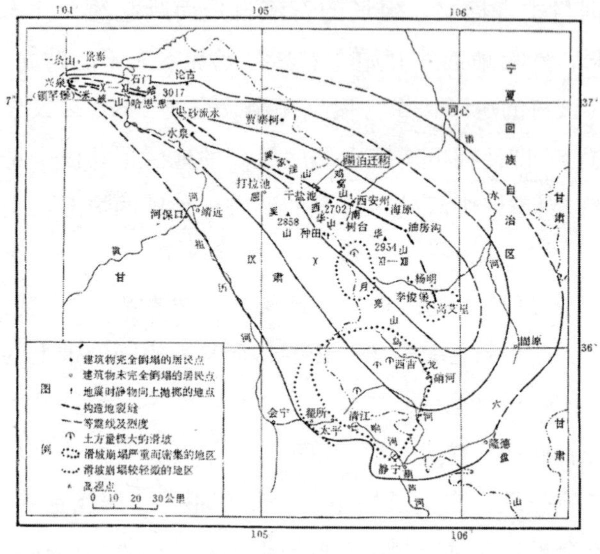

震害简图②

震主震后最强的一次余震，发震时刻为北京时间 19 时 33 分 08 秒。这次强余震在打拉池一带的震动比主震还厉害。①

据《穿斗木构架房屋震害简表》记载，种田有少量穿斗木构架房屋及庙宇，震后全部倒平。③

崖窑的抗震性能是很差的。在十度及十度以上地区，经震完好的崖窑极少，多数窑脸坍塌（俗称“抹面子”），部分崖窑完全塌实。④

为详细了解和调查这次灾难给种田人民带来的损失，我们走遍了境内所有村庄，灾难的幸存者都已陆续离去，在世的老人基本上都是震后出生或从外地迁入，他们对当地的地震没有亲身经历，但却不同程度对老年人的讲述有一些印象。因此，我们在无法寻访到地震幸存者后，便怀着遗憾的心情把目标锁定在这些幸存者的后代身上，期望从他们身上挖掘出一些当时的情况。即便是幸存者的后代，我们发现，那些可怕的家族记忆，至今仍然悄悄埋在他们心底，一旦提及，就深陷其中难以自拔，久久地沉浸在那些灾难深重的岁月——

① 国家地震局兰州地震研究所、宁夏回族自治区地震队编著：《一九二〇年海原大地震》，68 页，北京：地震出版社，1980。

② 同上，31 页。

③ 同上，100 页。

④ 同上，106 页。

个案 1：吴氏记忆

大地震幸存者的后代，吴家庄的 WCZ 据老人流传下来的描述说：

大概到天黑睡觉的时候，我二爸那时务庄稼，家里雇了个长工。他们每人背一个背斗，去给牲口添夜草。两人到装草料的小棚屋装上草，一前一后去添草。长工在前面添了草又回到草棚里，我二爸也添完草刚走到院子正中，一下地震了，他背着背斗仰面朝天摔倒在当院。北面是挖窑，东西两面是瓦房，瓦片飞起来打得他在院里乱跑，挖窑的崖面子又哗地一下扑到当院。我二爸听到长工惨叫了一声，草棚倒塌把长工压死在里面。挖窑里面住的我爷和奶奶，我爷抱着孙子往出跑，门扇压在背上没跑出来。第二天刨开一看，孙子还在怀里抱着。我们家一夜之间死亡了十来口人，我爷才四十岁，有一些遗产也没来得及交代，父亲听说有些银元，但没有找到，不知埋到哪儿了。

当时庄上大概八九户人，第二天只剩下三四个人，几个人心惊胆战地找人。有的窑留着孔隙的，听到里面有声音赶紧掏；有的压到窑里面靠吃酸菜，几天后还有活下来的。找出来的尸体，就挖个坑掩埋掉。窑里的牲口全都压死了，露天的多少留了一些。老五家住的那个崖面子据说当时压了一家人，没有往出掏。后来往那儿修房子的时候，有人议论说底下埋过人。

早先南山梁、古庄洼梁顶闪开的裂缝有一两尺宽，错开的茬子很明显，后来由于人和牲口踩踏，逐渐模糊不清了。地震把水地都震开了缝子，水浇到地里都不知道跑到哪去了，到河套一看，水全沿着地缝泄漏了。我们家种了棵杏树，浇水的时候水都灌到地缝子里去了。

看来我们离震中心不远，北边是干盐池，南边就是五星大队嘛。

WCZ 指着阳台上的一张铺盖床子（长条矮柜，放在炕上架被子用的家具）说："这是地震时埋到土里又掏出来的，让门框捣了个坑。"

1962 年，吴进贤（WCZ 之父）在家赋闲时撰写了《吴氏家谱序》。

震后遗留的被床

他在序的末尾不无悲伤地写道：讵料民国九年，冬月初七晚至戌时，忽然地震，天崩地翻，崖塌屋倒，伤人无数，甚至全家覆没，十室九空者，难以枚举。遭劫最惨重者，唯有海原并靖属东乡一带。吾父和继母冯氏，胞妹以及诸小孩，合家大小十口，罹天灾而覆黄壤，惨悲之情，罄竹难书，爰其俚语，以志大概云尔，是为序。

2008年3月1日，我们对种田沟大地震幸存者的后代，今年87岁的ZDX老人进行了详细询问。张自芳、张自清两位大地震幸存者早已去世，他们在辈分上是ZDX的侄子，同时作讲述的还有张自芳、张自清的后代。我们以ZDX老人的讲述为主，张自芳、张自清后代的讲述为补充。

个案2：张氏记忆

我家住在种田沟，我们是种田的老户。民国九年地震时，种田沟都是张家，没有杂姓。听父亲说张家养的马多，有一户养了20多匹马，地震前马不断嘶鸣，人们以为马饿了或有其他情况，也就没管。后来回想可能是马有预感，因为马是非常灵性的。

父亲说地震前他们刚入睡，听到咯噔一声响，以为是土匪造反，人钻到火炕里面抬得炕响，还没反应过来，窑洞已经塌了半个，就赶忙抱了件衣服往外跑，跑到窑外时满天尘土弥漫，心里难受得很。爷爷说地震后把牛压在窑里，过了几天人听到牛叫，寻声掏开时，一头把另一头身上的毛都舔光了，牛出来被太阳一晒，就死了。

地震发生在冬天，天气寒冷，尤其地震当天晚上，冷得要命。那时人住的都是窑洞，没有平房，富人家住的也是挖窑，只不过大一些，里面摆一些家具。冬天穿件棉衣，穷人家靠火炕取暖，富汉用土炉子烧木炭，有的烧牛粪。听说那时曾有三四十个狼成群出入，但没有听说人受到伤害的事。

当时人都慌乱了，伤心地哭爹喊娘，整个村庄是人的哭声和狗叫声，凄惨得很。绝户的多得很，涝坝沟的张家就被打光了。根本没人管，哪还有政府的救济！幸存者伤心至极，趴到地上哭几声，然后各自逃命去了。多数人去了会宁的后塬，我母亲就在塬上，父亲后来不知去向，我又流落到礼县一带给人做苦工。民国三十几年又回到种田沟，当时在亲房家吃住，人家不想要，我就又到海原给人家做苦工。

我当时还没有出生，听父亲说只剩 3 个人，我哥、父亲、母亲，其余的都被压死了，家里和村里的窑基本上塌光了。现在种田沟北山梁上有一道隐隐约约的裂缝，下雨后就很明显，听说是当年震裂的。

［张自芳的后代］ 我爷爷说，当时种田沟一共有 330 人，而且多数都很富，时有这样的说法："八大家，四小家，二十四个匀混家。"意思是说有八家富豪，四家穷人，二十四家不穷不富的人。震后，只剩下 30 口人。张家以前是大户人家，住在种田沟四眼窑。清朝曾连续出了三任平凉知府，碑文和家谱都有记载，家谱在震后掩埋了，爷爷雇人下工夫找，也没有找到；碑子在 70 年代初被砸坏了。我爷爷弟兄九个，一共有 100 多口人，震后只剩下爷爷和父亲。父亲当时在兰州读书，才得以幸存下来；爷爷出门送戏班长，没有进屋，活下来了。当时张维家有 50 口人，震后剩下 3 人，一个老汉震后把眼睛急瞎了。余震发生了十几次。（张氏家谱序载：九年冬月初七夜之震，竟将其一家大小男女三十多口打得只剩凤阁及弱媳、襁褓之元孙三人而已，呜呼不亦惨哉！）

［张自清的后代］ 听爷爷说，我家当时富得很，家里雇的伙计、丫鬟，开着油坊、四个大铺子，养了 20 多匹马，都压在窑里了。当时有

一个姓谢的伙计专门榨油，非常疼爱媳妇，地震时窑梁子坍塌，被压在里面了。他以为媳妇已被打死，伤心地就再也没找。过了一段时间，有人看到山底冒气，走过去听到塌窑里好像有人走动的声音，就告诉了那个伙计，伙计听后就赶紧跑过去，发现窑洞有个缝隙，捡了个土块扔进去，听到女人喊道："妈呀，难道还地震吗?"伙计忙问，你还活着？女人说，我以为你被打死了，你活着怎么不找我，你心太狠了。伙计说，我以为你也被打死了，伤心地光是哭，没有想起找。然后赶紧救出了自己的女人，后来还生了两个娃娃。

那时幸存者就从草垛中撕个窑洞住在里面过冬，① 有的去投奔远处的亲戚。爷爷、父亲去投奔海原的郭县长。民国二十五年又回到种田，当时种田沟只有我家、罗家、关家、胡家四户人，在郭县长的帮助下，我们四户人家在中山梁上打了个堡子住。唉！那时困难得很，生火要跑到小洪水（地名）去点火。爷爷后来娶了关家的寡妇，父亲娶了吴家庄屈家的女人。听爷爷说，那时还有一家，只剩下娘母俩，后来儿子干脆把妈当女人，还生了娃娃。你说怪不怪。那时我姑姑一家幸存一个 3 岁的女子，后来在我们家生活，长大后嫁到海原了，现在去世了，她的后代生活情况还行。

尽管对讲述者来说是一次痛苦的回忆，但我们借助于这些口传的家史、个案得以回到和回放当时的情形，这是一些接近一手的资料。对于种田来说，没有哪一次天灾人祸及得上这一次，这是一次真正的百年未遇之奇灾。

地震的多发在本地促生的术语除了"山走了"，还有一个就是对大灾难的躲避——"跑地震"。地震使他们成为惊弓之鸟，在此后的多次

① 震后粮食多被覆压，一时不及刨出，灾民多取场内未碾谷麦带壳充饥，住则因房均塌，皆搭盖草棚或钻入草堆，时严寒冻饿致死者甚众。唐济泉：《宁夏 23 万生灵毙命——1920 年海原地震》，见钱钢、耿庆国主编：《二十世纪中国重灾百录》，125 页，上海：上海人民出版社，1999。

地震中，他们唯一所能做到的，就是护着亲人，跑离住处，逃得生存。吴家庄的ZMX说："七几年的时候有一次跑地震，我一把抓住我妹妹就往出跑，只听我妹妹说把她放开，拉到院中间我松手，扑腾一声她跌到地上了，回过头一看，才知道我抓的是她的脚腕子，情急之中当成手腕子了。"

历史往往缄默不语，波澜不惊，仿佛一切都未发生过。可当你打开它的时候，它则新鲜得一如当初。

历史档案中层层叠叠的大旱、大涝、大饥、大震、大雪……一直高悬在人类的头顶。[①] 而民国九年的种田人，他们承受了最为沉重的一次打击。从1920年到2008年，近百年的时光弹指一挥，但是永远挥不去的是那些家庭的深重苦难、成片的坟茔和依旧压在崖窑里的白骨……我们必须怀念，我们必须铭记，因为"逝者为生者承担了死亡"，而每一个人都是灾难的幸存者。

四、"后汶川地震"问题：行动的背反逻辑

我们关于民国九年海原大地震的回顾和采访完成于2008年3月，当时的认知是，从历史人类学的角度考量，大事件务必纳入"地方性"的描述之中，也就只是静态地复原了这样一个历史事件，只是做了一个回顾性展示，没有想到更多。即便是2008年"5·12"汶川大地震后，该地区同时有震感，随后与国家动员同步，当地也响应号召由基层组织宣传和捐款，一些老百姓也以自己微薄的力量进行了捐助，公职人员按照指标统一捐款。此时，我依然没有想到相隔88年的这两起大地震间存在

① 邓拓曾说，我国灾荒之多，世界罕有，就有文献可考的记载来看，从公元前18世纪，直到公元20世纪的今日，将近四千年间，几乎无年不灾，也几乎无年不荒。西欧学者甚至称我国是饥荒的国度。

什么样的内在联系，或者其中蕴藏着什么样有价值的理论资源有待挖掘。

直到2009年4月，“5・12”大地震发生即将一周年之时，我在梳理书稿架构中“地方性”与“整体性”的互动关系及其“地方性的超越”的时候，突然意识到，没有什么事件能够像大地震这样一个突发性特殊事件把地方性和整体性如此迅速和能动地联系在一起形成互动。在这里，相对于震源和震中来说，我们可以把地震看作一个“地方性”事件，它确实有一个发震时固定的地理位置；随着震波的扩散，它的影响范围已不仅仅限于“地方性”，而是迅速形成更大地域范围、省区范围乃至于超越国家范围的震害影响。借着自然界的地壳板块应力，震害已不再局限于震中，震中的多米诺骨牌倒下后，随之由点及面，整个震区依次倒下，牵一发而动全身。此时，“地方性”即“整体性”、即国家性、即超地方性、即世界性。世界持续地进入地方周遭，地方性也时不时地脱离地方之“域”，以及地方失去原有的“地方性”，地方的再造或“再地方化”（彭兆荣在2007年第二届人类学研习营“中国人类学的地区视野——东南区”主题学术讨论中的专题发言为“地方化与再地方化”）等，这些都是人类学在研究地方时必须面对的问题。

抗战时期文艺界也曾就“地方性”与“全国性”做过相关探讨。①

人类学为什么总是从地方进入研究，它的关怀并不限于地方，而是从地方视野勘察地方与国家的二重性，或地方与国家的复杂互动关系。再比如现代战争，借助于传媒被全球同步关注，迅速形成横跨全球的互动空间。当我们把这一套地质和社会的模型引入理论中时，瞬间打开了人类学长期以来过于静态和局限于“地方性”的视阈，不再是以小见大

① 领导民众剧团在陕北和晋察冀地区活动的柯仲平在其《查路条》的演出成功后总结道：在乡村活动，艺术上的地方性，是被提到首要的地位上来了，不过，一般地方性也是可以转化为全国性（尤其是在今天，人口流动极大的时候）。因中国地方原是中国的一部分……某种创作，在强调地方性时，而又能发挥地方性中所存在着全国共通性，那么，这创作就能是地方性的艺术，而又是全国性的艺术了。见柯仲平：《介绍〈查路条〉并论创造新的民族形式》，1939年6月25日《文艺突击》新1卷第2期，转引自汪晖：《汪晖自选集》，351页，桂林：广西师范大学出版社，1997。

（以小社会见大社会）的单维眼光——通过地方研究反映整体变迁，而是地方和整体的同步运动，并按照它们各自的行动逻辑依次展开——“地方性事件的跨地方影响”这一概念便水到渠成地浮出水面（朱浒则通过研究晚清义赈提出地方性流动及其超越这一概念①）。这就使得我们最初设置这一章的狭隘想法有进一步拓展的空间——对本章节意义的继续挖掘并使整部书理论架构臻于完善，这既是理论创新，也使得三篇从架构上立了起来，打通了三篇之间的内部逻辑，就显得哪一篇都少不得。而且三篇的标题：地方性与整体性的互动、地方性的丧失过程、地方性事件的超地方影响，已经是一组具有跨文化解释力的概念。在地方与外部世界的联系、交往与互动之下，地方不仅仅是“地方性”的，它包含着国家和“世界性”的成分在里面。列维-斯特劳斯也肯定是在这个意义上说，文化的多样性“并非来自各人群的相对孤立状况，而是来自他们之间的相关联系”②。也可以说，在全球化与地方化相遇的过程，会产生双向的互动，即“全球化的地方化”和“地方化的全球化”。

出于对地震的理论资源的发现，我们把这次震后国家和地方各自的行为逻辑进行展示，并将两次赈灾逻辑予以比较，据以呈现相隔 88 年的两种地方性事件与整体性的互动模式。本章的意义也得到最大程度的发掘和扩张，这个“外篇”也就不再是单纯的“外篇”，而是具有升华和画圆理论模型的“结篇”或“终篇”。

确实，世界世界着，在全球一体化的过程中，在一个充分世界化了的世界中，任何地方性事件都可以迅速扩散为整体性事件，升级为全球性事件，如传染疾病的蔓延、金融危机的波及以及地方性冲击（如瓮安事件、陇南事件）等都可以瞬息产生超地方、超国界的影响。但是我们

① 朱浒：《地方性流动及其超越：晚清义赈与近代中国的新陈代谢》，北京：中国人民大学出版社，2006。

② 萨林斯：《别了，忧郁的譬喻：现代历史中的民族志学》，见王筑生主编：《人类学与西南民族》，31 页，昆明：云南大学出版社，1998。

也看到，绝大多数时候，整体性往往是感觉不到地方性的存在的，只有当地方所发生的事件直接有益于或关涉到整体性的安危。此时，整体性对地方性的关注才被重视了起来，但关注的热度和时间也极为短暂，是一次性的“不得已的互动”而已，或者是媒体的一种消费罢了，尔后地方会再次归于沉寂。

在这种地方与整体的互动及地方自身的超越过程，我们处处能看到传统与现代的共生不悖。

1. 其余的都是沉默

我在向刘晓乾沟通访问事宜的时候，他也再三徘徊，有种种现实考虑和畏难情绪。为此我先给他做工作，强调这是学术的实证研究，我们无意去告谁黑账，没任何必要，再说学术文章也承担不起不应由它来承担的任务。中国第一位人类学博士李济曾主张，学术应超越政治，即使二者无法完全分离，学者的义务仍在信守和发扬学术的独立性。我们对事不对人，不管张三还是李四作为当事者，有些行为不是他个人所能决定的，背后有他意识不到的社会（体制）逻辑在起作用。通过对事件的理论分析，我们旨在了解在地震这一事件中基层政权和农民各自的反应，呈现国家和地方、官方和民间的抵抗、顺从和互动，我们的终极目的是实现学术的社会关怀价值。消除了他的顾虑后，关注点便放在选取受访对象和还原行动过程上。

沉默，一种普遍的、由来已久的、有意无意的、事不关己的沉默甚至厌烦，这是这次我们了解由“5·12”地震引发当地地方性与整体性之间互动行为时，所遇到和深深感受到的受访群体的心理状况。①

由此，我们在这里借用了贾樟柯在《二十四城记》电影拍完之后所

① 《东方周刊》的记者刘伊曼在此采访当地矿难家属时，由于家属们拿了煤老板的“封口费”，记者处处碰到的是沉默，因为“说了会惹麻烦”。这是另外一种形式的沉默。见刘伊曼：《甘肃白银多位“神秘消失”矿工寻访》，载《东方周刊》，2008（31）。

做之书的序的标题——其余的都是沉默。他说："无论采访过程还是电影里，很多时候是沉默的，我把所有更惊心动魄的东西放到了沉默里面。对这样一个人群，这样一种经验的讲述，的确才刚开始。"①

面对这种沉默，我们知难而进。但我们也能理解，他们沉默的习性和理由，他们为维护体制所作的个人努力。我们依靠这些由我们人为打破沉默后的三言两语来还原围绕事件的互动过程，而其余依旧是沉默的，且让他们继续保持着无妨。

我们将访问对象分为两组来进行，一组是村民，一组是乡村两级干部，受访群体对同一个问题的回答综合在一起反映。为避免给受访村民带来不必要的麻烦，文中将其所在村庄隐去；对于乡村干部则注明其所在部门（村）。

个案3：村民

问：您是在什么时候通过什么渠道知道"5·12"大地震的？

H：那天下午我感觉摇的很厉害，跑出屋外就在院子里呆着，晚上6点打开电视看到了汶川地震的消息。

问：当地的震感如何？你自己、亲人和村上的人是如何防震的？

Z：我正好在井上拉水，当时坐在三轮车上感到车和水都在摇动，非常明显。我家没有防震，因为住着架子房，比较坚固。种田街上有一些人在防地震，前半夜不敢睡觉，在一起聊天，直到后半夜才睡觉。有的干脆搬到院子里睡觉。

W：那天摇得厉害，人都感觉到眩晕。下午便没有敢进屋，晚上睡得也很迟，睡觉时一直保持警惕状态，一听到响动就准备往外跑。

问：本村有没有发生房屋倒塌、裂纹和人员伤亡？

R：咱们这里是小地震，根本没有房屋倒塌和人员伤亡。

① 李宏宇：《不"安全"的电影——贾樟柯谈〈二十四城记〉》，载《南方周末》，第27版，2009-03-05。

C：咱们这里没有伤亡。

W：我们村庄没有房屋倒塌和人员伤亡。

H：我家厨房以前就有个裂缝，地震后裂口大了些。

问：您从电视上得知汶川的震灾情况后，有何感想？有没有想到当地民国九年的海原大地震？

Z：从电视上得知后感到打得太残忍，人心都是肉长的，特别是孩子们太可怜。没有想到民国九年大地震，那时我还没有出生，听说当时伤亡很大，但不知道究竟死了多少人。

C：看得人心里难受，对灾民深表同情。民国九年的地震听说伤亡很大。

问：对于随之动员的国家军队、全球华人、志愿者乃至国际组织参与的救援行动，您是如何理解的？

Z：对于国家救援行动，我感到中央太好了，确实把老百姓非常关心。尤其温总理亲自到灾区指挥救援，令人非常感动。

W：国家好得很，那些解放军确实太感人了。

Z：国家对老百姓好得很。

问：当地村、乡组织有没有发动向灾区捐款？通过什么样的形式组织的？您捐了没有？是否自愿？捐了多少？有没有不参与捐款的人？

Z：当地村乡鼓励大家向灾区捐款，采取自愿，没有强制。街上贴有捐款倡议信，村上有的是社长上门收取，有的是主动到村上或乡上自己捐。当时我捐了10元，我妈也捐了10元，都是自愿的，听说基本上都捐了。

M：大队里宣传说乡上要求捐款，后来大队主任和队长来到我家让我捐款，说要多捐些，乡上以前照顾过我家，我就捐了20元。

H：也有没捐款的人，有些是太穷，有些是人品不好，没有良心。

问：乡政府从什么时候开始调查震害？在你们村上调查了几家？他们是如何调查测量并作记录的？村民是如何配合的？

Z：不知道什么时候调查震害的，好像说报成了灾区，这些都是乡上和村上操作的，咱老百姓不知道。在我们村上没有进行调查，因为不是灾区，没有调查的必要。

H：乡上的包村干部和村上的干部来我们家里调查过，当时还把厨房墙上的裂缝拍照，厨房墙以前就有个裂缝，震后口子大了些。好像还有几家也调查过，具体我没有问。他们怎么记录的我没看，不知道。

Z：大约在6月份，村上召开几次村民会，要大家先报自家的受灾情况，开始没人报，后来不知怎样，便有人开始报了，马圈村报了6家，可明明没有受灾。包村干部下村对报的家户进行核实，还拍了照片。当时拉排村书记还说，你只要报，共产党就会给你钱，后来果然钱来了。

问：干部有没有到村上明确宣传？或说要将当地报为灾区，或者暗示大家夸大震害？村上有没有登记表册？领取时签字了没有？

Z：没有做任何的宣传或强调，只是说上面给了救灾物资，大家到村上来领取。村上造了表册，表册上都写好发放的物资数量，我们到村上去领东西，顺便签个字。

C：村上召开会议，明确说上面要给救灾款，让大家报，谁要报就登记一下，后来领取时都签了字。

问：当你知道将有救灾款物下发时，是否实事求是地进行了反映？想没想过通过把震害报得严重一些而多得一些救灾款物？

H：没有反映。这一切乡上、村上一手做好了，我们只管领钱就行了，我没有想多领些钱，听说有的人到村上去要了，还有的因没有领到可心的物款大骂村干部。唉！人真是各种各样的都有。

Z：没有想，明明不是灾区。

问：当时您领取救灾物款时是否已通过电视明确知道震中的灾害程度是什么样？心里与本地作过比较没有？依您自己的直观判断，认为本地是不是属于灾区？

Z：我已经看到了汶川地震的很多残忍情况，心里感到不平衡，应当把这些物款真正用到灾区，因为咱们不是灾区，灾区得到一床被有一床的救助效果，咱们不缺。

R：根本不属于灾区，不知怎么回事，乡上说要发钱了。

问：上级的救灾款物是什么时候开始发放的？发的物品都有什么？村里的发放标准是什么？是户均都有，还是依据灾情调查的实际发放？大概占全村户数的多大比例？

Z：救灾物款发了好几次，第一次好像是6月初，一家发了3瓶牛肉罐头；过了几天每家平均发了20多元钱；后来在6月末7月初又发被子、褥子、毛衣等，每家都有。

C：发了两次，第一次发了4瓶牛肉罐头和20多元钱，第二次发了500多元房屋维修费。第一次每户都有，第二次小川村六十几家有，占全村的80%左右，其余的没有。

H：第一次发了3瓶罐头和20多元钱，第二次发了630元钱，说是房屋维修费。一共发了几家，我不知道，也没有问过。

C：大约是6月初，村上发了罐头、衣服、棉被，包村干部到村上来发的钱。第一次发钱每户都有，大约是20多元。后来发钱时报了的有，没报的就没有，先是发130元粉刷、维修房屋，验收合格后再补发300元。村上大概有三分之一的人得到了这笔钱。

问：发放情况通过一定形式公布了没有？您认为公平吗？您拿到这些物款时，心里怎么想的？是否受之心安理得？你是否拒绝接受？救灾物款都派上什么用途了？

Z：没有公布，老百姓不知道，上面给啥，我们就拿啥。我觉得有些不公平，像我们村的呼某本来情况很好，却是重灾户，还发了房屋修理费。我领到物款感觉不舒服，还不如发给真正的地震灾区。救灾物资没有起到救灾作用，变成了扶贫，甚至有些村干部借此照顾自己的亲朋好友。

H：发放时社长口头上公布过，我认为不公平，我不缺这些钱和物，拿到后心上不好受，认为用到灾区要好得多。我没有拒绝，虽然不好受但还是拿上了，人家都拿，我不拿白不拿，又不说咱好。

Z：不公平。在维修和重建上有出入，像巨儿家有一院砖瓦房，竟然被列为重建之家，后来听说乡上有关系，重建的家户要给6000元。

问：您想没想过开始向灾区捐款捐，后来又接受救助，这中间的矛盾是怎么回事吗？

Z：我觉得好像矛盾，捐款说明不是灾区，为啥突然又成了灾区，接受救助呢？后来在和庄里人聊天时，听说是上面拨下来的，反正咱们不应该拿。

C：这中间的矛盾说明地方政府胡整，听说好像是市上定的灾区。

问：您知不知道这前前后后乡村两级组织是怎么运作的吗？老百姓是怎么议论的？上级拨给全乡的物款有多少您掌握吗？如果知道一些是通过什么渠道听说的？

H：我不知道，老百姓啥话都说，有的说不如发给灾区；有的说谁家比我家条件好，还领了个被子，我家只给了条褥子，嫌分配不公平；有的还找村干部索要。上级的物款具体不知道，听说钱多得很，有几十万。

W：刚开始，村上让报受灾情况，有的报了，有的没报。人们都议论说不知道上面搞啥鬼呢？恐怕不会给钱，但后来钱真的来了。至于全乡救灾物款有多少，咱不知道，也不去打听。

问：通过这个事件，你对国家和基层政府分别有什么样的认识和看法？

Z：我觉得国家对老百姓太好了，但救济的东西在半路上被贪官贪污了，真正到老百姓手里的东西太少了。不过话说回来，这里政府还算好，总算多少给了些。听说靖远、海原更差，海原的老百姓纯粹见不上。

C：国家钱多得了不得，只是发钱的手段有问题，钱多得胡发，地方政府也正好借此骗取国家的钱。

个案4：乡村干部

问："5·12"大地震发生时当地震感如何？您当时在哪里？震后第一时间乡政府是否采取防震减灾行动？

乡办公室干部：震感明显，持续一两分钟。当时我在办公室里，震后乡政府第一时间并没有做出防震减灾行动，只是电话问问情况而已。

某干部：我往乡上走，感觉有些晕，还以为自己有病了，后来才知地震了。

问：先后接到上级的哪些一系列指示？两级是如何落实的？

乡办公室干部：后来接区政府办公室打来的电话，询问地震有没有造成人员伤亡，乡政府向各村电话询问后，开始汇报没有人员伤亡和财产损失。后来不知怎样变了，变成了灾区，主要由民政所牵头负责发放救灾物款。

乡民政所负责人：后来又接到民政局、地震局、安监局等单位的电话，也是询问有关地震的情况。民政局是打给我的，其余是打给办公室的，由办公室直接汇报给领导，再进行落实。

问：组织捐款是执行上级命令还是乡政府自行组织？采取什么形式？先后分几次捐款多少元？其中公职人员捐款多少？农民捐款多少？总捐款人数占全乡总人数的多大比例？捐款交给了平川区哪个部门？

乡办公室干部：捐款是在电视上看到捐款情景后，乡政府自行组织的，后来的特殊党费是接到上级组织部门要求缴纳的。首先在乡政府举行了捐款，后来向社会发出倡议书，呼吁全乡捐款。各村的捐款主要由村主任负责，没有举行募捐仪式和设立募捐箱，采用各社社长上门收取的办法，基本上各家各户都捐了钱，但多少不一，少则一元，多则百元。先后捐款好几次，由乡党委书记牵头在区政府设立募捐点，要求种田乡有名的企业老板捐款，后来在乡上又举行了企业、单位捐款。捐款具体由民政所负责，全乡243个党员共缴纳特殊党费33474元，正科级党员1000元，副科级党员500元，其他采取自愿；干部、教师大多200元，也有的缴纳100或50元；村民党员最多50元，少的2元，个别没有缴纳。捐款全部上交区组织部。

乡民政所负责人：分了好几次，先是捐款，后来是缴纳特殊党费，种田出去的老板就捐了两三次，先是在区上捐，后来又来到种田捐。各村捐款合计19097元，企业老板捐款合计8700元，单位捐款合计8150元，不包括中学和学区的捐款，这两个单位直接汇到国家红十字会了。农民捐款最多的是100元，最少的1元。捐款是按户收取的，没有人数统计。村上的捐款是分几次交来的，因为有些村没有收齐，后来补交的。全乡合计捐款27944元，捐款全部上交区民政局。

问：接到上级调查震害的通知是什么时候？具体调查工作是如何规定的？派了哪些人到哪些村庄做了调查？调查的要素是什么？老百姓的配合情况？调查中实际看到的情况是什么样子的？

乡办公室干部：接到上级震害通知大约是6月份，当时上面要求根据具体情况上报。乡上开始持观望态度，一会儿报，一会儿又不报，反复几次。后来不知怎样，由乡党委和乡政府牵头，迅速召集包村社干部召开紧急会议，成立了由乡长担任组长的抗震救灾领导小组，下村与村主任接头摸底，然后根据各村情况进行部署。调查中没有看到房屋倒塌的情形，但看到了有裂缝的情况，户主说是震裂的，然后就逐家拍照登记。

拉排、小川、种田村干部：乡上让下去宣传，谁家房屋有裂缝或者危房就登记，在村上召开村民会议时，大家说虽然有的房屋破旧，有裂缝或危房，但不是地震造成的，这是很清楚的。人们都在议论报还是不报，开始都一直认为不应该报，这样第一次会议就是零报告，大家一致认为没有产生震害。乡上在报与不报之间也难以确定，后来不知怎样突然成为灾区，这样就开始让村民报受灾情况，有的报了，有的没有报，乡上根据各村报的家户进行逐一核实和拍照登记。

问：调查汇总后是否以正式材料向上级作了汇报？大概内容和口径是什么？是否明确本地是非灾区还是灾区这一定性的根本问题？

乡办公室干部：我记得后来写过一份题为《以民为本 替民解困 为民服务》的事迹报告，好像没有统一口径，是否是灾区这个不好说。

乡民政所负责人：以正式材料汇总上报，我们的材料主要是表格，没有文字叙述的，明确是轻灾区。

问：上级依据什么标准下拨救灾款物？分别是多少？乡政府按照什

么标准向下发放？是否体现了公平的原则？发放时是如何宣传的？各村、各户之间是如何分配的？

乡民政所负责人：上级依据受灾程度下拨救灾物款，总共是多少我忘了，救灾物有弹花被、军用棉被、褥子、毛衣毛裤、牛肉罐头等，数字查起来很麻烦，你估计着写上些。救灾款乡上是按受灾人数平均下发，每人生活费230元，房屋维修费每户1300元，这个不存在公平之说，谁家震害严重给谁家就多。各村是按照村里受灾严重程度和受灾户多少，并结合各村人口比例分配的，百丰村108户、480人，拉排村78户、356人，五星村100户、435人，北庄村84户、386人，种田村128户、511人，小川村62户、287人。合计全乡560户、2455人。每个村分配的不一样，各户也分配不一，有多有少，有的几百，有的一千多，具体由村上负责，然后报乡政府审核。

（后来费尽一番周折才得知，救灾物中军用棉被500床，褥子500条，弹花被120条，毛衣90件，毛裤50件，毛毯50条，罐头435箱。也了解到部分物资分配情况，有关表册显示棉被和褥子的分配为：种田村棉被、褥子各102条，五星村棉被、褥子各114条，小川村棉被、褥子各44条……但救灾款难以得到确切数目。）

问：物款全部下发还是留有剩余？账目是否登记造册并公开、向上级如实汇报？老百姓接受这些款物时说了些什么？接受款物后他们是否就真把自己当成了灾民？

乡民政所负责人：物款全部下发，而且都登记造册，并向上级汇报。老百姓接受物款时说："赶快发，领了我们还要干活去，哪像你们干部……"既然接受救灾就证明是灾民，他们受之也理所当然。

某干部：这个咱不知道。

拉排村、百丰村干部：老百姓接受物款时有些人说，"这是共产党给的，要是能得到，还是多得些好"。也有的说，"这个便宜确实不该占，用到真正的灾区要好得多。虽然没有当成灾民，但便宜人人都爱占"。

问：您个人认为开始组织捐款和最后接受捐助之间有没有矛盾？上

级是如何解释它的合理性的？上级文件中有没有关键性的字眼来对此做出解释？

乡民政所负责人：我个人认为没有矛盾，上面说得很清楚是轻灾区。这个我不清楚，你问的这些我嫌麻烦。

某干部：这个很难说，咱们感觉不是灾区，但上面报成了轻灾区，唉！咋说呢……

问：据您对汶川灾害通过各种消息的掌握，与汶川以及与甘肃的陇南比起来，当地是否确属地震灾区？您个人对这件事是怎么认为的？对作为抗震物资分配的国家层面是如何看待的？

乡民政所干部：这里当然不是地震灾区，但上面说是轻灾区。我个人没有啥意见，就按轻灾区办事就行了。你说的抗震物资分配国家层面是如何看待我不懂，也没啥说的（显出极不耐烦的样子）。

问：与88年前民国九年大地震没有接受到任何援助相比，是否应当肯定国家的发展和政府的救灾反应之迅速？

乡民政所干部：民国九年的大地震我不知道，这次大地震国家反应是很迅速的，如温总理在第一时间赶到了灾区，说明国家很重视。其他的我不会说，你看着写些算了，情况你是大致了解的。

问：周边兄弟乡镇是否也得到了救助款物？数量与本乡有无差距？您觉得这些救助款物发放给真正的地震灾区是否更好一些？作为执行者的乡村干部是如何理解的？您自己的切身体会是什么？

乡民政所干部：周边兄弟乡都得到了救灾物资，数量不一样，而且差距很大。当然用到灾区更好，既然发放救灾物资就说明是灾区。我没有啥体会，也没啥说的。

种田村干部：这个，我不知道。我觉得发给真正的灾区还是最好，有些我们是没法理解的，也没有啥说的。

问：震灾物款发放后民间有没有不良议论和反映？政府是否对有关舆论作了纠正和引导？

种田村干部：没有不良的反映和议论，老百姓都乐意接受。

拉排村干部：老百姓议论什么的都有，发给钱的当然高兴，没有得到钱的不高兴。有的还骂乡村干部。有啥可纠正的？你叫人家说嘛！嘴人家长着呢，咱有啥办法管呢。

2. 两种互动模式比较

我们从民国九年大地震后，地震灾区和当局的互动可以理出下面这样一个行动过程：

（1）信息封闭，自救乏力。（2）当局无暇顾及，科考迟迟到来。（3）经社会呼吁下的赈灾行动。（4）等待救灾无望和款项遭到挪用。（5）保持沉默和保存历史。28 万个生命除了换来了一些必要的科学考察论文外，中华民国 1920、1921 年的大事记，乃至《剑桥中华民国史》中也没有关于“甘肃海原大地震”的任何记载。在当局“去记载化”的同时，民间却通过家谱、代代相传的记忆将事件的细节保存得极其鲜活。

我们再来借助于个案 3 和 4，通过村民和乡村干部的认知和行动，反映在“5.12”大地震后地方性和整体性之间的互动情况，特别是行动中的背反逻辑：

（1）借助于传媒和当地的轻微震感，信息被同步告知。我们看到，这次地震后，村民在有震感的同时，当天就通过电视得知震中的确切位置和相关情况。

（2）迅速的同步响应——捐款。国家领导人、军队、国际组织赴灾区援助的同时，当地乡村也组织发动捐款，全乡总共捐款约 27944 元，农民最多的捐款 100 元。此时，显现出了地方被调动起来的与全国互动的爱心。

（3）戏剧性变化——受助。对基层（或上层）权力来说，从一开始组织发动捐款，到后来莫名其妙的受助，前后变化极富戏剧性，是一个一百八十度的自我否定的悖论。我们难以理解其中突变的决策逻辑，因为决定给未受灾的地方拨款是需要一定勇气的。前者是政府绑架民间意志捐款，后者是政府教唆民间道德堕落，政府前后所扮演的不光彩形象，把自己逼入一个逻辑不通的死角。这一戏剧性的变化，使得两者都落入了“官不官、民不民”的境地。

（4）基层：作为政策执行者的被动。上级决策的调整把基层政权陷入不义的困境，基层却是有苦难言。作为基层，他们所作的努力因此就消解掉了。虽然某干部找到上级定性为“轻灾区”的理由，但这是站不住脚的。据地震专家分析，余震发展到文县已经是震源区的最边缘了，因为龙门山断裂带展布的狭长区域沿理县—汶川—茂县—北川—平武—青川“北东向”发展，到青川应该到头了。我们通过媒体也知道，甘肃的灾区就在陇南的文县，虽然那里的灾情一开始也被“低估”，使得那里的灾民与对面四川的灾民“十里不同天”。[①] 我们看到，在得到上面的明确指示后，乡村组织既要塑造基层权威主体，又要得到村民起码不是正面抵触的配合。只有通过调查这一形式将所谓的“轻灾区”合理化，一方面为决策的合理性寻求民间依据；一方面（可能）要最大化地为地方和农民从国家资源中争利，在这个基点上与农民合谋。他们夹在其中扮演着双重角色。

（5）村民：既有出于爱心和利益考量的互动，也有出于反体制的排斥。从开始的捐款中，我们看到了村民的爱心，哪怕是捐一元钱；在调查灾情要求报名时，部分村民出于一种可能存在利益的猜测报了名。而他们最初的爱心和正义（坚持救灾物款应该发放给真正的灾区）也消解在随之而来的利益争夺之中。对农民来说，一方面是对权力决策自相矛盾的批评和嘲笑（解构）；另一方面是在获得利益后的部分感恩、部分认为是贫困地区理应受到救济的心安理得、部分是对分配不公通过舆论反体制（如某户有关系的人家住的砖瓦房被列为重建之家，得到6000元重建费）。各种复杂心态，善恶变换，竞相上演。

---

① 柴会群：《甘肃文县：被低估的震灾》，载《南方周末》，2008-05-22。

救灾物资发放暴露出的问题，不仅是简单的给谁多给谁少的问题，从根本上讲它是一个社会失序的问题，是基层政权如何作为的问题，是地方政权和基层政权之间的政治伦理问题，是农村社会如何更和谐的问题，即建立一个良性社会（官和民都要良）的问题。当然，我不认为站在村民的一边就是对的，需要改善的不仅仅是村民的道德修养，更是一种政治秩序。金耀基一语中的，“中国的文明秩序，归根结底是以政治秩序为中心的”。而新文明秩序的建构，就是依靠和走向现代化。

两种模式的不同，包括因时代的、政党的、社会发展水平的、思想开放程度的、信息传播条件的不同等因素所导致。两个事件相隔 88 年，随着社会变迁，同样性质的事件产生的行动逻辑肯定会有所不同，但有一点还有一定的相似性，那就是——沉默，村民包括乡村组织的沉默。民国九年的沉默是不得不沉默，那是一个极其封闭的空间，即便是由此发出的震波绕了地球 2 圈半，但并没有因此超越地方性多少。88 年后的沉默，心理成分极其复杂。干部自身的矛盾心理，他们的敏感反应和回避态度，他们拒绝发表过激的见解，他们明知内情却装作糊涂，他们沉默是为了不便公开或不想公开，但内部“政治正确”的表述还是必要的，甚至写成了事迹（乡干部起草的《以民为本　替民解困　为民服务》的事迹报告）。村民的沉默是面对干部时的沉默，表面上他们如同王烈当年在《调查甘肃地震之报告》中提到的“见官如虎”，而背过干部的民间言论却极为活跃，且有强烈的批判精神，如他们所说：“我觉得国家对老百姓太好了，但救济的东西在半路上被贪官贪污了，真正到老百姓手里的东西太少了。”这种沉默和打破沉默在村民身上得到统一。或许正是因为这种沉默，农村社会表面上是如此的稳定，或者和谐。对于地方性和整体性的互动，他们知道时间会抹平一切，不沉默又能如何？超越了又会怎样？你对这个社会懂还是不懂，都不会轻易地改变什么、撼动什么。

如果说我们对此事件的访问还原显得多余的话，我们可以歇一歇了。让惊心动魄的东西继续保持在更大的沉默中。

后记
学科方法、内在逻辑和本土资源

寻找并反思那些扎根于民间和乡土的历史记忆和文化取向，兴许便是我们空间性的思念和时间性的乡愁。

——陈进国①

我十余年的“寻羌”之旅所找到的并非传统，而是变迁。

——王明珂②

人类学者无论自己是否知道，一直在进行写作形式的实验。

——克利福德③

1. 阐释、迷信、学科边界和田野

(1) 阐释抑或“自我塑造”

关于阐释问题。格尔兹认为人类学就是对人类文化的解释，民族志

① 陈进国：《信仰、仪式与乡土社会：风水的历史人类学探索》（上），703 页，北京：中国社会科学出版社，2005。

② 王明珂：《寻羌：羌乡田野杂记》，189 页，北京：中华书局，2009。

③ 保罗·拉比诺：《表征就是社会事实：人类学中的现代性与后现代性》，见［美］克利福德、马库斯编，高丙中、吴晓黎、李霞等译：《写文化：民族志的诗学与政治学》294 页，北京：商务印书馆，2006。

就是对文化，特别是异文化的解释。“文化的分析不是一种探索规律的实验科学，而是一种探索意义的阐释性科学。”[①] 我们想通过在田野调查的基础上进行文化理解、翻译和解释，这是在田野素材基础上进一步的“深描”——纯粹的叙述我想达不到深度的描写，深度应该来自于理论阐释，即格尔兹对“意义”的解释。我想我的解释主要集中在，为什么当地人是这样而不是那样思考和行动。当然我觉得理论的抽象应该是适度的，而且这些解释部分代表了当地人和我的认知范围的解释，这种解释仍然是开放的，文本并没有被阐释所缝合，它把更多的解释留给了读者。

针对传统问卷调查的不足，费孝通先生提出“解释和叙事并重的社区研究方法”，这就是后来虽然很受争议，但确实也成为中国人类学研究的传统和特色之一的“微型社区研究法”。禄丰县的大北厂村就是这种方法的诞生和最初实践地，开创了“魁阁时代”的辉煌。[②]

格尔兹关于阐释人类学的观点作了反复的说明。关于阐释及人类学文本各种实验性写作的正当性，《写文化》中的论文作了大量讨论，尤其是格尔兹的“人类学首先是阐释人类学”的观点。对于格尔兹来说，人类学不是什么“为寻求法则而进行试验的科学，而是为了寻求意义而进行解释的科学”[③]。王铭铭也曾提出以人类学的原则过滤之后的多学科的非人类学的叠罗汉式的多重解释。这是否已赋予解释的合法性地位了呢？如果说同意并允许解释，解释中又如何剔除“主观观念”呢？

我发现不只是我一个人遇到了主观性的问题，不少人类学家和作品

---

① ［美］克利福德·格尔兹著，纳日碧力戈等译：《文化的解释》，5页，上海：上海人民出版社，1999。

② 张海超：《乡村调查与人类学的方向——七十年后重读〈禄村农田〉》，载《读书》，67页，2009（5）。

③ ［瑞士］雅各布·坦纳著，白锡堃译：《历史人类学导论》，62页，北京：北京大学出版社，2008。

都在尝试缓和客观化的人类学表述与田野工作中的主观经历之间的矛盾。玛丽·路易斯·普拉特就探讨了在正式的专业文本写作中，是该自我投身还是自我隐身的问题，不过她还是赞成将田野际遇转化成客观化的科学时，依靠个人性叙述起码能够修复少许碎片。而个人性叙述必然少不了主观的体验、理解和阐释。克利福德也在猜想——《写文化》扉页上斯蒂芬·泰勒田野工作的照片——是在充实一则阐释？

我对《写文化》中关于人类学（或民族志）文本策略的观点的梳理过程，正是我所遇到的苦恼和思想的逐渐明晰过程。其实随着我对《写文化》的深入阅读，颠覆经典人类学文本写作权威的观点越来越多，后现代的、碎片的、混合的、随笔式的等，倒使我增加了并不遵从经典范式的理由，坚定了我（哪怕是能使我原来的写作站住一点脚）按我的理解继续写作下去的信心。后来又想，首先我对自己的定位是业余的，为什么非要套用专业的范式去束缚自己呢？学院式的规训对我究竟有多大的意义呢？我又不是要交什么论文！连他们都不会去复制，我为什么还要跟着去踩学院规制的脚印？我的写作是自由的、自发的和自愿的，不存在打学分和拿学位的问题，为什么自己要去给自己绑上这一套绳索呢？尽管我对自己最终要采取的文本策略还不是很有信心，但是我相信其中的实验精神和它自由宽松的一面。对此，克利福德指出："人类学者无论自己是否知道，一直在进行写作形式的实验。"在《论民族志权威》一文中，克利福德主张任何一种权威模式并不优于其他模式。"在这篇文章中所讨论的权威模式——经验的、解释性的、对话的、复调的——对于所有西方和非西方的民族志文本写作者都是适用的。没有一种是过时的，没有一种是纯粹的：在每一范式之内都有可供创新的空间。"①

① 转引自保罗·拉比诺著，赵旭东译：《表征就是社会事实：人类学中的现代性与后现代性》，见［美］克利福德、马库斯编，高丙中、吴晓黎、李霞等译，《写文化：民族志的诗学与政治学》，296—297页，北京：商务印书馆，2006。

魏斐德（Frederic Wakeman，Jr.）也曾在《讲述中国历史》① 一文中表达了在历史写作中徘徊在叙事和解释之间的困惑。麦考里也确切地认识到从这一部分转换到另一部分的困难，他在一封信中写道："困扰我的一个大困难来自于对所谓的历史与历史哲学的混合。我仍不知道如何结合这两者……我害怕其中一个会对另一个造成损害……"吉本则认为叙事和解释可以互相融合。

如克利福德所说："阐释者不断地通过他们研究的'他者'来建构自己。"② 下面一点已经变得很清楚：无论发现于何处，任何"他者"的版本都同时是"自我"的建构；如迈克尔·费希尔、温森特·克拉潘扎诺和本书中的其他人所证明的，民族志文本的制作总是包含了一个"自我塑造"的过程。③

当然，从桑塔格的"反对阐释"观念来看，阐释本身没有错，问题出在唯一的阐释。她反对的是那种通过把世界纳入既定的意义系统，从而一方面导致意义的影子世界日益膨胀，另一方面却导致真实世界日益贫瘠的阐释行为。换言之，她希望以对世界的多元化的复制，来瓦解对世界的单一化的复制。④

人类学家对田野事象会做出某种（或不止一种）阐释，阐释的诞生就是文本的诞生，而文本诞生后建立在文本基础上的再阐释会无限延伸出去。就如同我关于种田的这个文本产生后，以此为基础的理解、阐释包括批评会相继出现，这无疑已是一种知识生产机制的展开。哈佛费正清研究中心史华慈教授认为："凡是文本传统，都是诠释学传统，《圣

① 魏斐德：《讲述中国历史》，见黄宗智主编：《中国研究的范式问题讨论》，73 页，北京：社会科学文献出版社，2003。

② 詹姆斯·克利福德：《导言：部分的真理》，见［美］克利福德、马库斯编，高丙中、吴晓黎、李霞等译：《写文化：民族志的诗学与政治学》，39 页，北京：商务印书馆，2006。

③ 同上，53 页。

④ ［美］苏珊·桑塔格著，程巍译：《反对阐释》，"译者卷首语" 7 页，上海：上海译文出版社，2003。

经》也是如此。传统不是某种静态的东西……但是（在这点上我同意后现代主义的说法）一旦你有了一个文本，这个文本就可以得到一个众多的诠释，譬如汉代，包括前汉、后汉和唐代的儒学都不一样，韩愈就很不喜欢唐代的诠释。传统是非常充满活力的，因为文本可以有多种解释。”[①]

（2）作为“双名制”的政治策略

有关视民间信仰为“迷信”的问题。晚清以降，中国开始向西方学习，并且这种向西方学习的过程是和切断中国传统同步的。清末民初的大思想家康有为光绪九年（1883）途经上海时，一次购买了江南制造局译印西书三千册，而江南制造局到光绪八年为止，共销译书才一万二千册，可见他对西学求知欲之强。[②] 毋庸讳言，中国激进的现代化过程也曾伴随着“反对迷信”的过程，一些与民间信仰有关的文化形式长期被看作“封建的”或“迷信的”，能够被看作是“落后的”文化已经算是幸运的了。这是一笔五四反传统的新文化运动留给我们的遗产。这笔遗产的始作俑者可以追溯到马克思在《共产党宣言》里的一段话：“共产主义革命就是同传统的所有制关系实行最彻底的决裂；毫不奇怪，它在自己的发展进程中要同传统的观念实行最彻底的决裂。”这里所谓的“两个决裂”，便成了一个时期割裂和排拒民族文化传统的正当理由。[③] 金耀基也说过，共产主义对中国传统文化，要决绝得多。

余英时认为，文化的问题在社会，社会的问题在民间，所以他视“打烂菩萨”为破坏民间社会。他说：“中国历史的特点，主要是各个新兴的王朝都不去刻意破坏原有的民间社会。有民间社会，就有民间文化和民间信仰，你所担心的传统传衍问题，就好解决了。民间信仰是最无

① 刘梦溪：《中国现代文明秩序的苍凉与自信：刘梦溪学术访谈录》，126页，北京：中华书局，2007。

② 汪荣祖：《康有为论》，4页，北京：中华书局，2006。

③ 刘梦溪：《中国现代文明秩序的苍凉与自信：刘梦溪学术访谈录》，48页，北京：中华书局，2007。

害的。因此打烂菩萨，再愚蠢不过。……民间道德习俗不好去破坏，破坏了就难恢复。你以为是用科学思想扫除迷信，其实是用假信仰代替真信仰，社会秩序反而解体了。"①

高丙中从政治的角度对此进行过反思，称视民间信仰为"迷信"是政治艺术"双名制"的结果，即通过将民间信仰说成迷信，迫使民众接受新文化，推动中国从传统向现代转型的一种技巧及其努力。② 而在另一个时期，同样可以将其指认为"民间文化"而大加弘扬。我们已经看到，曾被视为迷信和落后的"农民"文化已经通过申遗或其他保护运动而成为公共文化的一部分。而这一结果则表明当初实施意识形态一体化努力的失效。这种在两极之间来回摇摆不是一个正常现象，一个平和的心态应该给予文化持有者向自然、向神灵、向祖先祭拜的一个机会，也等于是保证社会达到一个足够的"精神温度"（格罗塞语），这与建设和谐社会的导向殊途同归。

如果说"污名化"是"双名制"的政治策略，那么"正名"和复兴（有的称民间信仰的现代传承为重构或文化再生产，更恰当地说应该是对传统的"创造性转化"）也是同样的逻辑，是出于构建和谐社会的政治策略，加上执政党自身作为坚定的无神论者，那么复兴的只会是"国家"而非"神"，是"国家在场"和"国家空间"而非"有神空间"，是继续显示国家的至高无上的权威，与"污名化"逻辑如出一辙。即便是这样，我们依然欢迎这种文化重建或传统再发现的趋向。比如，萧放的建议就很有必要："在有传统的地方，本来这就是个寺庙的地基，也在居民区不远的地方，老百姓很方便去表达的地方，应该给他一个表达的空间，所以采取文物修复的这个方式，可以对它一个重建，一个重修。那么我想一个村落社会也好，一个城市社区也好，如果它有一定的信仰

① 刘梦溪：《中国现代文明秩序的苍凉与自信：刘梦溪学术访谈录》，27页，北京：中华书局，2007。

② 高丙中：《民间文化与公民社会：中国现代历史的文化研究》，290页，北京：北京大学出版社，2008。

空间的话，这个对社会的稳定是有好处的。”[1] 而令我们尴尬的是，即便是身在其中的村民，也将该部分有所厌弃。

鲁迅也曾将乡土视为革除迷信与落后的场所。可是在1960年，列维-斯特劳斯在法兰西学院社会人类学的一次讲座中说：“这门学科极为关注那些我们遇到时管他们叫作迷信的思想形式。有鉴于此，请允许我首先对迷信致以敬意。”[2] 王铭铭指出，把“地方传统”界定为“迷信”或与“现代性”格格不入的“旧事物”是不恰当的。[3]

这种非科学即迷信、非进步即落后、非城市即乡村、非传统即现代、非左即右、非新即旧、非革命即复辟、非拆除即建设这种强烈反差社会思想观念（就是没有宽容、中和、多元），乃是近代中国引入现代性观念之后的认同危机表征。余英时称此为发生在20世纪的“中国的极端化”，赵旭东则谓之“摇摆的极端化”。

现代人观念中的“星期二”、爪哇人观念中的“蛇日”和我们田野点上人们观念中的“初一”和“十五”，这三种不同的时间感知方式，能说何者是“科学的”或“迷信的”或作为唯一的标准呢？这不应该是一个文化多元论者应持的观点，特别是人类学的观点。“迷信”即便不能容忍进入大传统的视野，它也是民间的小传统。而如果“对自己文化传统的批评越是粗暴，对西方那些价值的引进就会流于肤浅”（杜维明语）。

再从思想精英关于“中国有无宗教”的争论来看，一般是以罔顾上古的巫文化、汉代的本土道教，汉代传入的佛教、唐代入华的景教、伊斯兰教、摩尼教、祆教，元、明、近代三度入华的天主教等建制相对明确的宗教，除此之外还有各种民间教派和崇拜，以及喇嘛教佛教、萨满

① 萧放：《文化遗产视野下的民间信仰——第二届海峡两岸民间文化论坛会议发言》，载“中国民俗学网”，2009-09-22。

② ［法］克洛德·列维-斯特劳斯著，张祖建译：《结构人类学》（1—2），465页，北京：中国人民大学出版社，2006。

③ 王铭铭：《村落视野中的文化与权利——闽台三村五论》，148页，北京：生活·读书·新知三联书店，1997。

教传统、妈祖崇拜等丰富的宗教史实和宗教现象，而以三大一神论的建制宗教为评判准则。所以“中国有无宗教”实乃是一个伪问题。何况德国著名神学家汉斯·昆（Hans Kueng）提出的世界宗教“三大河系”的理论（即闪米特河系的先知宗教系统、印度河系的神秘宗教系统、中国河系的宗教系统），已经确定了中国宗教的地位。与汉语学界常使用“萨满”称古代的巫文化相反，艾士洪（Werner Eichhorn）却在充分尊重中国古代巫史传统的基础上，直接而严格地使用了巫术的音译概念Wuismus。① 因此，作为世界宗教三大河系之一的中国宗教，作为中国宗教组成部分的民间信仰，它的宗教性或准宗教性毋庸置疑，“迷信”的说法只是个意识形态的概念，它被政治的暴力手段切断了其古代传统（唯恐日月不能换新天），在20世纪50年代到70年代成为“文化大革命”和政治批判的对象；所造成的当代结局是，要么在经济理性的规制下变相为一种演艺文化（完全“失魅”）却视之为复兴，要么早已萎靡不振，无力“复魅”。

（3）关于学科边界

马库斯曾明确表示：“今天任何人类学所关注的主题事实上都不可能没有被当代新闻界首先关注过，或者说新闻界已经更快且常常同样有效地承担起经典民族志的描述任务。”某一个学科不可能完全霸占和垄断某一方面的资源，如民族学、社会学、民俗学在研究对象、田野点、议题上都是交叉重复的。主题虽然同为一个，但边界还是存在的，各有各的学科出发点和视野。我们关注过的东西，可能媒体也报道过，地方民俗研究者也探究过，但最终的产品却是不同的，都有各自的独特性、唯一性。

特别是今天学科之间的相互借鉴和交叉研究日趋增加，甚至学科之间的边界也开始模糊。跨学科研究不但在人类学学科传统中已经存在，而且在人类学理论方法的影响下，各专门领域的研究学科与人类学交叉

① 参见杨煦生：《失魅时代的超越之维》，载《读书》，89页，2009（6）。

研究、合作研究中表现得尤其突出，大大推进了人类学的分支学科建设。因为不管知识如何分化，然而世界一体，社会一体，人也是一体的。在此情况下，更有利于发挥人类学能够整体地把握社会的优势，让一度分化的学科在整合的契机中获得新的发展。

从另外一个层面上说，学科间的互相吸收、借鉴、交叉不是什么坏事，有利于相关学科视野、理论方法的彼此交流、开拓、丰富和增益，推进学科的新进和跨学科研究。但是，过于混乱的概念应用，不但会掩盖其间质的区别，还会影响学科的独立性和自主发展。我们同时必须反思，只有人类学是人类学、民族学是民族学、民俗学是民俗学，它们才各是其是、各得其所，反之，既可以是其一，又可以是其三时，它就什么也不是。

（4）多点、超田野、图书馆：打破关于田野的僵化概念

正如西方人类学界对“写文化”等人类学方法论的反思一样，对作为人类学传统的核心部分，作为地点、方法和场所的人类学“田野”也展开了反传统的多向度反思。马凌诺斯基奠定的科学（同时又是固化的）田野概念意味着田野就是一个远离都市的地方，是农区、草原，而非工厂、办公室，对于研究者来说是他者所生存的异文化空间，并且是“非家乡”的地方，越遥远的地方，就“更像田野点”。这是一些关于“田野”的正统遗产。随着现代社会流动性的提高，地域特征逐渐消失（进入了“去地域化”的世界），“田野”的传统概念束缚和限制了人类学研究主题的扩展和发展，必须对人类学的“田野是什么、田野在哪里”进行重新界定。

基于上述种种对传统田野概念反思的必要性，1994 年在斯坦福大学和加州大学圣克鲁斯分校召开了“人类学与田野：学科构成的界限、范围与基础”专题学术会议①，会议论文帮我们拓展了关于田野的多种

① ［美］古塔、弗格森（Akhil Gupta and James Ferguson）编著，骆建建、袁同凯、郭立新等译：《人类学定位——田野科学的界限与基础》，北京：华夏出版社，2005。

发展性的理解。这些理论探讨加快了人类学向“后异域主义”、后殖民主义的转向步伐。如相对于传统稳定性的村落，对流浪者、对纽约那些无家可归者的研究——一个“无家的村落”是否可作为人类学“流动的田野”，或“可变地点的田野”？我们可以依此类推，如对大学生走出校门就业过程的研究，面对的田野不会是一个事先确定的特定方位，而是一系列多种可能的多个点，多个城市、企业、社区、跨国公司或乡镇，乃至虚拟网络社区，这是一些相互交织的多元的地点、方位或场域，马尔库塞（Marcus）称之为多场合进行的民族志，不再是某一个小型社区的有边界的遥远的乡村。这也使我想起侯登科的《麦客》纪实摄影，这何尝不是在一种“流动的田野”上的影像人类学研究呢？麦客们从家乡出发，他们流动过程所涉及的路线：每一处地方、环境都是“田野”，是一系列连续的田野点，这些田野点串成了“田野系”或“田野集”。还有对牧民季节性转场的研究，必须以多个牧场为田野。这种追踪研究在人类学界并未得到很好的借鉴应用，因为人类学太注重“地方性”了，这束缚住了它的手脚，以至于它孤立地、静止地看待地方，忘记了地方性在外界的扰动下产生的流动已经是“超地方性”、“超田野”了。我在本书中对流出的地方人口所做的追踪调查，也是从理论上打破了地方性的研究实践。他们虽然辐射到村落之外的不同方向，并非限制在当地的“单纯”的地方性，而是与整体性有着千丝万缕联系，并构成其含混复杂含义之组成部分。可以说，在一个相互联系的世界里，考察对象所涉足之处皆可作为“田野”。再如德思·策尼（Mary Des Chene）对退伍军人流动的调查，也必须面对多点调查问题，因为研究对象不可能被高度地集中在一个特定的区域内。在这样的无数个方面，田野的正统概念必然得到不断创新和重构，以适应新环境、新的研究对象和当代问题。

作为田野点的地方文献室。在人类学的现代主题扩展开的多点田野中，有一个田野可作为公共（共享）的田野，这就是档案馆或地方文献室。当然这些文献资料不能作为那个地理空间上“真正”的田野，但作为有历史有文明的地方的记载，它不但是田野工作之前的必读文本，更是其重要补充，是书斋里的田野，两者的工作都是田野工作。特别是当确定了田野点，想了解其在历史上的各种变迁，在档案文献中又能查到相关记载时，那种喜悦旁人难以体会。我记不清自己在甘肃省图书馆的地方文献室跑了多少趟，只记得当打开那些最早始于清代、民国的或石印或手抄的线装古籍时，那种历史的沉重感和新鲜气息扑面而来，继而沉浸其中。我甚至在猜想，几百年前的地方乡绅或县志编写者是怀着怎样的心情伴着青灯古卷书写这些文字……仿佛作者就是留待几百年后的我来打开。亲近古人，并与古人相通的感觉体验与藉此获得的地方性知识共同构成了有血有肉的田野工作经历。我相信，甘肃省图书馆的文献室还有未被我挖掘出来的有价值的地方文献。这些地方文献或档案，对于人类学家是何其重要的一片“田野”。

2. “分类的诗学”、内在逻辑、“情感学术”和“场”

(1) 从知识引进到学术自主

经清华大学人文社会科学学院汪晖教授的引荐，他的一位人类学朋友读完书稿后提出了很多真知灼见。主要探讨了人类学理论的本土化问题、学术写作中的感情问题，以及方言问题等。下面的梳理，算是我对此相关的再思考。

关于人类学理论本土化，她旨在揭示当代汉语学术写作是在追随西方多年之后，从形式、逻辑、分类、概念统统西化所带来的危害。其实现代学科分类，哪一个不是向西方看齐。从学科分类到随之全盘的引进西方，不能说什么没学到，起码搞清了对方是怎么回事、在说什么、怎么说，但造成的局面就是拿着一套训练有素的西方的方法论、概念，分析中国本土现状时的不得要领、隔靴搔痒，因为这些概念和中国经验隔着一层，不但没有把外边的东西通过本土化的过程，吸收成为自己的资源。甚至把对地方的研究变成了证明某种西方理论是否成立的素材和注脚。用杜维明的话来说，“现在常常用西方观点来诠释中国哲学、中国美学或中国艺术，不成功的例子，多半是由于对中国本身的资源掌握得不够全面”[①]。而当他们明白了这里面的别扭，回头从传统中寻找可赖发展的资源时，想用自己的话说自己的时候，却无力发现和发展出新的概念和理论来，陷入失语状态。这也就是有的学者不愿看充满西方概念的学术著作，可是当自己动起手来，又不由得要拿一些西方概念说事，基本上处于一种尴尬的怪圈和悖论之中。

对此，要从中国社会科学经历的三个发展阶段为背景来理解，中国社会科学最早追溯至19世纪的“知识引进”阶段（引进西方社会科学的理论知识、研究方法、学科体系和学术建制），从20世纪90年代初开始的“复制”阶段（即运用西方社会科学知识和方法解释中国问题），以及从90年代中后期开始的“与国际接轨”阶段（学术自主化与学术规范化运动）。无条件地引进和复制，就会造成西方理论知识霸权问题，同时西方的理论并不能有效地解释中国的深层问题。因此需要摆脱其束缚，并从中国“地方性”出发，运用中国哲学传统等资源，自主地解释当下实践中的中国经验本身。[②] 这种反思对于人类学也是适用的，人类学也尤其需要发展出自己“地方性”的理论和概念来。

对现代西方理论的热衷和对中国传统研究方法的弃若敝屣，是西学东渐以来给国内学术思想研究带来的最大危害。康有为在民国初建时即担忧，“不及百年，吾四万万之人服欧衣、食欧食、行欧礼、学欧学，然而为欧美之奴”[③]，故要通过存孔教以救国魂。钱穆也曾在多处反对全盘西化的做法，如在《中国近三百年学术史》“自序”中说，“今日言政则一以西国为准绳，不问其与我国情政俗相洽否也。扞格而难通，则

① 刘梦溪：《中国现代文明秩序的苍凉与自信：刘梦溪学术访谈录》，194页，北京：中华书局，2007。

② 参见［挪威］古德芒德·赫尼斯（Gudmund Hernes）、邓正来：《走向世界的中国社会科学——关于中国社会科学发展的学术对话》，载《文汇报》，第8版，2009-07-12。

③ 康有为：《中国颠危误在全法欧美而尽弃国粹说》，载《不忍杂志汇编》卷2。

激而主‘全盘西化’，以尽变故常为快”。在《国史大纲》中他特别反对用西方理论裁套中国历史的做法：“何以必削足适履，谓人类历史演变，万逃不出西洋学者此等分类之外？……则仍自有其应食之恶果在矣。”西方的时髦概念和陌生新名词不仅让学者倍感兴奋，最为严重的是会因此而漠视中国自身的学术传统，乃至数典忘祖（或做定西方精神上的俘虏?）。即便马克思主义在中国的传播，就其本质也是一种西方思想，只不过是“反西方的西方主义”罢了（金耀基语）。

诸如此类的思维逻辑都有一个共同特点，那就是非此即彼的二元对立思维，要么全盘西化、反对传统，要么拥抱传统、反对西方。殊不知一个基本的实际是中国自近代以来西化和本土化长期并存、中西兼用，五四时期的既反帝（西方），又提倡科学、民主（也来自西方）的矛盾已奠定了对西方的复杂感情的传统，直至今日仍然困扰其中不得解脱。我们应该承认，现实中往往是两种对立系统并存的，西方现代和中国传统并存的一种复杂的悖论。摆脱困局的途径之一就是从实践（当然实践逻辑的方法主要是回顾性的分析方法，若要做到一定的前瞻性，还需要一定理念的指导）和“现代传统”出发，重新认识中国，构建既能与西方理论对话，又能独立于它的理论体系；而不是把中国的现实“硬塞进”唯西方的理论迷局。这套理论可能是二元的、多元的，并允许是矛盾的和非逻辑的，但它与实际是吻合的，具有现实揭示和解释力的。[1]

有些学者对西方理论浸润太深，久而成习，就会养成一切都以西方观念作为思考问题的出发点和终极价值评判的标准。这样一来，当然会对中华传统文化怎么看都觉得不顺眼。[2] 但西学能否很好地适用和解决中国的问题呢？一定的西学是必要的，但一味的西学恐怕到头来得个“寿陵余子，失其故步”的结果。在具体的实证研究中，曹锦清也深有

① 黄宗智：《悖论社会与现代传统》，载“思与文”网。

② 莫砺锋：《请敬畏我们的传统——莫砺锋教授在南京大学的讲演》，载《文汇报》，第8版，2009-08-01。

体会地说，我们想用西方的理论来解释自身的变化，然而我们也面临很多来自经验方面的挑战，不能解释。[①] 邓正来在讨论全球化与中国社会科学的“知识转型”时就深刻地反思：“在中国社会科学近30年来的发展中，我们基本上都是以西方社会科学的评判标准作为我们的评判标准。但是，在这种评判标准下，我们的研究成果不仅忽视了对中国本身的关注，实际上也很难与西方学界进行实质性的对话和交流。”[②]

我想，在可以期待的未来一个非西方世界全面崛起的新的历史时期，“学步”的热情将会有所降温，真正把眼光转向非西方的本土的问题，而是不要拿着理论去乱套。余英时也强调“我反对乱套，用外国的东西套中国的不好，用古代的套今天的也不好”。“最怕的是拿洋东西唬人。”[③] 毋宁说这是根基不牢的文化失重现象。

陈映芳在《传统中国再认识——乡土中国、城镇中国及城乡关系》一文中分析说：“产生于西方经验之上的现代社会科学，当它们被移用到中国的现实中来的时候，对于中国人认识世界、解决自身认同危机的需要来说，它们所提供的，既是可能条件，亦是限制，这两个方面一开始便如影随形地缠绕在一起，难解难分。”[④] 必须承认，对于人类学来说，本身就是全盘学来的一门学科，它是出身于西方的，必然要原初地带进一些西方传统人类学的概念和理论，此前国内与之相关的只有民俗学和民族学，那么这一套概念、方法论肯定彻头彻尾是西方的，它又如何面对中国的事象、中国的问题？又如何在摆脱这套概念、理论的情况下书写中国的本土人类学？关键是在用这些理论解释地方性知识时，如何做到融会贯通，或者和地方原有理论资源的互相增益和结合，而不要

① 曹锦清：《宋以来的乡村组织重建——历史视角下的新农村建设》，载“思与文”网。

② 邓正来：《全球化与中国社会科学的“知识转型”——邓正来教授在上海市“博雅讲堂”上的讲演》，载《解放日报》，第8版，2009-08-09。

③ 刘梦溪：《中国现代文明秩序的苍凉与自信：刘梦溪学术访谈录》，21、24页，北京：中华书局，2007。

④ 陈映芳：《传统中国再认识——乡土中国、城镇中国及城乡关系》，载“思与文”网。

使之隔着一层，或做成“夹生饭”。也真是难为了人类学家。

鲁迅说，读中国书常使人沉静下来。李泽厚认为是中国传统思想缺乏足够的冲突，一切都被消融在静观平宁的超越之中。① 西方学术的思辨和矛盾论传统从根本上制造了冲突、分裂和无法和解，而中国传统智慧中天人合一、中庸、合和等思想则可化解此类矛盾，最终能够走向不左不右的完满解决。钱穆谓，中国传统“聪明睿智，而又宽裕温柔”②。我觉得这才是中国传统资源可提供给我们的方法论优势，我们应更好地重温经典，按照“善言古者，必切于今”③ 的原则，以自身传统的现代创新，树立中国学术的自主性，并用以化解我们面临的现代性议题和困顿。

在与此相关的思考基础上，哈佛大学燕京学社的黄万盛对中国价值资源作了深刻反思，认为应当严肃思考西方近代这套价值是不是足以保证我们面向未来？要放下这套已沉浸太久、禁锢我们太久的西方标准，反观我们自己真正有价值的东西、传统中深刻的资源，从而看到中华民族五千年积累的价值资源是一个宽广而发展的体系。并指出，知识分子的责任是将我们的传统从不自觉起作用变成自觉起作用，不仅仅在中国，而是要进入世界价值之中。这既是学术创新，也是制度创新。④ 也是在与此相关的思考基础上，邓正来特别指出：“我们需要用中国特色、中国风格和中国气派的社会科学作品走向世界，而不可能用‘西方化’的社会科学作品走向世界。”⑤ 得出了中国学术只有基于中国立场和牢牢扎根于当下中国的深度研究才能走向世界这一判断。

（2）作为一种修辞手法的分类及逻辑前提

如这位学者所说，“这一套西方的 critical thinking 落实到学术著作

① 李泽厚：《中国古代思想史论》，305 页，天津：天津社会科学院出版社，2003。

② 钱穆：《中国思想通俗讲话》，4 页，北京：生活·读书·新知三联书店，2002。

③ 康有为：《教学通义》（1886 年），见康有为著，姜义华、吴振棫编校：《康有为全集》第一集，81 页，上海：上海古籍出版社，1987。

④ 黄万盛、刘涛：《全球化时代的中国价值》，载《开放时代》，142 页，2009（7）。

⑤ 邓正来：《全球化与中国社会科学的“知识转型”——邓正来教授在上海市“博雅讲堂”上的讲演》，载《解放日报》，第 8 版，2009-08-09。

里，常常是洋相百出，有样子没内容，浪费太多纸；和内容没有有机联系”。她看了章节分类之后建议，希望我能够跳出人类学教材的分类方式和“规范汉语人类学著作”的格式，回到真正的“地方感”，发展出对当地有意义，对理解当地有意义，也对学术有意义的方面，从事实、情感和记录出发重新组织书的格局。

客观地说，学科可以引进，但是面对本土的研究时，不能照搬教科书讲“外国话”；就像在本土做田野工作，受访者讲方言的时候，你最好讲地方话，这样才能够完全、完整地进行沟通理解，普通话和外语只能造成生分，形成文化理解上的障碍。理解上都有了障碍，那么在反映该文化或者说“写文化”的时候就会有很大问题。这是一个形象的比喻。

我明白，这位学者对我的建议是充分挖掘本土资源，找出土生土长的观念、知识图景、语言、概念、分类标准和能够驾驭全书的通透的内在理路、内在逻辑，这样更能营造出一个独特的地方性的“场”来。她的建议是“依靠日常生活中的有机联系来分类”，而莫要让人类学的“取景框”把当地的景物给肢解了——这是一个“去学科化”的策略。

分类标准是人类学写作中的一个重要修辞手法，依靠这种修辞技术——即松顿（Robert J. Thorn-ton）所强调的“章句”——通过章句所写的片断，借此达到对一个社会、一种文化“整体的想象”，或者说由对象的分类获得关于对象的整体的认知；而这种“分类的诗学”所依据的正是内在的逻辑前提。

如果要拿掉人类学的“取景框”，当地的“景物”又该是怎样的一个不留痕迹、自然而然又不失其自身逻辑的出场和排列顺序？她列举了按照“几种人”的分类方式，这可以作为一种逻辑，但就书稿的内容来看，几乎不太适用；因为按“人”分，有些东西就进不来，又不可能同时并置几种分类标准，来对应和涵盖素材。

什么样的分类才算是当地生长出来的内在逻辑、内在理路、内在“取景框”呢？实际上从来没有纯粹的、封闭的地方性，精英与民间、大传统与小传统、整体性与地方性持续地进行着交流互补，地方的眼光和分类标准无不受到帝国、民族——国家的统一标准的灌输，这些标准包括科举（现代教育）系统、政权组织系统、意识形态宣传系统以及图书等现代传媒系统的引导和规训。那长期以来通过一代代口口相传下来的知识、经验、观察世界的方式可以归纳出一些基本特征吗？而且这些特征就是他们日常对身边事物的分类。

人类学研究的核心是地方性，发现和反映从地方内部生长出来的东西，是它的起点和终点。毫无疑问，用本土的逻辑来构架和贯穿书稿，才算把主体人类学真正还原回到了主体自身，从内在理路上它就成了本土的，而非任何外来学科视野切割后的呈现（这倒与海外中国研究之“从中国内部发展历史”的观念如出一辙）。其实也是一个由“西方解释自己”到“自己解释自己”的解释权的回归，既然自己最懂得自己，就要用自己的语言来叙说和解释自己。刘梦溪在《中国文化》创刊词中说：“我们想为了走向世界，首先还须回到中国。明白从哪里来，才知道向哪里去。”也是突出对自身传统的重视。汪晖在《韦伯与中国的现代性》[①]一文中强调“语言与其所指的历史约定”，他意在提倡历史语言学和社会文化史取向的分析方法，即发掘出构成中国现代世界观的核心观念（如作者所研究的“公”、“群”、“社会”、“国家”、“民族”、“个人”、“科学”、“进步”和“社会主义”及其“革命”信念等概念），并把这种语言植入形成它的过程，即在特定的历史语境中分析这些概念指涉的对象和社会文化功能及其价值取向。这是出自并能够有效解释中国社会和文化的基本语言和范畴，但这些范畴又不仅仅是“我们自己”的范畴（它是在不同的文化和语言共同体之间的互动关系中形成的）。

反过来讲，如若完全用本土的话语体系讲述，而没有一个比较，是无法独立地完成对地方的描述的。“写文化”的过程是一个比较文化的过程，不但以内部的眼光看该文化，还要以周围异文化的眼光看待它，

① 汪晖：《汪晖自选集》，33页，桂林：广西师范大学出版社，1997。

用哈贝马斯的“主体间性”（或文化间性、文化间的交往行为）概念来描述分析，这样才会更立体一些。因为地方性的存在是有一个整体性的存在作为对立面的，而在地方性之外的文化移植的互动关系中又形成了新的地方性，这是地方性作为地方性的多歧性、复杂性和丰富性。因此要尽可能地将当地生活世界的概念与人类学的理论阐释调和起来，并达到相互间的互释、通透和增益。具体到我的写作过程中，我也不可避免地要使用到西方人类学的概念，但尽可能地采用当地具体历史语境中的语言、称呼、概念和内部眼光。

而发掘具有“地方感”的逻辑，可能会存在多个标准，如人们对生命规律的看法：生老病死苦；对宇宙的认识和分层：天地人鬼神。这既是一个地方性的知识，也是中国民众的传统的和普及性的知识。如果按照这两个分类标准，或者把两者联系起来——对人生和宇宙的分类：生老病死苦天地人鬼神，用这十个字为“取景框”来重写地方人类学，从理论上讲这才是从地方发掘出来的本土理论资源，据此才能开展真正的本土人类学研究，而非西方拿来的那一套。林耀华在《义序的宗族研究》中以出生与童年、婚嫁、死丧、葬祭的生命周期为线索安排章节顺序，这是一种保证生命周期完整的内在逻辑，其理论基点是，社会和个人都是整体性的东西，是二而一的整体，为此他才按个人生命史来安排。

还有哪些内在资源可供人类学进一步深度发掘和发展。林耀华早在20世纪30年代就痛感中国社会研究离不开国学知识和民俗学知识，在其《义序》、《拜祖》中相当大程度上运用了传统考证的方法。他认为拜祖是中国文化研究的一个重要着眼点，如对祭礼中使用香、纸钱、烛进行佛学和儒学的考证，进行历史的、古今联系性的研究，在古老学问和新的方法论之间找到新的契合点。他进行的以国学考证为内在，功能论为外在的方法论适应性研究，表明本土社会必然的诠释方法和外来方法相整合的意义，实际上他提出的也是外来概念和理论面对本土历史和现实问题时的本土化创新问题。

当然发展中国本土的人类学理论，还可以从哲学资源、国学资源、方言资源、方志资源、民族学资源、民俗学资源中吸取和创新，乃至通过古老的民间智慧冲淡知识理性与文化霸权，展现一个独一无二的地方。我们也看到了中国人类学的先行者对本土资源的挖掘，从中发展出一些能够对本土的事象有叙述力、解释力和分析力而不人为破坏本土原有秩序的概念，让它在当下的社会情景里获得解释的生命。换句话说，这是对传统价值的当代发现和表达。余英时也在此意义上认定，“传统是在不断阐释中存在的。经过阐释的传统才是有生命力的传统”①。

在我们的田野点上，还有哪些真正有价值的资源未被发掘呢？而这些资源能够有利于写作中的分类，有利于发展或引申出一些新的概念，有利于囊括现实的复杂性，让所述之对象各就各位，让其保持原有“生命系统”的完整性而不被分崩离析呢？我在此陷入更深的思索。

（3）做客观的学术还是“情感的学术”

关于学术写作，特别是人类学写作中的情感问题。这位学者特意指出了我在写作中带入的感情非常充沛，说我的关怀、情感与写作方式（文风），和萧亮中比较类似。并说没有心肝的写作，即使其语言是在关怀农民或社会问题，但是其“没心肝”也一眼就能看出来。当然，学院式的学术写作不会因带入情感而打分，体制要求他们为学术而学术。

我申明，我牢记着余英时的教导：“在任何客观的研究面前，需要科学的态度，避免感情的渗入。”② 但对我来说在该书写作过程中的感情带入问题，我是不自觉、无意识就带进去的，是无心插柳的结果，我无法将其剥离出来，也说不清楚在哪些地方“感情用事”了，它可能是“渗”进去的，是与田野血乳交融的呈现。在读者看来我带着非常强的nostalgia来叙述，可能是因为更多的时候我的内心含着泪，感情的渗入

① 刘梦溪：《中国现代文明秩序的苍凉与自信：刘梦溪学术访谈录》，19页，北京：中华书局，2007。

② 同上，25页。

就这样成为最为显现和直接的关怀。

按说思想学术需要理性，情绪化的思索会不同程度地削弱理性。情感的介入会不会因之喧宾夺主了呢？我还为此被有的朋友指出这种类型应该称其为“亚学术”著作而感到心虚，或许这样的作品应该属于半研究式的层次，而非严肃的学术专著。这是我所不能定义和控制的。即便严肃的历史研究者，也遇到了处理冷静客观和感情掺入的难题，如茅海建在其《天朝的崩溃》中就难以克制情绪。

这位学者在肯定带着感情写作的意义的同时，对大多数学术工厂所制造出的没有感情的当代汉语人类学写作——没有心肝的写作提出批评。当然她明白，我带入的真诚无法抽取也难以更改。在这个意义上，我想林耀华之所以选择了小说的体裁写作《金翼》，想法之一是因为小说中更能溶进学术著作无法表现的感情因素吧。

（4）如何处理作为一种“场”的方言

关于方言的使用问题。对我而言，这是个很有意思的过程，我开始的想法和呈现是这样的：所有的口述、访谈部分全部使用原汁原味的方言，让读者进入方言讲述这样一个“场”，生动感性地面对操着这样一种方言（虽然有些方言不好理解，需要加大翻译的文字量）、有着这样经历的一群有声有色的人，“地方性”和“地方感”借着语言得以确立，并使得人类学“整体的想象”成为落实了的“当地的想象”，而非“遥远的”和“空洞的想象”。因为是当地农民所言，其中的逻辑条理、语法语序，如果用书面语的衡量标准来看，免不了有一定程度的混乱。一位朋友读后对这种“老乡的讲话水平”提出质疑，说这样混乱的方言只会造成阅读障碍，建议去掉生疏的方言，全部按照书面语重新整理（听后我有一种犯了错误的感觉）。而与此同时，一位出版社的朋友也提醒我，作为正式出版物，还是使用规范语言比较好。这使得我对自己最初的想法产生怀疑，最后出于为大多数读者考虑，对其中的方言在尽可能保持语感的前提下重新进行了“规范”（我的一位摄影师朋友孟华，他最近出版了一本《废墟上的婚礼》摄影集，其中人物语言全部使用当地羌寨方言，极其生动鲜活。由于是摄影集文字量不多，读者可以接受，但像我这样大篇幅的方言涌出来，有些人真可能要“不忍卒读”了）。而这位学者则认为这不仅是语言问题，而是如何处理“地方”的理论问题，我在保存方言和符合出版要求之间陷入两难。

如果最后要坦诚一个自不量力的企图的话，“把农村的当代史写出来，把农民的内心世界和心路历程写出来，把农村与大社会（国家）的联系写出来”①，乃至“从边缘寻找国家的未来”，是我的一个抱负。但是从努力的结果来看，其间的差距可比霄壤。

无疑，该书的具体缺陷不止一处，如因照顾章节设置，有些内容不可避免地横跨章节，造成一处没讲清或几处重复讲；如田野资料呈现得还不够丰富，削弱了“地方感”；反映社会生活变迁中，制度层面分析的少，流于表象；结论归于“衰落”，从纯理论上讲过于“单线演进”，实则正是当地的实情，不能因为理论的复杂而歪曲现实。凡此种种，遗漏和缺憾甚多。还有一些结论有待商榷。读者也是知识建构的重要组成部分，若读者能够给予这本小书更多有意义的解读和批评，则作者幸甚。

另外需要说明的是，因篇幅原因，本书由原来的 34 万字压缩至 29 万字。相应地第五章中的《2006 年方神庙统计表》，第八章中的《方言辑录》，以及四篇附录中的一篇在书中没有收录。为弥补缺憾，特在作者博客（张畯　博联社）中发表。

3. 作为反思学院研究的行动研究

完成书稿之后我在想，我以这种方式的关怀能起到什么实质性的作用呢？此关怀仅停留在书面上，如何或何时能落到现实中呢？研究对象并不会为我们的研究或不研究而发生丝毫改变。这样来看，我们需要重

---

① 参见高丙中：《民间文化与公民社会：中国现代历史的文化研究》，339 页，北京：北京大学出版社，2008。

新理解人类学家进入村落时所遇到的发问——你们为什么要研究我们这里？你们能带给我们什么好处？这是一个让学者异常尴尬的事情，难道仅仅为了对他者的（传统或现代状况）的理解？为了一个理论的提炼？为了一篇论文或著作的出版？除此之外，学术的关怀如何作用于现实？从这个意义上讲，学者似乎过于停留在形而上领域了，当然这不是在怀疑和否定理论研究的必要性及其成果，社会科学的出发点和终极目的是要关照社会，以自己的成果作用于政治决策或社会行动。但是就我自己的体会来讲，人类学家只是一个旁观者（参与式观察和描写都是外在于研究对象的），总是与现实社会隔着一层，他们是地方社会的“外人”。比如我的文本会不会被作为研究对象的民众读到，会不会被基层行政人员读到，又会给他们带来怎样的感触，仿佛都是一些虚无渺茫的事情。

从这样一个反思理路再来理解萧亮中由学院研究而介入社会行动的转变，便是一个由学术的无力感所激发出来的行动，是一种行动研究。若非如此，萧亮中良心何安？

“行动研究”的提出，一方面来自对原有学院研究的不满，那种所谓“价值中立”的研究，以及所生产的“科学知识”的悬置（这些知识无法回馈社会成为社区的资产），实质上是出于对传统研究的反思和批判；另一方面，来自实务界的挑战，在实务界看来，传统研究无法提供给实务界可以应用的指导性知识，与其说那些知识是无用的。行动研究的先驱者是一位社会心理学家 Kurt Lewin。行动研究强调增权、赋权、培力，强调研究、教育和行动（实践）的三位一体，研究者既是过程的协调者，也是在地民众的服务者，社会行动是在研究者和民众共同设定、掌控、完善和推动的，在此过程中研究者和民众受到了双向教育，行动研究的终极目的是致力于改变现有社会制度与系统。①

① 古学斌：《行动研究》，载《开放时代》，5—7 页，2009（7）。

我的研究基本上可以归入到学院传统研究的范畴，但是在我完成这次研究之后，如果让我第二次选择或有下次选择的机会与可能的话，我会毫不犹豫地去介入某一项“行动研究”，一种类似社会行动者的寓研究于行动的同一过程。“旁站”观察与行动介入有着本质的不同。与其批判地建设，不如参与地建设。我觉得只有这样才算解渴，才算做了一些事情，比那些单纯学院研究的文本更具实际价值，唯此才能把一种社会或人文的关怀落到实实在在的地面上、民间社会、田野，学者的良心才会坦然；而不是为学术而学术，让关怀始终只停留在关怀层面迈不开步子，难以转化为推动社会的力量，这与行动研究的“实用关怀”不在一个层面上。毋宁说后者更具有实践精神和建构性的力量，它是一种后现代的知识观。

4. 自我发现的生命旅程

孟德斯鸠言：“人只有在痛苦中才更像个人。”从2006年到现在，我用零零星星的业余时间，终于完成了整部书稿。这一路的艰辛和痛苦只有我自深知，它已嵌入了我这三年多的生命履历之中。期间，我在两个世界来回切换着、抵抗着，并忍受着这种分裂的疼痛和快感。

克利福德一再陈述：“一篇民族志报告的意义是不可控制的。”不管作者做出多大的努力，在多大程度和范围内作出阐释、实施控制（这种控制注定是要失效的，因为人类学文本一旦公开，它就已经不是作者一个人的认知乌托邦了），它仍然会唤起作者未曾注入的而却在某些地方潜隐着的寓言，它依然阻止不了读者的自由度乃至误读（因文本既不能消除含混也不能消除其作者与读者的主观性，它注定要被误读，以至于我们会模仿布洛姆而断定文本的意义就是对其误读的总和。斯蒂芬·A. 泰勒语），而这正是后现代主义所留给读者来补充的空间。确实，一部著作的意义不必受限于作者的意愿，这正是读者和批评家不管是正解还是误解的意义所在。因此，到头来“民族志的写作和阅读是被最终超越了作者或阐释团体之控制的力量所多元决定的”①。况且“随着写作的概括，某些东西确实被遗失了。但本真的文化不是那些东西——被民族志作者和其他任何人收集起来的易碎的、最后的事实”②。

走到这里，我仍不敢肯定，我们落笔为文的意义何在？是如马尔西利奥·菲奇诺所说，让“注定要毁灭的东西在历史中获得不朽性”③。或者如列维-斯特劳斯所说，土著文化的解体速度比放射性物质还要快。并通过比喻进一步解释人类学研究的迫切性：“月球、火星和金星与地球的距离亘古不移，但其他文明一直面向我们高擎的镜子（望远镜）必将从我们的视野消失，无论那时使用多么精密的仪器，我们都将无法检视甚至看到我们自己的形象，因为它仅仅在一段时间内可见，随后将从我们的视野中永远地消失。”他还说：“它们所受到的关注越少，消失得就越迅速。而且，即便它们不该消失，最好也不要谈论它们，以免外人意识到某个民族的文化不完全与现代文明同步，正如它的某些成员自欺欺人地认为的那样。在我们自己的历史上，不是也有过陷入同样的错觉的时期，后来又加倍努力，试图找回那个我们一度打算把根基切断的过去吗？让我们至少祝愿这一代价不菲的教训不要被其他人忽略。因为，保存自己的过去是每一个民族的责任，这不仅是为了民族本身，而且是为了整个人类。在充分意识到自己的过去所具有的创造性和价值之前，在将它完整地记录备忘之前，任何民族都不该听任它消失殆尽。这一点一般来说没有错，然而对于这样的民族尤其正确：虽然面临着一个不同

① 詹姆斯·克利福德著，吴晓丽译：《导演：部分的真理》，见［美］克利福德、马库斯编，高丙中、吴晓黎、李霞等译：《写文化：民族志的诗学与政治学》，54页，北京：商务印书馆，2006。

② 同上，160页。

③ 《第欧根尼》中文精选版编辑委员会选编：《对历史的理解》，148页，北京：商务印书馆，2007。

的未来，它们仍然能够安享体验自己过去的优遇。”①

文本的意义何在？它在阅读场域又会是怎样的命运？我想起了巴尔特的观点，“读者的诞生必须以作者的死亡为代价”②。巴特的“作者之死”说宣告了作者与文本之间并不存在“特权的、父亲式的、真理—神学性”的起源关系。之后，福柯的“作者功能”论则不同意“作者死了”的判断，而以“话语”来取代作者，认为作者最终都不过是特定社会—文化语境中话语规则的产物，即谁说并不重要，重要的是怎样说以及为什么这样说。作者的退场，是为了请出文本再生的另一位“父亲”—读者，因为“文本……只有在阅读实践中才能具体化为意义过程”（伊格尔顿）。那么就将它全权交由读者来评判吧！反正我们笔耕的时光已经“死去”。而作品的“未完成性”持续向读者开放，留有补足和再诠释的空间。

好在威廉·亚当斯的一句话安慰了我，他说：“人类学最令人欣慰的悖论，也是他最激励人的特征，就在于研究他者的同时，也是一个自我发现的生命旅程。”③ 这让我觉得，三年多的时光过的不是特别之轻，在我的生命旅程中，它所建构起来的生命价值。

李泽厚在其《中国古代思想史论》的后记中说：“我记得每次走进图书馆的书库时，几乎总有一种异样的感觉；望洋兴叹，惘然若失。再博览，书总是读不尽的；现在已经有了这么多的书，我何必再来添一本？”④ 我与他有同感，每次走进省图书馆会问自己，这又是要去干什么呢？是为了给这间由一本一本的书构成的房子再加上一块微不足道的砖头。即便是经典又有几人在读呢？（更不用说像狄百瑞组织的对《论

① ［法］克洛德·列维-斯特劳斯著，张祖建译：《结构人类学》（1—2），524、530 页，北京：中国人民大学出版社，2006。

② 罗兰·巴尔特：《作者之死》，见赵毅衡选编：《符号学文学论文集》，512 页，天津：百花文艺出版社，2004。

③ ［美］亚当斯著，黄剑波、李文建译：《人类学的哲学之根》，394 页，桂林：广西师范大学出版社，2006。

④ 李泽厚：《中国古代思想史论》，306 页，天津：天津社会科学院出版社，2003

语》、《孝经》等的“经典会读”了）而我添上的这一本，一年半载后，能够在隍庙的旧书摊上找到就算是莫大的幸运了。

“你所寻者近了，正上前来迎接你。”（荷尔德林《归家》）

“知我者，谓我心忧；不知我者，谓我何求。”在完成这本书稿的一刻，我想借用《诗经》中的诗句表达我此时的心境。

张　晙

2009 年 9 月

附录

附录1
生老病死的“白银”
——李沛峰纪录片《白银》观后

后来我就想，为什么这么多年我从来不去面对我的父亲，面对我的家庭，面对农村，面对我出生的这个村庄。所以我第二次回去的时候我就拍《白银》，给我这三十多年有一个自己的交代，情感上的交代。开始重新思考我自己。这个过程中我从他们身上发现了各种各样的问题，就是中国农村的各种悲剧。

我觉得它对我来说太重要了，它解决了三十多年我个人的问题。

我觉得一个艺术家或者说一个所谓的知识分子，你要为这个社会去承担一些，艺术是带着使命来的，它要为这个社会承担一些东西。

我觉得这个时代创作不创作都不重要了，而需要的是一个行动的社会。各种人的生活的空间你得积极的去争取，你比如一个农民的土地再次被侵犯，我们去记录下来，没什么用啊。

——李沛峰①

2009年8月8日，一场夜雨将兰州城带入了微凉的秋天。

① 李沛峰、董天坛：《扯淡——李沛峰访谈》，见李沛峰博客 http：//blog. sina. com. cn/lpeifeng。

几天前从川大回来的鲁明军先生说，“30 年兰州当代艺术展”值得去一看。今天周末有闲，来到位于段家滩原兰州油泵油嘴厂改造的“POST30 艺术中心”（这种由昔日的工业厂房改造的文化创意园区，也是这座城市近代化的缩影；而那些市中心被高楼大厦步步围困的工厂，像兰州水泵厂那样的厂区，最终也会被迁出城市，原址开发为“二十四城”或文化园区，而这背后的一个转化过程则是“土地换资金”的郊区化）。身处这样古老（说实话“古老”的遗迹是越来越少了）而又现代的兰州城，会给人一种时间上的惶然错觉，其实每个人都生活在一种或多或少有些错乱的时空之中。

记得当年兰州的行为艺术就领先全国，处处透露着这座城市的性格：有想法、有野心、想到了就干，不在乎什么。这或许与它既是高原又是小盆地的地理特征有关，视野既开阔、又受限；既有黄河波涛滚滚的激情，又有黄河沉静内敛的气质。在这样一个二重性的、时间悖论的临水城市，兰州人从两步一家的牛肉面馆进去又出来，吃饱了琢磨事情。

在展厅最东端的一间放映厅里，我与李沛峰的《白银》不期而遇。

1. 古老而永恒的叙事：生老病死

影片拍摄地在白银市武川乡二道湾，群山中的一个小山村，那些绵延荒凉的黄土大山表明，这里生命的极度焦渴。影片一开始，几位农民正在干枯的山梁上悄悄地抄过去，枪杀飞鸟。六七位村民看着山中两只狼（还是野狗?）跑远，在讨论是不是狼，该不该打。有人向私藏枪支者说，要么拿枪去打狼，要么向派出所告发他私藏枪支。后者说，2008 年奥运会要开始了，万一传到北京去，来抓我那还了得……

一户人家正在操办丧事。孝子跪作两排，主事者（民间的“卡里斯玛”）引经据典、振振有词：“自从盘古开天地，三皇五帝到如今，娘亲不说话，亡人不脱化……”请娘亲对亡者的后事发言。尔后一头羊被牵进来，开始“领羊”（镜头中断，此后领羊过程及细节全无），下一个镜头则是作为牺牲的羊被宰杀，一具羊肉倒挂在木架上晃来晃去。

夜，在丧事的鼓声中，羊圈内一只黑头羊羔顺利产下。浮出字幕——“生”。

几位垂垂老者。一位老者在卷旱烟，头低下去，帽檐上是盐碱一样的陈年汗渍，有气无力地说：“到该回去（死）的时间了，钱也挣罢了，人也不行了。”字幕——“老”。一位老人靠在被子上躺着，“那个老汉就是饿死了，干脆绝食了……把一身肉都饿干了……一碗饭端到跟前放四五天……和儿媳骂了一仗……”

院门口有两堆柴草被点燃，大风卷着滚滚浓烟……

乡村干部到村里宣传政策，动员农民进城，要搞城乡一体化，说政府以地皮投入一千多万在白银建楼房，每平方米650元。村民犹豫不定，贫困山区能住起楼吗？贫困山区连房子都盖不起，琢磨进城后靠什么生活。

电视上正播着十七大闭幕总书记的讲话，同期声是录音机中正唱到激烈处的秦腔，音量显然已经压过了电视。而这秦腔像是从当地自然环境中“长”出来的，是这一方水土民生的生存情绪和宣泄，从中听出来的满是黄土的味道和面朝黄土背朝天的人（这是需要对秦腔有深度理解的人才能懂得这般利用）。

老人拿出一张刊有十七届中央委员会名单和照片的《兰州晨报》，茫然地瞅了一眼，然后将报纸放在炕上折叠，折叠，动作缓慢但熟练地撕成一沓纸条，装入上衣口袋，并取出一张——卷旱烟。

一位老妇人从长长的山梁爬上来，在大山中缓慢地移动，她走进山梁顶上的庙。两位轿夫请动了神轿（一只木板凳上面缠着红布），一番大幅上下摆动之后，神仙降临。老妇人问病，打出字幕——“病”。神轿在地上点点画画，妇人和轿夫都不知何意，神轿又高高地举到庙门口指向外面的大山，一名轿夫猜测“可能是你们的那个先人有些麻烦哩！”神轿抖动表示认可，原来病因出在祖先的坟上。

那位高个子轿夫从庙梁上走下来，胸前抱着神轿，沿着长长的土路，走向旷野。胡子花白的老人在坟旁备好了纸钱、盘馍，在坟头放了鞭炮。神轿被两名轿夫请动，胡子老人点燃纸钱在神轿上燎一燎，然后跪在坟旁，神轿在坟周围大幅挥动，背后是空空的旷野和大山。

两位学生举着一大一小两面奥运会会旗爬上庙梁顶，用大旗换下庙前那面已经退色的红旗，崭新的旗帜和"中国印"在庙上空的大风中猎猎翻飞，阴云密布，旗帜的响声质感很强，似乎要沉重地掉下来。

大人和孩子背着井绳走出长长的路从井里汲水，水井周围站着等待饮水的牲口。

一头毛驴被压在地上捆了起来（我以为是给修蹄子但又不像），青年人提起榔头连续砸在驴子的额头上，驴子未死但动弹不得，青年又提刀下手，正是壮年的驴子无辜被杀（莫名！呈现血腥的意味？——死?）。

几位青年在大王山上的土窑挖"宝藏"，搞"考古"，洞口见到一只粉色塑料袋，扔出来说："这么先进的东西在这不对嘛！"

两位青年换上绿色军装，戴上大红花，准备入伍，母亲（?）给整着衣装。其中一位还抽着烟。红纸做的礼簿上详列着亲朋搭的礼金。

夜晚，一群年轻人无聊至极，进山洞抓住两只乌鸦，给翅膀浇上汽油，准备点燃后放飞取乐。不料油浇得太多，乌鸦还未飞起来就被活活烧死在路边，在那团火中传出两个声音，"有点残忍"，"比起满清十大酷刑这个算啥"。(病态与死亡并举。字幕——"死")

墙根下的妇人，看到印着"计划生育"字样的汽车，说到下一代人计划生育估计不搞了，现在年轻人生一个就不生了，害怕拉扯孩子。

一位威严的老者在地头训斥着一位青年（村干部?），句句在理，无可反驳。关于一条管道要从农田经过，占用农田补偿的事。老者说："你们把这三分之二贪污了，给社员们三分之一的，你们吃的国家的饭拿的国家的工资，这些老百姓就靠着这土地吃饭对不对，你们来就是一个镇压的方式，就是威胁……威胁老百姓为了让开工，我也没啥害怕，你把我抓去吧……百分之八十五的人住的一半被风化了土块垒的房子，只要有地震不要说是大型的，有个中型地震哗啦啦一摇全部就倒了。”

沙尘暴中一位妇人在门口卖废铜烂铁，称完秤，收废铁的人说，两块八毛钱，给你三块行了，给你张新钱。妇人始终未说一句话。

夜间，孝子们给亡人“明路”。天还未亮就起丧，三轮车拉着棺材和花圈，上山时棺材被众人抬起，孝子们在前面拽着麻绳走向墓地。不时，漫天的风尘中一座新坟堆起，众人离去。

妇人在大风中用簸箕扬出粮食，男人用叉转移着作物秸秆，又点火烧掉（?）。

沙尘暴刮得几乎看不清世界，几个孩子在院外若无其事做着“跳方”的游戏，似乎习惯了这沙尘暴，以及小小的快乐。

推土机开进了村里的农田，几位妇人站在家门口远远地看着农田里埋设管道的进展在议论，准备前去挡住施工，但并未采取措施，只是眼睁睁地看着，气愤不已。

几位学生坐上三轮车出村。迎着大风，一位女生大声歌唱，但歌声被风一下子刮跑，只见她长发飞舞，面部变形，眯着双眼，似乎要将胸中所有的压抑和强烈的感情亢奋地唱出……

与苍茫的大山完全不同的景观，一位男子背对镜头久久地望着，面前是一只只顶天立地的烟囱冒着浓烟，工厂林立，天地混沌，乌烟瘴气，仿佛科幻片中城市末日降临。这就是资源枯竭的西部铜城——白银。

城市马路边聚集着乡下来的农民，他们时时寻觅着有什么苦力活可干。一辆拉着煤的汽车停在路边，五六个人都凑上去，但汽车很快又离开了，他们又退回马路边。一些农民继续在路边徘徊，一笔“生意”都没有。

二道湾的几位“精英”和村民在白银聚会，那位牵头人给村民讲着进城后注意的事项，特别是一定要把孩子们管好，别让去当小偷小摸。“等到娃娃站到法庭上，宣判的时候你哭鼻子掉眼泪就迟了；骨头打断连着筋，互相照应一下，一个家庭一个社一个村，我们互相有个团体的精神，拿出来这个精神，拿出来干啥呢？我们不杀人不打架，拿我们的土话来说就是为两个‘麻眼儿’（钱）。”大伙兴致很高，估计是搬进白银的老乡们。其中一位激动地说，下次要上省城、上北京聚会。

白银西区广场，空旷，大屏幕电视。几位乡下来的孩子来到水池边，用手泼洒着水。

镜头又回到二道湾，院门外一老一少，背景照样是无语的大山，极静。一间堂屋，徐徐拉近，次第是对联、门神、屋内中堂毛主席像，屋顶已经破损的顶棚。

这是我看完影片后，此刻能够回想起来的一些印象至深的镜头。从作者的字幕来看，贯穿影片的主题很清楚，就是——生老病死。佛教认为这是人生所必经历的四种痛苦，也称为（果报）四相。《法华经》科注：“生老病死，四苦也。”《百喻经·治秃喻》：“世间之人，亦复如是。为生老病死之所侵恼，欲求长生不死之处。”相传释迦牟尼为太子时，曾于王城四门分别见到分娩、老人、病人、送葬的景象，因而决心放弃继承王位，出家修道，以期超脱生老病死之苦而达彼岸。后来或以泛称人在一生中的大的遭际。这是佛教给中国民间灌输的代代相传的最朴素的人生（生命）哲学。“生老病死苦”构成了人生的全部，无人能幸免挣脱这样一套“意义之网”。影片虽然没有直接点出“苦”字，但此岸泥泞，在生老病死之中，无处不在述说着那个字，苦寂无边的苦，无边苦寂的苦，只是偶尔的青春、刺激、希望。

生老病死，这是我一直琢磨应用到我的这本书中的用于章节编排的依据，但始终未敢采用，想了若干种方案，一直没有敢挑战这个难度。今天，李沛峰用“生老病死”的生命循环模式，以影视的方式将二道湾给我们呈现了出来，我有一种心头一块石头落了地的释然，可以说他帮我圆了梦，解了困惑。所以在这个意义上，我不将此片看作纪录片，而觉得应归入影视人学的范畴，很好的田野点，很好的题材，来自内部、遵循内在逻辑的呈现方式。万物归真，拿捏有度。它本不该放在这个

“当代艺术展”中的（策展人看到的是它的政治隐喻?），但正因它被放在了这里，我才得以与它相遇。

看这部影片的时候，我时时回想到家乡的相应景观，一一对应地看，甚至作为在我家乡拍摄的影片来看。由此受到启发，我的人类学书稿应配有这样一部或几部专题影视作品来共同完成。无独有偶，今天我一个人正在影厅时，鲁明军也到场，看完出来的路上我们也讨论到这个问题，他也建议我再做一套影像光碟附在书中。这种思路与庄孔韶的做法倒很相近，即穷尽各种方式来呈现田野。说实话，我简直抑制不住马上去实施这一方案的强烈想法，但我可能会与李沛峰有所不同。

2. 做一部不如做四部：对《白银》的借鉴和批评

李沛峰在115分钟内阐释“生老病死”四个主题（也可以从总体上理解为一个主题），显得有些老虎吃天，但他吃是吃下了，总有些“消化不良”。时间是有限的（何况115分钟本身有些长），四个主题要串起来，素材应用上只有偷工减料了，造成的结果是，一些影像涉入不深，欲说未说，给观者意犹未尽之感。对每一个分主题的表现，他自然无法尽其所有方面，更鲜活、丰富的生活内容难以呈现。

如表现“生”。他是在“死”（丧事）的背景下表现的“生”，这极富哲学意味。但“生”的为什么只是羊羔而没有孩子呢？有动物的生，有人的生，有庄稼——植物的生，还有万物生呢？若按生老病死的分类标准，那么对占用农田的抵抗言论，进城的动员讨论，进城后的聚会，对计划生育的见解等皆可归入“生”类（为了生计）。但作者将其放到别的位置，不但无法归类，更显其散乱。

如关于“病”。作者只表现了求神问病，但医“病”绝对不仅限于此。肯定还有找大夫治病的，村民治病找的是乡村大夫，还是大医院，有没有享受医保，治病过程及其体验都是阐释“病”的重要组成部分。还有没有找阴阳先生的，又是怎样的一种诊疗手段？这本是一系列大凡涉及疾病都要乱投之“医”，只取其一，不计其余，有失偏颇，并不完整。

再如“死”。丧事中的仪式不只是娘亲发言、领羊（又不完整）、明路、送葬，这样简单地蜻蜓点水是交代不清楚的。乡村仪式中最烦琐、最有意义的就是丧葬仪式，不做翔实描述，刚调起观者胃口却没了下文，有浮光掠影之嫌。特别是当我看到“领羊”时，我就想知道后面的环节，与我的家乡有何异同？有没有“过桥”仪式？但该影片没能满足我。也可能作者拍到了这些素材，由于时间问题只能舍弃了，非常可惜。

从目前按照一部来考虑，还可以再精简一些，控制在四五十分钟为宜。一些莫名其妙又与主题无关的镜头完全可以删去或压缩，如打猎的场面，杀驴的场面，农田中埋设管道施工场面，“城乡一体化”的有关情节等等，使之更精致一些。

从纯技术层面来看，作者有意采用凝滞风格营造沉闷气氛，如同塔可夫斯基后期作品每个镜头平均时间长度在1分钟以上（一部好莱坞的主流影片，90分钟片长中一般有500—1000个各种机位与景别的镜头，每个镜头的平均时间长度只有5—10秒钟），特别是《乡愁》中安德烈举着蜡烛一次次走过温泉的镜头持续了8分45秒，而《牺牲》的开场镜头竟然长达9分26秒。但塔可夫斯基的长镜头还有缓慢的推拉和轨道车运动，而李沛峰的固定长镜头多，人物从进入镜头一直到走出镜头，让时间在这个过程慢慢流淌，考验着观者的耐心。该手法用的过多，导致大多数镜头过长，超出了观者的心理界限，我几次以为是卡了壳，都是一些不应该出现的情况。这种随意、散漫、冗长，缺乏控制，已经很大地损伤了整体效果。

凡此种种，不如按四个分主题分别编排或拍摄，免得作者留着好材料而让观者着急。把每一个分主题都做厚实，主题高度集中。分主题做好了，四个姊妹篇再放到一起，自然而然形成那个大主题（生老病死），其间的内部逻辑显而易见，并不需要过多地阐释，可谓水到渠成，珠联璧合。

当然，《白银》打动人的并不是作者的观念或概念，即便是“生老病死”这样的字幕也是“内生”的，不是外来强加其上的，正因这种“去观念（概念）化”，才是其质朴和可贵之处。学术界现在是个比拼理论和概念的竞技场，但他们都忘掉了一些最为本质的概念，这些本土概念总是最具生命力，最深刻，解释力最强，并与生命息息相通，它们就是生在民间、长在本土、挂在口头上的妇孺皆知的常识。

3. 面对生命的流失（循环）：没有自我与他者的界限或继续在他者世界的生老病死

我常想，在人类这个大家庭中，因地理、政治、文化、经济、民族的不同，人为划分出了中心与边缘、精英与草根、先进与落后、统治与被统治、食禄者与食土者、文明与野蛮、城市与乡村、科学与迷信，以及自我与他者这样一些对立和区隔。但是，纵使你有一万种区隔，在最终的“大问题”上，在生老病死这个根本性、终极性问题上，整个人类是没有自我与他者区别的，自有人类以来就是这样，现在是这样，今后永远是这样——人都是“暂住”在地球上的。

生老病死，这个严肃的问题，永恒的命题，它的主体是人，是万物。在它面前，一切都是平等的，都是“向死而在者”。只不过有人面对的更坦然一些，有人则难以平静地接受。在《白银》中，我们看到的是他们那种听天由命（虽然有偶尔的抵抗），那种自古如此（丧事主事者言：“自从盘古开天地，三皇五帝到如今……”），心静如水地忍受，那些反复出现的长长的土路，苦焦的山梁，混沌的沙尘暴就是对此的自然表白。

即使在这片“不毛之地”，影片的主人们也不可规避地遭遇了现代性，农田被占、进城、在城市街头的迷茫……

进城后，对于二道湾的人来说，城市又何尝不是一个他者？一个需要卖力气谋生的陌生之地。这正是自我与他者的多歧性悖论，永远一体而又永远不可弥合。我们希望他们在白银的生活就像那位召集聚会的人士所说，靠自己的双手去开创城市的生活。上有老下有小的这一代中年人、下一代人，即将在白银这个他者的世界继续他们的生老病死……

我在这样解读《白银》的时候，又何尝不是在说着我的“种田”，它们几乎一样的传统和现代性命运。

（李沛峰，1972年生，甘肃籍，曾在北京电视台工作，现为独立电影人，居北京）

附录 2
乡土最后的悲壮斗士
——胡学文小说《向阳坡》读后

马达说，狗穿着西服呢。莫四说，老板的狗，有资格穿。马达说，还戴着领带。莫四说，老板的狗，有资格戴。马达说，还陪葬着两只羊。莫四说，老板的狗，有资格陪葬。马达说，可那狗东西没资格葬在向阳坡。

几天后的一个夜晚，马达和吴小丽挖开坟包，撬开棺材，把那个腐臭的家伙装进麻袋，然后把那两只羊放进去，重新埋好。马达事先在鸡公山坳挖了坑，那是给麻袋准备的。马达终于把它打败，虽然这种方式马达不齿，但没有别的选择。其实很简单。

——《向阳坡》

这是一个关于乡土道德失守、坚守与乏力挽回的故事，是马达一个人孤身与现代文明刺激下的乡村欲望顽强决斗的故事，是企图将一个被邪恶势力扭曲了的乡土道德秩序予以矫正的故事，也是一部关于乡土文明最后的悲壮而惨淡的挽歌。从根本上讲，《向阳坡》陈述的乃是乡土中国深刻的现代性遭遇，在这场颠覆性的遭遇中，乡土是被金钱和权力运作的俘获者、溃败者，也是一种被打乱了秩序的、与幸存的地方传统共存的、混成的地方性。这正是目前乡村现实和事实的复杂局面。

1. 穷孝子马达

要是那条狼狗没有死，要是那辆溅了马达一身泥浆的轿车没有进村，要是老板没有出现，贫穷的马达就会和往常一样，想办法给得病的父亲买点牛头或马板肠。当父亲怕花钱拒绝吃肉时，他会去野外套兔子、捡冻死的半翅，或者空手而归。

在别人眼里，马达是有些愣，有些蛮，有些莽撞，有些倔犟，有些榆木脑袋。也就是不会巧言令色，不会拐弯抹角，一根直肠子。不势利，不圆滑，一位死心眼的老实巴交的青年农民。

虽然马达不够灵活，更谈不上世故，但他绝不糊涂，比如在孝敬父亲这件事上。父亲的一日三餐不能少，都由妻子吴小丽亲自送过去。连村长莫四都称赞，别看马达愣，在营盘村，马达最孝敬。

即便在他得了老板买向阳坡地的钱，拿来买了福旺家的牛，在杀牛前却改变主意不杀了，又搭了一千块退了牛后，还到父亲面前作检讨——我给爹买了头牛……我又退了……我有难处……

众人劝说无果后，父亲出面责问。马达：爹，你不知道那地里埋的是啥。父亲：我怎么不知道，不就一条狗嘛。马达：那不是狗，是怪物，穿着西服戴着领带还陪葬两只活羊。父亲：那又怎样？关你什么事？马达：爹一辈子也没穿过西服。父亲：爹不稀罕。马达：爹一辈子也没戴过领带。父亲：爹不稀罕。马达：爹……到时，我只能给爹扎两只纸羊。父亲：你有孝心，扎两个蚂蚱爹都高兴。马达：我不高兴。父亲：听爹的话，不折腾了。马达：我难受。

马达去镇上派出所要三千元的罚款，妻子吴小丽陪着。到了晚上，马达让吴小丽回去给爹做饭。妻子说，让爹饿着吧，咱俩坐了牢，让爹天天饿着。马达顺从了吴小丽，他不能让爹挨饿。

认输后的马达修好坟包，日夜守着死狗的坟墓，挑挑水，看看父亲。

有了这样一层孝顺作为马达做人的底色，当乡土原有秩序被打乱时，能够奋不顾身地站出来进行维护便是他所受的乡土教育使然了。正是这种品质，使他在金钱的诱惑面前能够超越金钱，没有像别人那样放弃乡土传统，对金钱俯首称臣。贫穷并未能使他贫志。

故事的结果表明，不但仅靠马达一个人的力量难以维持乡土文明秩序，而且现代化裹挟下的各种邪恶势力在乡土社会大行其道，乡土淳朴民风、道德风范只有以偷偷摸摸、见不得人的方式残存。

2. 孤身奋战的马达

起初马达是不知情的，由此，他和常人一样，面对金钱的诱惑照样低眉顺眼。为了赚更多的钱，在老板用他的向阳坡做墓地给的钱之外，还与“大板牙”一起挖墓坑以求挣到更多的钱。不仅因为自己需要钱，更因为治好父亲的病需要一头牛，这是他作为穷农民的一个人生理想，他要为之奋斗。他甚至在钱还未到手的情况下就开始奢侈地请客吃饭，盘算给病重的父亲买一头牛的事。

可当老板让打开棺盖的一刻，眼前的一幕对他如雷轰顶，彻底傻了眼。再加上莫四牵来两只活羊给这只穿着西装、戴着领带的狼狗陪葬时，这一切都超出了此前他对老板的想象，超出了他有生以来的阅历，此前的一切价值观、道德观，一切乡土知识完全被颠覆，他无法理解这一事实和做法，这成了横在他胸口的一个解不开的疙瘩。这个疙瘩几乎将他拖入绝境。

老板在马达的向阳坡厚葬了一只死狗，马达要为这只死狗守墓，虽然他因此会得到一笔不菲的报酬。但马达给自己设了一道难题，按常理这件事在道理上是讲不通的。This is a question ，这是个重大的问题，严重的问题，这怎么可能呢？可这就是事实。于是他开始到处寻求答案。为什么？为什么？从村长到村民、到妻子、到父亲，能问的都问到了，答案则出奇地一致，老板有资格这样做。他没有得到包括亲人在内村里任何人有说服力的解释和理解。在其他人看来这事再正常不过了，很无所谓，可对他却像一块坚石时时顶在心上，像庞然大物一样堵在眼前。那条死狗对他来说绕不过去，也逾越不了，已撞进了他的脑袋里。问询不但没有打消他的疑问，反倒使他脑中的问号更大，给他造成的压力更大，他进了死胡同，没有出路，感觉很难受。一只无足轻重的死狗，却成为马达挥之不去的命运负担，很荒谬也很真实，这件事与别人都没关系，但与马达有着极大的关系，让他夜不能寐，极为难受。在他的思想观念中，这件事缺乏成立的依据，应该受到谴责、推翻，驱逐到村外去，即便村民没一个人来反对，可马达还有权在自己的土地上赶走这只耀武扬威的死狗。他必须开始行动，虽然没有人能帮他。别人的劝说更使备受煎熬的他萌生了靠一己之力开始自觉斗争。他要设法制止这件事，让已经得逞的老板、莫四改变既成的事实。

老板及其死狗的介入，在村内已经分化成了几种不同的力量，即以老板为代表的金钱（包括可能的灰社会）的力量，以村长、镇长、警察为代表的基层政权的力量（这支力量也依附和听命于金钱），以村民（包括马达的妻子和父亲）为代表的被压制、被收买者（弱势群体），只有马达是被其他力量所孤立的势单力薄的一个，但却因此成为乡村道德忠诚的守护战士，因不驯服而成众矢之的。一对多的冲突与张力是扣人心弦的，其余都藏在暗处，唯独马达被激怒在明处，对峙的结果也是显而易见的。旁观者清。要么是丰厚的利益，要么便要接受无所不在的规训并付出惨重代价。一根筋的马达由于难受，毅然放弃好处，选择了后者。在物质和权力面前，该脆弱的都脆弱了，唯独马达选择了死缠硬守，他一心要打败那只耀武扬威的死狗。

村民们已被过早地现代化了，原有的乡土精神元素：正义、坚韧、执著、血性、忠厚、道义、灵性、一根筋等都被他们所丢弃。不是他们麻木，他们懂得趋利避害明哲保身，他们需要尽快致富，起码是一座急需实用的桥，他们也就成了阻止马达破坏来之不易的成果之力量，成了村长的衷心拥护者，甚至村长的打手。村长既可以借助政权力量和国家机器维护自己的绝对权威，也能够联合经济势力（一定程度上还有灰色势力）实现自己的权力寻租和最大利益。无论马达怎么折腾，都掌握在莫四这个“如来佛”的手中。马达无欲则刚，他爆发出的“破坏性”力量让一切邪恶的力量心惊胆寒。村长的权利与老板的金钱的联合，使他更能够在村内说一不二，但对马达这个愣头青，村长莫四还真有些无可奈何，在动用他可以支配驾驭的村内、镇政府一切力量之后，最终还是通过老板来压制马达，达到既保护了自己、马达和村内的利益，又让马达收起这个不现实的企图，乖乖向现实低头的目的。在村内出面只有几次的老板像一只无形的手，操控着这里的一切，所有的力量都抵不上老板的力量，敌不过金钱无所不能的力量。

靠着这份认死理和倔犟，马达并不能使自己摆脱困境，反而让自己备受凌辱，越陷越深，作茧自缚，毫无胜算。他不懂得斗争策略，连光棍“大板牙”的狡猾和智慧都没有，他不愿采用不光彩的手段轻而易举地化解问题。他只知道站着斗争，正面交锋，光明正大地靠道理和正义来解决，企图以个人的力量对抗联合成屏障一样的力量之墙。

3. 弯腰低头的马达

马达与庇护死狗的力量势不两立，他一意孤行，并被推向前台腹背受敌。

农民失地有多种形式，都是补偿不到位的纠纷。马达失地的例子实在少见，竟然得到如此丰厚的补偿。别人巴不得死狗埋在自家的地里，他却想方设法退了钱也要把死狗挖走。

“马达”的原动力来自于他不曾泯灭的乡土道德。纵使马达坚守的东西有多珍贵，在他心里也就是个“道理”。不管马达有多大的动力、正义和力量，但在所有力量包围之下，他便成了一只困兽，一名上了战场必须斗争到底的战士。但金钱不允许他这么“胡来”，村长、镇政府不允许，盼着修桥的村民不允许，借着金钱所建立的新的乡土秩序不允许，家人出于保护家庭的完整也不允许。于是，被铐、被关、被捆种种控制手段——针对他而来。原因是他的行动破坏了来之不易的“秩序”，既有的各方利益。他是个不懂潜规则的人，不受大家欢迎的人。现实就是这样吊诡，起初失范的并不是他，到头来他却被一致认为是个行为失范的人。因此，针锋相对，硬碰硬的行动换来的是一次比一次更为沉重的受打击，不管他心里多么不服那只可恶的死狗，但在种种力量夹击之下，还是败下阵来。

巨大的困扰—通过正面冲突寻求解决之道—伤痕累累—认输—不正当的解决之道。在这样一个故事情节中，城市与乡村，物质与人性，权力与道德，老板、村长、政府、村民，在厚葬死狗这件事的刺激之下，各自呈现了独特的符合自身逻辑的行动。但是我们看到，在这样一个现代性事件发生在村庄后，乡土社会原有的精神元素一一弱化，越来越稀缺了。在此情况下，一个人的坚守是可贵的，但也是无力的。

故事的最后，妻子始终伴随马达身边，虽然也免不了被村长利用，但最后一刻她站在丈夫一边，并鼓动丈夫由正面交锋改为采取原来为他所不屑的不光明的手段，一起将那条令马达难受的死狗掘而弃之。马达打败了所有的“敌人”，他是最终的胜利者，正义和道德的坚强斗士。我们看到正义的立场在他们这里，乡土道德依然幸存在向阳坡上。此时，天快亮了。

我想这时马达会有一种“要知如今，何必当初”的感叹，事情原来可以这么简单！而留给马达今后思考的太多了。

马达的斗争策略由直改曲，并因此既除了“眼中钉”，又得到经济上的补偿。这样的结果不是完满，是无尽的质询、反思和批判。如马达自己的感受一样，这又是一个不舒服的，让读者非常难受的结局，是毁灭给人看的悲剧。

马达胜利了，从另一方面来说他还是失败了。他自己也会认为，自己胜利的不甘心，也可以说是失败的不甘心。一根筋是到不了底的，即便在小小的乡村，在自己的一亩三分地上，连卑微的理想也无法实现。这种既胜利又屈服、失败的二歧性不是结局，是一个转折和开启，开启的是更为复杂多元的乡土现实格局。坚守和斗争的意义在一个不够光明但又不乏民间智慧的行动中被完全消解了，现实就是这样反讽，谁还会为所谓的道德、秩序、正义、价值、意义、灵魂、人性、人格、信仰、传统、理想付出不必要的代价，一根筋到底呢？为正义的斗争还不如一个下流手段解决问题的时效。站立的人性输给了弯腰的人性。马达的头不情愿地、被迫地低给了金钱、权力，以及自己的内心。低头之后再想想，坚守何为？反抗何为？正义何为？就此明白，为什么“精明”的人会选择世俗的遵命哲学，选择放弃价值和意义，放弃思考，不敢以卵击石，真是“识时务者为俊杰”。改而相信诸如“金钱可让鬼推磨，金钱还可使磨推鬼”这一类现实哲学。

因此，马达的溃败是乡土传统的溃败，是乡土秩序的失范，是贫穷而无力的乡村的堕落。在传统文明、现代文明和市场经济的交错点上，我们可以假设，当村庄足够富裕时，这种失范或可减少。可当下的现实一再回应，即便经济上富裕了的村庄，现代化程度较高的村庄，依然制止不住乡土秩序被解构和失范的程度。这些村庄由于思想更开放、更现代，对于马达遇到的这类问题更是见怪不怪了，他们都成为“见过世面”的人，在睁一只眼闭一只眼的冷漠中，将马达心里过不去的坎轻易迈过，在笑谈之中将一切严肃的问题化为虚无，并且水来土挡地将一切值得思考和较真的问题、一切苦难的根由、一切传统的道德准则和秩序一一化为虚无。虚无的力量甚至强大到了无所不克，无所不能的地步。这是现代性给乡土带来的层层悲凉和哲学思考。

就当下的乡村来说，马达这样的人物已经覆没了，他们早已放弃了那些不能带来现实利益的道德和精神，而一律归附于最大程度的经济上致富，致力于物质脱贫。马达在当下的意义，已沦落为一个象征，一个乡土社会的最后标志或标本，一笔传统的精神遗产。

最初马达的心智、道德底线仿佛是个“混沌”，经历了种种碰撞和流血后，被其周围的各种力量“日凿一窍”，而最后“混沌”死。

4. 乡土“力治”和“利治”秩序

《向阳坡》描绘了一幅乡土致富途径、村庄公共事务管理去道德化取向的现实，这一取向使别人都站到财富（利益）占绝对优势的一边了，只有像马达这样不开化的人依然孤立在乡土传统道德的一方，一片道德的孤岛上。

超越村庄的经验也被乡土所认可，这样一种现代性已所向披靡、毫无阻拦地植入乡土社会，唯独马达对这种貌似合理的做法保持着高度的质疑、警觉、反对，并付诸斗争。所以马达是乡间的一位理想主义者，所有的人都妥协了，只有他坚守着心中的道德并不愿被玷污，宁可付出肉体的折磨和流血的代价。

由此，我们看到乡村治理的“力治化”、“利治化”倾向。力治包括裹挟着“杂质”的基层权力、灰社会力量等暴力的控制和治理；利治包括在利益意志牵制下对乡土礼治和法治秩序的随意强奸。力治和利治是破坏性而非建构性的，它们对抗、削弱和瓦解着礼治、法治秩序。

马达去镇政府告村长，迎接他的却是冷板凳和警察的暴力；马达要在村内的桥建成剪彩之日当面找老板，遭遇的却是村长授意下村民对他实施的满脸鸡屎和捆绑。国家常规能力建设的不足（莫四干了十年村长，村头的河淹死了四个人，就是修不起一座桥），以致村长的政绩需要依赖非正常途径的支援来完成。在力治和利治秩序之下，马达被排挤为另类、异端、村庄的捣乱者。马达的斗争过程就是挑战力治、利治秩序的过程，是以身试力、以身试钱的过程。马达最终领教到了力治和利治的威力，它们的无所不能，而低头了、学乖了。权力无所不在，抵抗很难坚持到底。

力治、利治秩序是在现代性的力量入侵之后，村长（村民）趋利避害的集体“理性”选择。其他人不但熟悉了这些力量改变的秩序，而且隆重欢迎这样的力量带给他们的现实利益，积极拥护村长的力治和利治政绩。这是小说中的现实，也是乡土中国的现实。

我想，不同的读者对《向阳坡》的理解有不同的维度。在社会学家的眼中，《向阳坡》提出的是关于乡村治理的深刻问题。在人类学家的视野中，这个故事表面上在讲述马达和一只穿着西服打着领带左右各搂着一只陪葬羊的死狗的较量，但它象征的是乡土传统与现代邪恶势力的生存博弈；它是在乡土文明产生“礼崩乐坏”的危机时，对“潜规则”一无所知的“马达”依靠传统价值标准排除侵入乡土的“异端”的艰苦卓绝的斗争。当然，马达付出的代价和所受的教训是沉痛的，痛在了社会的神经上，痛在了一桩奇特的农民失地版本的表述和阅读中，痛在了乡土中国弱势群体在贫困和权力压迫之下生存的绝望和徒劳反抗之中，并继续深刻地痛在乡土中国的当下。

乡村道德该不该重建呢？殷海光在《中国文化的展望》之“道德的重建”中追问：“我们怎样重建道德呢？我们所需重建的道德又是怎样的道德呢？”

5. 名称的隐喻

马达，比喻。是心脏，是核心，是动力；是价值、是精神、是正义；是道德、是秩序、是人心。心脏会停止跳动，核心会边缘化，动力会枯竭；价值会流失，精神会缺位，正义也有低头之时；道德会失范，秩序会失常，人心也会变黑。一切都是变动不居。

莫四，谐音。莫试？没事？摩西？（先知，“先知”？）

营盘村，反讽。铁打的营盘，该动摇的还是动摇了，不该屈服的还是屈服了，该光明正大坚守的却被集体放弃。总之，“一切坚固的东西都烟消云散了”。

向阳坡，双关语义。向阳坡上挖了座墓，埋的却是城里老板的死狼狗，一阳一阴，阴盛还是阳衰，得看各自背后的力量。死狗的背后是一掷千金的老板，而向阳坡背后是孤立的穷光蛋马达。世道是向阳的？还是朝阴的？

名称的两歧性含义和解读，也是作者的批判意指、批判工具。这种两歧手法也是作者的矛盾所在，他面对的批判对象不是非此即彼、非白即黑的，它们蕴涵着现实的复杂性。小说中的人物没有“好人”和“坏人”模式，首先都是人，复杂的人，他们的意志和精神，品行和情感都符合他们自身所在的处境，符合他们各自的出发点和需求；某种程度上不是出于他们的自愿，而是受制于他们背后千丝万缕力量的冲击和牵制。村长有权为自己谋利，但也不忘借老板的钱为村里修一座最需要的桥。老板厚葬狼狗和陪葬活羊的做法不符合乡土道德，但不知情的老板仍然会为被掘掉死狗的墓地支付着费用。这是一个无法作出单一判断的时代，每个人都矛盾地统一着，这是时代和个人的两难，传统和现代的两难。作者明白这一点，这是他的理性、客观性和复杂性所在，但这仍不影响他对人性的思考与坚守，他的“底层叙事”，他严格的现实主义风格，他的深刻，他的同情，他的批判，他的启蒙，他在两难之中的呼唤、倾向和立场，他对人性良知的一次次艰难救赎。当然，阅读也使我们领略了胡学文文字的朴素、干净、准确，异常生动的可视性语言效果（如“他瞟一眼吴小丽，再瞟一眼吴小丽”）。

相信读者也品出了更深层的隐喻：马达是最后一名斗士，他空前绝后，但这台动力十足的“马达”已经黯然熄火了。

（胡学文：《向阳坡》，载《新华文摘》，2009 年第 16 期。

胡学文，男，1967 年生，1992 年毕业于河北师范学院中文系。鲁迅文学院第三届中青年作家高级研讨班学员，中国作家协会会员，河北省作协理事，张家口市文联副主席、作协主席，河北省文学院合同制作家。著有长篇小说《燃烧的苍白》、《天外的歌声》、《私人档案》，中篇小说集《极地胭脂》、《麦子的盖头》等。）

附录3
返乡疗病：当代艺术“反现代性”的现代性出路
——靳勒和他的石节子村行动的现代性隐喻

现代性以前所未有的方式，把我们抛离了所有类型的社会秩序的轨道，从而形成了其生活形态。在外延和内涵两方面，现代性卷入的变革比过往时代的绝大多数变迁特性都更加意义深远。在外延方面，他们确立了跨越全球的社会联系方式；在内涵方面，它们正在改变我们日常生活中最熟悉和最带个人色彩的领域。现代性的根本性后果之一是全球化。

——吉登斯

我看到外面的变化非常大，可是我们这个村庄变化不是特别大，我比较着急，我想把我所感受到的和我看到的带给我的村庄，带给我的村民，反过来又想把这个村的状态带给外界。

——靳勒

关于艺术家（现在也可称他为村长：全国首位当代艺术家村长!）靳勒和他的石节子村的故事，越来越引起艺术圈更大范围的兴趣，但人们关注更多的是就艺术言艺术，新奇的表象遮蔽了更多内在的“病症”。

本文试图从社会和心理分析的角度，诊断靳勒和石节子村所代表的某种现代性疾病的隐喻：石节子村现象乃是个体现代性病症的放大升级而导致艺术（包括艺术家、艺术作品）的一次降落和退路，靳勒的行动是对地方的一次侵扰，他以“反现代性”的方式排遣个人的紧张，却将石节子村推入现代化进程，在这中间及其以后不可预知的发展中，他的“病”并未得到治愈，反而连同石节子村也被感染，但却意外地为当代艺术（艺术家、艺术作品）带来了一次机会。

1. 病从何来：现代性的焦虑

石节子村是西北甘肃秦安县一个偏僻的山村，村里有 14 户人家、64 位村民，可谓“袖珍”型村庄。山下有沟，名“游夫子沟”，据说因当年孔子来过此地而得名。靳勒在此生活了二十多年，这里是他的家乡。成为艺术家的靳勒后来常居北京，但频繁地回乡，每年回去四五次，每个春节都在石节子村过。他说：“我看到外面的变化非常大，可是我们这个村庄变化不是特别大，我比较着急，我想把我所感受到的和我看到的带给我的村庄，带给我的村民，反过来又想把这个村的状态带给外界。”

我们能够直接感受（想象）得到，靳勒在首都北京和西北一个小山村两端之间行走时强烈的地域文化、经济、观念反差对他的冲击，以及他设法调适这种不平衡的急切。靳勒的感受代表了改革开放以来中国每一名从农村进城公民的切身经历和深刻体验，城市化、工业化、现代化进程把人们全部卷进一场波澜壮阔的社会转型过程中。特别是像候鸟一样定期奔波在城市和农村的农民工，这个将近三亿人的庞大数量，他们几乎要形成一个新兴工人阶层，他们将背井离乡、歧视、高速运转的工厂工作、微薄的酬薪、工伤、乡愁等全部背在肩上，他们对城乡反差的体验甚过任何阶层的人。他们中的大多数人完成了工业化（成为支撑“中国制造”的产业工人的一部分），但未完成城市化，他们的家在农村，春节依然要打破头地买火车票回家，哪怕是站着回家。现代化就是这样严酷，一方面逼着人们离开故乡出门挣钱，享受城市的文明和折磨；一方面确实需要回乡治疗乡愁，一种进了城就要得上的普世之“病”。在这两者的撕扯和夹击之下，精神的分裂和紧张势所必然。我们可称此为表现在个体感受中的现代性的“疾病”（估计市民的下一代再也不会有乡愁了，因为他们大多已经和故乡断了来往，乡愁无处生根，不知乡愁何为，是“去乡愁”的新一代）。当然，此乡愁与古典时代的怀乡是不同的（如《论语·子路》：不如乡人之善者好之；《列子·天瑞》：有人去乡土，离六亲；崔颢《黄鹤楼》：日暮乡关何处是……），它是一个现代性反思的概念，是对现代性的一种批判或反动，是可与城市生存相对抗的存在。

按说靳勒没有像农民工这么更弱势和更底层的经历，但是凭着他作为艺术家的敏感，他对这种反差的感觉更强烈、认识更深刻，“病症”更突出、更严重。中国普世的现代性“疾病”被他刻骨地体验，并忍受着折磨。如他对渺小的个人在创作中的反映——人鱼、壁虎人、蛆、小虫子，已经铺垫了他进一步的行动。现代性的压榨已经把人挤得无处可躲，那就异化为“非人”躲起来吧。现代性的“疾病”在他身上的征兆已经反映了出来，他对现代性造成的紧张的释放也将表现得更独特。在现代性的压迫之下，抽身现代性，返回未被现代性侵扰过多的村庄，或许是一途径。自我救赎、自我平衡，成为他的必然选择。

2. 一无可去的去处：在重返乡村中反现代性

看看艺术圈中的各种乱象——“如果你认为现在的艺术家都在干与艺术有关的事或提出‘什么是艺术’这样的问题，首先表明你是愚蠢的，说明你不懂艺术圈的规则，对今天的一位艺术家来说，‘艺术意志’和‘艺术精神’几乎是可笑的，大家聚集在一块的目的不是交流对艺术的看法而是感受展览、销售、财富以及其他机会的可能性，他们在参与一种被称之为‘成功’的游戏。这种场面，没有任何形而上的精神氛围弥漫其间，只有紧张的猜测、暗中的角逐或羞愧的沉默……艺术已经发展为某一类人的饭碗，这个只要人类存在一天就一天也不会散去的宴席与其他行业一样，是一个可以获得收获的地方。”（吕澎）再看看人类的各种“无根感”，各种漂泊不定，现代性把人类带上了不可逆的进程，并阻止了回去的种种可能。

满世界都是大城市，去乡下采风旅游那也是别人的村庄，自己只是个陌生的过客。在世界的动荡、慌乱、消费、享乐和焦灼面前，多少人茫然失措、无路可走。精神的疾病始终没有一处自己的疗养院，借酒消愁总不是个事。作为一个有故乡的人，靳勒是清醒的，他可以时不时地从接不上地气的首都的浮躁中蒸发掉，到那个偏僻的山村放松一下、解脱一下，在童年的环境中慰藉心灵，慢慢疗伤，这是一个不错的选择。这倒应了一句话——成年是童年的囚徒。

他可以频繁地回乡，这已经成了他的一种常态生活。乡土提供了一面他赖以反观自己的镜子。回到石节子村不但可以在体力上精神上获得休养生息，而且那儿有他整个童年的记忆，有他二十多年的生活经历，有他的亲人以及不多的乡亲，借此他在恢复元气之后，还可以调动这些记忆和现实资源继续推动他的艺术创作，让艺术也在消化了紧张之后获得继续的力量。

可返乡的靳勒并没有因此解脱现代性的折磨，症状并未因此完全消失。眼前乡村的面貌再次强化了他关于中国村庄与大都市的悬殊感受，他必须找个法子来平衡这种极度的失衡，把文化的怀乡落到实处，否则他的“病”将终生不愈。

他要找到一座桥，把村庄与外部世界连接起来，让两头都朝中间走一走，互相了解，缓冲其间的对立或背离。用一个政治词汇来说，这是出自个人的“统筹城乡协调发展”的设想。这个媒介不是别的，正是他自己的专业、他自己、村民以及整个石节子村。借此，靳勒本人乃至当代艺术在与现代城市不同的他者——乡土、村落、地方这个边缘性空间中找回自我，并藉以进行反现代性。

3. 自我感觉的放大和物化或模拟巫术：开辟当代艺术存在方式的另一空间

作为近年致力于当代艺术实践的艺术家，靳勒看厌了当代艺术在大都市生存的无聊和无奈，艺术不断地被精英化，精英精英再精英，艺术与底层和大众失去了任何联系，割断了其民间营养管道和生存基础。这种文化精英主义的趋势和危害众所周知，但无人能够抵挡和改变得了。如同一些艺术家自己的创作题材和灵感本身来自于民间，但又唯恐自己不够精英，附会精英、追随精英，就是不敢说、不愿说自己扎扎实实地生长在民间。靳勒开始了反思，想从这个单一模式和窠臼中走出来，从城市和精英的异端寻找可能，为艺术开辟另一生存发展的维度和空间：农耕传统空间。

近些年人类学的田野、原境、表演理论等概念被众多学科所引征。这些方法理论强调事物所从处的地方，让事物在其生存的原境中呈现。不敢说靳勒的思考是否受与此相关的概念的影响，但有一点是肯定的，那就是他自己给他带来的启发：他能回到故乡这个生长生存的原境，艺术为什么不能？艺术源于生活而高于生活，但现在的问题是艺术已经爬得太高了，高到了没有下一个台阶可登（主要指艺术呈现方式，艺术品的价格炒作，而非艺术境界），高到只在中国美术馆，只在尤伦斯展出，高到只有少数人自娱自乐，高成了精英和有钱人的消费品和游戏，高成了拍卖会上一次次价格创新……此时需要冷却降温，需要回过头来，回到它原来从出的地方，回到久已丢弃的乡土传统。

石节子村美术馆开馆当天展出的大量记录村民近百年来生活的影像作品和实物，使我想到，我在做人类学考察的时候，发现几乎每家墙上都挂着一个玻璃像框，那里面有伟人的照片，有老人的遗像，有家人的留影和全家福，还有在没彩照的那个年代用手工着色的彩照，实是一个私人家庭的影像博物馆。记得在一家还有两位老人居住的窑洞（箍窑）里面，经过长年油灯和烟熏火燎早已黝黑的墙壁上挂着一面一尺来方的像框，上面也是蒙满了污渍，但仍然可辨里面的照片，一张毛泽东登机招手的照片（印刷品），一张1972年当地村民参加白宝铁路建设的合影，上面题写着“数风流人物，还看今朝”……以及窑内的陈设和院内的粮仓等布局。这样一种日常居家的像框装置，是民间的，是生活化的，是有历史感的，也是原境的展览，窑内的农民就是这些影像装置的主人。它胜过任何一种由策展人所策划的展出，那种展览是一种概念化的临时拼凑，那些贵宾、展板、拉起的绳子、保安、请勿拍照……唯一的区别就是哪一场的档次更高，门票更高，都是一些单调的没有任何感觉的模式化呈现，它无法给你一种原境的历史感，一种作品之外由环境所带来的但与作品本身息息相关的“副展览要素”。2008年10月25日，靳勒带领石节子村8位村民在北京798《视空间》画廊共同举办《主人》展览，村民也带来了自己、家里的旧衣服、五谷杂粮等“副展览要素”，这些乡土传统被发掘后依然有效，而且给人耳目一新。

事实证明靳勒的想法和行动正是在开辟一个日常生活状态的（活态的）、姿态低一些的、非主流和中心的（偏僻、遥远、边缘的）、廉价的、开放的（乃至夜不闭户的）、打破了既有美术馆固化模式的“美术馆”，这就是自己选中的石节子村，他要将艺术存在方式、艺术行为及其附带的艺术功能完全融进这个村子，使之成为一个整体，而非与现实生活世界脱节。每个村民家的房子就是一个展区，一个分馆，而且直接以户主人的姓名为展馆命名：国有馆、女女馆（以及或者可能的狗剩馆、翠花馆，但唯独不是“中国美术馆”）等，艺术作品（虽然刚开始只是靳勒自己的一些图片）终于降落到石节子村村民家里了——真是“旧时王谢堂前燕，飞入寻常百姓家”。

与其把石节子村美术馆看作靳勒（及艾未未等人）一次精心的让艺术回到民间的策划，不如说是靳勒个人（包括其他患有现代性“疾病”的人）对“疾病”感觉症状的一次放大和物化治疗，当然他选择的是艺术的方式，或者说以艺术作为缓释这种感觉的载体和转移疾病的工具，他以艺术的方式宣泄了自己，转移了病痛，石节子村美术馆成为他自我疗治的“模拟巫术”（找一种假想载体把疾病传递出去）。

此刻，或许我们可以玩味一下赫尔岑的那句话——我们并非医生，而是疾病。

4. 关系美学：协调新的不适或现代性疾病的再度扩散

靳勒在实施这一系列方案之前，当然要征得村民的同意，好在村民先期选举他当了村长，这当然得益于其身份、眼界等本村村民不可比拟的资源。靳勒当了村长，一方面更有利于其美术馆计划的顺利实施，另一方面，则无法排除村民对他的揣度和利用。如靳勒本人所说，他更多的时候感觉到了这种被利用。但他们两相情愿，一个更好听的字眼应该叫互利，这或许可以减轻互相的伦理压迫。但美学关系还是发生了：靳勒、石节子村民、其他艺术家，及北京、世界（卡塞尔）之间建立起频繁的互动。作为互动的双方，刚开始的不适感肯定都存在，他们需要相互沟通、理解、配合，这样才能实现互利。地方性和整体性、全球性的关系建立起来了，一潭宁静的水彻底被搅动，最终水会变成什么样，水面的涟漪会扩散多大，还有什么样的“石头”会陆续投进这片水面……诸多不确定因素使其前途难以预料。

一些艺术家也将会陆续被吸引到石节子村参观或搞创作，艺术创作重回民间和田野，艺术家甚至可以从地方民俗、宗教资源中提取创作素材，创作出一批更具石节子村地域风格的艺术作品。眼前来看，这里不同于曾经的圆明园，也不同于今天的宋庄、798。但一些艺术家短期逗留乃至要选择常住呢？石节子村会不会发展成为另外一个西北乡村版的798？有着明显民间和地域特色的798？孰难预料。

先抛开伦理问题不究，村民的“自愿”参与（是否全部自愿，没有反对声音？）即使石节子村的现代化（或曰艺术化、艺术试验、艺术改造）全面启动，又给了艺术从庙堂回到村落一个转机。话说回来，不管你搞美术馆还是别的什么计划，村民首先要生存，要过日子，村民愿意不愿意、高兴不高兴，还要看你能带给他们多少现实利益，这其中的关系协调起来就不单纯是艺术上的事了，而是艺术的社会化运作的本领了，也是关系美学不可缺少的一个部分。但是随着他们策划发挥艺术的教育功能，在石节子村建立图书馆、学校、接入宽带网、改造户内居住条件等一系列设想的实施（这如何与政府的新农村建设相区别？必须将艺术的特色渗入其中，如靳勒设想的培训村民做泥塑、画画、绣鞋垫等民间工艺，或许与政府的努力异曲同工），村民将要经历更为迅速的现代化变革（已经有村民出国、进京），当然这些都是现代化带来的好处，是村民以前不敢设想的，还有如艺术家带来的猪肉、给小孩发的红包（这种单纯的快乐能持续多久），以及随着设想中图书馆和学校的建成，村里的孩子可以有更多的受教育机会。好在我们看到村民对他们的村长抱有很大期望，也对改变村庄很有信心。村民进女女说："有可能改变这个村，因为艺术家把经济方面能搞活。"村民李宝元说："靳老师有这个愿望，我们全力以赴配合，我们就能改变这个面貌。"

靳勒的做法产生了一个悖论，想让村民了解外面的世界，却同时把自己的"病症"传染给村民。所以，与其把石节子村美术馆作为艺术生存的另外一种转向，作为精英策划下的艺术实践和事件，不如把它从本质上看作靳勒本人针对现代性疾病的"反现代性"疗方，但其产生的后果是导致村庄的现代化——以靳勒的方式，以艺术为载体或名义的方式，以艺术家与村庄互动的方式。而艾未未等人的参与、指导和关注，加快了石节子村的"艺术化"改造的进程和影响力，石节子村实是踏上了一条现代化的不归路——靳勒的当代艺术和石节子村被纳入同步的现代化进程。现代性是一个逃不出的魔障，人是现代性的制造者也是现代性的玩偶。因为已经有人在怀疑，石节子村会不会被污染？被破坏？担心与喜悦一并降临。石节子村的下一步路可真不好走，不管是村长还是名誉馆长，都将三思而后行，从一时富有想象力的冲动转入理性的、长久的、制度化的设计与实施。但愿在艺术群体和社会的精心呵护下，石节子村美术馆成为当代艺术史和石节子村史上最为辉煌的一段，成为当代艺术发展道路（起码在观念上）的一个分水岭。

梁启超称中国近代为“过渡时代”，这是相对于中国几千年相对“停顿时代”而言的。时至今天的现代转型，仍然呈现出一种延续的“过渡相”：石节子村由一个靠炸石为生的封闭小山村到村民可以去卡塞尔、去北京，再到外面越来越多的人进来，通过互联网向世界开放，这种互渗互动的状态，也是一种村子在全方位改变的“过渡相”。在这样一个过程中，村民不得不面对和经历从身份认同（“艺术村民”）到行为取向的变化（他们已经是看过世界，有艺术熏陶的村民了，言行要与此相符）。作为起初是排除个人现代性危机而采取的“反现代性”的手段的当代艺术，也随着介入推动现实生活中石节子村的现代化而推动了自身的现代化，担当起当代艺术的某种社会责任、社会性表述，这与当代艺术介入社会政治、经济、文化的关怀和追求是一致的。

对石节子村来说，它迟早无法回避现代化或“空壳化”（日本民俗学家柳田国男仔 20 世纪 30 年代所从事的乡土研究，旨在救助一个人群与一个地方的生活方式，使其免遭商品化、现代性和国家建设的毁灭性屠戮，但这种努力仍然无法阻止现代性的步伐），乃至夷为一片乡土的废墟，只不过被靳勒的这一想法给撞上了，就此提前展开了自己的现代化。与其让工业化、城市化圈了地、糟蹋了庄稼，还不如让靳勒这帮人在有效保留和挖掘乡土精神和地域性文化传统的前提下，在尽可能保证村庄原始面貌和遗留物的前提下（过于像新农村建设那样改头换面，则石节子村不复为石节子村了）改造成艺术村呢！不但可以引入“艺术园区”为村民有创造非农经济收入，使他们不必外出打工继续留在家乡，开辟农村现代化的多元思路和路径；还可以让历史上名不见经传的石节子村很快被外界知晓、名满天下、走向世界，这也是给村民出风头和脸上贴金的事，说出去多高尚、多光荣。你们因此很快就要成为“世界公民”了，你们说呢，石节子村的 64 位“艺术村民”们？

（靳勒，1966年生于甘肃秦安，1991年毕业于西安美术学院，2000年毕业于中央美院雕塑系研究生班，现为西北师范大学美术系教师，石节子村村长，石节子美术馆馆长。）

附录的附记：

在最初的书稿计划中，并没有这三篇评论（一篇关于电影，一篇关于小说，一篇关于当代艺术），它们似乎与书稿毫不相干。可有一天我突然意识到，我为什么对这几部作品如此感兴趣？要写下这样的读后感？仔细琢磨，原来我们的关怀基本是一致的，不同的是关怀的方式。我们（还有我所知道的丛峰在武威黄羊川镇拍摄的《马大夫的诊所》影片）的关怀都指向了一个共同的所在，那就是当下的农村，乡村的生存意识，乡土生命体验，对乡村的形而上思考，其背后的现代性背景及反思。我想，我们最初的冲动都来自于对曾经生活过的、直至现在的农村状况的无法释怀，从而以不同的方式予以表述，否则无法给自己一个适当的交代。通过这几篇文章，我说出了我在书中所不能说、没说完的话，能够使自己的一些想法更加完善和完成，使自己的某些情感得到流露。

这种从个人出发的小关怀和小愿望只是一个视角，一个借以进入的场域和发言的立场，作品背后还有更大的忧思，更大的关于中国乡土现代性命运的焦虑，它让我们的思考难以停顿，并不以作品的完成而终止，它持续而深度地折磨着我们，我们忍受着这种疼痛并在磨砺中继续疼得更加刻骨。余英时言，“能够立足的学术必须是能正面承担苦难的学术”。我们的这种担当是否还显得那样无力？

主要参考文献

一、译著

1. ［德］斐迪南·滕尼斯著，林远荣译：《共同体与社会——纯粹社会学的基本概念》，北京：商务印书馆，1999。

2. 雅克·鲍多特著，黄平选编：《与地球重新签约》，北京：人民文学出版社，2003。

3. 《马克思恩格斯全集》第 27 卷，北京：人民出版社，1972。

4. 《马克思恩格斯全集》第 1 卷，北京：人民出版社，1972。

5. 恩格斯：《自然辩证法》，北京：人民出版社，1971。

6. ［俄］别尔嘉耶夫著，张雅平译：《历史的意义》，上海：学林出版社，2002。

7. ［法］克洛德·列维-斯特劳斯著，张祖建译：《结构人类学》(1—2)，北京：中国人民大学出版社，2006。

8. ［法］克洛德·列维-斯特劳斯著，李幼蒸译：《野性的思维》，北京：中国人民大学出版社，2006。

9. ［法］H. 孟德拉斯著，李培林译：《农民的终结》，北京：中国社会科学出版社，1991。

10. ［法］米歇尔·福柯著，钱翰译：《必须保卫社会》，上海：上海人民出版社。

11. ［法］埃马纽埃尔·勒华拉杜里著，许明龙、马胜利译：《蒙塔尤：1294—1324年奥克西坦尼的一个山村》，北京：商务印书馆，2007。

12. ［挪威］托马斯·许兰德·埃里克森著，董薇译：《小地方，大论题——社会文化人类学导论》，北京：商务印书馆，2008。

13. ［美］休斯顿·斯密斯著，刘安云译：《人的宗教》海口：海南出版社，2001。

14. ［美］J. L. 斯图尔特著，闵甲等译：《中国的文化与宗教》，长春：吉林文史出版社，1991。

15. ［美］威廉·亚当斯著，黄剑波、李文建译：《人类学的哲学之根》，桂林：广西师范大学出版社，2006。

16. ［美］克利福德·格尔兹著，纳日碧力戈等译：《文化的解释》，上海：上海人民出版社，1999。

17. ［美］克莱德·M. 伍兹著，何瑞福译：《文化变迁》，石家庄：河北人民出版社，1989。

18. ［美］詹姆斯·克利福德、乔治·E. 马库斯著，高丙中、吴晓黎、李霞等译：《写文化：民族志的诗学与政治学》，北京：商务印书馆，2006。

19. ［美］马维·哈里斯著，许苏明编译：《人·文化·生境》，太原：山西人民出版社。

20. ［美］许烺光著，薛刚译：《宗族·种姓·俱乐部》，北京：华夏出版社，1990。

21. ［美］许烺光著，王芃等译：《驱逐捣蛋者——魔法、科学与文化》，北京：中华书局，1997。

22. ［美］保罗·康纳顿著，纳日碧力戈译：《社会如何记忆》，上海：上海人民出版社，2000。

23. ［美］古塔、弗格森编著，骆建建、袁同凯、郭立新等译：《人类学定位——田野科学的界限与基础》，北京：华夏出版社，2005。

24. ［美］C·恩伯、M. 恩伯著，杜杉杉译：《文化的变异——现代文化人类学通论》，沈阳：辽宁人民出版社，1988。

25. [美] 史蒂文·瓦戈著，王晓黎等译：《社会变迁》，北京：北京大学出版社，2007。

26. [美] 苏珊·桑塔格著，程巍译：《反对阐释》，上海：上海译文出版社，2003。

27. [美国] W.I. 托马斯、[波兰] F. 兹纳涅茨基著，张友云译：《身处欧美的波兰农民》，南京：译林出版社，2000。

28. [瑞士] 雅各布·坦纳著，白锡堃译：《历史人类学导论》，北京：北京大学出版社，2008。

29. [瑞士] 费尔迪南·德·索绪尔著，高名凯译：《普通语言学教程》，北京：商务印书馆，1985。

30. [英] 拉德克利夫-布朗著，夏建中译：《社会人类学方法》，北京：华夏出版社，2002。

31. [英] 吉登斯著，田禾译：《现代性的后果》，南京：译林出版社，2000。

32. [英] 马凌诺斯基著，梁永佳、李绍明译：《西太平洋的航海者》，北京：华夏出版社，2001。

33. [英] 马林诺夫斯基著，费孝通等译：《文化论》，中国民间文艺出版社，1987。

34. [英] 保尔·汤普逊著，覃方明、渠东、张旅平译：《过去的声音——口述史》，沈阳：辽宁教育出版社，牛津：牛津大学出版社，2000。

35. [英] J.G. 弗雷泽著，徐育新、汪培基、张泽石译：《金枝》（上下卷），北京：新世界出版社，2006。

36. [英] 爱德华·泰勒著，连树生译：《原始文化》，上海：上海文艺出版社，1992。

37. [英] 爱德华·泰勒著，连树声译：《人类学——人及其文化研究》，上海：上海文艺出版社，1993。

38. [英] 王斯福：《帝国的隐喻：中国民间宗教》，南京：江苏人民出版社，2008。

39. ［日］竹内好著，李冬木、赵京华、孙歌译：《近代的超克》，北京：生活·读书·新知三联书店，2005。

40. ［苏］A. 古列维奇著，庞玉洁、李学智译，庞卓恒校：《中世纪文化范畴》，杭州：浙江人民出版社，1992。

41. 林松译：《古兰经》（全两册），（阿汉对照本），北京：中央民族学院出版社，1988。

二、中文论著

1. 傲东白力格：《地方性知识与主体人类学》，兰州：甘肃人民美术出版社，2006。

2.《中国伊斯兰教史参考资料选编》，银川：宁夏人民出版社，1985。

3. 白银市地方志编纂委员会编：《白银市志》，北京：中华书局，1999。

4. 平川区地方志编纂委员会编：《白银市平川区志》，北京：中华书局，2000。

5. 陈鼓应编：《春蚕吐丝——殷海光最后的话语》，台北：远景出版社，1979。

6. 陈进国：《信仰、仪式与乡土社会：风水的历史人类学探索》（上），北京：中国社会科学出版社，2005。

7. 陈文华：《农业考古》，北京：文物出版社，2002。

8. 陈小波编：《王征：寂寞生灵》，北京：中国人民大学出版社，2007。

9.（清）陈之骥修，尹世阿纂：《靖远县志》，道光癸巳重镌，县署礼房藏板，甘肃省图书馆藏。

10. 承载：《春秋穀梁传译注》，上海：上海古籍出版社，1999。

11. 邓卫荣、刘静：《影视人类学——思想与实验》，北京：民族出版社，2005。

12.《第欧根尼》中文精选版编辑委员会选编：《对历史的理解》，北京：商务印书馆，2007。

13. 方荣、张蕊兰：《甘肃人口史》，兰州：甘肃人民出版社，2007。

14.（民国）范振绪：《靖远县新志》（七卷本），1962，甘肃省图书馆藏。

15. 郭方忠、张克复、吕靖华主编：《甘肃大辞典》，兰州：甘肃文化出版社，2000。

16. 甘肃省地震学会：《甘肃省地震学会第一次地震科学学术讨论会论文摘要汇编》，兰州，1981。

17. 甘肃省地图院编：《甘肃省地图集》，西安：西安地图出版社，2007。

18. 甘肃省图书馆编：《馆藏甘肃地区 1920 年大地震文献资料》，馆员梁德菴抄写，1966 年 4 月。

19. 北京大学中国考古学研究中心、北京大学古代文明研究中心编：《古代文明》第 1 卷，北京：文物出版社，2002。

20. 谷苞：《民族研究文选》，乌鲁木齐：新疆人民出版社，1991。

21. 高启安：《旨酒羔羊：敦煌的饮食文化》，兰州：甘肃教育出版社，2007。

22. 高寿仙：《中国宗教礼俗》，台北：百观出版社，1994。

23. 高丙中：《民间文化与公民社会：中国现代历史的文化研究》，北京：北京大学出版社，2008。

24. 郭于华：《在乡野中阅读生命》，上海：上海文艺出版社，2000。

25. 郭于华主编：《仪式与社会变迁》，北京：社会科学文献出版社，2000。

26. 郭淑云：《原始活态文化：萨满教透视》，上海：上海人民出版社，2001。

27. 国家测绘总局测绘研究所编：《典型地貌样图选集》，北京：测绘出版社，1975。

28. 国家地震局兰州地震研究所、宁夏回族自治区地震队编著：《一九二〇年海原大地震》，北京：地震出版社，1980。

29. 葛兆光：《思想史研究课堂讲录》，北京：生活·读书·新知三联书店，2005。

30. 葛兆光：《中国思想史》第一卷，上海：复旦大学出版社，2001。

31. 《光明日报》书评周刊编：《口述中国》，北京：中国社会科学出版社，2004。

32. （清）顾祖禹撰，贺次君、施和金点校：《读史方舆纪要》（全十二册），北京：中华书局，2005。

33. 韩少功：《山南水北》，北京：人民文学出版社，2008。

34. 黄涛：《语言民俗与中国文化》，北京：人民出版社，2002。

35. 黄剑华：《古蜀金沙——金沙遗址与古蜀文明探析》，成都：巴蜀书社，2003。

36. 黄宗智主编：《中国研究的范式问题讨论》，北京：社会科学文献出版社，2003。

37. 洪治纲编：《余华研究资料》，天津：天津人民出版社，2007。

38. 贺照田：《当代中国的知识感觉与观念感觉》，桂林：广西师范大学出版社，2006。

39. 胡振华主编：《中国回族》，银川：宁夏人民出版社，1993。

40. 侯仁之：《历史地理学的视野》，北京：生活·读书·新知三联书店，2009。

41. （民国）郝遇林修、范振绪纂：《靖远县新志》，民国三十五年(1946)，线装，甘肃省图书馆藏。

42. 金磊、李沉编著：《西部危情》，北京：中国城市出版社，2001。

43. 景军：《神堂记忆》，中文未出版稿，哈佛大学博士论文，（英文）由斯坦福大学1996年出版。

44. 贾平凹：《贾平凹文集》第3卷，北京：中国文联出版公司，1995。

45. 康有为著，姜义华、吴振棫编校：《康有为全集》第一集，上海：上海古籍出版社，1987。

46. 雷于新、肖克之主编：《中国农业博物馆藏中国传统农具》，北京：中国农业出版社，2002。

47. 鲁迅：《鲁迅全集》第11册，北京：人民出版社，1996。

48. 鲁人勇、吴忠礼、徐庄：《宁夏历史地理考》，银川：宁夏人民出版社，1993。

49. 鲁明军、张军、罗洪、张抒：《失重的思想史》，文化出版社，2006。

50. 陆运高：《看版图学中国历史》，北京：星球地图出版社，2007。

51. 林耀华：《义序的宗族研究》，北京：生活·读书·新知三联书店，2000。

52. 林耀华：《金翼——中国家族制度的社会学研究》，北京：生活·读书·新知三联书店，1999。

53. 林耀华主编：《民族学通论》，北京：中央民族学院出版社，1990。

54. 林惠祥：《文化人类学》，北京：商务印书馆，1991。

55. 梁永佳：《地域的等级：一个大理村镇的意识与文化》，北京：社会科学文献出版社，2005。

56. 李学勤著，傅杰编：《失落的文明》，上海：上海文艺出版社，1997。

57. 李亦园：《人类的视野》，上海：上海文艺出版社，1996。

58. 李子伟、张兵：《陇右文化》，沈阳：辽宁教育出版社，1998。

59. 李炳泽：《咒与骂》，石家庄：河北人民出版社，1997。

60. 李金财、白天星、张美全总校注：《靖远旧志集校》，兰州：甘肃文化出版社，2004。

61. 李有成主编：《天都烟云》，银川：宁夏人民出版社，2006。

62. 李安宅编译：《巫术与语言》，上海：上海文艺出版社，1988。

63. 李恒基、杨远婴主编：《外国电影理论文选》，上海：上海文艺出版社，1995。

64. 李范文主编：《西夏通史》，银川：宁夏人民出版社，2005。

65. 李翔凌主编：《平川史话》，兰州：甘肃文化出版社，2008。

66. 李泽厚：《中国古代思想史论》，天津：天津社会科学院出版社，2003。

67. 罗志田：《近代读书人的思想世界与治学取向》，北京：北京大学出版社，2009。

68. （清）廖炳文、陈希魁修纂：《打拉池县丞志》，清光绪三十四年（1908）抄本，甘肃省图书馆藏本。

69. 刘梦溪：《中国现代文明秩序的苍凉与自信：刘梦溪学术访谈录》，北京：中华书局，2007。

70. 刘晓明：《中国符咒文化大观》，南昌：百花洲文艺出版社，1995。

71. 刘晓峰：《东亚的时间：岁时文化的比较研究》，北京：中华书局，2007。

72. 刘秋霖等编：《中国诸神与传说》，北京：中国文联出版社，2004。

73. （清）刘智著，周致一编译：《天方至圣穆罕默德传》，哈尔滨：黑龙江人民出版社，1996。

74. 刘志军：《乡村都市化与宗教信仰变迁——张店镇个案研究》，北京：社会科学文献出版社，2007。

75. （民国）慕寿祺：《甘宁青史略、甘宁青史略调查表》，甘肃省图书馆藏。

76. 马昌仪：《中国灵魂信仰》，上海：上海文艺出版社，1998。

77. 《毛泽东选集》，北京：人民出版社，1966。

78. 茅海建：《天朝的崩溃：鸦片战争再研究》，北京：生活·读书·新知三联书店，1995。

79. 牛中奇主编：《在山走动的地方》，银川：宁夏人民出版社，2006。

80.《宁夏通史》（古代卷），银川：宁夏人民出版社，1993。

81. 钱钢、耿庆国主编：《二十世纪中国重灾百录》，上海：上海人民出版社，1999。

82. 钱穆：《中国思想通俗讲话》，北京：生活·读书·新知三联书店，2002。

83. 齐中华：《屈吴山山志》，甘新出036字总108号，2003。

84. 沈继光、高萍：《老物件——复活平民的历史》，天津：百花文艺出版社，2004。

85. 孙尚扬：《宗教社会学》，北京：北京大学出版社，2001。

86. 孙毕：《章太炎〈新方言〉研究》，上海：华东师范大学出版社，2006。

87. 孙兆霞等：《屯堡乡民社会》，北京：社会科学文献出版社，2005。

88. 宋镇豪：《夏商社会生活史》，北京：中国社会科学出版社，1994。

89. 史宗主编，金泽等译：《二十世纪西方宗教人类学文选》，上海：上海三联书店，1995。

90. 谭其骧主编：《简明中国历史地图集》，北京：中国地图出版社，1991。

91. 唐君毅：《人生三书》，北京：中国社会科学出版社，2005。

92. 汪晖：《汪晖自选集》，桂林：广西师范大学出版社，1997。

93. 汪晖：《去政治化的政治：短20世纪的终结与90年代》，北京：生活·读书·新知三联书店，2008。

94. 汪荣祖：《康有为论》，北京：中华书局，2006。

95. 王明珂：《华夏边缘：历史记忆与族群认同》，北京：社会科学文献出版社，2006。

96. 王明珂：《羌在汉藏之间——川西羌族的历史人类学研究》，北京：中华书局，2008。

97. 王明珂：《寻羌：羌乡田野杂记》，北京：中华书局，2009。

98. 王明珂：《英雄祖先与弟兄民族：根基历史的文本与情境》，北京：中华书局，2009。

99. 王铭铭：《村落视野中的文化与权利——闽台三村五论》，北京：生活·读书·新知三联书店，1997。

100. 王铭铭：《非我与我：王铭铭学术自选集》，福州：福建教育出版社，2000。

101. 王铭铭：《漂泊的洞察》，上海：上海三联书店，2003。

102. 王铭铭：《西方人类学思潮十讲》，桂林：广西师范大学出版社，2005。

103. 王贵元：《女巫与巫术》，石家庄：河北人民出版社，1991。

104. 王志远主编：《黄河文化丛书》（宗教卷），银川：宁夏人民出版社，2001。

105. 王天顺主编：《西夏地理研究》，兰州：甘肃文化出版社，2002。

106. 王光明编选：《2008 中国诗歌年选》，广州：花城出版社，2009。

107. （明）王世贞编，李克和编译，张华英译：《中国的神仙》，长沙：岳麓书社，2002。

108. 乌丙安主编：《中国民间神谱》，沈阳：辽宁人民出版社，2006。

109. 乌丙安：《中国民间信仰》，上海：上海人民出版社，1995。

110. 吴毅：《小镇喧嚣：一个乡镇政治运作的演绎与阐释》，北京：生活·读书·新知三联书店，2007。

111. 文化（苏依拉）：《卫拉特——西蒙古文化变迁》，北京：民族出版社，2002。

112. 夏传才：《十三经讲座》，桂林：广西师范大学出版社，2006。

113. 徐扬杰：《宋明家族制度史论》，北京：中华书局，1995。

114. 谢宏军：《乡村诊所》，济南：山东画报出版社，1999。

115. 许地山：《扶箕迷信的研究》，北京：商务印书馆，1999。

116. 西北大学历史系编印：《中国古代生产工具图集》(四册)，1984。

117. 邢肃芝［洛桑珍珠］口述，张健飞、杨念群笔述：《雪域求法记：一个汉人喇嘛的口述史》，北京：生活·读书·新知三联书店，2008。

118. 姚周辉：《神秘的符箓咒语——民间自疗法及避凶趋吉法研究》，南宁：广西人民出版社，2003。

119. 叶君：《乡土·农村·家园·荒野：论中国当代作家的乡村想象》，北京：中国社会科学出版社，2007。

120. ［美］詹姆斯·莫瑞主编：《关注留守儿童：中国中西部农村地区劳动力外出务工对留守儿童的影响》，北京：社会科学文献出版社，2005。

121. 杨显惠：《定西孤儿院纪事》，广州：花城出版社，2007。

122. 杨文炯：《传统与现代性的殊相：人类学视阈下的西北少数民族历史与文化》，北京：民族出版社，2002。

123. (清) 杨金庚修撰：《海城县志》(卷上、下)，光绪三十四年，民国年间抄本，甘肃省图书馆文献室藏。

124. 中国社会科学院考古研究所编著：《殷墟发掘报告(1958—1961)》，北京：文物出版社，1987。

125. 岳谦厚、张玮：《黄土·革命与日本入侵——20世纪三四十年代的晋西北农村社会》，太原：书海出版社，2005。

126. 张承志：《张承志作品精选》，武汉：长江文艺出版社，2006。

127. 张志扬：《渎神的节日》，上海：上海三联书店，1997。

128. 张志扬：《创伤记忆》，上海：上海三联书店，1999。

129. 张穗华主编：《神灵，图腾与信仰》，北京：中国对外翻译出版公司，2002。

130. 张宏明：《土地象征：禄村再研究》，北京：社会科学文献出版社，2005。

131. 张令瑄编：《甘肃张鸿汀先生遗书提要》，甘肃省图书馆藏。

132. （清）张澍辑录：《凉州府志备考》，西安：三秦出版社，1988。

133. （民国）张維辑：《陇右府州志略》，甘肃省图书馆藏。

134. 庄孔韶：《人类学通论》，太原：山西教育出版社，2002。

135. 庄孔韶等著：《时空穿行：中国乡村人类学世纪回访》，北京：中国人民大学出版社，2004。

136. 庄孔韶：《银翅：中国的地方社会与文化变迁：1920—1990》，北京：生活·读书·新知三联书店，2000。

137. 周星主编：《民俗学的历史、理论与方法》（下册），北京：商务印书馆，2006。

138. 周大鸣：《凤凰村的变迁：〈华南乡村生活〉追踪研究》，北京：社会科学文献出版社，2006。

139. 郑振满、陈春生主编：《民间信仰与社会空间》，福州：福建人民出版社，2003。

140. 朱学勤：《道德理想的覆灭——从卢梭到罗伯斯庇尔》，上海：上海三联书店，2003。

141. 朱瑞熙等著：《宋辽西夏金社会生活史》，北京：中国社会科学出版社，1998。

142. （清）朱亨衍：《海城厅志》，油印本，甘肃省图书馆藏。

143. （民国）朱树勋、王志继、刘可宗等撰：《续修靖远县志》，甘肃省图书馆藏。

144. 朱浒：《地方性流动及其超越：晚清义赈与近代中国的新陈代谢》，北京：中国人民大学出版社，2006。

145. 赵毅衡选编：《符号学文学论文集》，天津：百花文艺出版社，2004。

146. 赵紫宸：《赵紫宸文集》第3卷，北京：商务印书馆，2007。

147. 赵玉燕：《惧感、旅游与文化再生产：湘西山江苗族的开放历程》，兰州：甘肃人民出版社，2008。

致谢

又是一个深夜。三年多来，多少个这样的夜晚我伏案度过。孔子说“逝者如斯夫”，在付印的这一刻我更加理解了时间之轮在我头脑中碾过时的轻和重、有痕和无迹。

从儿子“抓周”时抓到我和朋友新出的第一本书，一直到今天，这一路上从内心我要感谢的人太多。

感谢清华大学人文社会科学学院汪晖教授和他的一位人类学朋友的鼓励和不吝赐教。汪先生无疑是我最为敬佩的知识分子之一，他对我这样一位业余作者的不弃，更加让我增进了对他的仰慕。特别是他的这位最为信赖的好朋友给我回复了那么长的书稿读后感，一些探讨非常深入，是目前人类学理论和写作中需要突破的困境；一些建议直接击中我的写作要害，让我久久地陷入深思；她说我的关怀、情感与写作方式（文风）与萧亮中类似，这使我倍感汗颜，我怎敢与汪先生追忆过的“金沙江之子”并论，他不仅投入关怀和感情写作，更是付诸社会运动在写作的“行动的人类学家”、公共知识分子。我担心自己会辜负他们的厚望，但他们的种种费神我铭记在心。

从2007年起，就先后与云南大学人类学系杨慧教授和厦门大学人类学系张经纬博士取得联系，认识后才知道张经纬与我曾是兰大不同专业的校友。张先生在自己繁忙的译事和研究期间，还为本书作了部分翻译。他们几乎指导和见证了我的书稿如何从最初一个幼稚的“丑小鸭”

到今天勉强呈现在读者面前。我基本上是带着他们的专业建议和启发进行思考和写作实践的。杨教授还把最直率的勉励给了我，并将书稿亲自推荐给甘肃人民出版社。感谢中国人民大学郗戈先生，他对书稿提出了独到的见解。感谢兰州大学王惠洁教授为目录译文所做的最后订正。感谢中国社会科学院民族学与人类学研究所、中国影视人类学学会秘书长邓卫荣对我的帮助和支持。对于几位老师的教益，我在这里对他们致以谢忱。

认识西北师范大学田卫戈教授，缘于2006年参加鲁明军策划的丛书中他所作的序，当时我们还未曾谋面。记得他写在序言中的一句话："我不知道是何种力量促使着他们坚守着自己'业余'的研究与写作，但我从内心欣赏他们严肃而认真的学术姿态。"说实话，我们需要这样的鼓励。正是借着像他这样关注的目光，我们获得了继续前行的力量。2009年初，我拜访了田老师，他询问了我发心写作的缘由，对我的写作环境、写作态度给予了充分理解和肯定，并再次予以勉励，我便觉得自己不再孤单。

四川大学历史文化学院的鲁明军博士是我多年的好友，他的专业造诣、思想能量，他对社会政治的深度关注，以及他对批评家职责的坚守，奠定和提升着他作为知识分子（我在这里采用金耀基关于知识分子的定义：知识分子应该是关注身处的社会的时代批判者，是能够从本身专业中跳出来讲时代问题、世界问题者，也是能够表达社会理性、反映社会良知者。可是，在经济全球化的时代，知识分子对国家的责任心单方面被理想化了，知识分子也应该看到资本的力量超出了国家的掌控能力，乃至于资本对国家的改革能力，从而考察分析资本与国家的关系，进而提供批判和建设性意见。）的人品和学品。每次与他思想交流，都会获得新的启发和动力，但由于我天生愚钝，恐怕我努力的成效让他失望。每次从他手里接过新著，我在极其感佩的同时，觉得像又一座高山在我面前竖起，仰之弥高，探之愈深。他经常推荐给我一些好书，介绍给我人类学经典著作，并专门从川大图书馆复印了林耀华整本的《义序的宗族研究》带给我。我为有这样一位好友而自豪，也对他多年来在学业上给予我的关怀帮助深表谢意。

我要感谢自甘肃省立图书馆馆长张维（鸿汀）先生以来，所有收集、编撰和保存了地方文献的几代甘肃省图书馆的工作人员，他们孜孜不倦且意义深远的工作。人类的文明或许正是这样“层累地造成的”。谢谢他们为我查阅地方文献和有关书籍所提供的诸多方便。

我要感谢我的合作者刘晓乾。作为我田野工作的有力配合者，我们最大的力量和信心都来自于良心，对故乡和学术的双重良心。事实证明刘晓乾的工作非常认真负责，乃至于在手术后休息期间再次投入田野调查，他一路坚持了下来。当然在这中间，他对地方文化知识也有了新的体悟，对一些事象有了更深的洞察和思考。这也是我必须在著者中给予第二作者署名的原因。我还要感谢田野工作中的受访者、配合者，他们的真诚，他们的贡献。没有他们的，这部书也不会成形。

从完成书稿到最终出版，拖了一年多的时间。我要对广西师范大学出版社北京贝贝特的学术主任吴晓斌先生、甘肃文化出版社副总编管卫中先生、甘肃人民美术出版社的社长刘铁巍女士的帮助和建议表示感谢。甘肃人民出版社的党晨飞先生对本书的认真编校，使得本书能够付梓，特致谢忱。与出版界几位老师的接触使我更加认同香港中文大学文化研究所所长陈方正的观点，即编辑也是书籍的“创造者”之一，好编辑不能单靠经济条件培养，他们的才干是基于文化理想积累起来的。

我要衷心感谢给予我各方面支持和帮助的领导、同事和朋友们，他们是铁道部的苏在朝先生，兰州铁路局的吴云天、高世勤、高金阳、李鹏里、李来杰、马新民、刘皋、周军、刘岩、秦新举、姬青杉、何永生、李晓强、王军峰、孙家骏、赵培均、王旺斌、殷生明、徐平、梁广奎、孟华、钟锡荣、路宏伟、李冰、冯国伟、曹文福、梁小波、高伟虎、陈仲铭先生，成都铁路局的高长青先生，青藏铁路公司的姚磊先生，昔日同窗好友黄西洋先生，深圳的任景华先生，西宁的罗洪先生，甘肃省新闻出版局的任根兰先生，摄影家吴平关先生，甘肃省文化艺术研究院的徐枫研究员，“国立”台北科技大学的林永青博士，中国佛学院的嘉木样丹巴（法光法师），以及关注着本书的远在英国的李军民先生等，不再一一列举。

我要感谢我的家人。儿子刚刚满月就被母亲带去抚养，一天天长大，父母教会他读那么多书，风雨无阻地接送他上幼儿园……我这三年多能够有这样一些珍贵的时间来读书写作，全是父母亲为我腾出来的，为此我感谢父母为之付出的辛劳。我至今记得读小学时我的一篇作文如何在母亲的指导下成为被老师宣读和推荐的范文，以及父亲给我们订阅的《语文报》、《少年文艺》等报刊，或许从那时起我就开始沉迷于文字。感谢小姨和小姨夫、姐姐、哥哥对我的关心。感谢妻子对我的理解和支持。

最后我要特别将此书献给外祖父和外祖母。五十年前他们迁徙至此，在这个村庄度过了清苦的后半生。我在他们身边长大，因此而拥有了无比富足的童年和少年时代。他们虽然先后离世快二十年了，但是音容宛在，我感受得到他们目光时时的注视，以及对子嗣绵延的欣慰。

少年易老学难成。三四年来，在某种程度上付诸读书写作的过程也让我借此逃离了身边现实的营营扰扰，让我永远保持一份超然和沉静。因为某些东西是过眼烟云，而另一些东西则具有恒在性。我坚信另外一套终极性评价标准的永在。特别是对我来说，体制外的精神生活太重要了。身外之物太多，而只有头脑是属于自己的。我明白，到头来每个人只会读自己选择的书、想自己的问题、做自己该做的事。

张　畯

2009 年 12 月于兰州

图书在版编目（CIP）数据

黄土地的变迁：以西北边陲种田乡为例/张畯，刘晓乾著. —北京：人民出版社，2011
（人民·联盟文库）
ISBN 978－7－01－010245－0

Ⅰ.①黄…　Ⅱ.①张…②刘…　Ⅲ.①乡村-社会变迁-研究-西北地区　Ⅳ.①C912.82

中国版本图书馆CIP数据核字（2011）第189967号

黄土地的变迁——以西北边陲种田乡为例

HUANGTUDI DE BIANQIAN——YI XIBEI BIANCHUI ZHONGTIANXIANG WEILI

张　畯　刘晓乾　著

责任编辑：党晨飞　陈晓燕
封扉设计：曹　春
出版发行：人 民 出 版 社
北京朝阳门内大街166号　　邮　编：100706
网　　址：http://www.peoplepress.net
邮购电话：(010) 65250042/65289539
经　　销：新华书店
印　　刷：三河市金泰源印装厂
版　　次：2011年10月第1版　2011年10月北京第1次印刷
开　　本：710毫米×1000毫米　1/16
印　　张：30
字　　数：422千字
书　　号：ISBN 978－7－01－010245－0
定　　价：57.50元

《人民·联盟文库》第一辑书目

分　类	书　名	作　者
政治类	中共重大历史事件亲历记(2卷)	李海文主编
	中国工农红军长征亲历记	李海文主编
哲学类	中国哲学史(1—4)	任继愈主编
	哲学通论	孙正聿著
	中国经学史	吴雁南、秦学颀、李禹阶主编
	季羡林谈义理	季羡林著,梁志刚选编
历史类	中亚通史(3卷)	王治来、丁笃本著
	吐蕃史稿	才让著
	中国古代北方民族通论	林幹著
	匈奴史	林幹著
	毛泽东评说中国历史	赵以武主编
文化类	中国文化史(4卷)	张维青、高毅清著
	中国古代文学通论(7卷)	傅璇琮、蒋寅主编
	中国地名学源流	华林甫著
	中国古代巫术	胡新生著
	徽商研究	张海鹏、王廷元主编
	诗词曲格律纲要	涂宗涛著
译著类	中国密码	[德]弗郎克·泽林著,强朝晖译
	领袖们	[美]理查德·尼克松著,施燕华等译
	伟人与大国	[德]赫尔穆特·施密特著,梅兆荣等译
	大外交	[美]亨利·基辛格著,顾淑馨、林添贵译
	欧洲史	[法]德尼兹·加亚尔等著,蔡鸿滨等译
	亚洲史	[美]罗兹·墨菲著,黄磷译
	西方政治思想史	[美]约翰·麦克里兰著,彭维栋译
	西方艺术史	[法]德比奇等著,徐庆平译
	纳粹德国的兴亡	[德]托尔斯腾·克尔讷著,李工真译
	资本主义文化矛盾	[美]丹尼尔·贝尔著,严蓓雯译
	中国社会史	[法]谢和耐著,黄建华、黄迅余译
	儒家传统与文明对话	[美]杜维明著,彭国翔译
	中国人的精神	辜鸿铭著,黄兴涛、宋小庆译
	毛泽东传	[美]罗斯·特里尔著,刘路新等译
人物传记类	蒋介石全传	张宪文、方庆秋主编
	百年宋美龄	杨树标、杨菁著
	世纪情怀——张学良全传(上下)	王海晨、胡玉海著

《人民·联盟文库》第二辑书目

分　类	书　名	作　者
政治类	民族问题概论(第三版)	吴仕民主编、王平副主编
	宗教问题概论(第三版)	龚学增主编
	中国宪法史	张晋藩著
历史类	乾嘉学派研究	陈祖武、朱彤窗著
	宋学的发展和演变	漆侠著
	台湾通史	连横著
	卫拉特蒙古史纲	马大正、成崇德主编
	文明论——人类文明的形成发展与前景	孙进己、干志耿著
哲学类	西方哲学史(8卷)	叶秀山、王树人总主编
	康德《纯粹理性批判》句读	邓晓芒著
	比较伦理学	黄建中著
	中国美学史话	李翔德、郑钦镛著
	中华人文精神	张岂之著
	人文精神论	许苏民著
	论死生	吴兴勇著
	幸福与优雅	江畅、周鸿雁著
文化类	唐诗学史稿	陈伯海主编
	中国古代神秘文化	李冬生著
	中国家训史	徐少锦、陈延斌
	中国设计艺术史论	李立新著
	西藏风土志	赤烈曲扎著
	藏传佛教密宗与曼荼罗艺术	昂巴著
	民谣里的中国	田涛著
	黄土地的变迁——以西北边陲种田乡为例	张畯、刘晓乾著
	中外文化交流史	王介南著
	纵论出版产业的科学发展	齐峰著
译著类	赫鲁晓夫下台内幕	[俄]谢·赫鲁晓夫著,述弢译
	治国策	[波斯]尼扎姆·莫尔克著,[英]胡伯特·达克(由波斯文转译成英文),蓝琪、许序雅译,蓝琪校
	西域的历史与文明	[法]鲁保罗著,耿昇译
	16～18世纪中亚历史地理文献	[乌]Б. А. 艾哈迈多夫著,陈远光译
	亲历晚清四十五年——李提摩太在华回忆录	[英]李提摩太著,李宪堂、侯林莉译
	伯希和西域探险记	[法]伯希和等著,耿昇译
	观念的冒险	[美]A. N. 怀特海著,周邦宪译
人物传记类	溥仪的后半生	王庆祥著
	胡乔木——中共中央一支笔	叶永烈著
	林彪的这一生	少华、游胡著
	左宗棠在甘肃	马啸著